近代日本の史蹟保存事業とアカデミズム

齋藤智志【著】

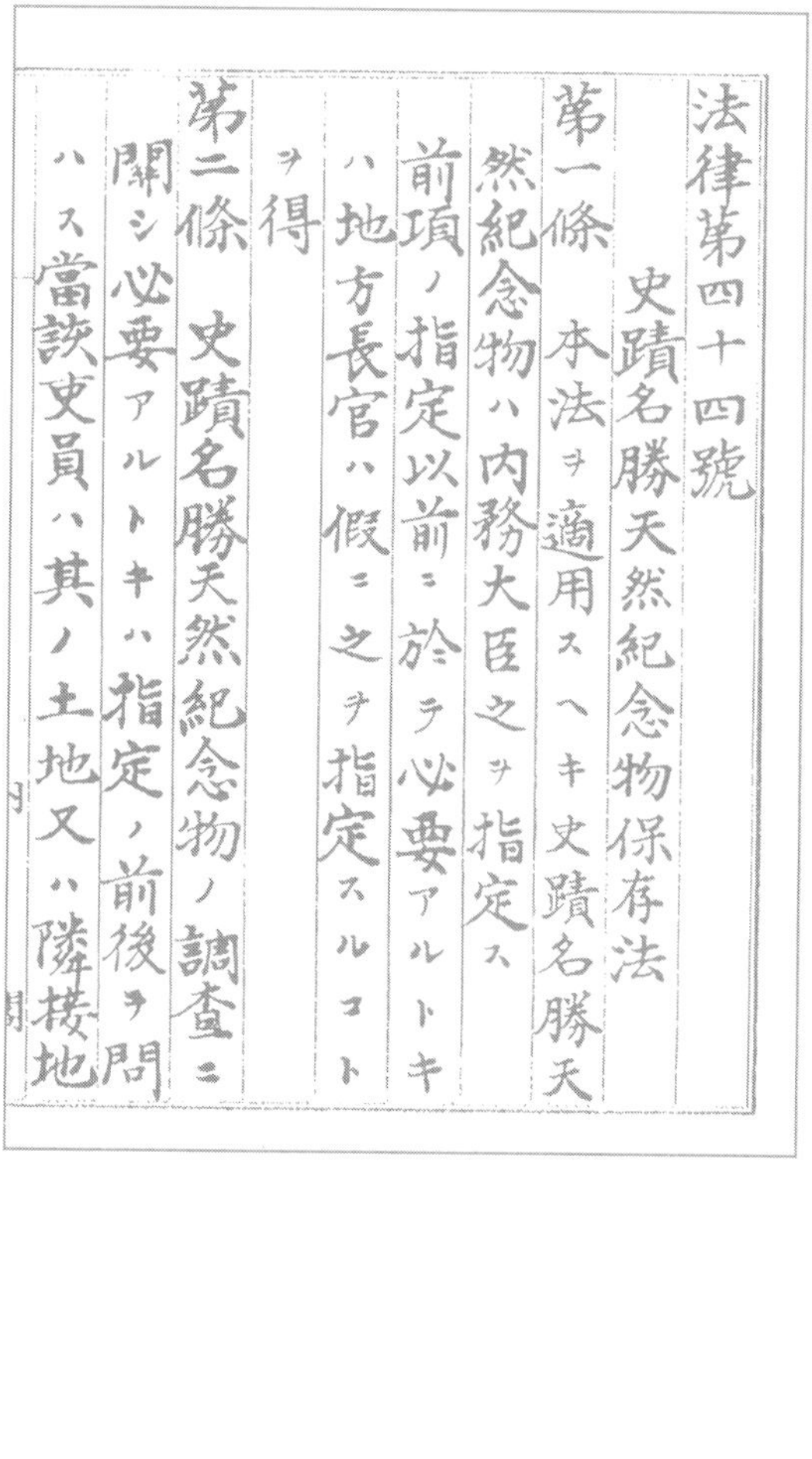
法律第四十四號
史蹟名勝天然紀念物保存法
第一條 本法ヲ適用スヘキ史蹟名勝天
然紀念物ハ内務大臣之ヲ指定ス
前項ノ指定以前ニ於テ必要アルトキ
ハ地方長官ハ假ニ之ヲ指定スルコト
ヲ得
第二條 史蹟名勝天然紀念物ノ調査ニ
關シ必要アルトキハ指定ノ前後ヲ問
ハス當該吏員ハ其ノ土地又ハ隣接地

法政大学出版局

目次

凡例

一、史料引用に際して、ルビ、圏点は特別なものを除いて削除し、踊り字「〱」は「々々」「ゝゝ」と改め、適宜句読点を付し、闕字は詰め、旧漢字・旧仮名は新漢字・新仮名に改めた。ただし「蹟」「跡」、「址」「趾」「阯」、「記」「紀」の字の使い分けは原文通りとした。改行は／を入れて詰めている箇所がある。

二、引用史料中の割書きは〈　〉内に記入した。

三、引用史料中の〔　〕内は筆者注記である。

四、本文中の年号表記は原則として西暦を用い適宜和暦を併記した。ただし、明治五年までは月日表記を含めて和暦を用い、適宜西暦を併記した。

序章

はじめに

現在の日本では、一九五〇（昭和二五）年に制定された文化財保護法により、過去から伝えられてきたさまざまな文化財が国民的財産として位置づけられ、保護の対象になっている。『文化財保護法五十年史』によれば、同法は「文化財が我が国の歴史・伝統文化等の理解のために欠くことのできないものであると同時に、将来の文化の発展向上の基礎をなすものであるという認識」のもとに制定され[1]、以後今日まで数度の改正により制度の拡充が行われてきた。これとあわせて、地方公共団体では文化財保護条例、国際的にはユネスコ総会で採択された「世界の文化遺産及び自然遺産の保護に関する条約」「無形文化遺産の保護に関する条約」によって、それぞれ保護と活用の制度が整えられている。文化財の意義とその保護の必要性は、その対象範囲の捉え方や関心の度合いに違いがあるとはいえ、今日では広く一般に認知されていると思われる。

だが、今日見られる文化財認識は、時代や地域を問わず普遍的に存在するものではない。それは、さまざまな社会集団の価値観や意図が交錯しながら、近代以降の歴史の中で形成されてきたものである。本書はこの問題を考察するため、近代日本の史蹟保存事業におけるアカデミズムの動向・役割に着目した。そこには、前近代以来の史蹟に対する価値認識と、現代の文化財認識に連なる価値認識とが交錯する、興味深い過程を見出すことができるからである。

古墳を例にとると、明治期には歴史上の偉人が眠る墓として捉えられることが多かった。つまり、古墳に付与された偉人の由緒に価値が見出されていたのであり、とりわけ天皇やその忠臣に関する由緒に強い関心が向けられていた。だが、現在の文化財認識においては、主として古墳の物質資料としての特徴に関心が向けられ、そこに、過去の日本の文化を示す象徴的な記念物としての価値を見出すことになる。今ではこうした価値認識は十分に普及しており、大仙陵古墳（仁徳天皇陵）をピラミッドと比較してその規模を強調したり、百舌鳥・古市古墳群の世界文化遺産登録運動が展開されたりもしている。つまり、近代のどこかの時点で後者のような価値認識が現れ、前者と対立しつつ、やがて自明のものになっていくという過程があったと考えられるのである。

実はこうした変化は、明治後期から昭和戦前期にかけて、当該期のナショナリズムの展開とも深く関わりながら生じたものであり、そこではアカデミズムの担い手である歴史学者・考古学者が大きな役割を果たしていた。本書はこの価値認識の交錯・変容の過程を描き出すことで、近代日本のナショナリズムを支えた歴史観・文化観の特質を理解する視点を提供し、今日の文化財認識の歴史的前提の一端に迫ろうとするものである。

近代日本の文化財保護に関する研究動向

ここで、明治期から昭和戦前期における文化財保護(2)の歴史を扱った著作・研究を概観し、本書が立脚すべき立場を確認したい。

まず、戦後の早い時期からたびたび出されていた著作として、実務レベルに近い立場から書かれた概説や制度史が挙げられる(3)。こうした著作からは、保護施策の変遷を確認することができるが、その内容は概説にとどまる上、現在の価値観にもとづく文化財保護の理念を自明の前提とし、そこへの発展過程を描くという傾向が強い。

これに対し一九七〇年代には、研究者の側から、戦前の文化財保護と天皇制との関係性を指摘し、批判する論稿が発表されるようになる(4)。たとえば、鬼頭清明「文化財保護ノート」は、戦前の文化財保護行政の歴史を「文化遺産が天皇制イデオロギーの宣伝のために使われた道具としての歴史」として捉え、「日本の支配者層の、天皇制の確立・護持と対外侵略という要求にもとづくものであり、そのための社会教育の一環を担わされていた(5)」という視点から、その全体像を通観している。こうした論説は批評的な概説にとどまるものであったが、戦前の文化財保護の歴史に政治性を読み取るという研究上の視点をもたらした点で評価し得る。

さらに一九九〇年代に入ると、歴史学の研究対象として近代日本の文化財問題を扱った学会誌の特集が組まれるようになる。その嚆矢となる一九九一年の『日本史研究』の特集「近代の文化財と歴史意識」では「どのような遺跡類に、いつどのような歴史的存在としての意味づけがなされてくるのかを検討することは、文化財なるもののあり方を、その基本にたって理解するうえで重要な課題たりうるだろう(6)」と述べられているように、文化財を自明のものと見なさず、その歴史的形成過程を当時の文脈に即して明らかにしようとする姿勢が示された。また、一九九八年の『歴史評論』の特集号「近代日本の文化財問題」は、御物や陵墓問題、神苑の形成、帝室博物館の成立、戦争や植民地支配における文化財略奪などを論題として提起した(7)。そして一九九〇年代後半以降は、これらの成果を踏まえた単行書も発表されるようになっていく(8)。文化財を保護するという感覚は普遍的なものではなく、政治的・経済的意図とも無縁ではない。一九九〇年代以降、こうした前提がおおむね共有されるようになったと思われる。

なお、このように文化財を含めた文化や伝統の自明性を問い直す研究は、日本近代史研究に限ったものではなく、同時期においてさまざまな学問分野で取り組まれてきた潮流だった。特にエリック・ホブズボーム／テレンス・レンジャー編『創られた伝統』が日本の歴史学研究に与えた影響は大きく(9)、社会学、民俗学、文化人類学など、文化を対象とする諸学問でも同様な試みが進められてきた(10)。また、これと並行して、文化財やその隣接領域を研究対象に含む美術史学、建築史学、考古学、ランドスケープ研究などの学史的研究においても、それぞれが扱う対象の価値認識の歴史的構築過程を問い直す作業が進められてきている(11)。

本書もまた、文化財を保護するという行為を自明のものとせず、特定の社会状況におけるさまざまな歴史意識、意図、価値観等がせめぎあいながら形成されるものと考え、その具体的様相を当時の文脈に即して考察する立場をとるものである。

近代日本の史蹟保存事業に関する先行研究

以上を踏まえた上で、本書で主に扱うこととなる、近代日本の史蹟保存事業についての先行研究を見ていきたい。総論的な概説や制度史を別とすると[(12)]、本格的な研究が始まったのは一九九〇年代以降であり、そこには相互に関連する三つの研究動向を見出すことができる。

第一は、史蹟保存事業の政策的側面を扱った研究である。地方改良運動・民力涵養運動などでの史蹟の活用、聖蹟・建武中興関係史蹟顕彰運動などの分析を通じて、ナショナリズムの発揚や国民教化などに史蹟が用いられていく過程が解明されてきた。

第二に、地域社会研究の一環として史蹟保存事業を取り上げる研究がある。地域における史蹟顕彰運動の分析から、地域的アイデンティティの主張や、観光開発的な意図などを読み取るものである。実際には、政策レベルと地域社会レベルの史蹟保存事業は密接に関連していることから、両者をあわせて扱った研究も多い。近代天皇制研究の一環として文化財を取りあげ先駆的な業績を挙げた高木博志は、一九九一年の『日本史研究』特集号で、地方改良運動などの政策や地域社会の動向を踏まえ、史蹟名勝が国民教化やナショナリズムの発揚に結びつけられていたことを論じた[(13)]。同じ『日本史研究』特集号に掲載された住友陽文の論文も、日露戦後の史蹟顕彰運動の動向について、国家の優秀性を現し公徳心を陶冶するという国家的意図と、地域振興などの地域側の意図との両側面から検討している[(14)]。

そして同時期以降、明治天皇・神武天皇の聖蹟や建武中興関係史蹟などの顕彰運動を扱った研究が数多く発表され、政策的側面と、地域史的側面の双方から研究が進められていった[(15)]。「国家神道」の地域社会史という観点から在地神職の史蹟顕彰運動を扱った畔上直樹[(16)]、大衆的な観光・消費主義といった観点から聖蹟を扱ったケネス・ルオフなど[17]、その問題意識は多様である。

　聖蹟に限らず、地域史的観点を重視した研究成果も発表されている。松本洋幸は横浜市制と史蹟名勝保存との関わりを論じ、愛市心涵養や外客・住民誘致など市政上の意図と結びつきながら保存事業が進展する過程を明らかにした[18]。丸山宏は京都府、寺嵜弘康は神奈川県を中心に各道府県における史蹟名勝天然紀念物保存事業を検討しており[19]、太宰府市史通史編別編では「古都太宰府」イメージの形成と展開を多角的に論じた[20]。

　また、上記と重なり合う研究動向として、紀念祭の流行や地方史編纂事業などの分析から当時の歴史意識のあり方を捉えた研究も数多く発表されている[21]。近代日本の史蹟保存事業は、偉人や歴史的出来事の顕彰運動、それにともなう地域の歴史意識の再編成と密接に関わっていたから、これらの紀念・顕彰論および歴史意識論というべき研究もまた先行研究の一つに位置づけることができる。

　第三に、羽賀祥二に代表される、近世近代連続論というべき研究が挙げられる[22]。これは、近世後期に各地で行われた幕府や藩、地域有力者による史蹟の調査・顕彰運動を、由緒にもとづく地域支配の正統性確保、身分を越えた道徳的秩序の形成を目指した運動と捉え、この傾向は一九世紀を通じて続いたとするものである。この議論の前提には、日本近世史研究におけるいわゆる「由緒論」や歴史意識研究の豊富な蓄積がある[23]。近代的現象として史蹟保存運動を扱った第一・第二の研究動向からは比較的自立している面もあるが、その前提となる史蹟認識を理解する上で重要な視点を提供している。

問題の所在

　こうした先行研究によって明らかにされてきたのは、近代日本の史蹟保存事業によって、国レベル・地域レベルで歴史意識やアイデンティティの再構成・活性化が促され、国民教化・ナショナリズム発揚などの政治的意図、地域振興・観光振興や地域的アイデンティティ強化といった地域社会の運動などに活用されていった様相である。だが、これらの研究ではいまだ十分に取り組まれていない点もある。以下、問題の所在を三点に分けて指摘したい。

第一に、史蹟が利用される際の政治的・経済的意図や社会的背景が明らかにされてきたが、その際、史蹟にどのような価値が見出されていたのかという点が、必ずしも明確に説明されてこなかったことである。本論を先取りすることになるが、この点を考える上で本書は、由緒的価値、学術的価値、文化的価値という三つの概念を設定した。

由緒的価値とは、史蹟に関わると想定された歴史上の事績や偉人の由緒に見出される価値であり、その〈顕彰〉を通じて、国体発揚・人心教化等に役立てようとするものである。学術的価値とは、史蹟の物質資料としての特徴に見出された、過去の社会状態を知る学術資料としての価値であり、史蹟に手を加えず〈保存〉しようとするものである。[24]文化的価値とは、史蹟の物質資料としての特徴に見出された、過去の日本の社会と文化を示す象徴的遺物としての価値であり、その〈保存〉と〈復現〉（過去の文化を再現し、社会一般に理解・経験されること。第六章参照）を目指すものである。本書で論じていくように、近代日本の史蹟保存事業には、これらの価値認識の交錯と変容の過程を見出すことができる。

だが、この観点から見ると、従来の研究では由緒的価値認識にもとづく〈顕彰〉運動の動向が多く扱われる一方で、これと対立しつつ学術的価値や文化的価値の認識が形成されていく過程に十分な注意が向けられてこなかった。この問題に近い論点を提示した住友陽文「史蹟顕彰運動に関する一考察」では、日露戦後を画期として、史蹟への関心のあり方が「顕彰行為」自体を目的とするものから「文化財」という普遍的価値への関心に変化したことを指摘している。[25]しかし、その変化がいかにして生じたかについては詳しく説明されておらず、住友や他の研究者を含め、その後この論点には言及されていない。このことは、次に挙げる問題点と密接に関わっている。

第二に、当時新しい視点から史蹟保存の必要性を訴え、理論的枠組みを提供し、その実務にあたった歴史学者・考古学者たちに、十分な注意が向けられてこなかった点が挙げられる。もちろん、アカデミズムの発展が保存事業を理論的に支えたという丸山宏の指摘や、[26]史蹟保存に積極的に関与した歴史学者・黒板勝美の保存論に言及した高木博志、田中琢の研究もある。[27]若井敏明も、皇国史観と郷土史との関連について論じる中で、アカデミー史学者たちが大阪府など関西の史蹟保存事業に関与していく過程を解明している。[28]だがこれらは、議論の一部の紹介や個別的な特徴の指摘にとどまっており、学者たちと史蹟保存事業の関係を主題として取り扱ったものではない。

しかしながら、本書で論じていくように、史蹟の文化的価値は、学者たちが提唱し始めた史蹟の学術的価値を重視する主張から派生したものであり、彼らの動向に注目することで、住友氏が提起した論点を拡充・深化させることができると考えられるのである。

第三に、これまで述べてきたように、現在の文化財の理念にもとづいて見た場合、戦前の文化財保護に近代の天皇制が強い影響を与えていることは明らかであり、先行研究においてこの問題が取り上げられる傾向にあるのは当然のことといえる。だが、その点を問題にするだけでは、現在の文化財の自明性を問うことには必ずしも結びつかない。本書では、現在の文化財観にもとづいて戦前の文化財のあり方を批判することよりも、現在自明なものとなっている文化財認識と、それを支える文化観・歴史観の形成過程を、そこに孕まれる政治性とともに描き出すことに力点を置きたいと考える。

課題設定

以上の問題意識のもとに、本書の課題を以下のように設定する。本書は、近代日本における史蹟保存事業を、アカデミズムの担い手である歴史学者・考古学者の動向・役割を中心に検討することで、史蹟保存事業を支えた価値認識(由緒的価値・学術的価値・文化的価値)の交錯・変容の過程を明らかにし、それを通じて、近代日本のナショナリズムを支える文化観・歴史観の多面的な性質を描き出すものである。

検討対象時期は、一九〇〇年前後から昭和戦前期までを中心とし、行論上その前後にも言及する。開始期を一九〇〇年前後としたのは、民間での史蹟保存事業の活発化が注目され始めるとともに、学者たちがこれに関与・参加していく時期だったからである。終了期を昭和戦前期としたのは、この時期において史蹟の学術的・文化的価値に対する理解が一定の広がりを示すと見られることによる。

分析対象は、相互に重なる三つの領域に及ぶこととなる。第一に、史蹟保存事業に関わった歴史学者・考古学者たちの活動と論説である（主に第二章、第六章、第七章）。第二に、各時期を代表する史蹟保存団体および保存行政と、そこでの学者たちの活動・役割である（第三章、第五章、第八章）。第三に、地域レベルで実施された個々の史蹟保存事業、とりわけ学者たちの提起した史蹟認識と地域社会の史蹟認識との関わりをうかがい得る個別事例である（第四章、第九章、第一〇章）。

ここで、本書で用いるアカデミズムという概念について説明したい。一般的な意味におけるアカデミズムは、宗教的・道徳的・政治的権威や意図、個人の趣味的関心などからいったん切り離され、学問それ自体の権威と目的のもとに実践される学問的営為を支持することと定義できる。これを近代日本の状況を踏まえて具体的に言い換えると、アカデミズムとは、主に帝国大学で学問を修得・教授した人々を中心に担われた、近代的な世界観・価値観・思考様式にもとづく学知の導入・維持・普及を志向することであり、それはやがて中等・高等教育の現場などにも裾野を広げていったと考えられる。本書では、後者の具体的実態を踏まえて、この概念を用いることとする。扱う学問分野としては、史蹟に関わりの深い歴史学・考古学を中心とし、行論上建築学や自然科学にも言及する。

次に、ナショナリズムという概念について説明する。ナショナリズムとは、国民国家の形成・維持・発展を目指す運動・思想といえるが(29)、実際には、ネイションの政治的自治や国家的独立を目指す運動や、文化的共通性を高めようとする運動など、さまざまな形態をとる(30)。このうち本書で扱うのは、何らかの固有性の共有によって国民的アイデンティティを喚起し、国民的一体性を高めようとする運動・思想としての側面である。

その際、どのような固有性が強調されるかが問題になるが、史蹟保存事業に関する従来の研究で特に注目されてきたのは、国体史観(31)に依拠した、天皇を国民統合の核とする運動・思想であり、史蹟保存事業においては、天皇やその忠臣に関する史蹟の顕彰によって国体発揚・人心教化を図る運動がその典型といえる。これに対して本書では、日本（民族及び国土）の歴史・文化の固有性を科学的に描き出し、宣揚しようとする運動・思想に注目する。両者は併存し重なり合う部分も大きいが、本書では分析の必要上、区別して検討することにしたい。

第三に、史蹟という用語についても説明しておく。現在、一般的意味における史蹟とは、歴史上の事件や施設等があった場所を指す用語であり、狭義には文化財保護法にもとづいて指定された記念物の一つを指す。本書では、原則としてこの一般的意味での史蹟という用語を用いることとする。ただ、「旧蹟」「古蹟」などこれと類似した用語が多く用いられていた時期もあり、「史蹟」概念も含め、時代・論者によってその用語が指し示す意味内容は一定しているわけではない。この点を踏まえ、各用語の意味内容については、必要に応じて説明することとした。

近代日本のアカデミズムに関する諸研究との関連性

以上のように、本書はアカデミズムの動向を検討対象とするため、近代日本のアカデミズムに関する先行研究のうち本書と関わりのあるものを取り上げ、本書との位置関係を説明しておく必要があるだろう。

一つは、学史研究、とりわけ考古学史研究の一環として史蹟保存事業に触れたものが挙げられる。斎藤忠の考古学史や遺跡発掘史は、直接的に史蹟保存事業を研究対象としたものではないが、密接に関連する先行研究として位置づけることができる(32)。また、雑誌『考古学史研究』所収の諸論稿も、朝鮮における考古学者・人類学者・建築史学者らの史蹟調査や、遺物に対する考古学者の認識などを検討している(33)。ただ、これらは史蹟保存事業を直接的に扱ったものではなく、学者たちの議論が学問的世界の外部とどのように接触していたかが明らかにされていない。本書は、学者たちの史蹟認識を分析するのみならず、この点に重点を置いて論述していきたい。

いま一つは、地方史編纂事業や郷土史家の活動などの事例分析を通じて、近代の学知（アカデミズム史学や考古学）と地域の歴史意識との間に生じた相互作用の過程を捉えた研究である(34)。本書も、近年取り組まれつつあるこれらの諸研究と問題意識を共有しているが、なお具体的な事例研究の蓄積が必要とされている研究分野であると思われる。本書はこれらの諸研究に対して、史蹟保存事業に関わる新たな事例を提供し、近代の学知を支える文化観・歴史観の特質や、その具体的な展開過程を考察する一助とするものである。

陵墓と植民地の史蹟保存事業の扱いについて

なお、近代日本の史蹟保存事業を扱う上で重要な研究対象でありながら、本書では基本的に扱わなかったものがあることを、あらかじめ断っておきたい。

第一に、明治期以来、おおむね一般の史蹟と別扱いされていた陵墓についてである。陵墓研究は天皇制研究との関わりが深く、現在進行形の文化財問題にも結びつくため、従来から高い関心が向けられ、多くの成果が発表されてきた[35]。陵墓問題こそ日本の文化財問題の特徴を端的に示すものであり、重要視すべきであるという考え方もあるだろう。しかし本書は、現在常識的なものとなっている文化財に対する価値観が、当初いかに異質なものとして社会に導入され、やがて自明化していったのかという点に注目したい。従って、陵墓に関しては、この問題と関わりのある範囲においてのみ取り扱うこととする。

第二に、植民地で実施されていた史蹟保存事業についても、本書では基本的に取り扱わない。実際には、植民地の史蹟保存事業には建築史学者・考古学者・人類学者・歴史学者が関わっており、本書との接点が大きいことは確かである。たとえば朝鮮では、歴史学者・黒板勝美が史蹟保存制度や調査組織の運営に深く関与しており、一九一六（大正五）年に制定された史蹟保存規則（「古蹟及遺物保存規則」）にもその意見が反映されたと見られている[36]。そして、古墳などの発掘調査に制限があった内地に先駆けて、学者たちによる体系的な学術的発掘調査が実行されていた。そうして蓄積された制度や調査手法が、内地の史蹟保存事業に反映された面も多分にあったと考えられている[37]。内地では既存の価値観・倫理観が学術的調査を妨げることがあったが、植民地ではこの点に考慮が払われなかったため、近代

の学知が直接的に力を振るうことになったと思われる。(38)

だが、こうした問題について本格的に論じるためには改めて別稿を用意する必要がある。本書では先行研究の成果を活用しつつ補足的に取りあげるにとどめ、本格的な検討については今後の課題としたい。

各章の構成

本書は三部構成とし、原則として時系列的に議論を進める形になる。以下、その概要を確認していく。

第一部は、一九〇〇年前後を対象とし、史蹟保存事業が流行しアカデミズムと対立を始めた状況を取り上げる。第一章は、本書の前史として、明治初期から一九〇〇年頃までの文化財保護政策一般と史蹟の扱われ方を検討し、一九〇〇年前後から史蹟保存の流行と言われる状況が現出したことを確認する。

この流行に対し、同時期に形成されつつあったアカデミズムの側から批判的関与・参加が始められる。第二、三、四章は、この対立について、学者の論説、全国的な史蹟調査保存団体、地域社会の各レベルから明らかにするものである。第二章は、一八九九（明治三二）年に設立された日本歴史地理研究会の歴史観とその史蹟保存論を、民間保存事業に対する批判に着目しながら検討する。第三章は、一九〇〇（明治三三）年に設立された最初の全国的な史蹟の調査保存団体・帝国古蹟取調会の組織と思想、そこでの学者たちの役割について検討する。第四章では、一八九九年、京都府井手村に設立された井手保勝会の活動を事例として、民間の史蹟保存事業と学者たちとの間に生じた価値認識のすれちがいを検討する。これらの事例研究からは、由緒的価値〈顕彰〉を意図する民間の保存事業に対して、新しい歴史観にもとづいて史蹟の学術的価値〈保存〉を訴える学者たちが批判的に介入し、両者の対立が意識化されていく様相が見て取れる。

第二部では、日露戦後から史蹟名勝天然紀念物保存法が制定される一九一九（大正八）年までを主たる検討時期とし、そこでの学者たちの活動と論説を扱っている。

第五章は、明治後期から大正期における史蹟名勝天然紀念物保存事業の潮流を描出した上で、そこで中心的な役割を果たしていた史蹟名勝天然紀念物保存協会の特徴と、これに関与した学者たちの論説を検討する。そして、科学的な研究成果とナショナリズムを結びつける説明が一般化することで、学者たちの保存論が史蹟名勝天然紀念物保存事業の中で一定の立場を占めるようになっていくことを指摘する。

第六章では、同時期において保存事業に深く関与した代表的な歴史学者・黒板勝美の活動とその史蹟保存論を検討する。黒板の保存論には、由緒的価値と学術的価値という異なる史蹟の価値を意識しつつも後者を重要視し、また本書でいう文化的価値の認識をはじめて史蹟保存論に取り込んだという点で画期を見出せる。なお、補論では、黒板の外遊経験が史蹟保存論に与えた影響を明らかにする。

第七章は、黒板と並んで史蹟保存事業に深く関わった歴史学者・三上参次の活動と史蹟保存論を検討する。三上は各地の民間保存事業を援助しつつ、由緒的価値の〈顕彰〉運動を援護する立場からさまざまな論説を発表した点で、黒板とは対照的であったことが見て取れる。黒板・三上両者の検討を通じて、当時歴史学者が取り得た保存事業に対する二つの立場を析出する。

第三部では、一九一九年に成立した史蹟名勝天然紀念物保存法にもとづく行政展開と地域社会との関わり、そこでの学者たちの動向を取り上げる。

第八章は、同法の成立とその後の史蹟保存行政において、歴史学者・考古学者が担った役割とその史蹟認識を検討する。この検討からは、黒板の後を受けた学者たちが史蹟保存行政の実務に就き、史蹟の学術的・文化的価値に重きを置く立場を有していたことが明らかとなる。

続いて第九章、第十章では、こうした史蹟保存行政による史蹟の調査・指定と地域社会との関係性を、神奈川県内郷村寸沢嵐《すあらし》石器時代遺跡、山形県本楯村城輪《きのわ》柵跡という二つの遺跡発掘事例を通じて検討する。これらの事例からは、郷土史家たちが中央の学者とも連携しながらアカデミズムの外縁的担い手となり、史蹟の発見と保存に主導的役割を果たすようになること、史蹟の学術的・文化的価値に対する認識が既存のさまざまな価値認識と混合し、地域的利益や娯楽的要素とも結びつきながら、地域社会の中に定着していくことが見てとれる。

以上を受けて終章では、本書の成果をまとめた上で、戦後の文化財保護法に至る状況にも論及したい。

註

(1) 佐々木正峰「序」(文化庁『文化財保護法五十年史』ぎょうせい、二〇〇一年)。佐々木は当時の文化庁長官。

(2) 現在用いられている文化財という概念は文化財保護法以後に一般化したものであり、それより以前に現在とほぼ同様の意味で用いられた例はわずかにすぎない。だが、明治期から昭和戦前期においても後の文化財保護法に結びつく制度や活動が存在しており、従来の研究の多くはそれらに関しても文化財保護の歴史として扱ってきた。本書においても、先行研究を扱う際や、一般的な制度史を追う際に限り、この用法に従うこととする。

(3) 文化財保護委員会編『文化財保護の歩み』(文化財保護委員会、一九六〇年)、金山正好「文化財保護のあゆみ」(『文化財の保護』一五号、一九八三年三月)、西川杏太郎「保護法五〇年に寄せて——文化財保護法前史」(『月刊文化財』四四五号、一九九九年一〇月)、前掲註1『文化財保護法五十年史』など。

(4) 鬼頭清明「文化財保護行政史ノート」(同著『日本古代都市論序説』法政大学出版局、一九七七年)、丸山茂「戦前の文化財法行政と歴史環境保全の現況」(歴史環境をめぐる研究会編『保全的刷新——歴史的環境再生をめぐって』歴史環境をめぐる研究会、一九七九年)。

(5) 前掲註4、鬼頭論文、二八二頁。

(6) 編集委員会「特集にあたって」(『日本史研究』三五一号、一九九一年一一月)一頁。

(7) 編集委員会「特集にあたって」(『歴史評論』五七三号、一九九八年一月)、及び鈴木良「近代日本文化財問題研究の課題について」(同)。

(8) 単行書としては、高木博志『近代天皇制の文化史的研究』(校倉書房、一九九七年)、羽賀祥二『史蹟論——19世紀日本の地域社会と歴史意識』(名古屋大学出版会、一九九八年)、鈴木良ほか編『文化財と近代日本』(山川出版社、二〇〇二年)、森本和男『文化財の社会史——近現代史と伝統文化の変遷』(彩流社、二〇一〇年)など。

(9) エリック・ホブズボーム/テレンス・レンジャー編、前川啓治、梶原景昭ほか訳『創られた伝統』(紀伊國屋書店、一九九二年)。

(10)　社会学では、荻野昌弘編『文化遺産の社会学――ルーヴル美術館から原爆ドームまで』（新曜社、二〇〇二年）、民俗学では、原知章『民俗文化の現在――沖縄・与那国島の「民俗」へのまなざし』（同成社、二〇〇〇年）、「特集　フォークロリズム」（『日本民俗学』二三六号、二〇〇三年一一月）、文化人類学では太田好信『トランスポジションの思想――文化人類学の再想像』（増補版、世界思想社、二〇一〇年）、吉田憲司『文化の「発見」』（岩波書店、一九九九年）など。

(11)　美術史学では、北沢憲昭『眼の神殿――「美術」受容史ノート』（美術出版社、一九八九年）、佐藤道信『明治国家と近代美術――美の政治学』（吉川弘文館、一九九九年）など。建築史学では、西村幸夫「建造物の保存に至る明治前期の文化財保護行政の展開――「歴史的環境」概念の生成史　その1」（『日本建築学会論文報告集』三四〇号、一九八四年六月）以降の西村の諸論稿、清水重敦「日本近代における建築保存概念の生成に関する研究」（東京大学博士論文、二〇〇五年）、水漉あまな・藤岡洋保「古社寺保存法成立に果たした京都の役割」（『日本建築学会計画系論文集』五〇三号、一九九八年一月）以降の両氏の諸論稿など。考古学史では、京都木曜クラブ編『考古学史研究』一号〜（京都木曜クラブ、一九九二年〜）所載の一連の論文など。公園史・ランドスケープ研究では、丸山宏『近代日本公園史の研究』（思文閣出版、一九九四年）、「我が国の自然保護思想と運動史」（日本造園学会編『ランドスケープの展開（ランドスケープ大系1）』技報堂出版、一九九六年）、西田正憲『瀬戸内海の発見』（中央公論新社、一九九九年）など。自然保護史では、篠田真理子「開発と保存――戦前期の史蹟名勝天然紀念物制度の場合」（石弘之ほか編『ライブラリ相関社会学6　環境と歴史』新世社、一九九九年）ほかの諸論稿など。

(12)　前掲註3のほか、特に史蹟を扱った概説的論稿として以下のものがある。田中琢「遺跡遺物に関する保護原則の確立過程」（小林行雄博士古稀記念論文集刊行委員会編『考古学論考』平凡社、一九八二年）、内田新「文化財保護法概説・各論（一九）」（『自治研究』六一巻一〇号、一九八五年一〇月）、増渕徹「文化財保護と史蹟保存」（石上英一編『日本の時代史三〇　歴史と素材』吉川弘文館、二〇〇四年）。また、史蹟名勝天然紀念物保存協会の雑誌『史蹟名勝天然紀念物』復刻版の解題も、概説的著作として位置づけられる。丸山宏「『史蹟名勝天然紀念物』の潮流――保存運動への道程」（『復刻版　史蹟名勝天然紀念物（大正編）』別冊、不二出版、二〇〇三年）、高木博志「『史蹟名勝天然紀念物』昭和編・改題」（『復刻版　史蹟名勝天然紀念物（昭和編）』別冊、不二出版、二〇〇八年）。

(13)　高木博志「史蹟・名勝の成立」（『日本史研究』三五一号、一九九一年一一月。のち前掲註8、高木書所収）。高木はその後、神苑や陵墓の研究にも取り組んでいる。高木博志「近代における神話的古代の創造――畝傍山・神武陵・橿原神宮、三位一体の神武「聖蹟」」（『人文学報』（京都大学人文科学研究所）八三号、二〇〇〇年三月）、同『陵墓と文化財の近代（日本史リブレット九七）』（山川出版社、二〇一〇年）。

(14)　住友陽文「史蹟顕彰運動に関する一考察」（『日本史研究』三五一号、一九九一年一一月）。住友の史蹟関係の著作としては、そのほかに「解説　近代日本の国民教化と文化財保存問題」（箕面市総務部総務課編『萱野三平邸の保存運動――近代日本の文化財問題（箕面市地域史料集二）』箕面市、一九九一年）がある。

（15）　朴晋雨「明治天皇の「聖蹟」保存について」（『歴史評論』四七八号、一九九〇年二月）、尾谷雅比古「昭和九年における建武中興関係史蹟の指定について――大阪府を中心に」（藤澤一夫先生卒寿記念論文集刊行会編『藤澤一夫先生卒寿記念論文集』帝塚山大学考古学研究所、二〇〇二年）、北原糸子「東京府における明治天皇聖蹟指定と解除の歴史」（『国立歴史民俗博物館研究報告』一二一号、二〇〇五年三月）、寺嵜弘康「明治天皇聖蹟顕彰運動の地域的展開――神奈川県を事例に」（横浜国際関係史研究会・横浜開港資料館編『GHQ情報課長ドン・ブラウンとその時代――昭和の日本とアメリカ』日本経済評論社、二〇〇九年）、川越美穂「政治と聖蹟」（鈴木淳編『史跡で読む日本の歴史一〇　近代の史跡』吉川弘文館、二〇一〇年）。河内長野市史編集委員会編『河内長野市史』（第三巻本文編近現代、河内長野市、二〇〇四年）のように、この問題を大きく取り上げた自治体史もある。

（16）　畔上直樹『「村の鎮守」と戦前日本――「国家神道」の地域社会史』（有志舎、二〇〇九年）。

（17）　ケネス・ルオフ『紀元二千六百年――消費と観光のナショナリズム』（朝日新聞出版、二〇一〇年）。

（18）　松本洋幸「一九三〇年代の横浜市政と史蹟名勝保存――横浜史料調査委員会を中心に」（大西比呂志・梅田定宏編『「大東京」空間の政治史――一九二〇～三〇年代』日本経済評論社、二〇〇二年）。

（19）　寺嵜弘康「戦前期における史蹟名勝天然記念物の保護活動について――史蹟名勝天然物調査会の活動をめぐって」（『かながわ文化財』九七号、二〇〇一年五月）、研究代表者・寺嵜弘康『戦前期における文化財認識と保護主体に関する研究』（平成一四年度～平成一七年度科学研究費補助金　基盤研究(C)(2)　研究成果報告書）、丸山宏「近代における京都の史蹟名勝保存――史蹟名勝天然記念物保存法をめぐる京都の反応」（丸山宏・伊從勉・高木博志編『近代京都研究』思文閣出版、二〇〇八年）。

（20）　太宰府市史編集委員会編『「古都太宰府」の展開』太宰府市史通史編別編（太宰府市、二〇〇四年）。

（21）　小林丈広『明治維新と京都――公家社会の解体』（臨川書店、一九九八年）、同「都市祭典と政治――都市間競争時代の歴史意識」（『日本史研究』五二三号、二〇〇六年三月）、阿部安成ほか編『記憶のかたち――コメモレイションの文化史』（柏書房、一九九九年）、若井敏明「皇国史観と郷土史研究」（『ヒストリア』一七八号、二〇〇二年一月）、高木博志「郷土愛と愛国心をつなぐもの――近代における「旧藩」の顕彰」（『歴史評論』六五九号、二〇〇五年三月）、同「紀念祭の時代――旧藩と古都の顕彰」（佐々木克編『明治維新期の政治文化』思文閣出版、二〇〇九年）、矢野敬一『慰霊・追悼・顕彰の近代』（吉川弘文館、二〇〇六年）、高木博志編『近代日本の歴史都市――古都と城下町』（思文閣出版、二〇一三年）など。学会誌の特集号としては、「二〇〇五年度日本史研究会大会特集号　大会テーマ　歴史的環境と自己意識」（『日本史研究』五二三号、二〇〇六年三月）、「特集　近代日本の地域社会と歴史意識」（『日本史研究』五二五号、二〇〇六年五月）。

(22)　前掲註8、羽賀書、同「日本近代における「伝統」――内在する価値と力をめぐって」(『歴史評論』六四七号、二〇〇四年三月)。
(23)　この分野の著作は数多いが、山本英二「日本中近世史における由緒論の総括と展望」(『歴史学研究』八四七号、二〇〇八年一一月)が概要を整理している。また、岩橋清美『近世日本の歴史意識と情報空間』(名著出版、二〇一〇年)でも、近世の歴史意識に関する研究成果が整理されている。
(24)　本書では、顕彰・保存双方の意味を包含することがあった当時の「保存」概念と区別するために、〈顕彰〉〈保存〉という表記を用いた(第三章参照)。
(25)　前掲註14、住友論文、九二頁。
(26)　前掲註12、丸山論文、三〇～三一頁。
(27)　前掲註13「史蹟・名勝の成立」七一～七三頁、前掲註12、田中論文、七七四～七七八頁。
(28)　前掲註21、若井論文、一一七～一一八頁。
(29)　国民国家という概念について、木畑洋一は「国境線に区切られた一定の領域から成る、主権を備えた国家で、その中に住む人々(ネイション＝国民)が国民的一体性の意識(ナショナル・アイデンティティ＝国民的アイデンティティ)を共有している国家」と定義しているが(木畑洋一「世界史の構造と国民国家」、歴史学研究会編『国民国家を問う』青木書店、一九九四年、五頁)、優れた定義であり、本書でもこれに則ることとする。
(30)　ナショナリズムが示す多様な側面について整理した近年の著作として、塩川伸明『民族とネイション――ナショナリズムという難問』(岩波書店、二〇〇八年)。
(31)　宮地正人は「幕末・明治前期における歴史認識の構造」(田中彰・宮地正人校注『日本近代思想大系一三　歴史認識』岩波書店、一九九一年)で、国体史観が明治一〇年代から二〇年代にかけて形成されていく過程を論じ、『史学協会雑誌』に見られる国体史観の理論的特徴として、①日本建国の特殊性(神話の中に天皇統治権の正統性を求めること)、②それを理論的前提とした天皇・皇室と国民との間の動かすべからざる君臣関係、③日本の国家としての優秀性の強調、の三点を挙げている(五五二～五五三頁)。本書では、宮地の議論に依拠しつつ、本論で扱う事例を踏まえ「万世一系の天皇が神勅に基づいて国を統治し、それを臣下たる国民の忠誠が支えてきたことに日本の固有性・優秀性を見出す歴史観」という意味で国体史観という概念を用いる。
(32)　斎藤忠『日本考古学史』(吉川弘文館、一九七四年)、同『日本の発掘』(増補版、東京大学出版会、一九八二年)、同『日本考古学研究3　日本考古学史の展開』(学生社、一九九〇年)、同『古代遺跡の考古学者』(学生社、二〇〇〇年)など。
(33)　前者の例としては、内田好昭「日本統治下の朝鮮半島における考古学的発掘調査(上)」(『考古学史研究』九号、二〇〇一年五月)、広瀬繁明「初期の朝鮮建築・古蹟調査とその後の〈文化財〉保護――一九〇九年から一九一二年の関野貞の調査成果より」(同一〇号、二〇〇三年一〇月)、後者の例としては内田好昭「日本の集成図」(同五号、一九九五年一一月)。

(34) 前掲註21、若井論文、久留島浩・高木博志・高橋一樹編『文人世界の光芒と古都奈良——大和の生き字引・水木要太郎』(思文閣出版、二〇〇九年)、廣木尚「近代日本の自治体史編纂におけるアカデミズム史学と地域意識——『足利市史』編纂をめぐって」(『日本史研究』五七九号、二〇一〇年一一月)など。前掲註12、高木論文も、この論点を反映したものとなっている。

(35) 早い時期の研究として、今井尭「明治以後陵墓決定の実態と特質」(『歴史評論』三二一号、一九七七年一月)。まとまった著作・論集として、日本史研究会・京都民科歴史部会編『「陵墓」からみた日本史』(青木書店、一九九五年)、外池昇『幕末・明治期の陵墓』(吉川弘文館、一九九七年)、高木博志・山田邦和編『歴史のなかの天皇陵』(思文閣出版、二〇一〇年)、前掲註13、高木書、上田長生『幕末維新期の陵墓と社会』(思文閣出版、二〇一二年)。近年の学会誌の特集として「特集　陵墓研究の新地平」(『日本史研究』五二一号、二〇〇六年一月)、「小特集「陵墓」問題と歴史学研究」(『歴史学研究』八五七号、二〇〇九年九月)など。また、尾谷雅比古『近代古墳保存行政の研究』(思文閣出版、二〇一四年)は、近代の古墳保存行政を地域の側の動向とともに検討し、本書で検討対象外とした陵墓行政と史蹟行政との関わりを明らかにしている。これに対して本書は、尾谷書が扱っていないアカデミズムの動向に重点を置きつつ、近代日本における古墳を含めた史蹟認識のあり方を検討するものである。

(36) 李成市「コロニアリズムと近代歴史学——植民地統治下の朝鮮史編修と古蹟調査を中心に」(寺内威太郎・李成市・永田雄三・矢島國雄編『植民地主義と歴史学——そのまなざしが残したもの』刀水書房、二〇〇四年)。

(37) 朝鮮総督府博物館に勤めていた藤田亮策は、一九一六(大正五)年以降の大規模な史蹟の発掘調査が学術的調査の専門家を生み出し、「日本の考古学発展の上に、遺蹟の科学的価値のみでなく、発掘調査方そのものが少からぬ影響を与へて居ることを否定できない」と回顧している(藤田亮策「朝鮮古蹟調査」、黒板博士記念会編『古文化の保存と研究——黒板博士の業績を中心として』出版者記載なし、一九五三年、三四三頁)。また、前掲註33「日本統治下の朝鮮半島における考古学的発掘調査(上)」は、一九一六年以前の朝鮮の発掘調査において、発掘技術・記録作成法・調査体制の編成など、のちの日本考古学が採用することになる発掘調査の基本的枠組みがいかに形成されたかを検討している。

(38) 前掲註36、李論文は、黒板勝美が朝鮮古蹟調査に取り組んだ個人的動機として、自身がヨーロッパで学んだ歴史学を直接的に試行できる場だったからという点を指摘する。また、李成市「黒板勝美に見る植民地と歴史学」(『岩波講座世界歴史』月報一六、一九九九年)は、植民地朝鮮で内地に先立ち優れた古蹟保存の法令・施策が行われたことについて、総督以下の責任者との談合により黒板が自らの学問的信念を施行できる格好の場だったためと論じている。

第一部

史蹟保存の流行とアカデミズム

第一章　史蹟保存事業前史　明治初期から一九〇〇年頃における宝物・古建造物・史蹟関連行政

はじめに

本章では、本書における考察の前提として、明治初期から一九〇〇年頃における宝物・古建造物・史蹟関連行政について取り上げる。

近代日本の文化財保護行政の流れを概観すると、明治初年の古器旧物保存の布告をその嚆矢とし、一八九七（明治三〇）年に制定された古社寺保存法のもとで、社寺有の宝物・古建造物の指定保存と修繕が進められていく。同法は一九二九（昭和四）年国宝保存法に改正され、国公有・個人法人有の物件も対象となった。一九三三（昭和八）年には円安による古美術品の海外流出を防止するため、「重要美術品等ノ保存ニ関スル法律」により、国宝指定に至らない重要美術品等の認定制度も実施されるようになった。

一方、古社寺保存法成立の頃は、史蹟保存の必要性が訴えられ始めた時期でもあった。さらに日露戦後には天然紀念物保存の訴えと合流し、各方面から史蹟名勝天然紀念物保存事業が展開した結果、一九一九（大正八）年の史蹟名勝天然紀念物保存法の制定に至る。のちの一九五〇（昭和二五）年に制定された文化財保護法は、国宝保存法、「重要美術品等ノ保存ニ関スル法律」、史蹟名勝天然紀念物保存法それぞれが扱っていた対象をあわせ、無形文化財、埋蔵文化財などの新規定を加えて制定されたものであった。

本書で主に扱うのは、一九〇〇年前後から昭和戦前期にかけての史蹟保存事業であるが、そこでは先行する古社寺保存法がしばしば意識され、その価値認識が批判されることもあった。よって、第一節では、古社寺保存法制定に至る明治中期までの宝物・古建造物保存行政の展開を、豊富な先行研究を整理しながら確認するとともに、同法施行初期の国宝指定傾向を分析することで、同法が依拠した価値認識の特質を明らかにしたい。

一方、従来の概説的な文化財保護史では、明治前・中期までの史蹟の扱われ方についてほとんど取り上げられてこなかった。だが後述するように、実際には史蹟を対象とする一定の施策が取られていたのであり、これも本書の前提として確認しておかなければならない。この点については、明治前期の社寺境内地・並木・一里塚・古墳墓・「名所旧跡」などの保存施策を概観した西村幸夫の研究、[1]内務省地理局の「古跡」保存業務を概観し、特に地籍編纂や地誌編纂政策との関わりを明らかにした森本和男の研究がある。[2]第二節では、これらの先行研究を参考にしつつ内務省地理行政における史蹟の扱われ方を整理するとともに、「公文録」、「太政類典」、『例規類纂』(後述)等から史蹟保存を扱った具体的施策を抜き出し検討することによって、明治中期までの史蹟関連業務の特質を明らかにする。

そして第三節においては、一九〇〇年前後に史蹟保存の流行が報じられ、帝国議会や史蹟保存団体、学術団体、雑誌などで幅広く議論されていく過程を概観し、これを史蹟保存事業の画期として位置づける。以上三つの課題の検討をもって、本論に取り組む足がかりとしたい。

第一節　古器旧物保存から古美術保存へ　古社寺保存法に至る宝物・古建造物保存行政

1　古器旧物保存の布告

近代日本の文化財保護行政の起点とされるのが、維新以来の旧物破壊の風潮や廃仏毀釈による寺院の荒廃・宝物の散逸に対応して、[3]明治四(一八七一)年五月二三日に出された太政官布告である。これは「古器旧物之類ハ古今時勢ノ変遷制度風俗ノ沿革ヲ考証シ候為メ其裨益不少」ため厚く保存すべきこと、品目ならびに所蔵人名を記載して提出すべきことを布告したものであるが、[4]同布告にもとづき、同年から翌明治五（一八七二）年にかけて府県による調査・報告がなされ、明治五年には目録作成・移動売買の制限・博物館の建設準備を目的とした畿内への巡回調査が行われた。[5]

興味深いのは、その際に保存対象として挙げられた「古器旧物」の構成である。書画骨董品（古書籍・金石文含む）、石器・勾玉・古瓦といった考古学的遺物、楽器・貨幣・調度・衣服・玩具などの風俗的事物までが含まれており、一見すると無秩序ではあるが、近世期に発達し明治期にも活発な活動を展開した、いわゆる好古家たちの研究分野と蒐集対象が反映していたと見ることができる。[6]文化財行政の発端は、後に古美術保存を主目的として成立する古社寺保存法の対象範囲とは、相当に異なるものだったのである。

2　殖産興業から古美術保存へ

その後は、博物館を所管する博物局（明治四＝一八七一年九月二一日文部省に設置）が中心となり、宝物調査・収集、社寺宝物保存策の提案などが行われていく。なお、博物館の所管が一八七三（明治六）年には太政官正院墺国博覧会事務局、一八七五（明治八）年内務省博物館（翌年、博物局）、一八八一（明治一四）年四月農商務省博物局へと移り変わっていくことに見られるように、当時の宝物関連業務は、殖産興業を目的とした博物館・博覧会政策と連動しており、[7]美術工芸品の生産・輸出奨励策にも結びついていた。[8]

だが、一八八六（明治一九）年、博物館が宮内省へ移管され、一八八九（明治二二）年に帝国博物館が設立されると、博物館は、殖産興業的な施設から歴史・美術を中心とした施設へとその性格を変えていく。[9]これと軌を一にして進行していたのが、岡倉覚三（天心）、フェノロサらによる日本美術の再評価と古美術政策であった。帝国博物館初代総長となる九鬼隆一は、一八八二（明治一五）年から岡倉、フェノロサらと共に全国各地の古美術調査を進めており、一八八八（明治二一）年には九鬼・岡倉らを中心として宮内省に臨時全国宝物取調局を設置し、大規模な調査を開始した。その調査対象は、一八九七(明治三〇)年までに二一万五〇九一点という膨大な点数に上った[10]。そしてこの過程を通じて、仏像などの宗教的造形物を含む宝物が、西洋由来の「美術」という概念のもとに分類・評価されていったのである[11]。また、調査と並行して美術教育制度が整備され、日本美術史の構想も形をなしていく[12]。その後、建築史学者・伊東忠太の提唱によって、古美術政策の中に古建造物が組み込まれ[13]、後に古社寺保存法に結実する古美術保存の基盤が整えられることになる。

3 宗教政策としての古社寺保存

他方、こうした博物館政策や古美術政策の流れとは別に、教部省とその職掌を受け継いだ内務省社寺局によって、社寺の宝物の処分制限や目録作成が指示されている。また、社寺の建造物についても、明治二(一八六九)年から個別の請願に対応して修繕経費が出されており、一八七四(明治七)年には官国幣社に対する営繕費の支出が規定された。だがこれらは、古建造物の保存というより再建・新築費の意味が強かったと見られている。一八八〇(明治一三)年度からは内務省経費に古社寺保存費の費目が設定され、官国幣社以外の社寺にも保存金が給付されることになったが(古社寺保存金制度)、これは建造物自体の保存のためというよりも、組織としての社寺を維持するための給付が中心だった[14]。

4 古社寺保存法の制定

このように古美術政策と宗教政策が併存する状況のなかで、古社寺美術保存の意図を中心に据えて成立したのが、一八九七(明治三〇)年の古社寺保存法である。

前述したように、九鬼ら当局者は古美術保存の基盤を整備しながらその必要性を訴えていたが、一八九〇年代前半の帝国議会でも、京都の有志団体や市、それに呼応した奈良の有志者によって、古社寺美術の国家的保護処置を求める請願運動が展開されていた。[15]この動きのなかで、一八九五（明治二八）年、古社寺に存する美術の国家的保存施策を求める「古社寺保存ニ関スル建議案」が衆議院で可決される。[16]さらに一八九六（明治二九）年には、古社寺の調査と保存の方策を立てるために、専門家を中心とした古社寺保存会を組織することを求める「古社寺保存会組織ニ関スル建議案」が貴族院に提出・可決された。[17]

こうした議会の後押しを受けて、同年四月、九鬼を会長に岡倉・伊東らが加わった古社寺保存会が成立し、[18]翌一八九七年には政府提出の古社寺保存法案が可決されて、同年に公布・施行された。[19]同法は、①建造物・宝物類の維持修理が困難な古社寺は内務省に「保存金」下付を願い出ることができること（第一条）、②国費で補助保存すべき社寺の建造物・宝物類は「歴史ノ証徴」「由緒ノ特殊」「製作ノ優秀」について古社寺保存会に諮詢して内務大臣が決定すること（第二条）、③社寺の宝物や建造物のうち歴史の証徴または美術の模範となるものは古社寺保存会に諮詢して内務大臣が「国宝」「特別保護建造物」に定め得ることとし（第四条）、当該物件に関しては処分・差押えが禁じられ（第五条）、内務大臣の命令により官公立博物館へ出陳する義務を負うこと（第七条）などを規定したものである。[20]全体として、組織としての社寺ではなく、宝物・建造物といった物件そのものを対象とする制度となったのである。

この法のもとに保存金の給付と国宝・特別保護建造物の指定が行われ、国宝・特別保護建造物指定件数は、国宝保存法に引き継がれた段階で、焼失した四件を除き、建造物八四五件、宝物類三九二二件（絵画八一〇、彫刻一八八四、書蹟四八五、工芸三九三、刀剣三五〇）に達した。[21]

5　帝国議会の審議過程に見る価値認識の対立

ここで、同法を支える価値認識について検討していきたい。まず法制定過程の帝国議会の議論に目を向けると、従前の古美術政策を反映して、美術的価値に重きが置かれていることが確認できる。[22]たとえば、前述した「古社寺保存ニ関スル建議案」は「社殿寺堂ノ建築神像仏体羽毛花卉ノ画図彫刻其ノ他千百工芸ノ今日ニ伝存スルモノ皆以テ美術ノ模範トナス可ク、以テ皇国特有ノ技能ヲ奨励ス可シ」と述べ、「宗教ノ盛衰ハ時勢止ムヲ得サル所ナリト雖、美術ノ淵源タル古社寺ノ存廃器物ノ散逸ハ、実ニ皇国光栄ノ関スル所ナリ」と主張するものだった。[23] また、一八九六（明治二九）年一月三一日に貴族院で審議された近衛篤麿ほか二名提出「古社寺保存会組織ニ関スル建議案」は「我国ノ美術ハ概ネ神仏教ニ因テ発達進歩シ、神社仏閣ノ建築ニ神仏像及諸般宝物等ノ彫鋳ニ一種精妙ノ神工霊技ヲ極メ、本邦固有ノ特能トシテ一国ノ光輝ヲ放ツニ足リ、亦以テ後世美術ノ模範ト為スヘシ」とし、「其盛衰ハ一国ノ美術一国ノ光栄ニ関スル」という理由から古社寺保存会設立を訴えている。[24] いずれも、九鬼らが推進した古美術政策と同様に、社寺の建築・神仏像・宝物などを「美術」として位置づけた上で、それが国家の光輝・光栄であり、美術の模範になるという理由から保存を主張するものだった。

一方、審議の過程では、こうした価値認識に対する疑義も表明されていた。前述した衆議院における「古社寺保存ニ関スル建議案」の審議で、小西甚之助は次のように述べている。

全編一律皆言葉ヲ美術ニ仮リテ居ラヌモノハナイノデアル、甚シキニ至ッテハ神像、仏体、羽毛、花卉即動物ヤ植物ト其地位ヲ同ウシテ、唯美術ノ上ノミヨリ保存スルノ必要ハ説イテ居ルノデゴザイマス、本員ハ決シテ神道派デナイ、又仏教ヲ奉信スル者デハナイ、故ニ神像ヤ仏体ヲ鳥獣草木ト同視シタカラト云フテ、決シテ彼是言フ者デハゴザイマセヌ、然レドモ古社寺ヲ唯美術ノ上ヨリノミ保存シヤウト致シマシテ、保存ノ理由ト云フモノハ美術ノ外ニハ無イモノ、如ク思惟セラレテ居ルコトヲ、最モ遺憾トスルノデゴザイマス

こうして美術的価値一辺倒の説明に対する疑義を述べ、「国体上ノ崇敬」「歴史上ノ関係」「国家ノ重宝上」といった別種の価値をも考慮するべきことを主張する。さもなくば「美術的古社寺保存ノ結果ハ、遂ニ美術ニ関係ヲ有セナイ所ノ神社ト、寺院ト、宝物トハ、是ヲシテ殊更ニ破壊ニ帰セシメ、殊更ニ散逸ニ至ラシムルモノト言ハナケレバナラ

ヌモノデアル」と、その舌鋒は鋭い。[25] もっともこれは、建議自体に反対するものではなく、以上の趣旨を踏まえて賛成してもらえばよいという意見表明に過ぎなかったため、建議案はそのまま可決することとなった。

だが、こうした危惧は、一八九七（明治三〇）年一月一九日の貴族院での古社寺保存法案審議でも再度表面化する。末松謙澄は「此法案ノ全体ヲ見マスルト云フトドウモ宗旨的思想ヲ外ニシテ唯美術的思想ニ重ニ観察シテ思想ヲ立テタ立案ノヤウデアリマス、此立案ノ趣意ニ依レバ随分人ノ感情ヲ起スヤウナコトガアリハセヌカト思フ」と述べ、仏像等を「唯美術的ノモノトノミ観察」し、博物館に「観セ物」のように陳列すると「宗旨関係ノ物ヲ俗了シテ仕舞フ」のではないかと論じている。[26] このように危惧されるほどに、古社寺保存法の審議では美術の保存ということが強調されていたのである。これに対し政府委員は、本尊や法要に用いるものは博物館に出陳しない旨を命令で定めると回答したが、[27] 結局特別委員会の修正によって、内務大臣の命令による官公立博物館出陳義務を規定する第七条に「祭典法要ニ必要ナルモノハ此ノ限ニ在ラス」という但書がつけ加えられることになった。[28] こうした反発と折り合いの過程からは、美術的価値が、その導入当初、いかに異質な価値観として受け止められたかということがうかがえる。

6　古社寺保存法の条文と初期指定事例に見る価値認識

次に、実際に制定された条文と国宝の指定内容を確認してみたい。先ほど述べたように、古社寺保存法第二条では保存金給付基準として「歴史ノ証徴」「由緒ノ特殊」「製作ノ優秀」の三点を、また同法第四条では国宝・特別保護建造物指定基準として「歴史ノ証徴」「美術ノ模範」の二点を挙げている。[29]

さらに、施行細則第六条において、「神社ノ祭神若ハ寺ノ本尊」を除く国宝は「甲種　製作ノ優秀ナルモノ」「乙種　由緒ノ特殊ナルモノ」「丙種　歴史ノ証徴トナルモノ」の三種に分類する（甲種はさらに製作の優秀程度により四等に分かつ）という規定が設けられた。このように分類・等級づけがなされたのは、国宝を博物館に出陳する際の補給金額（施行細則第一三条）を定める上で必要だったからだろう。[30] この分類は古社寺保存法第四条の指定条件とは整

表1－1　1897年12月〜1903年4月の種別指定件数

出典	甲1	甲2	甲3	甲4	甲計	乙	丙	等級なし（祭神・本尊等）
1897年12月28日 官報掲載内務省告示第88号	14	35	24	7	80	26	3	46
1899年 8月 1日 官報掲載内務省告示第88号	4	25	21	40	90	5	45	32
1900年 4月 7日 官報掲載内務省告示第32号	0	10	45	89	144	24	21	62
1901年 3月27日 官報掲載内務省告示第20号	0	3	29	37	69	3	26	41
1901年 8月 2日 官報掲載内務省告示第54号	1	5	22	75	103	6	9	45
1902年 4月17日 官報掲載内務省告示第27号	0	12	58	34	104	12	6	24
1902年 7月31日 官報掲載内務省告示第55号	0	3	4	11	18	5	5	11
1903年 4月15日 官報掲載内務省告示第30号	0	1	12	24	37	2	8	15
合計	19	94	215	317	645	83	123	276
〈参考〉博物館出陳時の補給金額	35〜50円	20〜35円	10〜20円	2〜10円		2〜20円	2〜6円	

全体合計　1127

合性に欠けるが、古社寺保存行政の実務に従事していた山崎有信の説明によると「製作ノ優秀ナルモノ」は「即チ是レ美術ノ模範タルモノ」であり、「由緒ノ特殊ナルモノ」は「歴史ノ徴証タルモノニアラサレハ即チ美術ノ模範タルモノタルニ過キ」ず、新たに範囲を広げたものではないという。(31) 表1－1および表1－2には、法制定以後、一九〇六（明治三九）年までに指定された国宝の種別件数とその内訳をまとめた。

表1－1からまず指摘できるのは、甲種が大多数を占め、同法制下の「宝物」の中核であったことである。しかも「等級なし」の多くは、通常甲種に分類される仏像である（仏画・人物像・仏足跡など寺院に属するものも含めると二五二

の指定国宝内訳

乙の内容	丙の内容	等級なしの内容
書蹟（弘法大師等書家の伝あるものなど含む。古文書や金石文も含む）、鞍（伝天平時代）、石上神宮の勾玉類、太刀、神輿、御幸用船、神宝類、古銅印、三鈷杵（伝弘法大師所持）	宸翰	仏像・曼荼羅・仏足跡、仏画、神像
宸翰、神宝類	神像、書籍（大蔵経など）、書蹟（資財帳、定額寺官符、写経、日記など含む。伝空海筆のものなどもこちらに移動）、腹巻（伝楠氏一族使用）、甲冑（伝楠木正成所用腹巻など含む）、太刀（伝足利尊氏所用など含む）、平胡籙、楽器、唐櫃、その他小型調度類（伝平重衡使用など含む）	仏像、神像、仏画
勅額、宸翰、書蹟（最澄空海筆、その他特に筆者の記載ないものも含む）	後醍醐天皇肖像・金沢実時ほか肖像、神宝類、甲冑、書籍、書蹟（某筆の経典など含む、系図、戸籍、古書籍残欠など含む。最澄関係のものこちらにも）	仏像、神像（天皇像含む）、紙製鑑真和尚坐像
勅額宸翰、空海筆の書蹟	太刀・甲冑（伝源義経所用籠手なども含む）、神像	仏像、僧侶坐像、神像
宸翰（額含む）、書蹟（行成筆の額）	書蹟（大塔宮令旨及注進状など）、武具（伝某奉納など含む）、建築雛型（木造五重塔）、	仏像、僧侶坐像、神像
宸翰、五獅子如意（伝聖宝所持）	紙本墨画密教画像、紙本墨画不動明王像、銅鐘（神亀四年の銘あるもの、神護景雲四年の銘あるもの）、銅鑪盤（粟原寺云々の銘）、金銅経筒（藤原道長祈願に関わる銘あり）	仏像、聖徳太子像
宸翰、書蹟（足利尊氏筆、豊臣秀吉ら筆の醍醐花見短冊）、鉄製多宝塔、鉄印	書籍（日記など）、銅鐘（記銘あり）	仏像、僧侶坐像
宸翰、書蹟（後醍醐天皇大燈国師御問答）	書籍（上宮聖徳法王帝説、醍醐雑事記、神護寺略記、行歴抄）、文書（慈恵大師遺告状など）	仏像、神像

＊ 甲種については官報に記載された種類別（絵画、彫刻、美術工芸、書蹟、筆蹟）に従い分類した。官報では乙種・丙種・等級なしについても種類別（絵画、彫刻、美術工芸、書蹟、筆蹟、書籍、文書）が記載されているが、一覧の便宜のため整理した。

件、主に丙種に属する神像類は二四件）。本尊として信仰上の配慮が加えられてはいるが、これも多くは他の仏像と同様、美術的価値が見出されての指定と見てよいだろう。これを仮に甲種に加えるならば、実に八割近くが甲種となるのである。法の条文上は三つの価値基準間に差は設けられていないものの、指定件数の多寡から見ても、また博物館出陳にともなう補給金額は甲種が最も高かったことから見ても、同法が美術的価値を優先するものだ

表1－2　1906年まで

	甲の内容
1897年12月28日 官報掲載内務省告示 第88号	絵画（仏画（掛軸）、人物像（源頼朝ほか）、曼荼羅（掛軸）、絵巻、屏風衝立障子類、扇面、平家納経）、彫刻（仏像、石造獅子）、美術工芸（蒔絵の唐櫃、懸守、厨子、天蓋、曼荼羅図刺繍掛軸、天人浮刻磚、一切経及び箱、須弥壇など）
1899年　8月　1日 官報掲載内務省告示 第88号	絵画（仏画、絵巻、曼荼羅、水墨画・淡彩画）、彫刻（仏像・人物像（北条時頼・上杉重房）、銅板法華説相図、木造狛犬、木造飾馬）、美術工芸（蒔絵筥、光背、金銅花瓶、五鈷鈴、梵鐘、檜扇、平家納経函・唐櫃、金銅仏具）
1900年　4月　7日 官報掲載内務省告示 第32号	絵画（仏画、曼荼羅、人物画（僧侶、聖徳太子など）、絵巻、山水花鳥画）、彫刻（仏像、木造狛犬、木造菩薩面）、美術工芸（木造菩薩面、五鈷鈴、三鈷、蒔絵櫛笥、蒔絵箱、銅鐘、水晶舎利塔、神輿額、堆朱香盆、刺繍弥陀三尊来迎図額、陶製金剛童子立像、黒漆螺鈿鞍、蒔絵机、刺繍大法被など）
1901年　3月27日 官報掲載内務省告示 第20号	絵画（絵巻、仏画、山水花鳥画、曼荼羅、扇面古写経、屏風絵など）、彫刻（仏像、僧侶坐像、木造狛犬、神像）、美術工芸（鼉太鼓、黒漆螺鈿唐鞍、燈籠、磚製仏像、金銅錫杖、五鈷鈴、鸞獣蒲萄鑑、銅製水瓶）
1901年　8月　2日 官報掲載内務省告示 第54号	絵画（仏画、絵巻、人物画、山水花鳥画（襖絵含む）、曼荼羅、神馬図額）、彫刻（仏像、人物像）、美術工芸（銅鐘、光背、華厳磬、金銅舎利塔、浮刻鳳凰磚、金銅経函、蒔絵函）、書蹟（紙本墨書妙法蓮華経）
1902年　4月17日 官報掲載内務省告示 第27号	絵画（仏画、絵巻、厨子、曼荼羅、扇面古写経）、彫刻（仏像、仏面、舞楽面、獅子頭、狛犬、仏頭、神功皇后坐像、仲姫命坐像）、美術工芸（華鬘、天蓋、刺繍図、金銅仏具、須弥壇、黒漆螺鈿卓、五獅子如意、銅鐘、銅壺、蒔絵筥、銅鑪盤、金銅経筒）、書蹟（紙本墨書大日経開題、紙本墨書聖宝文書）
1902年　7月31日 官報掲載内務省告示 第55号	絵画（襖絵、屏風絵、絵巻）、彫刻（仏像）、美術工芸（経筥、筥、櫛笥筥、銅鐘）
1903年　4月15日 官報掲載内務省告示 第30号	絵画（仏画、絵巻、曼荼羅、山水画）、彫刻（仏像）、美術工芸（堆朱盆、蒔絵筥、法具類、華鬘、須弥壇）、筆蹟（紙本墨書弥勒上生経（石川年足筆））

＊　官報記載の指定物件の名称を適宜省略し、一般的名称を記載した（「仏像」「屏風絵」など）。ただし、当該物件の価値認識に関わると思われる固有情報については記載している。点数に関する情報は捨象した。

ったことは明らかであろう。

また、表1－2からその内訳にも目を向けてみると、近代的な美術概念の枠組みである「絵画」「彫刻」「美術工芸」のカテゴリーに、(32)時代・制作目的・使用法の異なるさまざまな造形物が分類・整理されていることがわかる。古社寺保存法は、社寺が有する多様な宝物を美術的カテゴリーのもとに整序するものだったのであり、この点は、古器旧物保存の太政官布告が、書画骨董品や考古学的遺物、風俗的事物などを未分類のまま併記していたこととは対照的である。

しかし同時に、乙種と丙種にも一定程度の指定があったことも見逃せない。乙種は、第一回指定を除き、大多数が宸翰（勅額含む）であり、これに書蹟・筆蹟（最澄・空海など記名のものも多い）が加わった内容である。「由緒ノ特殊」とは、皇室関係者と若干の著名人物の由緒を指すものと理解することができる。

また丙種は、第一回指定を除き、神像、著名人筆跡・古文書・古記録、経典類、著名な人物像、刀剣・甲冑・建築雛型・特殊な銘文のある銅鐘・神宝類などである。美術のカテゴリーからはみ出る部分で、以前から美的・骨董的価値が認められていたものや、歴史資料としての価値があるもの（文字資料、歴史的人物の肖像画、風俗資料など）、天皇以外の偉人の由緒が認められるものなどを、まとめて回収するカテゴリーだったと思われる。つまり、古社寺保存法は美術的価値のもとに宝物を扱うものであったが、そこからはみ出る前近代以来の価値にもとづく宝物も包摂するためのゆとりが設けられていたといえる(33)。

以上検討してきたように、明治前・中期の宝物・古建造物保存行政は、勧業政策や宗教政策と結びつくなど紆余曲折を経て、最終的には日本固有の「光輝」としての古社寺美術保存を意図する古社寺保存法に結実した。美術的価値の認識は、信仰的価値などを意識した立場からの反発を受けることもあったが、それらと折り合いをつけながら制度化と指定が進められたのである。

第二節　明治前・中期の史蹟関連業務

1　史蹟に対する最初の注意

次に、明治前・中期における史蹟に類する対象の行政上の扱いを見ていきたい。その嚆矢と見られるのは、明治五（一八七二）年四月一二日、荒蕪除地払下げに際しての注意として出された大蔵省布達第五三号である。

先般荒蕪除地等払下ノ儀公布相成候ニ付テハ、於各地方古来ヨリ声誉ノ名所古蹟等ハ素ヨリ国人ノ賞観愛護スベキ者ニ付、右等ノ場所ハ叨リニ破壊伐木セザル様篤ト注意可致事(34)

ごく簡単な布達ではあるが、これがのちに内務省地理寮(のち地理局)で扱われる史蹟関連業務の根拠とされた。たとえば、「内務省第一回年報」(一八七五年七月〜一八七六年六月までの業務報告)の「公園及名所旧跡墓地ノ撰定」に関する業務報告の項では「名所旧跡ハ明治五年大蔵省第五十三号達ニヨリ声誉ノ地ヲ保存スルモノ」と説明しており(35)、一八七五年に官費による多賀城碑保存措置を伺い出た内務省がその根拠に挙げ(36)、一八八四(明治一七)年以降に内務省地理局が土地に関わる法例を編纂した『例規類纂』も、「名所」「旧蹟」いずれの項目にも、最初にこの布達が掲げられている(37)。内務省地理寮の前身は大蔵省租税寮地理課であるから(38)、名所旧蹟を扱う業務についても移管時に引き継がれたものと思われる。

2 公園設置による「勝区」「旧跡」の活用

次いで一八七三(明治六)年一月には、公園設置の太政官布達が出される。これは、「勝区」「旧跡」などこれまで人民が群集遊観し高外除地だった場所を「永ク万民偕楽ノ地トシ公園ト」定めるため、府県で調査の上大蔵省へ伺い出るよう達したもので、浅草寺や寛永寺の境内、京都では八坂神社及び清水寺の境内、嵐山が例として挙げられた(39)。この布達の契機となった大蔵省伺は、地券発行に際し、従来からの遊歩・宴会の地は所有者を定めて有税地とするよりも「公園」として「勝景」「国土ノ美目」を維持し、人民の「娯楽」と「健康」に資する場にした方が有益だと訴えるものであった(40)。

この布達にいう公園とは「欧米諸国ノ体裁ニ倣ヒ候儀ニハ無之、元来有名ノ勝地ヲ無故破壊セサル様ニトノ旨趣」

（大蔵省租税寮）であったから、[41] 当初の公園政策は、以前からの遊覧地である社寺境内や都市近郊の行楽名所を維持・活用しようとするものだったといえる。これを受けて東京府では、同年中に浅草寺、増上寺、寛永寺、富岡八幡社地、飛鳥山を公園とすることが決定された。[42] また、この制度を利用して、廃藩後の城郭や旧大名庭園などを公園化し、再利用する動きもみられた。[43]

近代日本における公園設立の嚆矢となったことで知られるこの布達は、本書の視点から見れば、明治五（一八七二）年の達に見られた大蔵省の史蹟保存方針が、地券発行を契機に具体化したものと捉えることができる。

3　内務省地理行政における史蹟関連業務

続いて一八七三（明治六）年一一月に内務省が設置されると、同省が所管した地理行政との関わりから、史蹟関連業務が取り扱われていくことになる。まず一八七四（明治七）年一月に仮設定された内務省事務章程に、本省の専任事務として「第十七条　古蹟ヲ保存スル事」が明記されており、翌一八七五（明治八）年の改正でも「第廿二条　各地古跡ヲ保存スル事」が維持された。[44] そして、一八七六（明治九）年に定められた同省地理寮の事務章程では「第三十八条　御陵及ヒ墓地公園名所旧跡ノ地事務ヲ処分スル事」とあり、同様の規定は地理局にも引き継がれ、一八九〇（明治二三）年の内務省官制で消滅するまで記載され続けた。[45] このように、「古蹟」「名所旧跡」の保存・管理・存廃に関する事務は、少なくとも一八七四年から一八九〇年に至るまで、明確に内務省地理寮・地理局の業務として位置づけられていた。

また、一時期は府県の事務としても史蹟の取り扱いが明記されており、一八七五年一一月に定められた府県事務章程には「第二十九条　公園墓地ヲ撰定シ名所旧跡ヲ査定スル事」が含まれた。[46]

一方、内務省が行政上定めた地所名称に目を向けると、一八七三年、地券発行に際して定められた地所名称区別の中に名所や旧蹟といった文言は含まれていないが、一八七四年一一月に上記地所名称区別を改めて定められた太政官布告第一二〇号では、官有地第三種に「各所ノ旧跡名区及ヒ公園等民有地ニアラサルモノ」が加わっている。また一八七四年一二月には、内務省達乙第八四号により、全国の地籍編纂調査員を派出する際の調査書類雛型に、地籍類別の官有地第三種として「旧跡」「名所」「公園」等が設定された。(47) さらに一八七六年には「地所名称区別細目」を議定し、先に挙げた地所名称区別をより詳しく定義している。そこでは、「旧跡」は「古戦場古城跡〈廃藩以来廃城ヲ此内ニ加フ〉有名古人ノ住址又ハ縁故アル等ノ土地ヲ云、但各地方其人民ノ口碑ニ伝称スルモ曖昧トシテ古史ノ徴スルニ由ナク妄誕浮説ニ係ルカ如キハ一切之レヲ省クモノトス」、「名所」は「風光佳致天造ノ美アツテ世間ニ伝称セル土地ナリ」とされた。(48)

そして、官有地第三種「旧跡」「名所」は徐々に各地で設定されていったようである。たとえば、内務省年報を見ると、一八七五年七月から翌年六月までに「名所旧跡」に選定されたのは七府県で七か所・反別三反二一歩であり、(49) 一八七六年七月から翌年六月にかけては八府県で反別二町一反八畝二八歩に増加した。(50) また、全国的な地籍編纂は予算不足から難航したが、(51) 個別に完成した地籍表（岐阜県管内美濃国、山形県置賜郡、島根県）にも「旧跡」「名所」の反別が掲載された。(52)

なお、皇国地誌の編纂に際しても、「古跡」「名勝」という項目の記載が定められており、次のように文例が示されている。(53)

古跡　某国府址　東西幾町○南北幾町○村ノ何方字某所ニアリ○残礎尚存ス等ノ類

某城墟　村ノ何方ニアリ○東西幾町○南北幾町○五稜形ヲナシ○或ハ回字形ヲナス○石壁猶存シ○遺濠鯽鰻ヲ棲ス○今ニ至リ土ヲ鑿ツモノ○往々古城具ヲ得○年号干支某氏之ヲ築キ○年号干支某氏之ヲ攻ム○克タスシテ去ル○年号干支之ヲ毀ツ等ノ類○興廃旧記等伝ハラサレハ○言伝ヲ以テ記スヘシ但旧記ノ名○言伝等ハ明瞭ニ記入スヘシ

某戦場　年号干支某々両氏ノ戦フ所ナリ○其後某々両氏亦此所ニ戦フ村ノ何方ニアリ今桑田トナル等ノ類
古関跡　大抵上ニ倣ヘ
古宅跡　年号干支某氏之ニ居ル○某氏某家ニ仕ヘ○某役敵将某氏ヲ斬ル○其後故アリテ此地ニ隠遁ス○某氏ノ伝ハ何書ニ詳ナリ等ノ類
某廃寺跡　大抵上ニ倣ヘ
名勝
某山　村ノ何方ニアリ○風景絶奇○或ハ何々ヲ以テ称セラル等ノ類
〔適宜改行をした。また、説明文は割書きになっているものを改めた〕

「古跡」「名勝」はおおむね、地所名称区別の「旧跡」「名所」に対応しているように見受けられる。地誌にこのような史蹟を含むことは、中国の地誌（大明一統志、大清一統志など）やそれに範をとった近世日本の地誌（新編武蔵国風土記稿など）にも見られる特徴である。(54) 皇国地誌自体は完成に至らなかったが、近世以来の価値認識にもとづいて、当時一般に「古跡」「名勝」といった対象に記録すべき価値が認められていたことは確認できる。

4　史蹟関連業務の実例

次に、史蹟関連業務の具体的事例を、二つの表から検討したい。表1－3は、先述した『例規類纂』の「旧蹟」「名所」の款から、各府県の伺に対する内務省の指令を抜粋したもので、内務省地理局の業務にとって参考になるとみなされた先例の一覧と見ることができる。表1－4は、「公文録」及び「太政類典」から関係記事を抜粋したもので、こちらは太政官まで上がった案件ということになる。なお、陵墓を除く古墳や偉人の墳墓などについても、旧蹟というカテゴリーとの接点が大きく、後の史蹟保存事業の中でも主要な対象の一つであったことを考慮して、表1－

3、表1－4それぞれに加えることとした。(55)

以下、両者を通じてその内容を整理してみたい。まず、対象となった物件の種類には、①忠臣義士関係の墳墓・古戦場・戦没地・古城跡等、②古社寺跡や古社寺に属する史蹟、③陵墓と認められなかった古墳、④近世から何らかの処置がなされていた史蹟(多賀城碑、多胡碑、金井沢碑、足利学校、その他①の物件)、⑤近世以来の名所(江の島、住吉神社・箕面山、養老山など)といったものが挙げられる。

次に、当該物件に対してなされた施策を見ると、①顕彰施設(祠堂・霊社・記念碑)の設置、②保存施設(柵、雨覆など)の設置または修繕・再建、③地種の変更と官有地第三種編入(寄付・購入等含む)等が主であり、民間での事業実施の可否を指令するのみの場合と、太政官の決裁を経て官費(営繕費、古社寺保存費等)を支出する場合とがあった。そのほか個別事例としては、④建物使用・出店料徴収・枯損木や下草の公売など敷地経営に関する伺と許可、⑤民間の古墳墓発掘調査出願とその不許可の事例などが見られる。

行政処理の経緯としては、当初は教部省を経由する事例が見られるが、内務省設立後は、民間有志や社寺からの出願↓府県伺↓内務省↓太政官という流れが基本で、内務省内で決裁されているものも多い。表1－3の事例はすべて地理局の業務である。

このように、内務省では個別の事案に対する処置にも応じており、主に地理行政の一環として処理されたことが改めて確認できる。だがこの表からは、地理行政という意味にとどまらない、さまざまな特徴も読み取ることができる。以下、表1－3、表1－4の諸事例を参考に、明治中期までの史蹟関連業務が有した特徴を検討していく。

5　明治前・中期の史蹟関連業務の特徴

(1)陵墓政策との関わり

まず指摘できるのは、陵墓政策との関わりから、古墳に対しては特別な措置が取られていたことである。従来から

表1－3　『例規類纂』掲載の史蹟関連業務　①

番号	年（西暦）	年（和暦）	月	日	事　案	経　過	出　典
1	1874	明治　7	6	20	江の島を公園地に定め山税免除	神奈川県伺→内務省・大蔵省指令（公園地化聞き届けず／山税免除は認める）	例規類纂・名所
2	1874	明治　7	9	28	住吉神社、箕面山を境内・公園地に区別	大阪府伺→内務省・大蔵省許可（ただし箕面山は公園地ではなく勝区とする）	例規類纂・名所
3	1875	明治　8	6	27	米仏天文学者金星観測の標柱敷地を買い上げ官有地第3種旧蹟に編入	内務省伺→許可	例規類纂・旧蹟
4	1875	明治　8	6	28	測量点を買い上げ官有地第3種旧蹟に編入	内務省伺→許可	例規類纂・旧蹟
5	1876	明治　9	4	25	小田村城跡に建碑	大塚省吾ら有志出願→茨城県伺→内務省許可（ただし敷地は官有地第3種編入の指令）	例規類纂・旧蹟
6	1880	明治13	6	3	養老山の風致整備	有志出願→岐阜県伺→内務省許可	例規類纂・旧蹟
7	1881	明治14	5	28	仙台の榴ヶ岡の立木買い取り・保存	宮城県伺→内務省許可	例規類纂・名所
8	1881	明治14	6	2	陵墓取消しとなった墳墓（旧大枝陵）の処置	京都府伺→内務省より官有地第3種に編入・保存の指令	例規類纂・旧蹟
9	1881	明治14	8	19	足利学校の周囲敷地の再官有地化	栃木県伺→内務省許可【備考：明治10年に小学校敷地及びその付属地として下渡し・払下げしていたという経緯があったが、これを取りやめ、再び官有地化することとした。】	例規類纂・旧蹟
10	1882	明治15	11	7	名所地・平等院に製茶紀念碑建立	有志の官有地下付と建碑の出願→京都府伺→内務省より官有地のまま建碑の指令	例規類纂・名所
11	1883	明治16	3	9	宇佐神宮摂社跡地（宇佐津彦命墳墓地の伝、官有地第3種に編入済）を有志保存	有志出願→大分県伺→内務省指令（聞き置く。出願者をして監守せしむるに止めよ）	例規類纂・旧蹟
12	1883	明治16	4	21	早吸同〔日〕女神社旧跡（官有地第3種）の保存	有志出願→大分県伺→内務・農商務省許可	例規類纂・旧蹟
13	1883	明治16	4	26	宇佐神宮旧境内の仲哀天皇御廟所と称する古蹟の地籍変更問題	宮司より神宮付属地として保存したいとの出願→大分県伺→内務省不許可（官有地第3種旧蹟のまま保存せよ）	例規類纂・旧蹟
14	1883	明治16	9	25	神明社移転後敷地を古蹟として石標建設・官有地第3種旧蹟に編入	石標建設の出願→秋田県伺（官有地第3種編入）→内務省許可	例規類纂・旧蹟

表１－３　『例規類纂』掲載の史蹟関連業務　②

番号	年（西暦）	年（和暦）	月	日	事　案	経　過	出　典
15	1883	明治 16	10	3	安良親王御墓と称する古墳の発掘遺物提出	村民出願→静岡県の調査と遺物提出→内務省指令（親王御墓ではない）	例規類纂・墓地
16	1884	明治 17	3	21	金井沢古碑所在地山林の官有地編入	山林所有者の寄付申出→群馬県伺→内務省許可・官有地第 3 種旧蹟に編入の指令【備考：同碑は明治 11 年に保存の件調査、同 15 年に該碑所有者からの買上げの指令があって、古社寺保存費により 75 円で買上げ、多胡碑に準じて保存方法施行中だったという。】	例規類纂・旧蹟
17	1884	明治 17	3	31	笠置山に後醍醐天皇懐古碑の建設	村民有志の再出願→京都府伺→内務省許可【備考：同碑建設の出願はすでに明治 15 年に許可されていたが、官林ではなく民有地に建設し、のち官有地第 3 種に編入するという再出願。】	例規類纂・旧蹟
18	1884	明治 17	10	14	児島高徳墳墓と称する古墳の発掘	村民より発掘調査の出願→愛知県伺→内務省より発掘不許可と保存の指令	例規類纂・墓地
19	1885	明治 18	5	8	測量点標石の旧蹟編入	長野県伺（県内で処理してよいか）→内務・農商務省許可	例規類纂・旧蹟
20	1885	明治 18	8	19	大和三山風致修繕のため茶店使用料徴収・枯損木及び下草公売	大阪府伺→内務省許可	例規類纂・名所
21	1886	明治 19	2	4	安良親王御墓と称する古墳発掘古器物の現地保存	村民出願→静岡県伺→内務省訓示（現地で収蔵保護に止め、御陵墓・神社・仏堂と紛らわしくならないように）	例規類纂・墓地
22	1886	明治 19	3	29	香椎宮近くの仲哀天皇崩御地の買上・官有地第 3 種旧蹟名区編入	香椎宮神官の出願→福岡県伺→内務省は買上げ不許可	例規類纂・旧蹟
23	1886	明治 19	4	14	古墳墓を官費にて再葬保存	熊本県伺→大蔵・農商務省許可	例規類纂・墓地
24	1886	明治 19	6	2	陵墓との伝説ある地を民有地第 2 種古墳墓に編入	大阪府伺→内務省許可	例規類纂・墓地
25	1886	明治 19	9	11	弘源寺跡地旧蹟にある草庵（西行の由緒あり）の使用	住職出願→京都府伺→内務省許可	例規類纂・旧蹟

＊　凡例は表１－４の末尾に記した。

表１－４　「太政類典」「公文録」に見る史蹟関連業務　①

番号	年（西暦）	年（和暦）	月	日	事　案	経　緯	出　典
1	1870	明治 3	5	3	高山彦九郎墳墓に祠堂建設	久留米藩伺→祠堂建設許可・神号贈位は不許可	公文録
2	1870	明治 3	9	10	風雨で破損した鎌倉宮の修繕（岩窟も含む）	鎌倉宮届出→神祇官伺→弁官より大蔵省へ協議を指示	太政類典
3	1870	明治 3	9	30	高山彦九郎屋敷に霊社建設	岩鼻県伺→神祇官許可	太政類典
4	1872	明治 5	6	24	湊川神社境内楠公石碑の雨覆修繕	兵庫県伺→教部省伺→許可	公文録
5	1873	明治 6	4	19	対馬国久根村・内山村の安徳天皇陵と伝える古墳を戸長・副戸長により守護	長崎県伺→教部省指令（正院へ届）	公文録
6	1873	明治 6	6	28	栃木県金山・新田義貞古城跡伝承地に霊社建設	土地所有者・新田氏後裔ら有志出願→栃木県伺→教部省伺→許可	太政類典
7	1873	明治 6	7	13	摂津国出野村の安徳天皇旧跡と伝える旧跡処置	大阪府伺→教部省伺→許可（御陵と認めず／ただし戸長による保存の指令）	公文録
8	1874	明治 7	10	7	丹生川上神社旧跡等への官費支出	広瀬神社大宮司江藤正澄建言→教部省伺→許可	太政類典
9	1874	明治 7	11	7	堺県南埜村の楠正行・和田源秀墳墓地の除税	森本三十郎ら有志出願→堺県伺→内務省伺→許可	公文録
10	1875	明治 8	5	4	多賀城碑の外囲・雨覆い官費修繕	宮城県伺→内務省伺→許可	太政類典
11	1876	明治 9	9	19	多胡碑に官費にて木柵設置	熊谷県伺→内務省伺→許可	太政類典
12	1877	明治 10	10	22	対馬国久根村・内山村の安徳天皇陵と伝える古墳の処置	内務省届（御陵と認めず／ただし長崎県へ保存を指令）	公文録
13	1878	明治 11	1	18	藤原師賢遺跡へ官費にて記念碑建設	地元有志祠宇建設出願→千葉県伺→内務省官費による建碑伺→許可【備考：実施を確認。】	公文録
14	1878	明治 11	9	21	阿部野村の北畠顕家墳墓へ官費にて記念碑建設	松本楚文ら有志の社殿創建・墳墓修繕出願→大阪府伺→内務省官費による建碑伺→許可	公文録
15	1879	明治 12	9	18	藤原師賢旧蹟へ建設の碑文決定	千葉県伺→内務省許可の上で太政官へ上申	公文録
16	1880	明治 13	7	19	大和三山の官費購入・官有地第３種組込み	内務省伺→許可【備考：例規類纂にて一部実施を確認。】	太政類典

表１－４　「太政類典」「公文録」に見る史蹟関連業務　②

番号	年（西暦）	年（和暦）	月	日	事　案	経　緯	出　典
17	1881	明治 14	4	19	足利学校聖廟保存・文庫再建のため官費（古社寺保存金）支出	地元有志→栃木県伺→内務省伺→許可・1000 円下付	太政類典
18	1881	明治 14	6	3	阿弥陀が峯豊公墳墓地を官有地第３種（豊国神社付属地）に編入し官費保存（修繕費 10 円以上は府県営繕費、未満は該社経費）	内務省伺→許可	太政類典
19	1882	明治 15	1	13	藤島神社移転にともない新田義貞戦没地を官有地第３種旧蹟編入・官費保存（豊公墳墓地に倣う）	福井県より跡地を摂社とする伺→内務省より跡地を官有地第３種旧蹟とする伺→許可	公文録
20	1882	明治 15	1	31	岡山県西濱村の高島行宮趾を官費(古社寺保存費)で買上げ（官有地第３種編入）及び玉垣建設	地元有志建言→郡長取次進達→岡山県取次進達→内務省・岡山県で具体案作成→内務省伺→許可	公文録
21	1882	明治 15	2	28	藤原師賢墳墓に官費にて柵・矢来建設	千葉県伺→内務省伺→許可	公文録
22	1882	明治 15	3	30	藤原師賢紀念碑玉垣の扉を官費修繕（府県営繕費中の神社営繕費）	千葉県伺（地元に目論見帳作成させる）→内務省許可(太政官へ上申)	公文録
23	1882	明治 15	4	12	群馬県下多胡碑に官費（古社寺保存費）で雨覆建設	群馬県伺→内務省伺→許可	公文録
24	1882	明治 15	4	19	群馬県下金井沢碑を官費（古社寺保存費）で購入・保存	群馬県伺→内務省伺→許可	公文録
25	1882	明治 15	11	13	蓮如墓地の官費（古社寺保存費）買上げ・官有地第３種編入	京都府伺→内務省伺→許可	公文録

表１－３、表１－４の凡例

＊　例規類纂からは、旧蹟・名所・古墳墓の項目から、参考となる個別事例を抜き出した。

＊　公文録、太政類典からは、以下の基準に従い、参考となる個別事例を抜き出した。

・国立公文書館デジタルアーカイブで「墳墓」「古墳」「旧蹟」「旧跡」「古蹟」「古跡」「名所」「名勝」「新田義貞」で検索し、関係項目を抜粋した。

・「太政類典」各編の「土地処分」「教法」「神社」「祭典」「山陵」を通覧し、名所旧跡・古墳墓関係を抜粋した。ただし、神社創建・増改築関係、偉人の記念祭、天皇陵関係は除外する。

＊　年月日は最終的な決裁の日付を記入した。なお、明治５年までは陰暦の月日を用いている。

＊　書面上の決裁のみを記したもので、実際の結末は未調査である。（北畠顕家建碑などのように、計画変更もある）

知られているように、一八七四（明治七）年太政官達第五九号で、所在未定陵墓を調査中であるという理由から古墳墓の発掘が原則禁止され、一八八〇（明治一三）年には宮内省達により、風雨による露出や偶然の発見の際も届け出ることとされた(56)。また、一里塚廃棄の際に、古墳の可能性があるかどうかも注意されていた(57)。

表1-3、表1-4からは、こうした措置に付随する形で、陵墓の認定に至らない古墳墓が官有地第三種「旧蹟」に組み込まれたり、府県や戸長によって保存するよう達せられたりしていたことが見て取れる（表1-3の8、表1-4の5、7、12）。また、一八七五（明治八）年には、天皇や皇族の殯斂地は官有地第三種「旧跡名区ノ部」に組み込むことが決定され、内務省より各府県へ調査の達が出された(58)。これがどの程度実施されたかは不明だが、その後天皇御廟所と称する地が「旧蹟」になっている例などから見ても（表1-3の13）、旧蹟というカテゴリーが、陵墓政策を補完する役割をも果たしていたことがわかる。

(2)古社寺と旧蹟の関係

第二に、社寺に関わる事例が多いことが挙げられる。古社寺所在地やその跡地に付随する何らかの由緒地の保存（表1-3の11、13、22、25）がしばしば問題となっていたほか、古い神社の移転後の跡地自体が「旧跡」として存置の上、建碑されたと思われる事例もある（表1-3の14）。そもそも当時における一般的な旧蹟の概念は、古社寺をも含む場合があったと思われるから(59)、古社寺と旧蹟とは密接な関係にあったといえる(60)。

実際、史蹟関連業務は、古社寺保存政策との接点も有していた。その一つが、移転廃合した古社寺跡地の「旧蹟」化である。一八七八（明治一一）年九月に布達された社寺取扱概則（内務省達乙五七号）は、式内神社及び文明一八年以前設立社寺の移転廃合の際は事前に内務省社寺局に照会することを定めていたが(61)、その跡地処分については同省地理局に照会し「旧蹟」編入を検討する例であった(62)。表1-3の14の事例は、この方針にもとづくものであろう。

また、前述した古社寺保存金制度も、社寺に付属する「勝区旧跡」保存の意図を含むものだった。同制度の契機となった内務・大蔵両省伺では、次のように述べている。

往昔大社巨刹ハ各其社寺領即朱印黒印ナルモノ有之、且其境内広大、周囲之山林ヲモ所有シ、修造費用之如キモ大概官給ヲ仰カサルハナク、是以名区旧跡古代ノ建物維持保存相成来候処、維新已降社寺領被廃境内減削周囲山林モ悉皆返地ト成、僅ニ大社中之巨擘ナルモノ而已官国幣社被列官費造修等相成其旧観ヲ存在スト雖モ、其他ノ旧社古寺ハ修理之途ヲ失ヒ追年破壊ニ属シ、今日維持ノ方法講セサレハ、名勝ノ結構不残荒廃ニ至リ、異日巨万ノ費用ヲ以テ其旧観ヲ復セシメント欲スルモ、復夕如何トモスヘカラサラン歟、夫大社巨刹ハ人民ノ帰向スル所、其帰向ノ厚薄ハ政治上ニ影響ヲ生シ、ソノ関係ヲ有スルヤ素ヨリ不鮮少、況ヤ勝区旧跡古代之建物ヲ保存スルハ国光ヲ保存スルノ一端ニテ、既ニ古跡保存ノ儀ハ追追御詮議相成、往往古社寺へ御寄附被下賜候向モ有之[63]

こうした前提があったため、古社寺保存金は、社寺に関係する物件（表1－4の25）や社寺に準じる物件（表1－4の17、足利学校は近世には寺院同様に扱われていた）、さらには社寺に属さない物件（表1－4の23～24）にも給付されることになったのである。

なお、ここで付言しておきたいのは、内務・大蔵両省伺で「勝区旧跡古代之建物」保存を「国光」という観点から正当化したことの意味である。これについて、清水重敦は、一八七七（明治一〇）年頃から列強に対峙しうる国家イメージをつくり出すために、西洋人の視線を意識しつつ「旧跡保存」等の理由から寺院や御所の修繕を行っていたこと、それは岩倉使節団が見た欧米の事例に刺激を受けたものであり、古社寺保存金制度もその影響を受けていたことを指摘している[64]。本章で取り上げている史蹟関連業務も、西洋人の視線を意識し、西洋の事例から影響を受けた面があったと思われる[65]。

(3)功臣・偉人顕彰事業との関わり

第三に、本書との関係から特に重視しておきたいのが、功臣・偉人顕彰事業との関わりである。教部省は一八七四年、戊辰戦争で死亡した官軍兵士の墳墓や戦没地・招魂場の官費による祭祀・修繕が達せられたことを受け、次のような伺を出している。

恩独リ今代之忠士ニ蒙リ、賞弘ク往世之功臣ニ及ハサル条理ハ有之間敷、就テハ唯ニ前文之墳墓等ニ限ラス、凡古来国家有功臣士之冢塋〈タトヘハ山城国和気清麻呂墓、大和国藤原鎌足墓、楠正行髻塚、下総国藤原師賢墓、越前国新田義貞墓、播磨国児島範長墓之類〉其所在判然タルモノハ、同様官費修繕被仰出永世御保護被為在度、并ニ縦ヒ専ラ朝廷ニ対スル功臣ニ非ラストモ、古今ニ渉テ絶倫抜群内外ニ伝称スヘキ名臣奇士之兆域モ〈タトヘハ備中国小早川隆景墓、肥後国加藤清正墓、或ハ武蔵国大石良雄等墓之類〉、現今後嗣絶滅祭主無之分ハ、其地税アルモノハ之ヲ免シ、所管ナキモノハ之ヲ定メ、地方限リ保存之方法ヲ立候様被仰出度、ソレ如斯ナレハ地下之朽骨永ク恩栄ヲ蒙リ、一代之美事遠ク後昆ニ輝キ、人民自ラ感奮興起報効之志ヲ励ミ、奉戴之情ヲ敦フシ、治教之裨益実ニ浅々ナラサル儀ト存候

このように、時代を遡って古来の功臣・名臣奇士の墳墓も保存することが人心教化に役立つとし、各地方に墳墓調査を依頼することを伺い出たのである[66]。

これに対し内務省は、地方事務の多端な現在においては不急の策であり、かつ地誌編纂を通じて各地古墳墓の把握は可能であるとの理由から反対するが、基本的な方針としては同意し、すでに取り扱っていた新田義貞古城跡や楠正行墳墓等の事例のように、各地からの出願には適宜対処すると回答する。その結果、教部省案は見合されることになった[67]。その一方で、表に見られるように、功臣・偉人等の由緒ある場所（旧宅、墳墓、古戦場、古城跡）の保護・修繕、同地への神社創立の裁可、官費での記念碑建立などの個別的措置が取られていったのである[68]（表1-3の5、17〜18、21、表1-4の1〜4、6、9、13〜15、18〜19、21〜22、25）。

そもそも明治維新後は、王政復古の精神にもとづいて、天皇・皇族・功臣の追慕顕彰と神宮・神社創建が盛んに行われていた。[69] 特に建武中興の功臣については由緒ある地への神社創建や贈位が相次ぎ、そのうち代表的なものは、明治五（一八七二）年の湊川神社を嚆矢として別格官幣社に列せられていく。[70] 表に挙がった事例の中にもその事業の一部であるものが含まれ（表1－4の4、9、13～15、19、21～22）、そこでも忠臣顕彰による人心教化を図るといった目的が掲げられていた。[71] 天皇を形式上国家統治の中核に据えた明治政府にとって、功臣顕彰事業は、陵墓の確定などとともに積極的に取り組むべき課題だったのである。

ただ、先述の教部省伺が「朝廷ニ対スル功臣」以外の「名臣奇士」をも対象としたように、顕彰すべき範囲は必ずしも天皇の功臣に限るものではなかった。この点は、別格官幣社に列せられた神社に、建武中興の功臣と並んで織田信長・豊臣秀吉・徳川家康などを祭神とするものも含まれていたこと、廃藩置県後は各地で旧藩主家を祀る神社が次々と創建されていたことなどからも見て取れる。[72] 過去の偉人や事蹟を顕彰し、現在・未来を教化する行為の素材は、天皇やその功臣を中核としつつも、実際にはかなりの幅をもっていたと思われる。

また、もう一つ注意する必要があるのは、こうした功臣・偉人顕彰事業の発端の多くは、地元住民や、顕彰対象者と何らかの関係を有する民間人の出願にあったことである。これは偉人関係の事案に限らず、前述の陵墓や古社寺の事例にも当てはまる。しかも、地元の主張はときに牽強付会に流れ、官庁側から疑問が呈されたり、否定されたりすることもあった（疑問を抱かれた例として表1－4の9、否定された例として表1－3の15、表1－4の7、12）。明治政府の教化政策は一方的なものではなく、地元の顕彰運動の盛り上がりとも軌を一にするものだったと見るべきだろう。

この動向を理解する上で有効と思われるのは、羽賀祥二の『史蹟論』である。羽賀は同書で、一九世紀前後から古城跡や古戦場などの史蹟顕彰活動が行われていく事例を検討している。そしてその動向について、地域における個人や藩が地域支配の正統性を確保しようとするものであり、また、過去の功労者の顕彰と敬礼を通じて倫理的共同体をつくることが意図されたと論じている。[73] 上記の潮流は、この近世以来各地で展開されていた顕彰運動と、王政復古の精神にもとづく明治政府の功臣顕彰政策とが結びついて生じたものと考えられる。

6　小括――明治前・中期における史蹟関連行政の歴史的位置

以上のように、明治中期までは、内務省地理行政の一環として史蹟の調査・保存・顕彰を意図する施策が取られており、これに陵墓政策・古社寺保存政策・教化政策なども影響を与えていた。これらは明治政府の一方的な措置だったわけではなく、民間からの出願も数多かった。

その歴史的背景として、羽賀氏が指摘する一九世紀を通じた史蹟顕彰の潮流に見られるような、近世以来の価値観の継続という側面が挙げられるだろう。また近世には、旅行の活発化にともなう数多くの名所図会類の刊行があり、そうした面からも史蹟への関心があったことと思われる。この問題については第四章で、具体例を通じて掘り下げることとしたい。

一方、明治以後の新たな文脈もあった。土地制度の激変にともない史蹟の所有関係や現状の変更、荒廃が問題となったことはその一つである。また、天皇や功臣の追慕顕彰を推進する政策方針が、近世以来の顕彰運動を方向づけし、活性化させたことも指摘できる。西洋の事例に学び、日本の歴史・伝統の保存に注目し始めたことも影響しているだろう。

とはいえ、明治前・中期の段階では、地籍・地誌の編纂に付随する業務のほかは個別的な出願への対処にとどまっていたと思われる。そして、一八九〇（明治二三）年の内務省官制によって地籍課と地誌課が消滅し、管理課・気象課の二課体制になると、地籍課の職掌事務だった「旧跡」「名所」関連の規程も官制から消滅する。(74) 内務省の史蹟関連業務は、これをもって一旦途絶えることになった。(75)

第三節　一九〇〇年前後における史蹟保存事業の流行

1　史蹟保存事業の流行と帝国議会の建議案

だが、中央行政レベルで史蹟を扱う規定がなくなったとはいえ、民間レベルでの同種の事業が廃れたわけではなかった。第二章で詳述するように、学術雑誌『歴史地理』は、一八九九（明治三二）年の創刊以来、当時の新聞・雑誌で盛んに報道されていた史蹟保存事業を紹介し、これを近年の流行として論じている。史蹟保存事業は、むしろ以前よりも盛んになったと認識されていたのである。

こうした中で、帝国議会においても、古墳墓保存を訴える建議案が提出されるようになった。その一つが、一八九七（明治三〇）年三月、貴族院に提出された「古墳墓保護ニ関スル建議案」である。これは「忠臣元勲其ノ他国家ニ功労アル者」の墳墓を新古を問わず政府が保護することを求めたもので、提出者の外山正一は、源義家や木下順庵の墓の荒廃を例に挙げて保護の必要を訴えた。対象範囲の曖昧さなどが指摘されて議場の形勢は不利となるが、末松謙澄がシェイクスピアの墓やモーツァルトの生家など西洋でも保護の法が立てられていること等を説明し、建議に賛成した[76]。結局、委員会で修正の上「功臣元勲碩学鴻儒等ノ古墳墓保護ノ建議」と名称を変えて可決されることになる[77]。

また、一八九九年一月には、木下広次により「古墳墓保存ノ建議案」が貴族院に提出される。これは、皇室に関係する可能性のある上代の古墳墓を政府が調査し、民有地に属するものを国費で買収するよう求めたもので、内地雑居後に外国人に買収され遊宴の場にされるのではないかという懸念も書き込まれていた。提出者の木下広次は、一八九七年の外山の建議と同趣旨ながら、政府が一向に対処しないため、皇室関係の上代古墳墓に限って建議するものだと説明し、即日満場一致で可決した[78]。

さらに同年三月、三浦安・高島信茂により「御歴世宮趾保表ノ建議案」が提出される。陵墓は諸陵寮で扱われている一方、宮趾についてその計画がないのは国体上の欠点とし、形跡ある場所は修補、ない場所は記念碑又は石標を建設することを求めたものである。これも即日、全会一致で可決した。(79)

2　行政側の施策

こうした状況下、かつて史蹟を扱っていた内務省はいかなる措置を講じていたのだろうか。

一つには、古社寺保存行政の一環として史蹟を扱おうとしていたことが確認できる。一八九五（明治二八）年の「古社寺保存ニ関スル建議」を受けて、内務省は全国の古社寺の実態を再調査するために「古社寺調査事項標準」を作成、さらに古社寺保存金増額にそなえて「古社寺保存金出願規則」を定めた。(80)「古社寺調査事項標準」は、調査報告すべき対象に「第一種　文明十八年以前創立ノ社寺」のみならず「第二種　史乗中掲載ノ社寺ニシテ名区古跡ト称スヘキモノ」、「第三種　境内風致秀抜ノ社寺ニシテ国郡ノ美観勝地ト称スヘキモノ」、「第五種　陵墓其他賢相名将等ノ古墳其境内ニ属シタル社寺」、「第八種　名所旧蹟ノ建築物並碑碣ノ類ニシテ神仏ニ縁由アルモノ」などを含んでいた。(81)また、「古社寺保存金出願規則」では、「古社寺保存金ハ、全国著名ノ神社寺院及神社寺院ニ属スル名所旧跡ノ古建物碑碣並ニ神社寺院所伝ノ宝物古文書図画彫刻物及其他ノ什物類ニシテ、左項ノ一ニ該当スルモノニ限リ之ヲ下附スルモノトス」とされ、下付条件（「左項」）の一つに「名所旧跡ノ風致美観ニ関係アル物」が挙げられた。(82)社寺と関わりのあるものに限られるが、「名所旧跡」の古建造物・石碑などの保存を古社寺保存金制度の枠内で取り扱うことが意図されていたのである。

そして、二年後に成立した古社寺保存法には、附則第一九条で「名所旧蹟ニ関シテハ社寺ニ属セサルモノト雖仍本法ヲ準用スルコトヲ得」と規定された。(83)古社寺保存金制度の先例が引き継がれたものと思われるが、社寺に属するものという限定が外されている点で、より幅広い対象を包含しうるものであった。また、同附則との関連は不詳だが、一八九八年一二月には、内務省から府県へ名勝旧蹟調査の訓令が出されている。[84] だが、附則第一九条はその後いっさい活用されないまま、一九一九（大正八）年の史蹟名勝天然紀念物保存法制定にともない削除されるに至る。[85] 関係者たちの回顧によると、当時この第一九条が存在していたことは認識されつつも、費用不足などからそれが活用されなかったのではないかということである。[86]

むしろ内務省は、古社寺保存法とは別個の立法による対応を企図したらしく、一八九九（明治三二）年九月には「古墳旧蹟保存法案」を計画していたことが新聞で報じられている。

内務省にてハ来期の議会に古墳旧蹟保存法案なるものを提出する筈なるが、従来古墳旧蹟に就てハ別段何等の制裁なきを以て、或者ハ水田となり或者ハ邸地となりて、歴史上文学上至大の関係ありしものも空しく湮滅に帰する有様なるより、彼の三重の木村一郎氏の如きハ熱心に保存法を講究して多年単身奔走し居りしが、今回政府に於て本法を設くるに就てハ、古社寺保存法の如き方法となし当局者に於て夫々指定する筈なれど、何分本法を施行せんとするにハ多少の費用を要し、本年ハ財政之れが施行を許さゞるものあるを以て只名義上設定するに止め、追つて余裕の出来次第補助する都合になり行くべしと[87]

ここからは、保存制度がない現状において「古墳旧蹟」の湮滅が進んでいること、他方で木村一郎という人物の奔走があったこと（木村については第二章参照）、古社寺保存法に倣った指定保存制度が検討されていたことが確認できる。条文内容は不明だが、上記の建議をはじめとする史蹟保存の機運に対応するものだったと推測してよいだろう。しかし、この法案も日の目を見ることなく終わった。結局、内務省をはじめとした行政当局は、当該期の建議や状況に対して十分な対応を取り得なかったのである。

3　史蹟をめぐる議論の場の形成――批評される史蹟保存事業

だが、こうして行政的対応が不十分な中、史蹟保存の中央機関となることを目指す民間有志の団体が設立されることになる。それが、長岡護美《もりよし》ら名士を中心として一九〇〇（明治三三）年に設立された帝国古蹟取調会である。同会は史蹟の調査・保存を目的とし、機関誌を刊行して各地の史蹟の紹介や考証、紀行文や詩歌、史蹟保存の意義を訴える論説などを掲載した。

一方、学者による保存の提唱も、この時期以降活発化してくる。歴史学者・考古学者の中に前述の帝国古蹟取調会に参加した者がいたほか、一八九九（明治三二）年に設立された日本歴史地理研究会でも、雑誌『歴史地理』に史蹟保存事業の流行状況を紹介し、これに関連する論説を載せていた。

この両会においていかなる議論が交わされたかについては第二章・第三章で検討することとして、ここでは当時のより一般的な言論雑誌・総合雑誌で発表された保存論を取り上げたい。その一つが、国粋主義を掲げる政教社の『日本人』（『亜細亜』含む）に掲載された、風景保存とあわせて史蹟保存を訴える議論である。志賀重昂は、代表作『日本風景論』のベースとなった論稿で、「近年来、人情醨薄、目前の小利小功に汲々として遥遠の大事を遺却し、或は森林を乱代《ママ》し、或は「名木」「神木」を斬り、或は花竹を薪となし、或は古城断礎を毀ち、或は「道祖神」の石碣を橋梁に用ひ、或は湖水を涸乾し、或は鶴類を捕獲し尽くし」「以て吾が風景を残賊する幾千ぞ、吾が風景は竟に保存せざるべからず」と価値ある風景の保存を訴え、その一部分として古城断礎・道祖神などが含まれている(88)。また、中井喜太郎の「風景保存法私案」も、勝景地のみならず「歴史上の旧跡」の毀損も防ぐことを提案している(89)。

一方で同誌には、民間での「古跡保存」や「紀念碑建設」の流行を批評的に取り上げる論説も現れていた。

こゝ十数年来、古跡保存、紀念碑建設といふ事大に流行し、京都の如き古跡の歴然たる地は兎も角、他地方に於ては、碌々考証をも為さで、或は根拠なき板本により、或は信すへからさるの口碑により、田を埋め、藪を開きて、何の遺跡、何の古跡として新に樹木を植へ、紀念碑を建てたる者甚多し、何たるたわけそや、如此は其土人《ママ》の愚を示すのみに止まらす、或は後世を誤るの恐あるもの、われ頗る賛せさるなり、況んや、村の顔役か己か名を語らんとして、里の若手か飲酒の機会を作らんとして、何々保存会を起し、何々紀念碑を建て、無用の労力と、無用の金銭とを費す如き断して斥けさるべからさるなり〔中略〕古跡や保存すへき也、而かも湮滅したるものは起すへからさる也、何者これ其古跡の価を害する者なれは也、紀念碑や建つへき也、而かも必要なきに建つへからす、これ寧ろ汝か愚を表はし、時に後世を誤るの恐あれは也[90]

このように当該期には、各地で推進された史蹟保存事業や偉人顕彰事業を一括して「流行」という社会現象として捉え、それを一歩引いた立場から批評する場が生じていたのである。

そして、その議論の場には、このころ形を成しつつあったアカデミズムの担い手たちも加わっていた。たとえば、当時各種の雑誌に啓蒙的論説を発表していた人類学者・坪井正五郎は、『日本人』に掲載した論説で、古墳保存に先だつ調査の必要性を訴えている。

貴人の墓所、或は歴史的人物の墓所を考定しやうと云ふにも等しく実地調査が必要でござります。伝説には往々誤りがござりますし、又場合に由ると為にする所が有つて捏造説を交へて有る事もござります。兎角自分の地方に名所を殖やし度いとか、由緒有る塚の数を増し度いとか云ふ念が人々の頭に浸み込んで居る者ですから、何の拠が無くとも関係を付けたがる所へ持つて来て少しでも引懸かりが有らうものなら直に誰々の墓と証明された様な説が唱へらる。一ヶ所で何某の塚が発見された云《ママ》ふと他からも競争者が出る。是非の判断に実地調査の欠く可からざる事勿論でござりますが、争ひを未発に防ぐ為にも実地調査をするが宜しい[91]。

このように、古墳の由緒に誤りや捏造が多いことを指摘し、実地調査の必要性を論じている。さらに坪井は、高山林次郎らによる古社寺・古美術保存論が誌面を賑わしていた総合雑誌『太陽』でも、より踏み込んだ古墳論を展開する。[92]

〔通常行われる墳墓調査の〕目指す所は大概皆誰の葬所を探ぐるとか、墳墓の誰のものたるかを明かにするとか云ふに在るので有ります。古墳調査も矢張り同様に考へられて居るので、某所で古墳が発見されたとか崩壊されたとか聞くと直ちに夫れは誰某の塚で有らうと云ふ様な説が出る、又古墳其ものに付いて実地の調査を仕て居ると其所に葬られた人の誰であるかを穿鑿するので有らうと速断される。古墳調査は固より斯かる目的を以て行はれる事も有りますが、斯かる目的の他には古墳調査の用が無いと云ふものでは有りません。〔中略〕私の目指す所は主として人類学上の益を得ようと云ふに在るので有ります。〔中略〕此場合に於いては塚の大小で築造の労力が推測され、従つて使役された人夫の多寡や、夫れ等の住居した都会或は村落の事さへも幾分か窺ひ知るを得ます。埴輪立て物の調べは当時の服装器具等の如何を明かにし、且つ土製品を焼く技術の様子をも告げます。

そしてこれに続けて、埋葬された人骨や埋葬の風習を調査する意義に言及し、「之より生ずる結果の学術的価値は極めて大」であると論じるのである。[93]新たに設定された史蹟保存をめぐる議論の場は、民間保存事業の見出す古墳の価値認識とは異質な、史蹟の学術的価値が表明される場でもあった。

以上のように、史蹟保存の流行が報じられた一九〇〇年前後は、近代日本の史蹟保存事業における一つの画期であったと思われる。もちろん、実際の事業数が大幅に増加したかどうかを把握するのは困難である。また、先に見てきたように、当該期までの史蹟を扱う民間事業は偉人顕彰を主目的としたものが多々見られるが、第二章から第四章で扱うように、一九〇〇年前後に実施されていた民間事業もやはり同様の性質を持つものだった。つまり、民間の史蹟保存事業の質的側面については、明治前・中期から一九〇〇年前後にかけて、一定の連続性すらあったといえる。

しかしながら、そうした事業が帝国議会という公の場で政治的議論の対象となり、新聞で報道され、総合雑誌や学術雑誌で取り沙汰されるようになったこと自体が、大きな変化であった。つまり、史蹟保存事業が社会現象として認識され、これをより一般的な立場から議論する場が形成されたという事実に、この時期の画期があるといえるだろう。

おわりに

最後に、本章で論じてきた三つの課題を整理し、次章以降の議論への足掛かりとしたい。

第一節では、古社寺保存法成立に至る明治中期までの宝物・古建造物政策の展開と、同法制下初期の国宝指定傾向を分析した。近代日本の古器物保存政策は、当初は近世の好古趣味的な価値認識にもとづいて開始され、その後は勧業目的の博物館政策や宗教行政の一部として社寺宝物や建造物の保護が進められた。そして、一八八〇年代以降、社寺の宝物・建造物は日本の優秀さを表す優れた古美術として位置づけられ、法律のもと保存されるようになったのである。

ここに生じていたのは、近世以来の書画骨董的・好古趣味的価値や信仰的価値が、美術的価値に読み替えられていくという変化であった。もちろん、その過程はスムーズに進んだわけではない。帝国議会では美術一辺倒の議論に対する反発が見られたし、初期の国宝指定傾向から確認したように、美術的価値以外の諸価値も包摂する制度設計とその運用がなされていた。しかし、このように旧来の価値基準と折り合いをつけることで、美術的価値にもとづく保存政策は制度化を果たし、過去の遺物に対する社会一般の価値認識に対して一定の影響力を行使するようになったとも考えられるのである。だが、美術的価値を基準として過去の遺物を評価する立場は、その後の史蹟保存論のなかで、まったく別の観点から批判されることになる。この点は後章で取り上げていくこととしたい。

第二節では、内務省の地理行政を中心とした明治前・中期の史蹟関連業務を取り上げた。その発端は明治五

（一八七二）年の「名所旧蹟」保存の達に始まり、内務省設置後は地理行政の一環に位置づけられ、地籍編纂・地誌編纂業務に付随してその調査が進められていく。また、陵墓政策、古社寺政策、教化政策とも関わって史蹟の保存・顕彰施策が断片的に取られていたが、各地方からの請願に対する個別的措置が中心であり、一八九〇（明治二三）年をもってその業務はいったん途絶えることになったのである。

第三節では、一九〇〇年前後に史蹟保存に関する一つの画期が訪れることを取り上げた。行政側の停滞の一方で、この頃には各地での史蹟保存の「流行」が報じられるようになる。さらに、帝国議会では古墳墓や宮趾保存に関する建議が提出され、帝国古蹟取調会、日本歴史地理研究会、その他総合雑誌などで史蹟保存が議論されていく。各地の民間事業だけでなく、政治家、名士、学者らが史蹟保存という現象に注目し、これを議論する場が生起したという点に、当該期の画期があった。そしてその場においては、顕彰運動が相互に意識・刺激しあうことは避けられなくなる。また、貴族院での末松謙澄の意見のように、外国の事例を参照するなど、より俯瞰的な観点から問題を捉える視点も登場してくる。

中でも大きな問題を惹起したのが、アカデミズムの側から提起された新たな史蹟の価値認識であり、ここから既存の民間史蹟保存事業との対立が生じていくのである。第二章から第四章では、この対立を、三つの具体的事例を通じて明らかにしていきたい。

註

（1）西村幸夫「土地にまつわる明治前期の文化財保護行政の展開――「歴史的環境」概念の生成史　その3」（『日本建築学会計画系論文報告集』三五八号、一九八五年一二月）。

（2）森本和男『文化財の社会史――近現代史と伝統文化の変遷』（彩流社、二〇一〇年）第九章。

（3）この布告の契機になったと見られる明治四年四月二五日の大学の建言は「戊辰干戈ノ際以来、天下ノ宝器珍什ノ及遺失候モノ尠有之哉ニ伝承致、遺憾ノ至ニ有之候処、殊ニ近来世上ニ於テ欧州ノ情実ヲ悉知不仕候輩ハ、彼国日新開化ノ風ヲ以テ徒ニ新奇発明ノ物耳貴重仕候様誤伝致、只管厭旧尚新ノ弊風ヲ生シ、経歳累世ノ古器旧物敗壊致候モ不顧、既ニ毀滅ニ及候向モ有之哉ニ相聞へ」という状況に対し、古器旧物を保存するため、西洋各国に倣って「集古館」を建設するなどの施策を訴えるものだった。「古器旧物各地方ニ於テ保存」(「太政類典」第一編・第九七巻、太－九七)。明言はされていないが、時期的な状況を考慮すれば、廃仏毀釈にともなう弊害も考慮されていたと思われる。

(4) 明治四年五月二三日太政官第二五一「古器旧物ヲ保全セシム」(内閣官報局編『法令全書』明治四年、第六冊、内閣官報局、一八八七～一九一二年)二一七～二二一頁。以下同書からの引用は、年月日・法令番号(または整理番号)を明記した上で、『法令全書』とのみ記し冊数・頁数を略す。

(5) 東京国立博物館編『東京国立博物館百年史』(第一法規出版、一九七三年)七三～七四頁。

(6) 鈴木廣之『好古家たちの19世紀――幕末明治における《物》のアルケオロジー』(吉川弘文館、二〇〇三年)。

(7) 前掲註5、七三～八〇、一六二～一七二頁。

(8) 佐藤道信『明治国家と近代美術――美の政治学』(吉川弘文館、一九九九年)第一章、第三章。

(9) 前掲註5、二四九～二五九頁。同書は、博物館の宮内省移管について、皇室財産の形成や御物管理等を目的としたものと指摘している。

(10) 同右、二九一～二九八頁。同調査では、絵画・彫刻・美術工芸・古文書・書蹟に分類し、歴史上または美術・美術工芸・建築上の重要度によって八階級に分けて監査していった。

(11) 小川伸彦「制度としての文化財――明治期における〈国宝〉の誕生と宗教・美術の問題」(『ソシオロジ』三五巻三号、一九九一年二月)。もっとも、この美術という概念の内実は多様であり、その受容過程も複雑である。北澤憲昭『美の神殿』(美術出版社、一九八九年)および前掲註8、第二章を参照。

(12) 前掲註8、第一章、第四章。日本美術史の形成については、高木博志『近代天皇制の文化史的研究』(校倉書房、一九九七年、第一二章)も参照。

(13) 「古社寺保存会の思ひ出――伊東忠太博士を囲む座談会」(『史蹟名勝天然紀念物』一七集一一号、一九四二年一一月)四一～四二頁、文化財保護委員会編『文化財保護の歩み』(文化財保護委員会、一九六〇年)二五～二七頁。

(14) 西村幸夫「建造物の保存に至る明治前期の文化財保護行政の展開――「歴史的環境」概念の生成史　その1」(『日本建築学会論文報告集』三四〇号、一九八四年六月)。

(15) 水澗あまな・藤岡洋保「古社寺保存法成立に果たした京都の役割」(『日本建築学会計画系論文集』五〇三号、一九九八年一月)。

(16) 「第八回帝国議会衆議院議事速記録第二十三号」(一八九五年二月四日)三七九～三八〇頁、「第八回帝国議会衆議院議事速記録第

四十号」(一八九五年三月四日)六九五〜六九九頁。建議案を提出した一人・衆議院議員の竹村藤兵衛は、国家による古社寺保存の請願運動を進めていた京都の美術振興団体「美術協会」の会員で、京都での古社寺保存活動に深く関わっていた人物である(前掲註15、二〇四、二〇六頁)。

(17) 「第九回帝国議会貴族院議事速記録第十一号」(一八九六年一月三一日)九三〜九六頁。

(18) 初期の古社寺保存会のメンバーについては、前掲註13「古社寺保存会の思ひ出——伊東忠太博士を囲む座談会」六六二〜六六三頁。

(19) 前掲註13『文化財保護の歩み』二八〜二九頁。

(20) 明治三〇年六月五日法律第四九号「古社寺保存法」(『法令全書』)。

(21) 文化庁『文化財保護法五十年史』(ぎょうせい、二〇〇一年)九頁。

(22) 古社寺保存をめぐる帝国議会での美術と宗教の対立については、前掲註11、小川論文において指摘されているが、本書の関心に即して改めて整理していく。

(23) 前掲註16「第八回帝国議会衆議院議事速記録第二十三号」三七九頁。

(24) 前掲註17「第九回帝国議会貴族院議事速記録第十一号」九三頁。近衛篤麿の建議案趣旨説明では、美術のほかに「歴史」「風致」の意義もあると述べているが、重点は美術の保存という点に置かれている。

(25) 前掲註16「第八回帝国議会衆議院議事速記録第四十号」六九八頁。なお、ここで美術以外に保存すべき価値あるものとして例に挙げられているのは、茅葺・丸木柱でありながら「社格ガ高ク」「国体上崇敬シナケレバナラヌ」神社の社殿、「粗笨」な建築ではあるが「由緒ガアッテ、歴史上ノ関係ガ厚イ寺柄」の堂宇、「又御歴代ノ列聖方、或ハ古代ノ賢相名臣、其他碩学高僧等ノ遺墨タル総テノ文書類デアリ、及一切ノ自然物タル器具ノ如キ」宝物である。

(26) 「第十回帝国議会貴族院議事速記録第四号」(一八九七年一月一九日)一六頁。

(27) 同右。

(28) 「第十回帝国議会貴族院議事速記録第十六号」(一八九七年三月九日)一三六頁。

(29) 前掲註20。

(30) 明治三〇年一二月一五日内務省令第三五号「古社寺保存法施行細則」(『法令全書』)。

(31) 山崎有信『古社寺保存便覧——古社寺保存法註解同保存出願手続』(発行・山崎有信、発売・郁文社、一九〇三年)一六頁。

(32) 前掲註8、第二章。

(33) なお、特別保護建造物については甲種・乙種・丙種の種別はなされておらず、同様の分析手法を取ることはできないが、やはり由緒よりも外形そのものの価値、つまり美術的価値が優先されていたと思われる。この点については後章で言及する。

(34)「名所古蹟破壊伐木ヲ止ム」(「太政類典」第二編・第一一七巻、太―三三九)。
(35)「内務省第一回年報　四」(大日方純夫・我部政男・勝田政治編『内務省年報・報告書』二巻、三一書房、一九八三年)四一〇頁。
(36)「宮城県下多賀城碑外囲造築」(「太政類典」第二編・第一一七巻、太―三三九)。なお、この内務省伺では、後述する内務省事務章程も保存施策実施の根拠の一つとして挙げられている。
(37)内務省地理課編『例規類纂』二巻(橘書院、一九八一年。一八八四〜八八年内務省地理局刊の複製)、五〇一、五〇五丁。
(38)前掲註35、三八八頁。
(39)「府県ニ公園ノ地所ヲ択ハシム」(「太政類典」第二編・第一一五巻、太―三三七)。
(40)同右。
(41)明治六年四月二三日租税寮回答(前掲註37、二巻)四六九丁。
(42)同右、四七〇丁。
(43)田中正大『日本の公園』(鹿島出版会、一九七四年)。
(44)明治七年一月一〇日太政官達「内務省職制事務章程仮定」(内務省地理局編纂物刊行会編『地理例規』ゆまに書房、一九八五年。一八九二年内務省庶務局刊の複製)一三六頁、明治八年一二月二八日太政官達第二一七号「内務省職制事務章程改正」(同)一九一頁。
(45)明治九年一月二九日内務省内規「地理寮職制及事務章程」(前掲註44『地理例規』)二五六頁、明治一五年四月内務省内規「地理局庶務規程」(同)三五五頁、明治一八年六月二五日内務省内規「内務省庶務条例」(同)三七〇頁、明治一九年二月二六日勅令第二号「内務省官制」(同)四四八頁。
(46)明治八年一一月三〇日太政官達第二〇三号「県治条例ヲ廃シ府県職制並事務章程制定」(前掲註44『地理例規』)一九三頁。だが、一八七八(明治一一)年七月、同事務章程を廃止し設定された府県官職制では、この名所旧跡云々の文言は消滅している。明治一一年七月二五日太政官達第三二号「府県職制並事務章程ヲ廃シ府県官職制制定」(同)二八七〜二九一頁。
(47)明治六年三月二五日太政官〔達〕第一一四号「地券発行ニ附キ地所ノ名称区別トモ更生」(前掲註44『地理例規』)九四〜九五頁、明治七年一一月七日太政官布告第一二〇号(前掲註37、一巻)八四〜八五丁、明治七年一二月二八日内務省達乙第八四号「全国地籍編纂調査トシテ官員派遣ニ附キ取調雛型ノ件」(前掲註44『地理例規』)一七〇〜一七一頁。
(48)明治九年五月一八日内務省議定「地所名称区別細目」(前掲註37、一巻)一七七丁。
(49)前掲註35「内務省第一回年報　四」四〇九頁。ただし反別不詳の府県も含む。
(50)「内務省第二回年報　三」(大日方純夫・我部政男・勝田政治編『内務省年報・報告書』四巻、三一書房、一九八三年)五三頁。

(51) 大日方純夫・我部政男・勝田政治編『内務省年報・報告書』一～一四巻（三一書房、一九八三～八四年）には、明治八年七月から明治二五年度にかけての内務省の年報・報告書が収められており、地籍編纂業務の経過が確認できる。

(52) 前掲註50、九～一七頁、「内務卿第五回年報附録 二」（大日方純夫・我部政男・勝田政治編『内務省年報・報告書』八巻、三一書房、一九八三年）四四五～四四六頁付表。

(53) 明治八年六月五日太政官達第九七号（前掲註37、一巻）二〇五丁。

(54) 石田龍次郎「皇国地誌の編纂――その経緯と思想」（『社会学研究（一橋大学研究年報）』八号、一九六六年三月）四六～四九頁。

(55) なお、官有地第三種および民有地第三種（一八七六年から第二種に変更）には「墳墓地」という地所名称も設けられているが（前掲註47、明治七年一一月七日太政官布告第一二〇号）、これは「自今埋葬ヲ要セサル古墓或ハ無縁ノ地蔵冢等ヲ云」もので、「屍ヲ埋葬スル土地」である「埋葬地」とは区別されていた（前掲註48「地所名称区別細目」）。古墳や偉人の墳墓は、基本的にはこの「墳墓地」に加えられたと思われる。しかし、古墳の中には「旧跡」扱いされたらしいものもあり（表1－3の旧大枝陵は『例規類纂』の「旧跡」の項目に入っている）、崩御地や戦没地は「旧蹟」に分類されているから（表1－3の仲哀天皇崩御地、表1－4の新田義貞戦没地の例）、旧蹟と墳墓地はその意味上隣接し、かつ一部重なり合うカテゴリーとして、あわせて取り扱うべきものと思われる。

(56) 明治七年五月二日太政官達第五九号「御陵墓調中ニ付口牌流伝ノ場所並古墳等猥ニ発掘ヲ禁ス」（『法令全書』）、明治一三年一一月一五日宮内省達乙第三号「御陵墓所在未定ノ分取調ニ付人民私有地内古墳等発見ノ節ハ詳細申出」（同）。

(57) 明治九年一〇月一〇日内務省達乙第一二〇号「一里塚代用ノ古墳等ニシテ耕地ヲ翳陰スル等有害無益ノ塚丘処分方」（『法令全書』）、明治一五年一一月一六日地理局長通知（前掲註37『例規類纂』二巻）五一一～五一二丁。前者の『法令全書』の目録上のタイトルは達の内容と異なるが、そのまま記載した。

(58) 「御歴代天皇ヲ始メ皇子皇女ノ御殯斂地々種組入方」（「太政類典」第二編・第二六四巻、太－四八七）。

(59) 一八七七（明治一〇）年には中尊寺金色堂の官費修繕が「古蹟保存」を理由として聞届けられた事例、一八七九（明治一二）年には東大寺南大門の官費修繕が「旧蹟保存」を理由として聞届けられた事例がある（清水重敦「近代日本における建築保存概念の生成に関する研究」東京大学博士論文、二〇〇四年、八八～八九頁）。また、一八八一（明治一四）年に京都で設立された民間団体「保勝会」は、五畿及び江丹二国の「名勝古蹟」の保存を目的として掲げていたが、主な関心は京都の古社寺保護に向けられていた（小林丈広『明治維新と京都――公家社会の解体』臨川書店、一九九八年、一四六～一四七頁）。

(60) 表では寺院跡の事例が少ないが、やはりこの点があてはまると思われる。森本和男は、皇国地誌に記載された「古跡」は仏教関係遺跡が半数を占め、さらにその半数が廃仏毀釈によって幕末・明治初期にかけて姿を消した寺院・堂宇の遺跡だったと指摘し、皇国地誌は村の関係者が執筆していたことから、当時の人々の古跡観において廃仏毀釈で取り壊された寺院・堂宇への思いが重要な位置を占めていたと論じている。前掲註2、三六四～三七一頁。
(61)「社寺取扱概則」(『太政類典』第三編・第五六巻、太-六六一)。目録上は「社寺取扱規則」と表記されている。
(62)一八八七(明治二〇)年一二月一二日の内務省議定は、この二重の照会は煩瑣にわたるので、最初の社寺局への照会の際に地理局と協議の上、旧蹟として保存を要するかもあわせて扱うことを定めた(明治二〇年一二月一二日内務省議定、前掲註37、六編、二六五丁)。また、これ以前の一八八二(明治一五)年、社寺取扱概則以前に移転廃合した社寺であっても跡地払下げはせず、官有地のまま古跡として存置すべきかとの群馬県伺に対して、内務省は伺の通りとし、ただし古跡として存置するに足らずと認められるものは事由を書いて届け出るよう指令しているという例もある(明治一五年九月二六日内務省指令、前掲註37、二巻、一一丁)。いずれも個別の伺に対する指令に過ぎないが、『例規類纂』に記載されていることから、先例として扱われたものと見ることができる。
(63)明治一二年一二月二三日内務大蔵両省伺(内閣記録局編『法規分類大全』二六巻、原書房、一九七九年。一八九一年刊の復刻)四三八～四三九頁。
(64)前掲註59、清水論文、八八～九〇頁。
(65)たとえば、岩倉使節団に同行してワシントン旧邸を見学した山本復一は、一八八〇(明治一三)年ころ岩倉具視に対し、同旧邸を例に挙げて「我帝国古聖王の旧跡・故地」の保護を建言している。前掲註59、小林書、一四五～一四六頁。
(66)「諸功臣以下墳墓保護ノ儀伺」(国立公文書館所蔵「公文録」明治七年・第一八九巻、公-一二一一)。
(67)同右。
(68)なお、一八七五(明治八)年七月、地租改正に際する職員内規として地租改正事務局が議定した「地所改定仮規則」でも、歴史上の偉人の古墳墓で崇敬されているもののうち、奉仕する子孫のないものは、官有地第三種に組み込むべきこととされた。「地所改定仮規則」(地租改正資料刊行会編『明治初年地租改正基礎資料』上巻、有斐閣、一九八八年、改定版第二刷)五六五頁。
(69)岡田米夫「神宮・神社創建史」(神道文化会編『明治維新神道百年史』二巻、神道文化会、一九六六年)。贈位については田尻佐編『贈位諸賢伝』第一、第二(国友社、一九二七年)。
(70)白山芳太郎「旧別格官幣社考」(『皇學館大學紀要』二一号、一九八三年一月)。
(71)たとえば、楠木正行墳墓除税に関する堺県の伺いでは、「一ニハ正行ノ忠孝節義ヲ表シテ霊神ヲ弔慰シ、二ニハ諸民ヲシテ其志操ヲ知ラシメ〔中略〕勧善誘義ノ捷径ト奉存候」と述べられている。「堺県下南野村楠正行外一名墳墓地除税伺」(「公文録」明治七年・第七九巻、公-一〇九五)。
(72)前掲註69、岡田論文。
(73)羽賀祥二『史蹟論――19世紀日本の地域社会と歴史意識』(名古屋大学出版会、一九九八年)。

(74) 明治二三年六月二六日勅令第一〇八号「内務省官制」（前掲註44『地理例規』五五一頁）、明治二三年七月二日内務省内規「内務省各局分課」（同五六五頁）。
(75) 後の保存事業の中でも、この時期の史蹟行政に言及されることはなく、忘れ去られていたものと思われる。例外的に、歴史地理学者の吉田東伍は、官有地第三種に「旧跡」を含む規定の存在を認識していたが、そうした国政上の規定が一九〇三（明治三六）年時点でうまく機能していないことを問題としている。吉田東伍「国法上より観たる古蹟」（『古蹟』二巻五号、一九〇三年五月）四頁。
(76) 「第十回帝国議会貴族院議事速記録第十三号」（一八九七年三月一日）九二〜九八頁。
(77) 「第十回帝国議会貴族院議事速記録第二十六号」（一八九七年三月二四日）四五六〜四五七頁。
(78) 「第十三回帝国議会貴族院議事速記録第十二号」（一八九九年一月一四日）一四二〜一四六頁。
(79) 「第十三回帝国議会貴族院議事速記録第四十二号」（一八九九年三月七日）六七二頁。
(80) 西村幸夫「明治中期以降戦前における建造物を中心とする文化財保護行政の展開――「歴史的環境」概念の生成史　その2」（『日本建築学会計画系論文報告集』三五一号、一九八五年五月）。
(81) 明治二八年四月五日内務省訓令第三号（『法令全書』）。
(82) 明治二八年七月一二日内務省令第七号（同右）。
(83) 前掲註20。
(84) 丸山宏「近代における京都の史蹟名勝保存――史蹟名勝天然記念物保存法をめぐる京都の反応」（丸山宏・伊従勉・高木博志編『近代京都研究』思文閣出版、二〇〇八年）一七五〜一七六頁。
(85) 大正八年四月九日法律第四四号史蹟名勝天然紀念物保存法（内閣印刷局編『大正年間法令全書』八巻ノ二、原書房、一九九〇年）。
(86) 「史蹟名勝天然紀念物保存法施行二十周年記念談話会」（『史蹟名勝天然紀念物』一四集六号、一九三九年六月）四一、四四頁。
(87) 「古墳旧蹟保存法案」（『読売新聞』一八九九年九月二四日付一面）。
(88) 志賀重昂「日本風景論」（『亜細亜』三巻一号、一八九三年一二月）五六頁。
(89) 中井喜太郎「風景保存法私案」（第三次『日本人』七五号、一八九八年九月）一二頁。
(90) 文芽「名勝古跡」（同右七九号、一八九八年一一月）三一頁。
(91) 坪井正五郎「古墳保存に先だつ古墳調査」（同右一〇二号、一八九九年一一月）一七頁。
(92) 「古物保存の可否」（『太陽』三巻一六号、一八九七年八月）、高山林次郎「古社寺及び古美術の保存を論ず」（同五巻一〇号、一八九九年五月）など。
(93) 坪井正五郎「古墳調査は如何なる点に於て人類学を益するか」（『太陽』六巻一三号、一九〇〇年一一月）五〜六頁。

第二章　史蹟保存の流行と日本歴史地理研究会

はじめに

本章では、日本歴史地理研究会刊行の雑誌『歴史地理』の検討を通じて、当時民間で行われていた史蹟保存事業と、歴史学者たちが提起した新たな史蹟保存の論理との間に生じた対立を明らかにする。

前章で確認したように、一九〇〇年前後は史蹟保存に関する議論の場が生じていたが、その重要な一角を担った団体として、日本歴史地理研究会が挙げられる。同会はその創立とともに史蹟保存の「流行」[1]状況に際会し、これに関する論説を『歴史地理』を通じて積極的に発表していた。だが従来の研究では、そうした論説が当時の史蹟保存事業の流行状況を報じる記事として紹介されることはあったものの、論説執筆者自身の論理に即した検討は十分になされていなかった[2]。

そこで本章では、日本歴史地理研究会の概要と、その運営を担った歴史学者たちの歴史観について検討した上で、『歴史地理』に掲載された史蹟保存に関する諸論説を、史蹟保存の流行状況に対する批判意見を中心に検討する。この検討を通じて、民間の史蹟保存事業の潮流とは異なる新たな史蹟保存の論理が歴史学者によって提唱され、両者の間に対立が生じていく様相を明らかにしたい。

なお、検討対象とする時期は、会の創立から日本歴史地理学会と改称するまで（一八九九〜一九〇五＝明治三二〜三八年）とする。史蹟保存に関する論説は創立後の数年間に特に多く、論調にも一定のまとまりが見られると考えるからである。

第一節　日本歴史地理研究会とその歴史観

1　組織

日本歴史地理研究会は、一八九九（明治三二）年、若手の歴史学者や学生が中心となって創立された。発起人に名を連ねたのは、喜田貞吉、岡部精一、小林庄次郎ら八人で、帝国大学で国史学を専攻した若手研究者、あるいは東京帝国大学文科大学国史科在学生が多数を占める。(3)

会報欄などから成立後の組織を見てみると、会長は侯爵蜂須賀茂韶《もちあき》、賛成員として著名な学者や名士が加わっているが、(4)実質的に会運営を担い『歴史地理』編集を担当したのは、発起人を中心とした若手の歴史学者や、帝国大学国史科在学生たちであった。(5)他方で一般会員については、こうした学生のほか、実地調査を重視する立場から地方の在野史家との連携を目指していたため、(6)多数の地方会員を有しており、一九〇〇（明治三三）年七月の段階で三四〇有余の会員、四〇〇〇人程度の読者がいたと報じられている。(7)

会規約第一条には、会の活動目的として「本邦歴史地理の研究に従事する」ことが掲げられ、具体的な研究項目としては「一、古跡　旧都社寺陵墓古城跡古戦場名所等」「二、地勢の変遷　河川海岸山腹等の変動」「三、古今の地理上の智識　地誌紀行地図等」「四、政治地理　国郡郷里領邑の境界、都市宿駅道路津済の変遷、人口の増減、産物の沿革、地理と文明との関係」が挙げられている。(8)ここでは、第一の研究項目に「古跡」が挙げられていることに注目しておきたい。

こうした研究目的のもと、ほぼ毎月の談話会に、著書出版、通俗講演会の開催、『歴史地理』刊行が行われた。(9)『歴史地理』の誌面は、本文記事、雑録、博議、質疑回答、彙報及評論、会報欄などで構成されたが、特に彙報及評論欄に、史蹟保存事業の紹介や、それに対する意見を多数掲載した。そのほかに地方雑俎欄が設けられ、新聞報道や読者投稿に依拠し、全国各地の史蹟の現状や、その発見・保存などを紹介していた。

以上のように、会の中核を担っていたのは若手の歴史学者であり、地方在住の歴史に関心を持つ人々との連携を目指しつつ諸事業を展開していった。そして、その中でも「古跡」は研究項目として重視され、毎号のように誌面に取り上げられていたのである。

2　歴史観――社会の歴史への志向

次に、会の中核を担った若手歴史学者の歴史観を検討していく。『歴史地理』には歴史観一般について論じる文章がたびたび掲載されたが、特に注目したいのは、それらに共通する、社会の歴史への志向ともいうべき考え方である。一例として、トーマス・カーライルの偉人崇拝論を批判する論説「偉人崇拝」の一節を取り上げる。

> 今の史的研鑽に従ふものは、徒らに偉人の勢力を過大視することなかれ〔中略〕彼等も亦個人のみ、彼等は竟に人間のみ、滔々たる社会の大勢を転じて東西流れを異にせしむるが如き遂に彼等の為す能はざる所〔中略〕偉人、勢力霊怪あらば、社会亦勢力霊怪あるを忘るべからず〔中略〕偉人を基礎として歴史を説かんとするは、思想未だ幼稚なる初等の学徒を教育するの便宜の為めのみ、客観的の研究方針を取らずんば史学は遂に科学たること能はざるなり(10)

このように、偉人の歴史と社会の歴史を対比させ、前者に「思想幼稚」、後者に「客観的」「科学」といった語をあてて、社会の歴史に目を向けるべきことを主張するのである。こうした考え方は、『歴史地理』誌上のさまざまな論説に反映されていた。

たとえば、歴史の道徳的解釈を批判する論説では「凡そ史的事実発展の動機は必ず経済的なり、換言すれば土地と人民と間《マヽ》に事件発生の真原因を認むるを得べし、夫の古来多く言説せらるゝ如く、道徳文教の上に之を求めんとするが如きは殆ど人類の社会の如何なるものなるかを洞察するの明なきものと云ふべし」[11]というように、歴史の動因を、道徳ではなく経済的事情に求めるべきことが、南北朝の騒乱などを例に説明されている。また、郷土史研究の必要性を訴える論説では、「仮令政治史の発展の如き、外形上首府に於てするが如き看あるも、社会変遷の理に鑑みて其の真の動力は全国にあること固より自明の事なるへし」と論じ、「一国の歴史と云ふも其実首府の表面の事実の叙述に止」っていた古来の史家を批判している。[12]

こうした批判の念頭には、旧来の「教訓の義」をもつ歴史や「名匠の美文に依りて天下に弄ば」れて「謬を後世に伝へ」た「歴史小説」の類に加えて、[13]当時盛んに出版されていたという「文筆を以て古英雄を紹介すといひ歴史と小説を混同」する「文学の士」による史書などの存在があったと思われる。[14]後者は、徳富猪一郎（蘇峰）や山路愛山らジャーナリストの史論など、当時通俗的な読物として流通していた英雄論的人物伝の類を指すと考えられる。[15]そうした、一般に受容されてきた歴史観に対し、「科学」的方法で「社会」の実相を明らかにしようとするのが、彼らの立場であった。

このような社会を視野に入れた歴史観は、福沢諭吉、田口卯吉らのいわゆる文明史や、外山正一、三宅米吉などの社会学に依拠した歴史叙述、[16]初期の『史学会雑誌』に発表された諸論説などにも見られ、[17]社会学、歴史学、考古学など西洋の学問の影響を受けて導入された一思潮であった。だが、特に会への直接的影響が指摘されるのが、[18]歴史学者・坪井九馬三である。

坪井は欧州留学後、一八九三（明治二六）年から東京帝国大学文科大学で史学地理学第一講座を担当し、一九〇一（明治三四）年には歴史地理学講座を新設した。こうした講義をもとに著された日本最初の史学概論と評される『史学研究法』は、社会という概念が重要なキーワードになっている。たとえば坪井は、史学を「社会の細胞としての人の働作の発展を研究する科学である」[19]と定義するが、この史学は「百年以来、尚精密に申せば、五十年以内に発達した」[20]ものであるという。そして、従来これが発達しなかった理由を「歴史事実と申しますものは、過去の社会にあらはれた一切の事情を指すものでありまして、これを研究致しますには、非常にこみいつた学術上の方法がいりますが、古人はこれを知らぬ、古人は先づ社会といふものを知らぬ」[21]というところに求め、「我等が今日持つて居る社会、及びそれに対する観念が発達して後、こゝに始めてゲネチッセ、ゲシヒテ〔坪井の論じる意味での史学〕が完く出来るわけであります」[22]と説明する。坪井は社会の認識の有無という点において、従来考えられていた歴史と、科学としての史学を区別するのである。[23]

当時帝国大学では、坪井やリース、箕作《みつくり》元八らによって導入された西洋近代史学を学んだ歴史学者が輩出され始めていた。[24]こうした環境下にあった日本歴史地理研究会の主導者たちもまた、「科学」的方法を重んじるとともに、歴史地理という研究分野を選択したこともあいまって、坪井の影響のもと社会の歴史を特に強く志向することになったと思われる。歴史地理研究から出発し、やがて考古学、民俗学などを取り入れた古代史・民族史の研究に向かっていく喜田貞吉は、その代表であろう。また、創刊から一九〇一年まで『歴史地理』編集を担当し、多くの論説記事を執筆した小林庄次郎も、「君は史学の根本は過去の社会組織を攻究して、社会精神のある所を知るを以てその要義とする見を有し」[25]ていたと回顧されるように、社会の歴史への志向を強く有していた。

このように、日本歴史地理研究会に集った若手歴史学者は、当時の通俗的な歴史観を批判し、近代歴史学の「科学」的方法と、社会を視野に入れた歴史観を提示した。そしてそれをもって、民間の古蹟保存事業や紀念祭が流行する地方史研究の領域に踏み込もうとしたのである。

第二節　日本歴史地理研究会の史蹟保存論

1　史蹟保存論の発表と史蹟への関心

以上のような歴史観と社会的立場のもと、『歴史地理』誌上には数多くの史蹟保存論が発表された。表2－1は、『歴史地理』より史蹟の調査保存についてまとまった意見が表明されている記事を抜き出したものである。このほかにも、個々の史蹟保存事業に対する簡単な意見や感想の類は多いが、代表的なものを挙げるにとどめた。[26]「日本歴史地理学会十年史」が、発足当初を回顧して「特に斯学研究上最も入り易き古蹟の研究に重きを置き或は実地の踏査を奨励し、或は地方人士と連絡を通じ、或は当時流行せし古蹟の保存顕彰に就きて世に注意する所あり」[27]と記しているように、史蹟に関する意見発表は、当時の会の主要な活動の一つであった。

それでは彼らは、史蹟に対していかなる関心を向けていたのだろうか。会の目指す歴史地理研究について解説した論説（表2－1の1）には、その関心の所在が次のように示されている。

> そも古跡なるものは歴史事実の一片若くは其片影なれば、史料としては最も重要なる者なることは言を須たず〔中略〕夫の和泉なる、仁徳帝の御陵を拝したる者、誰れか其規模の宏大なるに驚くと共に、或る疑念を、伝ふる所の歴史事実に挿まざるものあらん、此れ実際の古跡以外決して得べからざる絶好史料ならずや、若し或る記録に拠り、或る計算を用ひて、右の御陵築造に要する土功を知るを得ば、当時の政治、経済の事情を解釈するに於て、得る所決して少なからず、此れ只一例に過ぎざるも、古跡の歴史に於ける関係此の如し[28]

仁徳天皇陵は、陵墓としての価値ではなく、当時の政治・経済事情を知る「史料」としての価値を見出されている。

彼らにとって史蹟とは、当時の社会状態を知る研究材料なのであった。

こうした立場は、次のような一般の歴史地理研究の現状に対する苦言にも示されている。

世には古墳墓を弔ひ、板碑を求め、城墟を訪ひ、遺蹟を探るの士には乏しからず、されども此れ真に日本歴史地理の研究にあらず、只好事と云はんのみ〔中略〕従来交通の発達を実地に踏査して研究したるもの幾人かある、何人か荘園領地の領域沿革を考定したるものある、港湾津済の沿革、河川流程の変遷等多く注意せられず、只々古墳墓等の、繁昌するは全く斯道の幸にあらざるなり(29)

現今に於ける歴史地理研究の方針は如何、単に名蹟、古墳墓等の調査の流行するのみにあらずや〔中略〕歴史地理の研究には生命を附せざるべからず、即ち之によりて当時の社会をも復現するにあらずんば、其研究は多くの価値を見ず、古墳墓の研究の如きは抑も末の末と云ふべし(30)

古墳墓のような「好事」の対象になるものだけでなく、前節で挙げた会規約の研究項目に見られるような幅広い対象を、過去の「社会」を「復現」する研究材料として位置づけているのである。

2　民間の史蹟保存事業に対する批判

このような認識を有していたために、『歴史地理』の論調は、民間の史蹟保存事業との間に一線を画すこととなった。創立後の半年間を回顧する表2-1の9で「気運の然らしむる所か、近来世の古跡保存を説くもの益多く、天下到る所此の声を聞かざるなし、本誌偶然此の風潮に際会す、豈力めずして可ならんや(31)」と述べられているように、同時期は史蹟保存の流行の時代と捉えられていた。しかし続けて、「此る事業と其動機と目的とに於て一大相違ありと

表２－１　『歴史地理』掲載の史蹟の調査・保存に関する意見　①

番号	年	月	巻	号	執筆者名	記事名	内　容
1	1899（明治32）	10	1	1	こ、し、	日本歴史地理の研究に就いて	歴史地理の研究内容についての解説
2	1899	11	1	2	むらさき	にせ物語（1）	偽の名所旧蹟の紹介。1巻4号にも（2）が連載（執筆者名は「たかね」）
3	1899	11	1	2		古墳旧蹟保存法案	内務省の古墳旧跡保存法案提出準備の紹介
4	1899	11	1	2		古蹟保存に関する諸運動	古蹟保存事業に対する感想と6件の事例紹介
5	1899	12	1	3	三上参次	東京市内の史蹟及史的物件の保存に就て	東京府教育会における演説の要約。東京市の史蹟・史的物件の紹介とその保存の主張
6	1899	12	1	3	麻郷	古墳旧蹟の調査保存に就て	保存事業の流行に対する意見と5件の事例紹介
7	1900（明治33）	2	1	5	呦	史蹟に於ける神社の創立	史蹟の保存顕彰手段としての神社創立について、利点と注意点を解説
8	1900	3	1	6		古跡保存の流行	古蹟保存の流行に対する感想と16件の事例紹介
9	1900	4	2	1	麻郷	過去半歳の回顧と将来の希望と	古蹟保存の流行と歴史地理思想普及の現状に対する感想、学者の責務を主張
10	1900	4	2	1		古跡調査保存事業続聞	古蹟保存の流行に対する感想と8件の事例紹介
11	1900	5	2	2	呦々子	下総国香取郡小御門村の公家塚	小御門村公家塚を事例とし、古墳を史上の人物と結びつける困難を指摘
12	1900	5	2	2	麻郷	史跡顕彰に先たつ研究	大阪の高津宮趾顕揚事業に対する批判
13	1900	5	2	2	麻郷	史跡研究に対する地方的感情の弊	地方的感情による誤った史蹟顕彰に対する批判
14	1900	7	2	4	呦	遺蹟偽作	高津宮など偽遺蹟が世を誤らせることを慨嘆
15	1900	9	2	6	麻郷	古蹟の廃滅	古蹟廃滅の2事例の紹介
16	1900	10	2	7	麻郷	歴史地理研究に対する吾人の希望	歴史地理研究に好事家的なものが多いことを批判、科学的な研究をすべきことを主張
17	1900	11	2		麻郷	古蹟保存の意義如何	名所古蹟保存の流行に対する批判
18	1900	11	2	8	麻郷	古蹟に対する伝説と事実	虚偽の伝説的古蹟は民心に利益あることも多いが、学者の間には真偽を確定すべきと主張
19	1900	11	2	8	麻郷	情を以て実を枉る勿れ	愛郷の情による古蹟の事実の曲解を批判、2件の事例紹介

表２－１　『歴史地理』掲載の史蹟の調査・保存に関する意見　②

番号	年	月	巻	号	執筆者名	記事名	内　容
20	1900	12	2	9	坪井九馬三	歴史地理とは何ぞや	11月例会における講演筆記。地理学、史学、考古学等との関係を説明しつつ歴史地理学とは何かを解説
21	1901（明治34）	1	3	1	麻郷	明治三十三年の歴史地理界	前年の歴史地理研究と世間の風潮の回顧
22	1901	3	3	3	麻郷	京都保勝会の近状	京都の名勝旧跡保存会の事業紹介と、保存事業の流行に対する感想
23	1901	6	3	6	大森金五郎	歴史地理研究の必要	第1回通俗講演会の講演筆記。歴史地理研究の必要性とその興味、注意点について解説
24	1901		3	7	麻郷	歴史地理と史学	歴史地理研究を史学の根本とし、研究により当時の社会を復現すべきことを主張
25	1901	8	3	8	麻郷	古墳に就ての誤解	古墳に対する民間の誤解について、新聞記事を例に紹介
26	1901	12	3	12		わが仏尊し	わが仏尊しの精神による誤った古蹟保存事業4件の紹介
27	1901	12	3	12	麻郷	日本歴史地理研究会第二回通俗講演会	第2回通俗講演会の記録。喜田貞吉が開会の辞で世間の名所旧跡に対する誤解に言及
28	1902（明治35）	8	4	8	久米邦武	名所旧蹟と歴史地理	賛成員招待会での演説筆記。江戸時代以来の名所旧蹟を疑わしいものとし、東京近傍を事例に歴史地理研究の雛形をつくることを提唱
29	1902	9	4	9	久米邦武	名所旧蹟と歴史地理（承前完）	同上
30	1902	9	4	9	木公	白河保勝会	名勝旧跡の破壊に対する慨嘆と、古蹟取調会・白河保勝会の活動紹介、慎重な調査がなされるべきことを主張
31	1903（明治36）	3	5	3	喜田貞吉	古墳の年代を定むる事に就て（坪井博士の丸山古墳の年代推定説を論ず）	古墳の年代推定は未発達な研究分野とし、坪井正五郎の年代推定法を批判
32	1904（明治37）	1	6	1		名所旧蹟の保存に就て	古蹟保存の流行に対する批判
33	1905（明治38）	2	7	2	うき生、老人、けふ子	史蹟の破壊（でたらめの記、維新前後の奈良）	史蹟破壊の実例紹介。7巻3号・4号・6号にも連載
34	1905	4	7	4	けふこ	没趣味なる当局者	上野公園内の黒門の撤去計画に対する批判

＊『歴史地理』創刊号から7巻12号（1905年12月）までの諸記事中、史蹟調査・保存に関する意見が含まれるものを抜き出した。

雖、其結果の吾人の所期に合するを喜ぶ[32]」と述べ、一般の史蹟保存の動機・目的と、自分たちのそれとを区別している。さらに、「若し時に不幸にして吾人の研究に向て一大支障をなすものあらば、吾人豈黙々として已〔ママ〕むべけんや[33]」と、史蹟保存事業が自分たちの研究の妨げになった際には、これを批判する意思も示している。

そして実際に、多数の批判記事が誌上に発表されることになった。以下、批判内容を分類して列挙していく。

第一に、最も多く見られるのは、行き過ぎた愛郷心や知識の無さから、誤まった史蹟を保存する傾向があることへの批判である（表2－1の2、6～7、9、11～14、17、19～20、22、25～27、30～31）。

> 地方的感情を以て天下幾多の史蹟を己が郷里に定めんとする者其儔少なからず〔中略〕此の感情ありてこそ初て人々其郷里の史蹟発揚に熱冲〔ママ〕するなれ、故に吾人は全然之を排せざるのみならず、却て之によりて益其郷党の勝と美を誇られん事を望む、只吾人の望む所は己れ心に其偽を知れども事証を曲解して世人を瞞せんとする如き陋を去らんことなり[34]

こうした「地方的感情」と無知とがあいまって、誤った史蹟保存に向かわせることに注意を促している。

第二に、私利を営む目的で史蹟保存事業に取り組む傾向があることへの批判である（表2－1の17、21、30、32）。

> 名所古蹟の保存は近時の流行なり、流行なる語は多くの場合に於て非常の好文辞に非ず、其雷同、附和、模倣、競争時には利欲の念の伴ふものあればなり〔中略〕今の古蹟保存を説く人その趣意那辺にありとするか、或は其帝室に関係するを以て理由とするものあり、吾人臣民たるもの固より此に異辞のあるべき理なし、然れども時に二三奸悪の徒の私利を営むもの名を皇蹟顕揚に藉るものなきを保せず、彼等の巧なる国民の忠愛の至情を利用し其異辞を敢てし得ざるの弱点に乗じて己が議に同ぜしむるもの全くなしとせず、此の類我人万人の共に歯せざる

し所なり、或は古社寺保存と云ひ、古城趾、古名蹟顕揚と云ふ、人々の愛郷心を利用せんとするもの又これあるべし[35]

このように、流行の中で「忠愛の至情」や「愛郷心」を利用し、私的利益を得ようとする傾向も生じていたという。第三に、価値のない史蹟を対象とする好事家的事業に陥っているものがあることへの批判である（表2‐1の16～17、24）。

仮令其保存の趣旨に於ては、少しも非議すべきものなしと雖、何の価値もなき片々たる遺蹟を踏査し保存するも、一種好事の閑事業として識者の一笑を買ふに過ぎざるものあらば如何、世の進運に伴ず、徒らに懐旧尚古の思念に駆らるゝものは、現世及び未来を以て過去の犠牲に供せんとするものにして愚の属と云はざるべからず[36]

前節で見たような、歴史地理研究の古墳墓偏重に対する批判もここに含まれるだろう。

第四に、流行のわりに保存の実が挙がらず、無理解のために破壊が進んでいることがたびたび批判されている（表2‐1の3、15、23、30、32～34）。

そしてこうした批判に続けて、世間から非難を浴びてでも、学者が積極的にこれに介入していくことを主張する。

近来盛行せらるゝ古跡保存の件の如き、吾人真に諸士が熱心に感ずる事深しと雖、不幸にして其結果に甘心せざるもの少なからず〔中略〕会々一個の新見を出して之を社会に訴ふるものあらば、世人は其旧説に違へるを尤め、四方群集して之を撃ち、之を詰り、遂に其学者をして口を噤せしむるもの其例少なからず、豈一大恨事ならずや、然れども此の如くして已まば学者の本務を尽さゞるものにして、世人亦其の学殖、智識より得る所空し、本誌は将来我が研究範囲に於て学者と実世間の媒介者たらんを冀ふ、言往々一部人士の意に忤ふもの此れあらんも、吾人徒に弁を好むに非ず、自ら学事に従ふもの丶職責と信ずればなり[37]

こうした批判は、地方史に関心のある『歴史地理』読者にも向けられたものだっただろう。たとえば、当初からの会員で、史蹟に関する記事を投稿していた木村一郎という人物に対しては、「一種のInspirationを以て史蹟を判定するものか[38]」、「臆断妄見を以て他に誇るの人[39]」などと厳しい批判を投げかけ、『歴史地理』に寄せられた木村の激しい反論とそれに対する再批判も、読者に対する注意の意味を込めて、あわせて掲載している[40]。そのほかにも、地方の読者から寄せられた史蹟紹介記事には時に「編者曰」と注記が付され、疑わしいものであることが明記された[41]。

もっとも、批判記事執筆者たちも、民間の史蹟保存事業の意義を否定しているわけではない。史蹟保存の風潮を紹介する記事には「要するに事実を誤まらずんば、此類の挙は吾人の固より賛成する所なり[42]」という見方が全般的に見られ、史蹟保存の方法としての神社建立について論じる表2－1の7でも、神社建立は「一は以て史蹟を永遠に伝へ、一は以て其神に対する感念をして一層深からしむるの利ありて、我が神国たるの国俗に従ひ万世の尊崇渇仰すべき史上の人物に関する史蹟を顕彰するには最良方法の一なるべし」と、基本的に支持する姿勢を見せている[43]。

また、表2－1の18のように、虚偽の史蹟であっても「此る説話伝説の生ぜし所以を考ふれば多少の益」ある上、「社会一般の民心に利益ある場合」もあり、「学者の間に其真偽を確定するは必要なれども、強て之を多数の民人に強ふるの要を見ず」、「我が邦の如く忠烈勤王の事蹟を伝ふること多き地に於ては強て旧来の信仰を擾乱するは害ありて利なければなり」という意見も示されている[44]。

前章で触れ、次章でも再確認するように、国史上に顕著な偉人、とりわけ皇室や忠臣義士に関する史蹟を顕彰することで、国威を発揚し人心教化に資するという主張は、当時の史蹟保存事業の意義を説明する際の常套句であった。批判記事執筆者たちも、こうした意義を原則的に支持しているのは確かである。

小御門神社（2014年撮影）

だが全体としては、史蹟の「史料」的価値への注目を訴える一方で、不純な動機や、学者を無視した誤った史蹟保存が過剰に流行している現状を非難する主張が多数を占めているといえよう。こうした批判には、アカデミズムの担い手としての強い自意識をうかがうことができる。

3 古墳墓保存の二つの論理

このような民間の史蹟保存事業に対する批判の背景には、事業推進者と批判記事執筆者の間の、史蹟に対する認識の相違があると考えられる。そのことをもっとも明瞭にあらわしているると思われる、古墳墓に対する認識を例に取り、この相違をより具体的に示してみたい。

まず代表例として、『歴史地理』誌上における「偽遺跡の批評」の「魁」と称された、喜田貞吉による下総の公家塚と小御門神社への批判を取り上げる(45)。公家塚は、後醍醐天皇に仕え、元弘の変で下総に流され病死した藤原師賢の墓とされる塚である。付近の住民が公家塚と呼び崇敬していた塚を、享保年間に佐倉藩儒臣が『佐倉風土記』撰述の際に藤原師賢の墓と推定したことに始まり、幕末には佐倉藩士の考証によって藤原師賢の墓と認定され、碑が建立された。明治以後も、

藤原師賢墳墓（2014 年撮影）

一八七八（明治一一）年に内務卿大久保利通の指示で石碑が建立され、一八八二（明治一五）年には師賢を祭神とする小御門神社が創建されて、別格官幣社の社格を得るに至っていた[46]。第一章表1－4の13でも挙げたように、明治中期における内務省の史蹟関連行政の特徴を典型的に示す事例の一つといえよう。

　さらにこの時期、近傍の姫塚と称される古墳を師賢の奥方の墓だとして、これを祀る小御門神社の摂社を設けようとする運動があったという[47]。これに対して喜田は、付近に群集する古墳の中の一つが師賢の墓とされるのは「極めて不思議な事」と指摘し[48]、これを師賢の墳墓として祀るのは学者を惑わし、かえって神霊の威厳を害するおそれがあると主張する[49]。そして、姫塚を奥方の墓として神社を建立しようとする動きに対して「若しそれが果して事実ならば、研究序に近傍に散在せる数十の古墳をも考証して、之は若君、之は姫君、之は家来の何某と、一々其名前を明にする事が出来たら、極めて面白く、且つ有益であらうと思ふ[50]」と、辛辣な揶揄を投げかけている。

　喜田によると、このように古墳を歴史上の偉人の墓に比定するのは、当時一般的な傾向だったという。

藤原師賢墳墓前の石碑（2014年撮影）

一の古墳を見ても、已に之が古人の墳墓である以上は、果して何人のであるかといふ事を知りたくなる、殊に地方的の感情、即ち一種の愛郷心から、之を歴史上著名なる人物に引き付けたく成る。そこで先づ、これは仮りの譬喩ではあるが、丹波国に一の古墳が発見されたとすれば、直ちに歴史上丹波に於ける古代の著名なる人物を調査して、之は四道将軍の一たる丹波道主命の墳墓であらうと言ひ出す、備前か備中ならば吉備津彦命とか、阿波ならば日鷲命とか、いつでも太古の人物が引き合ひに出される。此「であらう」が何時の時にか「である」となる、次で新聞に出る、保存事業が始まる、石碑でも建つ、といふ事に成ると、其古墳は殆んど疑もなき古人何某の墳墓と相場が極まるのである。而し〔て〕斯く古代の人物に推し当てる間は、まだしも罪が軽いが、時としては、遙かに下がつた世の人物を以て之に擬する事すらがある。たとへば之は護良親王のであるとか、児島高徳のであるとか、其死所に就て異説のある人物の古墳が続々と出て来る。茲に至つては、最早理屈を離れて、むしろ滑稽と言はねばならぬ。〔中略〕然るに世人は、往々此危嶮を犯して怪まない。で、つまりは第一番に発見せられた大古墳が、其地方に関係ある第一流の人物のであると云ふ事に定まるのである。而して、世人が之を定めるのは極めて無造作なもので、古墳から曲玉が出たとか、鏡が出たとかで、直に之は何某のであらうなどゝ、其間に何等の特別の関係も無い事を、関係があるかの如く自ら信じて、又人に信じさせるのである。(51)

このような一般の認識に対し、喜田は「道主の一族、子孫もあれば、又代々の国造県主などいふ種類のものも数多あつたらうに、此古墳が決して其れ等の人ので無く、必ず丹波道主のに限るとは、何を以て定め得るか」(52)というように、著名な偉人の周囲にある社会の歴史に視野が及んでいた。そのため、こうした誤りを明確に批判しえたのである。同様の現状への批判は他の論説にも見られるが(表2-1の22、25、31)、彼ら学者の眼からすれば「何人の墳墓なるかと云ふに、こは容易に知り得べき限りにあらず〔中略〕此に関して種々牽強付会の考説を出すは徒労なり」(53)という立場を取るよりほかなく、むしろ「学者の成す所は然らず、之を史上の人物に擬するに先だち、先づ其古墳の形式及び埋蔵物等を調査して、其時代を研究せんとするなり」(54)というように、古墳墓を学術資料として扱うことに意義を見出すのである。

ここには、一般の風潮と喜田らの認識との明確な相違が見られる。一般には、史蹟保存の意義として偉人を追慕・崇敬することのみが視野にあるのに対し、喜田らは過去の社会を知る史料としての価値をも見出しているため、古墳を歴史上の人物に比定することの無益さを主張している。また歴史観の側面から見ると、一般には史上の著名な偉人からなる歴史のみが視野にあるため、墓らしきものが見つかればそうした偉人の墓であると判断することができるが、喜田らは過去の社会全般を視野に入れているため、その古墳の主が、史書に登場する偉人以外の人物である可能性が高いことがわかっている。批判記事執筆者たちのいう一般の史蹟に対する無理解とは、こうした認識の相違にもとづいているものと思われる。

おわりに

最後に、本章で論じてきたことを整理し、若干の補足を加えたい。

日本歴史地理研究会の中核を担い『歴史地理』編集を担当したのは、喜田貞吉、小林庄次郎ら高等教育機関で学んだ若手の歴史学者たちだった。アカデミズムの担い手としての強い自覚を有する彼らは、地方史に重きを置いて在野史家との連携を図る一方、「科学」的方法をもって「社会」の歴史を描くことを志向し、その研究上の「史料」として史蹟を重視していた。そのため、史蹟保存の流行といわれるような当時の風潮とあいまって、『歴史地理』には多数の史蹟に関する論説が掲載された。

だが、彼らのそうした歴史観からすると、当時の風潮は、行き過ぎた愛郷心による誤った史蹟の保存が流行し、私利を得ようとする傾向、好事家的な偏り、無理解による破壊など、さまざまな弊害を持つものに見えた。そのため、初期『歴史地理』には多数の批判記事が掲載されることになったのである。

この批判の背景には、偉人や出来事からなる歴史が視野にあり、そうした歴史的由緒のみを史蹟の価値とする一般の風潮と、社会の歴史を志向し、その徴証として史蹟を見る喜田らとの、認識の相違があった。少なくとも会を担う歴史学者たちは、こうして「世人」の論理と「学者」の論理を意識的に対比し、読者の啓発を促したのである。序章で示した用語で言い換えれば、前者は史蹟の由緒的価値、後者は史蹟の学術的価値に重きを置くものといえるだろう。

以上のように、初期『歴史地理』には、民間の史蹟保存事業に対して、若手歴史学者たちが新たな史蹟保存の論理を提起し、両者の相違が対比的に言明され始める、最初の事例を見出すことができる。もちろん喜田らも、偉人顕彰を通じて人心教化に資する活動の意義は十分に認めている。しかし、その際にも学術的な正確さが求められたし、かつそうした顕彰活動とは明確に対比された形で、新たな保存の意義が提起されたことにこそ注目すべきだろう。

さらに付言すると、『歴史地理』誌上では、こうした史蹟保存論とまったく同じ観点から、古社寺保存行政に対しても批判が向けられていた。小林庄次郎は、古社寺保存会が古建築を美術上の標本としてのみ評価し、創建当初の姿への復旧を行っていることに対して、次のように批判している。

吾人祖先の遺物は美術家工芸家の決して私すべからざること論なし、そも古社寺の如き先代の遺物は、祖先の生活せし社会の一片なれば吾人は之を資料とし、之に依りて当時の社会を研究せんとす、即ち古社寺なるものゝ史料として価値を有すること知るべきなり(55)

過去の「社会」を知る「史料」として過去の遺物を意味づける彼らの議論は、民間の史蹟保存事業だけでなく、美術的価値にもとづく古社寺保存行政とも一線を画すかたちで主張されたのである。

なお、その後の日本歴史地理研究会は、一九〇六(明治三九)年に日本歴史地理学会と改称して活動の幅を広げていく。だが、本章の検討時期においても見られたように、民間の史蹟保存事業に対する批判は少なくなり、府県や市町村の保存事業を特に意見を付さずに紹介する記事が多くなる。また、一九一〇年代に入ると、これまで小林庄次郎らが盛んに批判していた偉人崇拝の風潮を積極的に容認する論説も載るようになる(56)。当初の編集担当者・論説執筆者に見られた、学者としての強い役割意識にもとづく生硬な姿勢は、会の活動範囲が拡張され、アカデミズムがその裾野を地方へと広げていくに従い、徐々に穏やかなものとなっていったのではないだろうか。とはいえ、彼らの提起した史蹟保存の論理は、後述するように、その後も学者たちによって引き継がれていくことになるのである。

註

(1) 「古蹟保存の意義如何」(『歴史地理』二巻八号、一九〇〇年一一月)七九頁。執筆者は後述する小林庄次郎(筆名は麻郷)である。なお、文頭に執筆者名が記載されていない記事でも、文末に筆名等が記されている場合は、それを執筆者名として明記した。

(2) 丸山宏「『史蹟名勝天然紀念物』の潮流――保存運動への道程」(『復刻版　史蹟名勝天然紀念物(大正編)』別冊、不二出版、二〇〇三年、一一頁)など。
(3) 岡部精一「日本歴史地理学会十年史」(『歴史地理』一四巻一号、一九〇九年七月)二頁、喜田貞吉「本会三十年の回顧」(同五四巻六号、一九二九年一二月)一〇七頁、堀田璋左右「本会に関する懐旧談」(同)一一七～一一八頁。
(4) 「日本歴史地理研究会々員名簿」(同右二巻三号、一九〇〇年六月)。
(5) 会幹部の変遷は前掲註3「日本歴史地理学会十年史」二～六頁、および各号の「本会記事」欄に記されている。
(6) 「日本歴史地理研究会設立趣意書」(『歴史地理』一巻一号、一八九九年一〇月)、麻郷「歴史地理の研究を地方在住史家諸君に望む」(同一巻三号、一八九九年一二月)で参加を呼びかけている。また、『歴史地理』誌上に「質疑回答」欄を設け、地方読者の質問に答えるなどの便宜をはかった。
(7) 「会員姓名」(同右一巻一号、一八九九年一〇月)、前掲註4、各号の「会員動静」欄、呦「史学雑誌記者に謝す」(『歴史地理』二巻四号、一九〇〇年七月)六五頁。呦(呦々、呦々子)は喜田貞吉の筆名。
(8) 「日本歴史地理研究会規約」(同右一巻一号、一八九九年一〇月)。
(9) 前掲註3「日本歴史地理学会十年史」二～三頁、各号の「本会記事」欄。
(10) 「偉人崇拝」(『歴史地理』六巻一〇号、一九〇四年一〇月)七一頁。
(11) 麻郷「諸族領地の研究」(同右三巻七号、一九〇一年七月)七〇頁。
(12) 麻郷「郷土史の研究」(同右二巻八号、一九〇〇年一一月)七八頁。
(13) 晋水「歴史と小説」(同右四巻四号、一九〇二年四月)一〇一～一〇二頁。晋水は岡部精一の筆名。
(14) 「過去一年の回顧」(同右五巻一号、一九〇三年一月)一〇七頁。前掲註13も同様の主張をしている。
(15) 大久保利謙『日本近代史学の成立(大久保利謙歴史著作集七)』(吉川弘文館、一九八八年)第一四章。
(16) 同右第四章、および小沢栄一『近代日本史学史の研究　明治編』(吉川弘文館、一九六八年)。
(17) 白鳥庫吉「歴史と人傑」(『史学会雑誌』三号、一八九〇年二月)、久米邦武「英雄は公衆の奴隷」(同一〇号、一八九〇年九月)など。
(18) 三浦周行「基本に復れ」(『歴史地理』五四巻六号、一九二九年一二月)三頁。三浦は会の設立について「私の得た印象が誤りなくば、坪井博士の歴史地理学に示唆を得た其頃の若き卒業生や学生が結束し、勇躍して起つた」と回顧している。
(19) 坪井九馬三『史学研究法』(早稲田大学出版部、一九〇三年)三七頁。
(20) 同右、三一頁。

(21) 同右、三二頁。
(22) 同右、三五頁。
(23) 坪井は、一八九四年の論説「史学に就て」(『史学雑誌』五編一号、一八九四年一月)でも、同様に「社会」の力を重視した議論を展開している。従来『史学研究法』は、史料操作的な方法論を中心とするものと評価される傾向があったが、こうした理論的主張が与えた影響についても考慮する必要があるだろう。
(24) 前掲註16、小沢書、四五一、六一六～六一八頁。
(25) 「雨塔君を輓す」(『歴史地理』一四巻四号、一九〇九年一〇月)八七頁。小林は、一九〇一(明治三四)年に東京帝国大学文科大学国史科卒業後、徳川慶喜伝記編纂や外交史料編纂に従事していた。一九〇九(明治四二)年に若くして死去したため、史学史上にほとんどその名を残していないが、喜田とともに初期『歴史地理』の論調を強く規定した人物である。その著書『幕末史』も、「幕府の転覆は、其祖法として墨守せし国家制度の、二百五十年余を経て、全く社会の進化に後れ果てし結果に外ならず」(小林庄次郎『幕末史』早稲田大学出版部、一九〇七年、六頁)という視点から幕末の諸事象を論じていくものであった。
(26) なお、表中の三上参次の論説は他の記事とやや論調を異にするため、以下本章では言及せず、第七章で改めて扱うこととする。また、三～五号を中心に、同時期に活動していた帝国古蹟取調会に対する多くの批判的論説が掲載されたが、次章で扱うため表からは除外している。
(27) 前掲註3「日本歴史地理学会十年史」二頁。
(28) こ、し、「日本歴史地理の研究に就いて」(『歴史地理』一巻一号、一八九九年一〇月)二七頁。こ、し、は小林庄次郎のイニシャルと思われる。
(29) 麻郷「歴史地理研究に対する吾人の希望」(同右二巻七号、一九〇〇年一〇月)五一頁。
(30) 麻郷「歴史地理と史学」(同右三巻七号、一九〇一年七月)七二頁。
(31) 麻郷「過去半歳の回顧と将来の希望と」(同右二巻一号、一九〇〇年四月)六六頁。
(32) 同右、六六頁。ほかにも「古蹟保存に関する諸運動」(同右一巻二号、一八九九年一一月)三二頁などに同様の意見が見られる。
(33) 前掲註31、六六～六七頁。「古跡保存の流行」(『歴史地理』一巻六号、一九〇〇年三月)二五～二六頁にも同様の見解が見られる。
(34) 麻郷「史跡研究に対する地方的感情の弊」(『歴史地理』二巻二号、一九〇〇年五月)六三頁。
(35) 前掲註1、七九頁。
(36) 同右。
(37) 前掲註31、六六～六七頁。なお、前述した坪井九馬三『史学研究法』にも、ほぼ同様な意見が見られる。前掲註19、三〇五～三〇六頁。
(38) 「木村一郎氏」（『歴史地理』一巻一号、一八九九年一〇月）三一頁。
(39) 麻郷「史跡顕彰に先たつ研究」（同右二巻二号、一九〇〇年五月）六二頁。
(40) 一例として、木村一郎「大阪の大川を以て難波堀江に擬する吉田、喜田、等諸氏の説を駁す（抄録）」（同右三巻二号、一九〇〇年二月）、木村一郎「研究会の諸氏に注意す」（同右）など。なお、木村一郎は伊勢山田の出身で元小学校訓導、「報本追敬ノ志気ヲ感奮興起セシメンガ為」（木村一郎『村社八幡神社由緒調査考証書』一九〇二年、七丁）に宮趾と山陵の保存を志ざしていた人物で、「古蹟保存山人」「近世ノ蒲生君平」（木村一郎『神皇御旧蹟私考』一八九七年）を称していた。
(41) 一例として、『歴史地理』（二巻一号、一九〇〇年四月）七九頁、『歴史地理』（二巻三号、一九〇〇年六月）七四頁。
(42) 「古跡調査保存事業続聞」（『歴史地理』二巻一号、一九〇〇年四月）七二頁。
(43) 「史蹟に於ける神社の創立」（同右一巻五号、一九〇〇年二月）二四頁。もっとも、誤った史蹟に神社を建立してはかえって神霊の威厳を傷つけ、人心を動揺させることになり、現にそういう例が多いとして注意を促すことも忘れていない（二四〜二五頁）。
(44) 麻郷「古蹟に対する伝説と事実」（同右二巻八号、一九〇〇年一一月）八〇頁。
(45) 前掲註34、六三頁。
(46) 沢田総右衛門編『小御門神社御由来記』（沢田総右衛門、一八八一年）、沢田総重編『別格官幣社小御門神社誌』（小御門神社社務所、一九一九年）。
(47) 呦々子「下総国香取郡小御門村の公家塚」（『歴史地理』二巻二号、一九〇〇年五月）二七頁。
(48) 同右、二四頁。
(49) 同右、二七頁。
(50) 同右、二七頁。
(51) 同右、二一〜二三頁。
(52) 同右、二二頁。
(53) 麻郷「古墳に就ての誤解」（『歴史地理』三巻八号、一九〇一年八月）七五頁。
(54) 喜田貞吉「古墳の年代を定むる事に就て（坪井博士の丸山古墳の年代推定説を論ず）」（同右五巻三号、一九〇三年三月）九頁。
(55) 麻郷「古社寺保存事業について」（同右二巻六号、一九〇〇年九月）六六頁。麻郷「古社寺保存法の改正につき」（同三巻二号、一九〇一年二月）でも同様の意見が述べられている。
(56) 英蛾「偉人崇拝の風潮と紀念祭典の流行」（同右一五巻四号、一九一〇年四月）など。

第三章　帝国古蹟取調会と学者たち
〈顕彰〉と〈保存〉の対立

はじめに

前章では、由緒的価値に依拠する民間の史蹟保存事業の流行に対して、若手歴史学者たちが学術的価値を重視する史蹟保存の論理を提唱し、そこに対立が生じ始めていたことを明らかにした。だが、検討対象としたのは歴史学者側の論説に限られていた。両者の対立の実態を、より具体的な事例に即して理解する必要があるだろう。

そこで本章では、日本歴史地理研究会とほぼ同時期、一九〇〇（明治三三）年に設立された帝国古蹟取調会に注目する。同会は、名士・官僚・地方民間人などを糾合した最初の全国的な史蹟の調査・保存団体だが、そこに歴史学者・考古学者が関与していった結果、史蹟に対する異質な関心がせめぎあう場となったからである。

同会に関しては従来、史蹟名勝天然紀念物保存事業の先駆としてその概要が紹介されることはあったものの、詳細に立ち入った研究は見当たらなかった。(1)これに対して拙稿では、同会の概要とその内部における史蹟保存の論理の対立を明らかにし、(2)その後、同会機関誌復刻版刊行に際して著された丸山宏の解題でも、同会及び機関誌の概要が紹介・解説された。(3)丸山による解題は拙稿での指摘と重なる点が多く、拙論の妥当性が改めて裏書きされたものと考える。

以下、同会の活動経過と組織における学者の立場を確認した上で、会の主唱者の主張や初期の機関誌記事の特徴と、それへの会内外の学者たちの批判、その結果生じた機関誌の記事内容の変化を検討し、そこに二つの史蹟保存の論理の対立構図が見出せることを指摘したい。

第一節　会の活動と組織

まず、帝国古蹟取調会の活動と組織を検討していく。会の活動に関する略年表が表3－1である。創立日については史料によって相違があるが、設立計画は一八九九（明治三二）年一〇月に始まり、一九〇〇（明治三三）年には会合を重ねて、一二月に『帝国古蹟取調会会報』（以下『会報』と略記）を発刊する。ところがその後二年近く『会報』が刊行されず、停滞期に入る。ただしその間も、一九〇一（明治三四）年三月には衆議院で「帝国古蹟取調会国庫補助ニ関スル建議案」が可決され、同年七月には福岡支部を設置している。

会務刷新の動きが出てくるのは、一九〇二（明治三五）年二月に下賜金を受けてからである。奈良、京都各支部を相次いで設置し、九月には臨時総会を開催して会組織を改め、一〇月から再び『会報』を刊行、翌一九〇三（明治三六）年からは『古蹟』と改題し月刊化した。しかし同年九月、会を主導してきた長岡護美（子爵）が会長を辞任し、一時中止論、他団体との合併論等が出て再び停滞期に入る。一九〇三年末には、当初手をつけない予定だった下賜金より費用を支弁する決定がなされるなど、苦しい財政状況に陥った。そして一九〇四（明治三七）年四月の協議員会の決定で、同月機関誌は休刊となり、会は事実上消滅したのである(4)。

この間に行われた実質的な活動として、出張調査、調査会、機関誌発行などが挙げられる。出張調査は確認できる限り表3－1に挙げたものがすべてである。一方、調査会と呼ばれる会合（調査委員会とも称す）は一一回開催され、会の主たる活動の一つだった（表3－1）。そこでは、古蹟の真偽やその保存方法を議論し、検討結果を機関誌に掲載、地方官庁や地方有志者に保存の必要性を訴えている。機関誌の内容は、毎号の会報記事のほか、個別の史蹟の考証・調査報告・紹介が多数を占め、しばしば学者による史蹟保存一般に関する意見も掲載された。

次に、会の役員に目を向けると、『会報』発刊時は九条道孝（公爵）が会長、長岡護美が副会長、顧問が土方久元

表3－1　帝国古蹟取調会略年表　①

年月日	事　項	内　容	典　拠
1899（明治32）年10月	会合	10月5日、会設立に関して第1回会合、規則の大要を議決。	『東京日日新聞』（1899年10月8日付）『國學院雜誌』5巻12号（1899年10月）
1899年10月	発起人会	10月21日、第2回発起人会を華族会館で開催、副会長以下の役員選挙、会組織について協議。	『読売新聞』（1899年10月24日付）
1899年11月	設立計画	会設立の計画あり。	『歴史地理』1巻2号（1899年11月）
1900（明治33）年 4月	出張調査	中田憲信・多田好問らが河内国六万寺小楠公墳墓を、多田好問・山本復一らが京都嵯峨宝篋院の小楠公首塚を調査。	『中央新聞』（1900年4月15日付）『大阪毎日新聞』（1900年4月15日付）
1900年 6月	出張調査	多田好問ら、桓武帝陵とされる古墳を調査。	『歴史地理』2巻3号（1900年6月）
1900年12月	機関誌発行	『帝国古蹟取調会会報』1号発刊。	
1901（明治34）年～ 1902（明治35）年 2月	活動休止	財政確立せず、古蹟調査の事業は地方より提出される書類について行うほか、実地についての調査や、古跡の認定を与えたものは一つもない状態。	
1901年 3月	建議案の審議と可決	衆議院で「帝国古蹟取調会国庫補助ニ関スル建議案」の審議。3月20日可決。	「第15回帝国議会衆議院議事速記録第14号」（1901年3月18日）「同第16号」（1901年3月20日）
1901年 7月頃	福岡支部設置	筑前糸島郡古蹟調査会を基盤に福岡支部設置。福岡県知事深野一三、書記官谷口留五郎を正副会長に推薦。	『歴史地理』3巻7号（1901年7月）
1902年 2月 6日	下賜	金1000円の下賜を受ける。	宮内庁編『明治天皇紀』第10（吉川弘文館、1974年）
1902年 5月29日	奈良支部設置	長岡護美来県を機として各郡長その他の有志者が集まり、古蹟取調会奈良支部を設置。	『考古界』2編1号（1902年6月）
1902年 7月頃	京都支部設置	京都支部の設立。京都府知事、京都帝国大学総長などが斡旋。	『歴史地理』4巻7号（1902年7月）
1902年 9月14日	臨時総会	規則改正、評議員選挙、創立以来の庶務会計の報告。	
1902年 9月25日	出張	会務拡張のため、幹事長および幹事が愛知、三重、奈良、京都、福岡に出張。	『読売新聞』（1902年9月26日付）

表3－1　帝国古蹟取調会略年表　②

年月日	事　項	内　容	典　拠
1903（明治36）年　1月～	機関誌月刊化	『古蹟』と改題し月刊誌とする。	
1903年　5月15日	評議委員会	規則改正による組織変更。	
1903年　8月　3～26日	出張調査・会員募集	調査員高橋二三雄が岐阜県に出張、本会より建議した件について実地見聞を行い、あわせて同県下の会員募集に従事。	
1903年　8月　6～　9日	出張調査	調査員森林助、千葉県下に出張。各町を旅行。	
1903年　8月　7日	出張	長岡護美および重田定一、埼玉県北部埼玉郡に出張。	
1903年　8月12～20日	出張	調査員森田正安、栃木県に入り、喜連川町・氏家町付近を遊説。	
1903年　9月27日	協議員会	協議員会で長岡会長の辞任が決定。	
1903年　9～12月頃	臨時有志会	長岡の辞意表明以降、臨時有志会を数回開催。一時中止論、某会との合併説など数種の論議が出た末、いっそう拡張の方法を講じるべきと決定。	
1903年11月　9日	臨時協議員会	本会整理のための方針を決定、中田憲信に協議員・主事を嘱託し会務の一切の事務を処理させること等を協議。	
1903年12月23日	協議員会	事務整理および会計決算報告、会員募集のため地方に出張員を派遣すること、その費用を御下賜金より支弁すること等を議決。	
1904（明治37）年　4月初旬	協議員会	2回の協議員会で、会報の発刊を当分見あわせること、その他今後の事務について議決。	
1904年　4月10日	休刊	日露交戦の多事に際し、当分調査委員会を休止し、従ってやむをえず暫時会報の発刊を見あわせることを発表。	

＊　『帝国古蹟取調会会報』および『古蹟』各号を中心に作成し、他の典拠によるものは表内右に記載した。

＊　評議員会、協議員会については、代表的なもののみを挙げた。表に挙げたものを含め、1900年2月から11月にかけて7回の評議員会、1902年2月から1903年5月にかけて6回の評議員会、1903年9月から1904年4月にかけて臨時のものを含めて7回の協議員会が開催されている。

＊　会の創立日については、宮内庁編『明治天皇紀』（第10、吉川弘文館、1974年）には1899年5月、『東京日日新聞』（1902年11月23日付）には1900年2月、東京府編『東京府史』（行政編5巻、東京府、1937年）には1900年3月、「第15回帝国議会衆議院議事速記録第14号」（1901年3月18日）には1900年5月とある。

（伯爵）及び西郷従道（侯爵）と、有爵の名士が名を連ねており、会長はのちに西郷、次いで長岡が引き継いでいる。(5)その中で実質的に会運営を担ったのは長岡だったようで、設立当初からほとんどの会合に参加しており、後の回想も多くは長岡が組織した会として認識していた。(6)同会成立の基盤は、長岡を中心とした名士の結合にあったと思われる。(7)

この会長・副会長・顧問に、評議員（のち協議員）と幹事を加えた評議員会（のち協議員会）によって会の運営方針が決定されている。『会報』発刊時の評議員は、伊藤博文、大隈重信、板垣退助ら維新以来の政治指導者をはじめ、閣僚、貴衆両院議員や枢密顧問官、内務省・文部省等の官僚に、埼玉県・山形県を除く全府県知事と北海道庁長官が加わった八六名の大所帯であったが、(8)結局、一九〇二年九月の組織改正以降、(9)数名の幹事と一〇数名から二〇数名の評議員（協議員）に絞られることとなった。『会報』発刊時は前述した古墳旧蹟保存法案とも関わり、国政との連携が目指されていたと思われるが、この方向性は思惑通りに進まなかったようである。(10)その後の評議員（協議員）の人事は変動が激しいが、その中でも平田鐵胤門下で休職判事の中田憲信という人物は、会合に終始参加し、機関誌に多くの記事を寄せ、長岡会長辞任後は会運営の多くを任されており、会運営に深く携わっていたことが推測される。(11)

他方、評議員とは別に学事顧問という役職が設置され、三上参次、坪井正五郎をはじめとする歴史学者、人類学者、考古学者、国学者が名を連ねていた。(12)彼らに求められた役割は、次節で触れるような長岡の意向にもとづく、史蹟保存に際しての学術的裏づけだったと思われるが、当初は名目のみの役職だった。だが一九〇二年九月には調査委員と改称、星野恒《ひさし》、田中義成、三上参次、吉田東伍、坪井正五郎、三宅米吉、中田憲信、小杉榲邨《すぎむら》、木村正辞《まさこと》、井上頼圀《よりくに》が選ばれ、(13)以後は前述した調査会を開催していく。一方で彼らは、中田を例外として、評議員会（協議員会）にはほとんど参加しておらず、会運営に直接関わることはなかったといえる。ただし、後述するように、機関誌編集など会の実務に若手歴史学者・考古学者が従事する時期もあった。

なお、会員は名誉・通常・賛助会員の三種（一九〇二年九月より名誉・特別・正・賛助会員の四種）に分けられ、一九〇二年九月時点で正会員一〇八三名と報じられている。(14)その組織の発展経過は明らかではないが、表3－1の京都、福岡の支部設置の事例を見ると、府県庁や地方史家、地方の歴史関係団体が組織化に関わることがあったようである。[15]

また、歴史に関心ある地方有力者による入会勧誘活動も行われていた。たとえば、新潟県内有数の資産家で、新潟県史編纂事業に取り組み、[16]貴族院議員（多額納税による勅選）でもあった会員・五十嵐甚蔵は、「帝国古蹟取調会用日誌」と題した入会勧誘名簿を作成している。これを見ると、九九名に勧誘状を送付したこと、その際に自ら入手した『会報』一号四五部のうち四三部をあわせて送ったこと、一四名の正会員と一名の賛助会員の入会を斡旋したことが確認できる。[17]送付先の多くは新潟県下の資産家であったが、[18]こうした地方有力者間のネットワークも、同会の拡大に際して一定の役割を果たしたと考えられる。

以上のように同会は、史蹟の調査保存に関する実質的な活動についてはさほど着手することなく消滅したが、名士、官僚、学者、地方の民間人を糾合し、国政との連携を試みた、最初の組織的な団体であった。その際学者たちは、運営方針を決定する場に立ち会うことはほとんどなく、半ばから調査会の開催や講演・寄稿を通じて、あるいは編集などの実務的側面において会に関わる立場にあったといえる。

第二節　史蹟に対する会主唱者の関心

次に、会の主唱者たちの史蹟に対する関心のあり方を、「発刊の辞」や役員の論説から見てみたい。

「発刊の辞」では、「歴朝聖皇の皇居山陵、王公名士の墳墓遺蹟等、すべて我国史と離るべからざる旧址を保存顕彰するは是れ我帝室の尊厳を万世に維持し、国家の光彩を永遠に発揚せしむる所以なり」と会の目的を述べ、物質的文明の進歩にともない「歴朝聖皇の旧址、王公名士の遺蹟」や「忠臣節に殉ぜしの地、義士屍を曝せしの所、古社旧寺の結構、前賢古哲の事業等、すべて世道人心に裨益あるもの」が湮滅に帰し「芳野の花に南朝の忠臣を憑弔し、奥羽の月に鎮守府の諸将を追想せんとするあるも、茫として遂に其倚る所なからんとす」ることを憂えている。[19] そして、内地雑居によりこれらの史蹟が外国人に蹂躙される可能性もあり「啻に名教に害あるのみならず、蓋、また我万国無比の国体の威信を、永遠に発揮する所以の道にあらざるなり」と述べられる。[20] 天皇や忠臣義士関係の史蹟を主な対象とし、国体の維持・発揚と人心教化を目的に掲げるこの主張からは、当該期の史蹟保存事業の意義が、国体史観に依拠したナショナリズムの主張とも密接に結びつけられて説明されていたことが見て取れる。前章でも述べたように、これは民間史蹟保存事業を正当化する際に用いられる説明手法でもあった。

また、会設立前から会合に参加していた評議員・北垣国道の祝辞も、「皇后皇子皇孫の陵墓」、「其他名臣、名族、忠孝、節義の遺墳、遺蹟」などが失われており、「保護顕彰して、忠孝を勧め、節義を励ますべき遺蹟」が田や山林原野になっている状態を嘆き、「たゞに皇室に対し奉りて、不忠なるのみならず、恩人に対して最も不義と謂ふべし」と述べており、ここにも同様の論理を読み取ることができる。[21]

「帝国古蹟取調会規約」に定められた、会が調査対象とする「古蹟」の種類を見ても、①皇祖の神蹟、②皇宮の旧蹟、③皇族の陵墓、④大臣以下名士の墳墓、⑤学術の研究に資すべき古物遺蹟、⑥古社旧寺、が挙げられている。[22] 学者への配慮からか、当初の計画には存在しなかった⑤がつけ加えられているものの、[23] 重点が置かれているのはやはり皇族や名士などの由緒のある史蹟であった。

これに対して、史蹟の調査保存上の注意点を述べた長岡護美の論説は、重点の置き方が異なる。長岡は、従来史蹟と信じられているものには根拠の薄弱なものも多いことを指摘し、次のように述べる。

> 古蹟を取調ぶるに就て注意すべき要件多し、其心至公至平にして、力めて地方的の感情を脱却する事其一なり〔中略〕証左を精査し、先人の残せる詐訛誤謬等に陥らざる事其二なり〔中略〕単に古蹟の為に古蹟を保存せんとする事、其三なり、世人は往々にして、事帝室に関し、或は忠臣義士に係るものは、力めて之を保存せんとし、

其熱心の極、眼眩して其判断を誤り、或は強て古蹟を作為する事あるに至る、斯の如きものは、其熱心賞すべしと雖、為に累を其崇拝する人士の上に及ぼすなき能はざるなり[24]

この見解は、同時期、若手歴史学者を中心に設立された日本歴史地理研究会が盛んに行っていた、民間の史蹟保存事業に対する批判と一致する。長岡は日本歴史地理研究会の後援者であり[25]、後述するように、三上参次や喜田貞吉ら歴史学者の意見を聞く機会もあった。この論説は、そうした学者たちの見解を汲み上げたものと思われる。

このように、学者の主張を意識した意見も見られるものの、長岡のような慎重論は『会報』の記事の中では例外的だった。会の公式見解としては、天皇・忠臣義士に関わる史蹟の積極的な保存・顕彰活動に重点が置かれていたといえるだろう。

第三節　初期『会報』記事の特徴

上記のような目的のもとに出張調査が行われ、『会報』が発行されたが、後述するように、その記事の多くが会内外の学者の批判にさらされることになる。ここで、後に批判された『会報』一号・二号の記事内容を概観し、その特徴を把握しておきたい。

まず、一号に掲載された最初の史蹟考証記事である、中田憲信・多田好問・薄井龍之「河内六万寺小楠公墳墓の覈査」が挙げられる。これは、中田らが一九〇〇（明治三三）年四月に行った出張調査の結果、河内国六万寺往生院の五輪塔が小楠公（楠木正行）の墳墓であるとし、正式な認定を会に請うもので、『会報』発刊前から新聞報道などで注目されていた会の事業の成果であった。

そのほかに直接批判を受けた主な記事を列記すると、一号では、増田于信「後愛宕墓考」（太政大臣の墓という言伝

六万寺往生院の楠木正行墓（『帝国古蹟取調会会報』1号、1900年12月）

えがある京都の石碑を藤原良房の墓と考定する記事）、磯田正敬「河内王御墓発見始末記」（福岡県鏡山の大古墳を河内王（持統天皇時代の太宰帥）の墓と考定する記事）。二号では、湯本文彦「井手村北大塚橘諸兄墳墓と称する古墳」（京都府井手村の橘諸兄公墳墓とされる古墳を紹介する記事）、稲上豊「伊賀国阿山郡鳳凰寺村古墳取調書」（伊賀国鳳凰寺村付近の古墳を大友皇子墳墓および関係者の遺蹟と考証する記事）、瓜生寅《はじむ》「瓜生氏の古蹟」「瓜生判官保の古墳」「瓜生判官保の事蹟」（南朝の忠臣・瓜生保の墳墓保存事業と瓜生の事績について紹介する記事）が挙げられる。

　以下、これらの記事の特徴を整理しておきたい。第一に、執筆者がいずれも会の幹部（中田、多田、増田、磯田）や地方民間人であることが特徴である。特に、地方の史蹟保存事業の当事者たちが、会を史蹟の認定機関として求めていたことは注目される。中田らの小楠公墳墓調査は地元有志者の要請をきっかけに行われたものであったし、同様の事例として、兵庫県多紀郡雲部村村長は、自身が顕彰に取り組んでいる丹波道主命墳墓の調査を会に要請する手紙を送っており、これが誌上に掲載されている。[26]

第二に、取り上げられている史蹟の対象を見ると、皇室や歴史上の偉人、特に忠臣に関する墓で占められていることである。これは会の公式見解に沿ったものといえるだろう。

第三に、その考証手法を見ると、史書からみてその近辺が由緒ある地であることや、地名・口碑・伝説、「古色蒼然」[27]などの印象的な評価により判断が下されていることである。しかし、こういった考証手法は、学者から疑問視され、批判を受けることになる。

以上のように、当初の『会報』記事には、会の役員や地方民間人などを執筆者として、古墳等を偉人の墓に比定して紹介したり、会に認定を請うたりする記事が多かった。これは、地方で盛んだった史蹟保存事業の当事者の意向と合致するものだったといえよう。

第四節　会内外の学者の批判

これに対し、会内外の歴史学者、特に日本歴史地理研究会に拠る学者たちから批判が加えられていった。たとえば、歴史学者・三上参次は、一九〇〇（明治三三）年一〇月、長岡護美から『会報』に対する意見を求められ、次のように回答している。

私の返事は、趣意書を拝見した所をみると、その会には貴顕紳士の人がなかなか多い、この会は定めし費用の点に心配はありませんが、第一号の草稿を拝見するとはなはだ見ることが出来るものは少ない、たまたま一、二見るべきものがあるというと、それは〇〇〇氏の署名になっている。この人の署名を雑誌に二カ所にも出されるというはなはだ社会に信用がない。また学者からみると信用がない人だから、お考え直しになったらよかろう。それからまた古蹟の分量が多いからいわゆる総代会の雑誌のような考がするから、これもお考えになったらよかろう。編輯の事はちょうど三月一日〔ママ〕に出た『歴史地理』の編輯に係っている学者が多いから、その内の誰かにお頼みになったらよかろうといってお返しをした(28)

伏せ字にされている人物は定かではないが、三上が『会報』に対して十分な信頼を置いていないことは明らかである。

より厳しい批判を展開したのが、表3-2に挙げた日本歴史地理研究会刊行の雑誌『歴史地理』の論説記事である。帝国古蹟取調会の新聞報道が出始めた当初は、調査結果の公表を求めるなど疑いの眼を向けつつも（表3-2の3～4）、自分たちと同様の目的を持つ会として紹介し、積極的活動を希望している（表3-2の1、3～4、6）。だが、『会報』が発刊されると、その史蹟考証記事の杜撰さや、会の姿勢に対する批判を次々と掲載していく（表3-2の7、10、12～15、18～19）。『会報』一号に対しては「学術的価値を有するもの殆んど稀なるには一驚を喫したり(29)」と厳しく、その後の停滞期には、次のような感情的批判さえ掲載された。

> 帝国古蹟取調会は生れて後其ソダチは如何にや消息も知れざりしが、已に此頃は恩賜金がありしとの事なれば、死したるにはあらず、何処かで何物をか調査して居るに相違ない、然れどもかかる会に対して何も過分の望を係くべからず〔中略〕「帝国」や「恩賜」をアタマにかざしてあるく連中には往々病的〔ママ〕がある、調査々々と云ふ役人風の套言は近来厭味ある意義に転換されて居る甚きは古蹟や由緒を看板にして非道の細工を働く贋物がある、油断のならぬ婆婆である(30)

さらにその批判は、次のように、地方に対する「害毒」にまで及ぶ。

表3－2　『歴史地理』掲載の帝国古蹟取調会に関する記事

番号	年	月	巻	号	記事名
1	1899（明治32）	11	1	2	「帝国古蹟取調会」
2	1899	12	1	3	麻郷「古墳旧蹟の調査保存に就て」
3	1900（明治33）	5	2	2	麻郷「帝国古蹟取調会に望む」
4	1900	6	2	3	「帝国古蹟取調会の桓武帝陵調査」
5	1900	11	2	8	麻郷「古蹟保存の意義如何」
6	1900	12	2	9	麻郷「帝国古蹟取調会々報発刊」
7	1901（明治34）	1	3	1	呦々子「河内国六万寺に於ける小楠公墳墓と云ふものに就て」
8	1901	1	3	1	麻郷「明治三十三年の歴史地理界」
9	1901	1	3	1	麻郷「帝国古蹟取調会々報第一号」
10	1901	2	3	2	呦々子「帝国古蹟取調会々報の後愛宕墓考を駁す」
11	1901	7	3	7	「帝国古蹟取調会福岡支部」
12	1902（明治35）	3	4	3	晋水「帝国古蹟調査会」
13	1902	4	4	4	落後生「古蹟のうはさ」
14	1902	5	4	5	晋水「敢て帝国古蹟調査会に問ふ」
15	1902	7	4	7	晋水「古蹟調査会の近況」
16	1902	9	4	9	木公「白河保勝会」
17	1902	11	4	11	呦々子「帝国古蹟取調会の第一回調査委員会」
18	1902	12	4	12	由水「帝国古蹟取調会会報第二号」
19	1903（明治36）	1	5	1	晋水「過去一年の回顧」
20	1903	1	5	1	呦々子「帝国古蹟取調会の事業拡張」
21	1903	3	5	3	喜田呦々「『古蹟』第一号を読む」
22	1903	4	5	4	喜田「『古蹟』第二号出づ」

＊　『歴史地理』記事中、帝国古蹟取調会に関するものを列記した。
＊　執筆者名が記されている場合は記事名に付記した。
＊　麻郷は小林庄次郎、呦々子・呦々は喜田貞吉、晋水は岡部精一の筆名。

其報告第一号の内容が、学術的価値なくして、徒らに俗論巷説に魅せられしものたることは、吾人既に之を説けり、会そのものが又羊頭を掛くる贋物にはあらざるか、若しくは古蹟病に取附かれたる病的のものにはあらざるかとまで極言したり、近頃地方を巡れるものゝ耳にする所に拠れば、地方の人士中には三文の価もなきものを以て、帝国古蹟調〔ママ〕査会員の鑑定して、真正の古蹟なりと証せりとのことを明言し、之を信し〔ママ〕、之を尊び、以て揚々得意なるもの少からずと、これ果して信なりとせば、調査〔ママ〕会は啻に其調査の方法に於て

適当の処置を取らざるのみならず、害毒を地方に流すものと云はざるべからず[31]

そして、『会報』二号に対しても「余輩之を繙きて一通り見渡したるに、何とも御話にならぬに呆れたり、余りの馬鹿々々しさに、之を評する気にもならず、屢々筆を投したれども、世には尚かゝる怪報のあることを知らしめんとて、進まぬ筆を駆ること下の如し」と前言して、前節で挙げた各記事を「正気の沙汰にあらず」「調査会も糞も入ったものにあらず」と、言葉を荒げて批判したのである[32]。

このように学術的価値を重視する立場から批判を展開したのだが、その問題の原因は、次のように、そうした価値を解さない会員たちへの依存にあると見られていた。

其評議に上る題目のつまらなきと、之を掲載せる第一第二号の内容の不可なるとは、会員中より調査を乞はんが為に提出する原案がつまらなき為にして、同会の性質上、蓋し已むを得ざる事なるべく、之を責むるは頗る酷なり、たゞ同会が、つまらなき原案を否決するに止らず、自ら進んで、ドシヽヽ価値ある原案を作らざるべからず。然らずば、同会の事業は、従来世に伝へたる古蹟を破壊するに止まらんなり[33]

前章で論じたように、『歴史地理』記者たちはこの時期、民間における史蹟保存事業の流行に対して、その牽強付会の考証を厳しく批判していた。そして、帝国古蹟取調会に対し、誤った保存事業を防ぎ、学術研究に資する史蹟を含めた保存事業を行うよう求めていた（表3-2の5、8～9、16）。ところがその実態は、むしろ民間の誤った保存事業と軌を一にするものだったため、感情的ともいえる批判を浴びせたのである。

なお、『会報』一号の編集主任だったのは、奇しくもその日本歴史地理研究会を主導していた喜田貞吉であった[34]。そのためか、記事の末尾にはしばしば「編者曰く」という註記が付され、微妙なニュアンスで記事の誤りが指摘されている。たとえば、中田憲信が考定した小楠公墳墓については、中田らの挙げた名所図会類は証拠にならないと述べ「右本文挙証の外、尚必ず正確なる拠あるべし」[35]と結論を留保している。また、会の幹部磯田の記事については、河内王の墓という考証に疑問を呈しつつも、大古墳発見の功を称えている[36]。なお、のちに喜田は『歴史地理』誌上で、小楠公墳墓、藤原良房墳墓の考証記事をはばかることなく批判した（表3-2の7、10）。

ところで、喜田は後年、この時期の会の実態を回想して次のように述べている。

> 何分にも資金が乏しいので、自然幹部の人々は地方の有志から金の出さうな問題を見付けて来て、結局は是は金が出るのだから何とか都合のよい様に調査して貰ひたいとか、都合のよい様に会報に書いて貰ひたいとかいふ様な事になり勝ちである。併しそれは私には到底出来ない相談である。そこで私は、是には何とか権威ある背景が無ければならぬと考へて、之を会長長岡子爵に建言し、故星野恒先生、故小杉榲邨先生、故田中義成先生などを調査顧〔ママ〕問といふ事にお願ひして、史蹟を会の問題として取り上げる場合には、先づ以て是等顧問方の承認を求めることを必要とするといふ様な仕組にしたのであつた。ところが幹部から提出される顕彰保存候補地は、大抵其の関門で否決されてしまふといふ結果になる。其のうちに私も例の性格から会との関係を絶つてしまつたのだつた。つまり同会の史蹟保存事業に妨害を加へたといふのが私の仕事だつたのである[37]。

以上のように、会内外の学者たちは、同会の姿勢や『会報』に見られる記事の誤りに対して、専門家としての立場から批判を展開した。同会に関与しているという立場上、一定の配慮が見られるものの、歴史学者と同会の主唱者・民間の史蹟保存事業当事者との間に、大きな認識上の落差があったことがうかがえる。

第五節　会運営の刷新と学者の関与

さて、『会報』二号・三号が発行される頃の一九〇二（明治三五）年九月、一〇月にかけて会務の刷新が進められ、喜田が提案したという調査会が設置された。この時期、誌面にも変化があらわれる。

『会報』三号には巻頭に、調査会の結論として、小楠公墳墓、橘諸兄墳墓、弘文天皇らの陵墓とされたものが認定できないものであることが掲載された。また、喜田が『歴史地理』に掲載した批判記事が転載され、小楠公墳墓に対する吉田東伍、星野恒の批判記事も掲載されるなど[38]、一号・二号で会幹部や民間から紹介された史蹟が、誌上で明確に否定されたのである。さらに、翌一九〇三（明治三六）年に『古蹟』と改題してからは、考古学的な史蹟調査に関する論文をも掲載するようになった[39]。

そして、この頃から学者たちによる史蹟保存一般に関する論説が掲載されていく。『会報』二号には、坪井正五郎が会運営刷新を定めた総会で行った講演が掲載され、その後、考古学者三宅米吉、歴史地理学者大森金五郎、吉田東伍らが論説を寄せていった[40]。各論者の論点はさまざまだが、坪井・三宅・大森の三者には、次のような共通点を見出せる。第一に、史蹟保存には、人物・由緒の顕彰ないし愛国・愛郷の念を養う意義と、学術上の資料保存の意義があることを主張する点、第二に、扱うべき対象として、何らかの由緒があるものだけでなく、学術の研究に資する史蹟も含めるべきことを主張する点である。

このうち、両者の対比を最も明確に説明している三宅米吉の議論を見てみたい。三宅は保存という概念について論じる箇所で「保存と云ふ言葉には単に文字通りの意味のみならず尚他の意味をも含める場合あり、即保存すると共に顕彰することとなり」とし、「保存と顕彰は又自から別事」と述べる[41]。そして、一般に示すべき何らかの史伝のある史蹟は「木標を立て或は周垣石階を設け或は碑を建て殿屋を築く等」の方法で「顕彰」すべきものとする[42]。顕彰は真偽が確定したものにのみ行うべきだが、同時に「顕彰と云ふことにも遺蹟の顕彰と人物の顕彰と密着なる関係あるを以て人物の顕彰を主とする時は古蹟の正確と否とを重要視せず、是れ従来世間に多く其の例を見る」とも述べ、世間に見られる人物顕彰を意図した史蹟顕彰の場合は、不正確であることを明示した上で行ってよいとする[43]。

だが他方で「古代の墳墓の如き其の何某の墳墓たることは明かならざるも古代墳墓の構造、形式等を実現表明せるものなれば此の点に於て其の保存を要するもの多し、所謂学術の研究に資すべき遺蹟に属する者なり[44]」と、実蹟のみで史伝のない「遺蹟」も学術的価値があるとし、これは「只保存の必要あるのみ[45]」と論じている。こうした意味での「保存」「顕彰」概念を、両者の意味が混じった一般的用法としての「保存」概念と区別するために、以下〈保存〉〈顕彰〉と表記する。

「想ふに本会発起者主唱者の意は蓋重きを此の類のもの〔〈顕彰〉〕に置きしならん[46]」と言うように、三宅は会の主唱者が〈顕彰〉を求めていたと認識しているが、そうした意図を、調査の正確さを前提とした上で肯定しつつも、他方で学術資料としての史蹟の〈保存〉も重要であることを強調するのである。坪井正五郎が講演で「自身会に対して如何なる資格を有して居るのか不明で有る[47]」と述べているように、会と一定の距離があった学者たちは、史蹟に対するこうした関心の相違を、強く意識せざるを得なかったのだろう。

さて、会務刷新の中で調査会が設けられ、歴史学者・考古学者が多く参加した。表3－3を見てみると、第一回、第二回においては、中田憲信ら会幹部や地方民間人によって紹介された史蹟三件が、すべて否定されている。そして第三回以降は、学者の提案になる史蹟の保存が協議されており、その中には特定の由緒のない、学術資料としての史蹟も含まれていた。この調査会の活動には、上述のような学者たちの史蹟保存に対する考え方が反映しているといえるだろう。

このように、学者たちは会の運営方針を決定する場に立ち会わなかったものの、調査会の活動や講演・寄稿等を通じて、一定の活動内容の変化を促したといえよう。なお、長岡会長期には若手の歴史学者・考古学者である重田定一・柴田常恵が編集等の実務を担当していた。[48] 彼らもこうした後押しのもと、誌面刷新に努めたものと思われる。その結果、厳しい批判を投げかけていた『歴史地理』論説欄もこうした変化を評価し、おおむね好意的に紹介するようになったのである（表3－2の20～22）。

なお、その後の『古蹟』を追っていくと、しばらくは学者による考証記事も掲載されるものの、徐々に詩や紀行文が増え、一九〇三年九月には長岡の会長辞任と同時に重田、柴田も会の役職を退いている。[49] 末期の一九〇四（明治三七）年には中田憲信執筆の記事や新聞報道の転載等が増え、読者から記事の充実化を求められるなか、[50] 財政難により休刊に至ったのである。結局同会は、民間の史蹟保存事業の後援組織としても、学者の研究発表の場としても十分な役割を果し得なかったわけだが、両者の史蹟保存の論理がはじめて切り結んだ、興味深い場であったといえよう。

おわりに

最後に、本章で論じてきたことを整理し、考察を加えたい。帝国古蹟取調会は、長岡護美ら名士が中心となって組織されたものであり、歴史学者・考古学者らは会運営から一定の距離を置いていた。同会の公式の見解では、天皇や偉人関係の史蹟を主な対象としており、それらの〈顕彰〉を通じて国体を維持・発揚し、人心教化に資するという意義が強調された。その姿勢は、日本歴史地理研究会が批判する民間の史蹟保存事業とも軌を一にしていた。

これに対し、会内外の学者たちは、会の発起者や民間における史蹟〈顕彰〉の論理を認めつつも、誤った史蹟の考証への批判を展開するとともに、広く学術資料となる史蹟を〈保存〉すべきことを論じた。こうした主張が、機関誌の内容と会の活動に一定の変化をもたらしたのである。

ここで、三宅米吉のいう〈顕彰〉と〈保存〉という概念をキーワードに、両者の論理の相違について再確認しておきたい。〈顕彰〉は史蹟の由緒的価値を重視しているため、現況の維持よりも、修繕・復旧を加える記念行為が中心となる。そのため、そうした意図からなる史蹟の記事は、史蹟自体の形態上の説明が薄く、その史蹟に関わる偉人や

表３－３　帝国古蹟取調会の調査会

	年月日	協議事項	協議結果
第１回	1902（明治35）年10月12日	河内国六万寺小楠公墳墓（会報第一号）	証拠不十分で小楠公墳墓とは認め難いものと決定。
第２回	1902年11月 4日	山城国井手村古墳（会報第二号）	橘諸兄の時代より古く、同墳墓とは認め難いものと決定。
		鳳凰寺村古墳（会報第二号）	弘文天皇らの陵墓とは認め難いこと、しかし上代土豪のものゆえ当該地方で相当の保存をはかる事を望む旨決定。
第３回	1902年12月 6日	東京芝公園丸山古墳（坪井正五郎提議）	保存の要ありと認め、その方法につき会長に上申することに決定。
第４回	1903（明治36）年 1月13日	筑後人形原古蹟（三宅米吉提議）	該地方庁に保存の建議をするよう、会長に稟申することに決定。
第５回	1903年 2月17日	下野国足利古墳（坪井正五郎提議） 大和国宇知河磨崖碑（三宅米吉提議）	保存実行の手続きに関し先決すべき議論が出て、会長に稟議する必要があるため、そのことを中田憲信に依頼。議事は延期。
第６回	1903年 3月24日		前回において中田憲信に委任した会長へ稟議の件につき、中田より交渉の始末を報告。さらに保存法の実施について協議。
第７回	1903年 4月29日	上野国金井沢、山ノ上両碑	両碑の保存を内務大臣へ上申するよう会長に稟議する旨決定。
		芝公園丸山古墳	坪井正五郎による丸山古墳保存の進捗状況の報告。
		生品神社	保存の要ありと認め、会長から内務大臣・地方官、地方の有志者および教育会などの諸団体に対し保存を勧告することに決定。
		北畠親房墓	時間の都合により協議は次回に延期。
第８回	1903年 6月18日	足利公園古墳（坪井正五郎提議）	田中義成に視察を依頼、その報告の上で会議に付することに決定。
		大和国吉野郡賀名生村北畠親房墓	正確な墓と認め、会長の名で関係機関に交渉することに決定。
第９回	1903年10月14日	吉見の百穴	井上頼圀より、地方の有志者へ保存に関し注意を促すことに決定。
第10回	1903年11月26日	不明	不明
第11回	1903年12月17日	不明	不明

＊『帝国古蹟取調会会報』および『古蹟』より作成した。

事績の紹介文を重視する傾向にある。会の幹部と民間の史蹟保存事業推進者には、こうした〈顕彰〉の論理がおおむね共有されていたと見てよいだろう。

他方で〈保存〉は、遺物としての史蹟自体に、過去を知る資料としての学術的価値を見出すものであり、保存方法としてもその現況を維持することが主となる。こうした立場からなる論説は、概して史蹟の現況を客観的に把握し、詳細に報告することに努めるのである。歴史学者・考古学者らの批判や、考古学的な考証記事は、こちらに属する[51]。〈保存〉の論理が登場してきた背景には、前章で論じたように、偉人と出来事からなる歴史観を批判し、過去の社会全般を視野に入れた歴史観を志向する立場が、当時の一部の学者たちに共有され始めていたという事情があったと思われる。

そして、こうして学者たちが提起した〈保存〉の論理は、文化という概念と結びついて、その後も保存事業の中に取り込まれていくことになる。この点については第二部で論じていくこととしたい。

註

(1) 丸山宏「『史蹟名勝天然紀念物』の潮流——保存運動への道程」(『復刻版　史蹟名勝天然紀念物』別冊、不二出版、二〇〇三年)など。

(2) 拙稿「帝国古蹟取調会と学者たち——〈顕彰〉と〈保存〉の相克」(『日本歴史』七四六号、二〇一〇年七月)。

(3) 丸山宏「「帝国古蹟取調会」の軌跡——機関誌『帝国古蹟取調会会報』と『古蹟』」(『古蹟』解説・総目次・索引、不二出版、二〇一一年)。

(4) なお、会活動に関与していた考古学者・柴田常恵の回想によると、下賜金を含めた残金は奥田義人が預かり、一九一一(明治四四)年に設立された史蹟名勝天然紀念物保存協会に引き継がれたらしいという。「史蹟名勝天然紀念物保存法施行二十周年記念談話会」(『史蹟名勝天然紀念物』一四集六号、一九三九年六月)四四頁、矢吹活禅の発言。

(5) 「帝国古蹟取調会役員」(『会報』一号、一九〇〇年一二月)、「本会記事」(同二号、一九〇二年一〇月)五六〜五七頁。

(6) 三上参次『明治時代の歴史学界——三上参次懐旧談』(吉川弘文館、一九九一年。内容は一九三六〜三九年に記録された懐旧談)

二二一～二二二頁、前掲註4「史蹟名勝天然紀念物保存法施行二十周年記念談話会」四三頁、喜田貞吉「史蹟保存事業に関する追憶」(『史蹟名勝天然紀念物』一二集一号、一九三七年一月)など。

(7) 設立前後の会合はいずれも華族会館や長岡邸で行われており、その一つに参加した歴史学者・田中義成は、名士の懇親会的な性質を指摘している。前掲註6、三上書、二二二頁。

(8) 前掲註5「帝国古蹟取調会役員」。府県知事は一九〇〇(明治三三)年九月八日の異動から一〇月二五日の異動までの間の構成である。この時期に人選が行われたと考えると、顧問の西郷を含め第二次山県内閣閣僚五人、内務総務長官と同省の四局長、文部総務長官と同省の二局長が役員に選出されていることになる。ただし、このうち設立前後の諸会合に参加しているのは西郷と奥田義人文部総務長官のみで、他は形式的な参加に過ぎなかったと思われる。

(9) 『会報』二号(一九〇二年一〇月)五五～五六頁。

(10) なお、歴史地理学者・吉田東伍は後に機関誌上で、国が取り組むべき事業の代行をしている会に対し国庫補助すべきこと、会が認定した「古蹟」に対して法令上も国の「古蹟」と認めるべきこと等を主張している。吉田東伍「国法上より観たる古蹟」(『古蹟』二巻五号、一九〇三年五月)六～七頁。会幹部たちもおおむね同様の意向を有していたのではないか。

(11) 中田については、万葉叟「中田憲信翁」(『日本及日本人』二四六号、一九三二年四月)、森繁夫編『名家伝記資料集成』(思文閣出版、一九八四年)などを参照。

(12) 前掲註5「帝国古蹟取調会役員」。

(13) 「帝国古蹟取調会役員」(『会報』二号、一九〇二年一〇月)。

(14) 「帝国古蹟取調会規約」(同右一号、一九〇〇年一二月)、「帝国古蹟取調会規則」(同二号、一九〇二年一〇月)、「九月十四日臨時総会に於て紀幹事長の事務会計報告演説概要」(同、五七頁)。ただし、『古蹟』二巻一号(一九〇三年一月)から三巻三号(一九〇四年三月)にかけて掲載された会員名簿、入退会者名簿に見る特別会員・正会員・賛助会員の合計は四八〇名、退会者・死亡者一七名である。

(15) 支部長には府県知事、支部副長には支部所在の府県書記官または特別会員・正会員が就くという制度が設けられていた。前掲註14「帝国古蹟取調会規則」。

(16) 「越後史の編纂」(『歴史地理』一巻六号、一九〇〇年三月)。

(17) 「帝国古蹟取調会用日誌」、新潟県立文書館所蔵北蒲原郡内文書 E9321-1-117. この名簿には、勧誘状を送付した印である「○」が付いている人物九九名のほかに、「△」印が付された人物も四名記載されているが、「△」印の意味するところは不明である。なお、機関誌各号に掲載された入会者名簿を見ると、五十嵐の紹介による入会者は特別会員三名、正会員六名、賛助会員一名の計一〇名となっており、五十嵐側の記録とはやや異なる。

(18) 勧誘状を送付した九九名のうち七一名は、一八九八年刊行の『日本全国商工人名録』第二版（渋谷隆一編『都道府県別資産家地主総覧』新潟編三、日本図書センター、一九九七年に所収）に大地主としてその地価額が掲載されている。

(19) 「発刊の辞」（『会報』一号、一九〇〇年一二月）一～二頁。

(20) 同右、二頁。

(21) 北垣国道「会報の発刊を祝す」（同右、五頁）。もっとも北垣は、「史家」の「材料」（六頁）としての古蹟の価値についても触れている。後述するような学者の関心が、部分的ながら北垣の議論に反映されたものと思われる。

(22) 前掲註14「帝国古蹟取調会規約」。

(23) 『東京日日新聞』一八九九年一〇月八日付三面の報道では、会が扱う古蹟として、皇宮、山陵、皇族の墳墓、王公名士の宅址、大臣以下名士の墳墓、府城関塞の旧址、古戦場、古社旧寺、名所の九種が挙げられていた。

(24) 長岡護美「古蹟取調保存に就き所見を述ぶ」（『会報』一号、一八九九年一〇月）一三～一四頁。

(25) 「長岡子爵逝く」（『歴史地理』八巻五号、一九〇六年五月）。

(26) 「丹波道主命の墳墓に就いて」（『会報』一号、一九〇〇年一二月）六六頁。

(27) 中田憲信・多田好問・薄井龍之「河内国六万寺小楠公墳墓の覈査」（同右）二〇頁。

(28) 前掲註6、三上書、二二一頁。

(29) 「帝国古蹟調査《(ママ)》会」（『歴史地理』四巻三号、一九〇二年三月）九七～九八頁。

(30) 落後生「古蹟のうはさ」（同右四巻四号、一九〇二年四月）一〇〇頁。

(31) 晋水「敢て帝国古蹟調査《(ママ)》会に問ふ」（同右四巻五号、一九〇二年五月）一〇三～一〇四頁。晋水は岡部精一の筆名。

(32) 由水「帝国古蹟取調会会報第二号」（同右四巻一二号、一九〇二年一二月）八九～九〇頁。

(33) 呦々子「帝国古蹟取調会の事業拡張」（同右五巻一号、一九〇三年一月）一一三～一一四頁。呦々子は喜田貞吉の筆名。

(34) 同郷の小杉榲邨の紹介によるという。前掲註6「史蹟保存事業に関する追憶」三七頁。先の三上参次の意見も関係していると思われる。

(35) 前掲註27、二九頁。

(36) 磯田正敬「河内王御墓発見始末記」（『会報』一号、一九〇〇年一二月）五九頁。

(37) 前掲註6「史蹟保存事業に関する追憶」三七頁。

(38) 喜田貞吉「帝国古蹟取調会会報の後愛宕墓考を駁す」（『会報』三号、一九〇二年一二月）、吉田東伍「四条縄手と往生院につきて」（同）、「開港当時の神戸（星野博士の談話）」（同）。

(39) 坪井正五郎「三田台町華頂宮御邸内の亀山」（『古蹟』二巻二号、一九〇三年二月）、重田定一「武蔵国分僧寺の廃址」（同）、若林勝邦「筑後国人形原の遺蹟」（同）など。

(40) 坪井正五郎「古蹟調査の利益」（『会報』二号、一九〇二年一〇月）、三宅米吉「古蹟の調査保存に就ての意見大要」（同三号、一九〇二年一二月）、大森金五郎「古蹟の保存に就て」（『古蹟』二巻三号、一九〇三年三月）および前掲註10。

(41) 前掲註40「古蹟の調査保存に就ての意見大要」四頁。

(42) 同右、九頁。

(43) 同右、四〜五頁。

(44) 同右、六頁。

(45) 同右、九頁。

(46) 同右、四頁。

(47) 前掲註40「古蹟調査の利益」二頁。

(48) 『古蹟』各号役員欄、「会報」（『古蹟』二巻六号、一九〇三年六月）七四頁等を参照。

(49) 「会報」（同右二巻一〇号、一九〇三年一〇月）七一〜七二頁。かわって同年一一月には、中田憲信推薦で入会した大原光が編集主任となっている。「臨時会告」（同二巻一二号、一九〇三年一二月）。

(50) 愛読者「我等の覚悟」（同右三巻三号、一九〇四年三月）五一頁。

(51) もっとも、調査会など本章で取り上げた事例においては、会幹部や民間の事業と学者の対比が明確なものの――つまり、牽強付会の誤った史蹟保存には、学者は一致して批判するものの――、〈顕彰〉事業の学術的裏づけの主張と、〈保存〉の論理の主張と、どちらに重点を置くかについては、学者の間にも差があったと思われる。のちに『古蹟』に〈顕彰〉的な古蹟紹介記事を執筆する田中義成や、史伝の追想をともなう紀行文を寄せる小杉榲邨と、考古学的な資料紹介記事を寄せる坪井、三宅、若林勝邦ら考古学者・人類学者および日本歴史地理研究会とでは、史蹟に対する関心の相違が明らかに感じられる。この問題については第六章、第七章で取り上げる。

第四章　民間史蹟保存事業と学者たち

京都府綴喜郡井手村・井手保勝会を事例として

はじめに

これまで、一九〇〇年前後における史蹟保存の論理の対立を中央の学者・名士の側から分析してきたが、実際に保存事業が行われていた地域の側の動向にも目を向ける必要がある。本章は、『帝国古蹟取調会会報』で紹介されていた京都府綴喜郡井手村（現・井手町）の井手保勝会（一八九九＝明治三二年設立）の活動を取り上げ、保存事業が実施された地域の動向に即してこの問題を考察することにしたい。同会の事例は、多くの史蹟を有する京都周辺の地域において、史蹟の由緒的価値と学術的価値とがいかに交錯したかを考える好例となるだろう。

前章で述べた通り、当時の史蹟保存事業は、史蹟に由緒的価値を見出し〈顕彰〉することを目的とする傾向が強かった。そしてこの点は、羽賀祥二が論じたように、ある程度は近世からの連続性を有するものと思われる。ただし、近世における由緒の主張が、家・村・藩その他の諸社会集団の権威や特権の確保、地域秩序の再編成といった意図と結びついていたのに対し、近代では社会的枠組みの変化のなかで、その意図や担い手、歴史意識の内実が変化していくことも確かである。たとえば、近代の史蹟保存事業に関する先行研究が明らかにしてきたように、愛国心・国民性の涵養を目指す政府の動向、地域的アイデンティティの主張や経済的発展を企図する地域の動向などが関わってくることが想定されるだろう。こうした近世・近代の連続性と相違に留意しながら、地域の実態に即して由緒的価値活用の歴史的変遷を把握していく必要がある。(1)

そこで本章では、こうした先行研究の成果を手がかりに、前近代以来の由緒が、近代的文脈の中で再構成されていく事例として、井手保勝会の活動を読み解いてみたい。井手村には、古今和歌集以後の和歌に繰り返し詠まれた、山吹の名所がある。他方で、橘諸兄の別業地があったとされ、その館址・墳墓をはじめとする数々の伝承地を有する。そして、諸兄が山吹を愛し植栽したという逸話により、両者は一体となって古くからの名勝地としての井手の歴史を構成している。これを自覚化しアピールしていったのが、当該期の井手保勝会であった。その前提となった近世の由緒にも目を向けながら同会の活動を明らかにし、由緒的価値に依拠した当該期史蹟保存事業の一事例を先行研究に加えることが、第一の課題である。

他方で同時期は、新たな保存の論理が学者たちによって提唱されつつあった。すなわち、物質資料としての史蹟自体に学術的価値を見出して〈保存〉を主張するものであり、彼らはこの論理をもって、民間団体の保存事業へと介入し始めたのである。こうした状況について、前章までは中央の学者や名士の動向・言説を通じて明らかにしてきたが、本章では、実際の現場で両者がいかに交錯したかに注目し、そうした交錯状況こそが当該期保存事業の特質であることを、改めて指摘したい。この点を第二の課題とする。

なお、井手保勝会については『井手町の近代Ⅰと文化財（井手町史シリーズ第五集）』でも紹介されているもの(2)の、ごく簡単な記述にとどまるため、本章でその詳細を明らかにしていく。検討する時期は、史料上の制約により、同会成立前後から大正期頃までを中心とし、必要に応じてその前後にも言及したい。

第一節　井手保勝会の概要

1　設立の経緯とその背景

京都府綴喜郡井手村は、南山城の木津川東岸、奈良街道が縦貫する地に位置する。近世には井手村・水無村・石垣村に分かれ、勧修寺領・仙洞御所領・大宮御所領・幕府領が含まれていたが、井手郷と称され一体の地域をなしており、明治五（一八七二）年にこの三村と玉水宿・松原村が合併して井手村となった。[3] まずは同地での保勝会設立の経緯と、その背景を見ておきたい。

会設立の遠因は、幕末に同地で計画された橘諸兄遠忌祭典に遡るが、これは計画のみに終わっている。次いで一八八〇（明治一三）年頃には有志者による村内旧蹟調査が行われ、一八八五（明治一八）年には橘諸兄墳墓修繕、山吹・桜などの保勝を目的として井手保勝会の設立計画が示された。だが、一部の事業は着手されたものの、その活動は継続しなかったようである。この経緯については後に詳述する。

その後、再興の機運が高まるのが一八九八（明治三一）年である。四月には創立委員を設けて趣意書及び規則を作成、寄付金募集の認可など事務的手続きを経た上で、翌一八九九（明治三二）年一月に創立総会が開催された。[4] この時期に会が創設された背景の一つに、一八九六（明治二九）年の奈良鉄道開通が挙げられる。井手村内には玉水駅が設置されたが、趣意書によれば、その結果来遊者が増加しつつあったことが、保勝会設立に結びついたという。[5] いま一つの背景として、各地の史蹟保存事業の流行状況に刺激を受けたことが推察される。会を主導した宮本三四郎のもとには、同時期に活動していた他の類似団体から多数の書翰・葉書が送られてきており、宮本はそうした他団体の支援にかかわってもいた。[6] 同時期における保存団体の叢生は、こうした指導者同士の繋がりによって促進された面があるだろう。

これまで論じてきたように、当時は、古社寺保存法に結実する古美術再評価や史蹟保存の流行状況など、日本の伝統や歴史に価値を見出していく機運が醸成されていた。特に京都では、岩倉具視による京都の伝統復興策の延長線上に設けられた名勝旧蹟保存団体・保勝会が一八八一（明治一四）年から活動を開始しており、[7] 一八九五（明治二八）年に開催された第四回内国勧業博覧会と平安遷都千百年紀念祭は、歴史を資源とする京都の観光都市化を促進した。[8] 古社寺保存法制定にあたっては、京都を中心に請願運動が展開されるなど、この機運の醸成に直接与ってもいた。[9] 同会の設立は、こうした同時代的潮流の中に位置づけられることを確認しておきたい。

さて、同会は創立以後、観桜歌会の開催を中心に、山吹をはじめ風致樹木の植栽、園地整備、史蹟修繕を実施していく。日露戦争を契機として歌会は一時中止となり、それ以後再興されなかったようだが、植樹と山吹の管理はその後も継続されていった(10)。

2 組織構成

次に会の組織構成についてだが、一八九九（明治三二）年創立総会時の役員を見ると、会長は名誉会員中から推薦するとして空席、副会長には創立委員長であった宮本三四郎が就任している(11)。宮本は地域の発展に関わる数多くの事業を手がけ、初代綴喜郡長をはじめ、さまざまな公務に携わった名望家で(12)、橘氏の由緒を有するという旧家でもあった(13)。実質的な会の主導者だったといってよい。

もう一人の指導的人物と目されるのは、会の記録掛を務める大西正一である。村内の郷社・玉津岡神社の神職である大西家では、先代の正三の頃から村誌調査に従事し（後述）、正一も郡誌編纂の際に井手村委員を務めるなど(14)、地域で共有すべき由緒を掘り起こす役割を担ったと思われる。同家もまた橘諸兄を遠祖とし、南北朝期には南朝方に加勢したとされる旧家だった(15)。

そのほか同会の役員には、一八八九（明治二二）年町村制施行後の初代村長・飯田弥市郎、当時現職の村長・中坊久四郎、後に村長を務める寺島源次郎、弁護士の宮本弥次郎など、村の有力者たちが就任している(16)。彼らは地域の近代化に関わる事業にも協力して取り組んでいたが(17)、こうした村内有力者の結びつきが、同会の重要な基盤であった。

また会規では、貴顕紳士を名誉会員に推戴し、特別会員は三円以上、通常会員は一円以上の入会費を支払うこと、会員に対しては花期来遊の際に便宜を図ること等が定められた(18)。名誉会員にはいわゆる長州閥に属す政治家であった野村靖、品川弥二郎などがおり(19)、一八九九年三月段階で会員数四〇〇名に達していたという(20)。

なお、有力者以外にも地元住民の入会や協力があったようである。一九〇〇（明治三三）年の地元での集会には、雨天のため少数ながら三〇～四〇人集まった旨記されており、一九〇四（明治三七）年には役員取締りのもと、村内の未納者（会費未納者か）に山吹の植栽をさせたという事例も見られる。さらに大正期には、風致の維持管理にあたって青年会の協力を受けており、村内で組織的な活動が一定程度継続したことがうかがえる。[21]

このように同会は、橘氏の由緒を有する旧家を含む村内有力者を中心としつつ、より幅広い村民を組織していたと推測され、さらに村外の賛同者を獲得することにも成功していたのである。

3　史蹟名勝に対する認識

次に、会が掲げていた活動目的を見ることにより、その史蹟名勝に対する価値認識を明らかにしたい。一八八五（明治一八）年に大西正一が執筆した「井手保勝会組織広告」の草稿には、次のような井手にまつわる由緒が描かれている。

駒とめて猶水かはむ山吹の花の露そふ井手の玉川と〔藤原〕俊成卿の詠し玉ひし、日本六ツの玉川の其一に選まれたる我山城国綴喜郡井手の里ハ、千百有余年のむかし、左大臣橘諸兄公の移住玉ひし所にして、名勝旧蹟十を以て数ふ、就中玉川・玉の井・山吹・蛙等は古今の詩歌文章に著しけれは、今更言を俟さる処

そして、こうした名勝旧蹟が湮滅することを憂えて「橘公の墓所を修築し紀念標石を建設し」、「山吹山保存方法よりして其他の名勝を修繕し」、「近年諸新聞にも記載ありて京阪近国より観客来集し井手大桜遠見如雲とも賞誉せらるゝ処の桜樹培養方等」の事業に着手することを目指していた。[22]

また、一八九八（明治三一）年創立時の趣意書には、次のように井手の勝地たる所以が記されている。

山城綴喜郡井堤郷玉水ノ勝区タルヤ、国史ニ云フ、天平十二年十二月丙寅従禾津到山背国相楽郡玉井頓宮ト、是即チ聖武皇帝此所ニ御幸有リシ旧蹟ニテ、其霊地ノ由来スルノ古キヲ見ルベシ、其地勢タルヤ青山連接シテ峻嶮ナラス、積翠秀絶ニシテ明媚タリ、中ニ玉水ノ滔々タルモノ瑩徹シ、渓澗春至レハ荼蘼《ヤマブキ》鮮妍タリ、山水ノ奇観復タ人境ニ非ラズ、蛙声ノ清亮、総テ天、図書〔図画の誤植か〕ヲ開クト謂ツヘシ、是即チ左大臣諸兄公ノ別墅ヲ営ム所以ニテ、往昔大光明寺ノ伽藍椋本天神ノ零祠等其余著名ノ名蹟挙テ数フヘカラズ、故ニ公卿紳士ノ遊覧スル者常ニ絶ヘス、藤原為時（紫式部ノ父）玉井山荘ニ題スル詩アリ、其他玉井ノ佳名世ニ称セラレテ当時詩歌ニ著ルモノ多ク、亦旧記古図ニ徴シテ其勝区タルコト昭々タリ

こうした由緒的価値認識のもとに、橘諸兄山荘・同墳墓、美努王（諸兄の父）墳墓、井堤寺跡、玉井頓宮跡、小野小町墓、有王芝（後醍醐天皇の滞在・捕縛地）といった橘氏ほか史上著名な人物の史蹟、山吹、玉川、蛙をはじめとする古典文学に記された名所・名物などを近傍に見出し、その頽敗を憂え、「佳境ヲ旧観ニ復古スル」ことを志したのである。(23)

以上のように同会は、橘諸兄をはじめ国史に登場する人物たちが居住・来訪し、古来歌に詠まれた勝地として、郷土を描出していた。次節からは、こうした由緒的価値認識のもとに展開された会の活動内容を、桜・山吹に関する活動と、橘諸兄墳墓顕彰の二側面から明らかにしていきたい。

地蔵禅院の桜（2009年撮影）

第二節　井手保勝会の活動

1　枝垂桜と観桜歌会

現在、井手町内の地蔵禅院には、京都府指定天然記念物（一九八七年指定）の枝垂桜がある。前述の「井手保勝会組織広告」のいう「井手大桜」がこれにあたると考えられ、当時からその桜樹が脚光を浴びていたことがわかるが、奈良鉄道開通後には、さらに井手村への遊覧客が増加していたと思われる。この頃の『京都日出新聞』を見ると、その日のお勧めの行楽地を紹介する「どこへなりとも」欄（のち「今日の遊覧」欄）に、桜の見頃の時期には連日「井手の桜」が紹介されている。[24] 近世に植えられた桜が、古代から続く地域の由緒を物語る山吹を差し置いて、当時の井手村の主たる観光資源だったのである。そこで、同会は設立当初、まずはこの桜に関する諸活動に着手することになる。

そのなかでも中心行事となったのが、一八九八（明治三一）年から毎年四月に開催された観桜歌会である。宇田淵、尾崎宍夫ら文人一〇数名がこれに参加し、料理の饗応や書画の展観なども行われた。[25] その開催予告や当日の様子など

『京都日出新聞』に掲載された観桜歌会の記事（1898 年 4 月 14 日付 5 面）

は『京都日出新聞』に報じられ、文人の参加記や当日詠まれた歌なども掲載されている。(26) 歌会自体は限られた人々による遊興形態ではあったが、こうした記事は、その他の来客をも誘致する有効な宣伝になったものと思われる。

そのほか同会は、木柵・東屋・茶室の設置などの園地整備事業、(27) 花期の出店の入札や管理の業務、抹茶席での饗応などの営業に取り組み、会員には奈良鉄道の割引券を配布した。(28) こうして同会は、井手村の京都南郊の行楽地としての地位を確立した。しかし、その結果、遊覧客の暴行沙汰が起こるといった副産物もあった。(29)

2　山吹の植栽

次に、地域の由緒の一端を形作っていた山吹について見ていきたい。京都に関連する地誌類を集録した『新修京都叢書』から井手に関する記事を通覧すると、歌名所としての玉川とその山吹に関する記述は、早いものでは延宝七（一六七九）年刊行『京師巡覧集』に見られ、以後、橘諸兄が愛し植栽したとする中世の歌学書の説や、古今和歌集以来詠まれた和歌とともに、繰り返し諸書に記載された。(30) しかし、その一方で、現在玉川畔に山吹は見られない、または上流の山中にわずかに残るとする記事もたびたび見受けられる。(31) 近世の井手は、歌名所としての由緒が語られる一方、山吹そのものはさほど生い茂っていなかったと思われる。(32)

この点は、同会が設立された頃の新聞記事においても明瞭に看取できる。たとえば、『京都日出新聞』に花の名所に関する記事を執筆していた京都探勝会主事・舟木宗治は、同紙に地蔵禅院の枝垂桜を紹介する一方[33]、山吹については宇治を推奨し、「井手の玉川は唯だ名のみにて山吹なく、其山吹山は〔中略〕昔は満山山吹なりしとはいへど今は僅かに雑草に交れる二三株を見るのみ」[34]と、貧相な現状を率直に報じている。また、話題の事物に関する短評記事「くさぐさ」欄では、山吹について「井手の連中は何時往昔通りに成るだろ」[35]と疑問文体で記されている。桜に対する高評価とは対照的に、井手村の山吹はもはや名ばかりで、実体をともなわないものと見られていたのである。

しかし前述のように、井手保勝会にとって山吹は、村の由緒の中核の一つに据えられるものだった。そこで同会は、想像される往時の佳境を現実化するため、山吹を含む大規模な植栽事業に着手する。一八九九（明治三二）年三月には玉川筋へ山吹三〇〇〇株、桜一〇〇本、楓一〇〇本を植え、その後も植栽を続けていく[36]。

そして、その成果をアピールするために活用されたのが、前述の観桜歌会であった。実は、この歌会の歌題は桜ではなく山吹に関するもので、第一回は「栽山吹」、第二回以降は「山吹未開」「山吹初開」「山吹漸開」「山吹露」「山吹靡風」と、植栽した山吹が次第に盛んになってゆくという望みを託していたのである[37]。この歌題は参加する歌人とのやりとりで決めていたらしく、尾崎宍夫は宮本宛の書翰で「当年はさしつめ山吹盛とも可出順路ニ候処、つらゝゝ貴地之実際にてはいまた盛ニも不至かと想像仕候」と述べ、そこで今年は「山吹露」として、翌年こそ「山吹盛」にするという希望を伝えている[38]。いまだ山吹が盛んとは言い難かったようだが、一九〇三（明治三六）年には、歌会の期日が山吹の見頃となる四月二六日と定められるに至った[39]。この時点でようやく、植えられた山吹は鑑賞に堪えうる実質を備えたものと思われる。

この変化は、『京都日出新聞』の記事にも即座に反映された。大規模な植栽が行われた一八九九（明治三二）年以降の観桜歌会の予告記事には、一九〇二（明治三五）年を除き、井手の桜の花期とあわせて山吹の見頃が記されるようになり[40]、一九〇三（明治三六）年には「今日の遊覧」欄でも、井手の山吹が連日紹介されている。前述した「くさ

井手の玉川（2009 年撮影）

ぐさ」欄では、一八九九年には「山吹　井手は桜の外に僕迄是も保勝会の御蔭」（山吹を擬人化し、保勝会への感謝を語らせている）という穏やかな表現であったが、一九〇一（明治三四）年は「山吹　井手の親方も此の日曜には受合でござる」、一九〇三年には「井手　花は散ても山吹がある歌人須らく来れ」、「井手　駒止めてなを水かはんの山吹盛だゝ」といった記事が躍るようになった。[41] さらに舟木宗治は、山吹の名所として京都博物館、宇治興聖寺、天龍寺と並んで「井手の玉川」を挙げ、次のような様子を紹介している。

　玉川の両岸に無数の山吹を植付けたり〈花は単弁重弁交る〉、山吹山は玉川に沿て東え廿五丁登れば有王山の半腹にあり、一重山吹なれ共花盛りは二十日過なり、地蔵院、阿弥陀寺共に無数の山吹を植付けたれば花盛りは佳景なり[42]

　そのほか、井手の山吹を題材にした紀行文が著されるなど[43]、数年前とは対照的に、山吹が咲き乱れる井手は行楽地としてもてはやされるようになったのである。

　このように井手保勝会は、集客力のある枝垂桜を軸とした歌会や園地整備にとどまらず、当時実態が希薄だった山吹の植栽と宣伝に力を注ぎ、その実質を備えさせるに至った。ここには、近世文人に共有され、近代教育を通じてその裾野を広げつつあった古典文学の世界や、[44]諸兄の山吹遺愛・植栽説という回路を通じた古代の正統的国史の中に、井手の由緒を位置づけようとする同会の姿勢が示されているといえよう。

3　行楽名所と指定名勝・天然紀念物

こうした井手保勝会の事業を後押ししたのは、前出の『京都日出新聞』の諸記事に象徴されるように、鉄道や新聞の普及を前提とした新たな行楽名所形成の機運であった。京都においてこの機運の醸成に携わった代表的な人物が、前述の舟木宗治である。

京都府・市の公務を歴任しつつ探勝を趣味とした舟木は、明治三〇年頃から『京都日出新聞』に名所案内を寄稿する一方、千数百人ほどの会員を擁する京都探勝会（一八九九＝明治三二年設立）を主宰した。[45]その結果「世人は翁を目するに探勝博士の綽名を以てし各鉄道会社は翁の旅行鼓吹を徳として時々優待乗車券を呈するに至つた」[46]という。

こうした活動を通じて舟木は、二つの注目すべき役割を果した。第一に、近代的行楽スタイルを提案したことである。舟木と探勝会の主意は、都市生活者が余暇を有意義に過ごすための、鉄道を利用した気軽な旅行趣味の普及にあり、[47]その執筆記事は平易な文体と鉄道旅程・旅費・旅館評などの実用的記述に定評があった。第二に、そうした行楽スタイルに適した名所を認定・普及したことである。京都探勝会発行の冊子には、春の花名所をはじめ、伊勢参宮、蛍狩り、温泉、海水浴、避暑、登山、紅葉狩り、茸狩りなど四季の行楽地が紹介され、[48]舟木がはじめて世に知らしめた場所も多かったという。たとえば、綴喜郡青谷村の青谷梅林は「其主宰に係る探勝案内の小冊子に入るや青谷の名は一時に喧伝し、村では保勝会が組織され、茶店が開かれ、無料休憩所携帯品預所が設けられ」るほどの盛況を呈した。[49]

井手保勝会の側も、このような舟木の役割を十分意識していたことだろう。舟木が井手の山吹を「名のみ」と酷評したのは一八九八（明治三一）年だが、一九〇〇（明治三三）年には宮本三四郎・大西正一と舟木との交際が始まっていることが確認でき[50]、一九〇一（明治三四）年には京都探勝会発行の冊子に控えめながら井手の山吹が紹介された[51]。そして、一九〇三（明治三六）年には前述のような『京都日出新聞』への好意的な記事掲載に至る[52]。井手の玉川と山吹は、舟木が認定する行楽名所の価値基準の枠内に受け入れられ、その一つに首尾よく組み込まれたのである。

それでは、これ以後次第に本格化し、一九一九（大正八）年の史蹟名勝天然紀念物保存法に結実する保存行政において、玉川と山吹はどう扱われたのだろうか。一九一四（大正三）年九月、内務次官は京都府に対して管内の史蹟名勝天然紀念物の調査を依頼、これをうけた京都府が各郡市長に照会したところ、同年一二月に提出された綴喜郡の報告中「貴重植物ノ部」には「玉川ノ山吹」が含まれていた[53]。また、一九一八（大正七）年に「国家又ハ公共団体ニ於テ管理保存ノ価値アル」史蹟名勝天然紀念物の管理保存費概算見込みにつき同様の調査が依頼された際にも、京都府が回答した「勝地」の一つに「井手ノ玉川」が記載された[54]。

京都探勝会発行の冊子（1901年）

このように、当時の郡・府において、行政上取り上げられるべき価値が認められていたことは確かだろう。だが実際には、大正・昭和戦前期を通じて、国レベルの視野に立つ調査や指定の対象になることはなかった。

この点について明確な理由を求めることは難しいが、天然紀念物に関していえば、大正・昭和戦前期に府の調査や国の指定を受けた対象は、老樹名木のほかはいずれも学術的価値あるものが多数を占めており、明治期に植栽された井手の山吹はその調査・指定基準にそぐわなかったといえる。一方で大正・昭和戦前期における府内の国指定名勝は、寺院庭園が多数を占め、これに天橋立や笠置山、嵐山、円山公園などが加わっている。[55] 全国的に知られる名勝を数多く有する京都府において、再生されたばかりの井手の玉川は指定対象に含まれ得なかったと思われる。

前節で見たように、井手保勝会の活動は、歌名所としての由緒を資源に、行楽地としての実質的魅力をも備えさせようとしたものだった。そこでは、地域のアイデンティティの主張と、集客による経済的利益追求が、あわせて意図されていたといえる。この点で舟木の行楽名所普及事業は親和性が高く、井手保勝会はこれに積極的に呼応することで発展を遂げた。しかし、それとは別種の論理にもとづく史蹟名勝天然紀念物保存行政の価値認識には合致しなかったのである。

第三節　井手保勝会と学術的価値認識との相克

1　地域における橘諸兄墳墓への関心

由緒的価値認識にもとづくもう一つの顕彰対象であった橘諸兄墳墓の修繕は、その途上で村の外部の人間が関与していったために、より複雑な様相を呈することになる。まずは、保勝会設立に至るまでの、同村における橘諸兄とその墳墓に対する関心の歴史を追っていきたい。

再び近世の地誌類を参照すると、井手を橘諸兄由緒地とする記述は一七世紀半ば頃から存在し、以後の類書にも頻出している。[56] こうした由緒は井手所在の寺院でも活用されていたようで、同地の地蔵院・観音寺・薬師寺の本尊はいずれも橘諸兄持仏と称されていたという。[57] また宝永四（一七〇七）年には、やはり本尊を諸兄の持仏と称する地福寺において、諸兄持仏と館址の由来を記し、同寺への寄進を呼びかける由緒書が作られ、[58] 諸兄の位牌も制作された。[59] もっとも、この運動は後の井手保勝会関係の史料では触れられておらず、井手保勝会との直接的な連続性はないものと

玉津岡神社（2014年撮影）

橘神社（2009年撮影）

思われる。

これに対し、後の井手保勝会へと展開していく契機は、文久二（一八六二）年に生じた。この年、宮本三四郎の父・守親ら同志たちが、橘諸兄千百年忌の祭典を計画し、諸兄への手向けの歌を募集したことがそれである。その結果約八〇首が集まったが、遠忌祭典自体は幕末の混乱のなかで実現しなかった。(60)

だが、その後一八八〇（明治一三）年頃に再び橘諸兄顕彰の機運が盛り上がり、「二三の同士相議り、歴史古書を探索し、旧家の蔵書を尋ね、或ハ古老の口碑を聞書して、遂に本村の名所旧跡の所在悉く明瞭し、且ハ左大臣橘公の御墓所并ニ同公御父美努王の御墓所等も確知」したという。(61) こうした自主的な調査活動は、大西正三を担当者として一八七六(明治九)年から一八八一(明治一四)年にかけて行われた、皇国地誌編纂に関わる村誌調査を発端としたものと思われる。(62) さらに当時、楠木正成五百五十年忌が迫っていたことが、この機運を後押しした。玉津岡神社境内には橘諸兄と楠木正成を祀る橘神社があったため、一八八一年、二人同時に祭典を執行することになったのである。(63)

そして、この関心の延長線上に生まれたのが、一八八五(明治一八)年の井手保勝会設立計画であった。このとき橘諸兄墳墓修築をはじめとする諸目的が掲げられたことは前述したが、それは「同卿〔楠木正成〕ハ即ち橘諸兄公の末孫にて、古今無双の忠臣なる事ハ三歳の児童と雖も賞賛せさるハなし、然れは我井手村は其忠義無二の名将を産出せし地なりと云さるを得す、況て同卿の祖宗たる橘公の墳墓をして荒兀たる一丘と看做が如きは痛歎の至に堪さるなり」という認識に発していたのである。さらに「而して本会隆盛に至らハ、独り井手保勝会ニ止まるのミにあらす、之を近隣村々に及ほし聯合保勝会と成す可き哉、否聯合のミならす之を全郡に及ほし遂に城南各郡に至らん事を欲す」とまで希望を広げている。(64) ここには、共同で地域の近代化事業を進めていた名望家たちの広域的な郷土意識も垣間見える。総じて、この事業が特定の家や寺社の私的な権威・利益ではなく、風教に資するという公的かつ広域的な意味を持つものとして進められていたことが読み取れる。

ところで、このころ橘諸兄墳墓・美努王墳墓と判断されたのは、従来、北大塚・南大塚と呼称されていた塚である。(65) だが、この両塚を橘氏関係の史蹟として記載した近世地誌は、管見の限り一件に過ぎない。(66) 宮本三四郎によれば、村内では父祖の代からこれを橘諸兄・美努王墳墓とする言い伝えがあったというが、定説として広まってはいなかったようである。

明治期に入り、両墳墓確定の決め手となったのは、同時期「木津の今井氏」から入手した「古図」だった。(67) 同図は、橘諸兄墳墓・美努王墳墓をはじめ多くの橘氏関係の史蹟が記載され、地域に複数残る古絵図「山城国井堤郷旧地

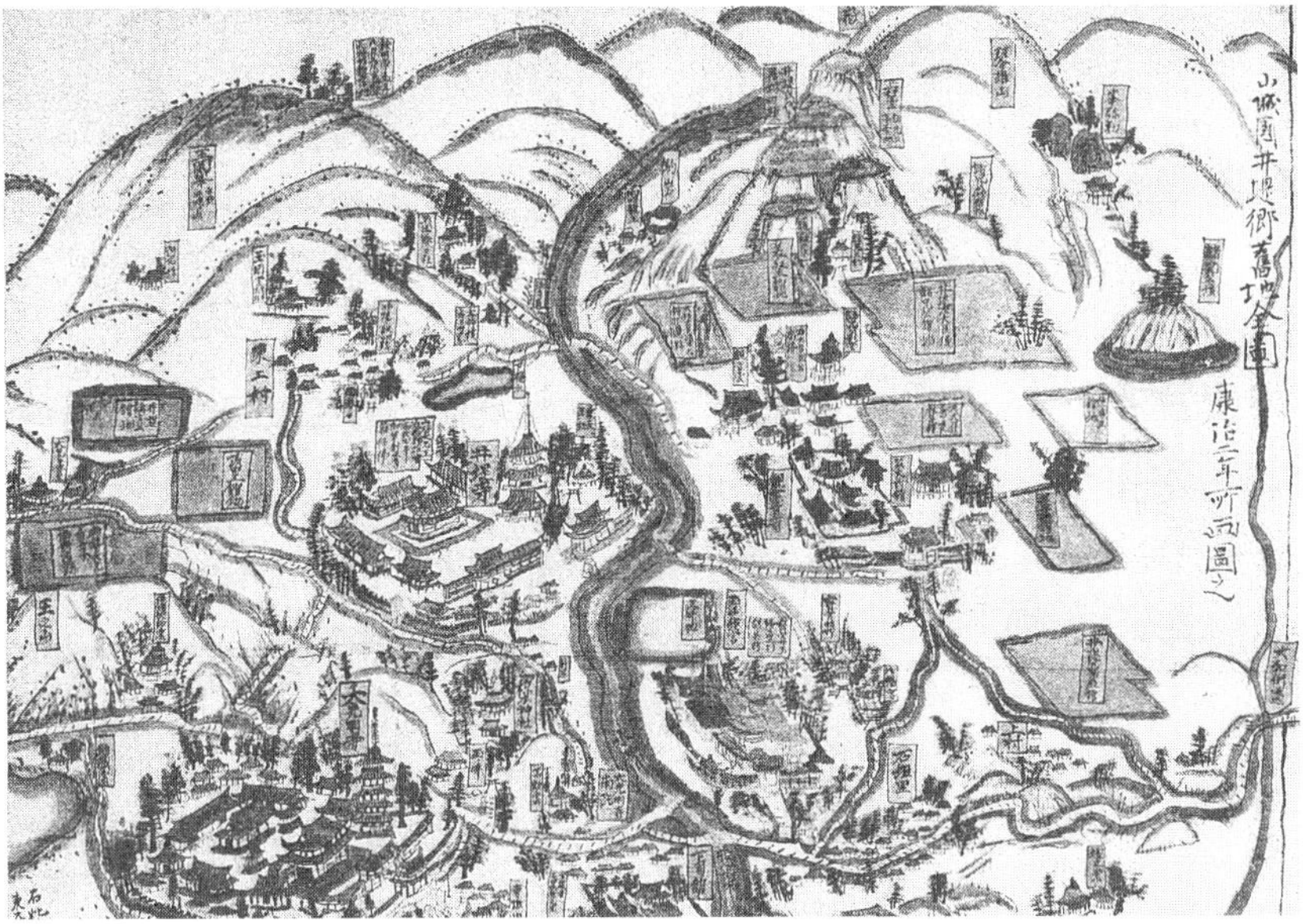

「山城国井堤郷旧地全図」（写）の部分（『井手町の古代・中世・近世』）

全図」（写）の一つと思われるが[68]、実は近世後期、綿密な資料収集と現地調査にもとづいて大量の偽文書を作成した椿井政隆による創作と今日では見られている[69]。また、椿井の偽文書作成の契機は、橘諸兄子孫と称する普賢寺郷の田宮氏の由緒創作依頼に始まるものと推測されており[70]、同図もその意図との関連が考えられる。だとすれば、近世に隣村の旧家のために創作された絵図が、井手村の橘諸兄・楠木正成顕彰事業を裏づけるという新たな意図の下に再利用され、井手保勝会設立へ向けた推進剤にな

小野小町墓（2009 年撮影）

ったことになる。この古図をめぐる経緯には、近世・近代を通じた由緒活用の連続性と相違が端的にあらわれているといえよう。

ともあれ、この過程で橘諸兄墳墓には、木製の墓標が設けられた(71)。井手保勝会設立後は、小野小町墓や井手寺址などについては修繕費が計上された一方で、諸兄の墳墓に関しては特に新たな予算は計上されていないが(72)、この頃から編纂が盛んになる各種の郡誌にその所在が明記されるようになり、広くアピールされていくこととなった(73)。

2　歴史学者・考古学者からの批判

だが、村の外部からの調査が入ると、橘諸兄墳墓の由緒的価値に疑問が投げかけられていく。その最初の事例と思われるのが、当時第三高等学校の学生で、のちに考古学者となる浜田耕作の調査である。浜田は一九〇一（明治三四）年、『東京人類学会雑誌』に同墳の調査記録を発表し、橘諸兄の由緒について次のように述べている。

> 此の古墳は橘諸兄公の墳墓として伝へられ、今は其の標木をさへうちたてり、余輩その伝説のよりて起る所以を詳にせずと雖も、思ふに諸兄公が館居の井隄にありしに単へに本づくならむ、さはれ埴輪の存在せる事実より考ふれば、少なくとも千年以前のものとするを普通とす可く、寧楽時代の諸兄公（聖武天皇天平宝字元年薨）の墳墓とするは寧ろ穏当に非ざる可し、況んや諸兄公の墳墓と称するもの他に之れあるに於てをや、例へば和泉国泉南郡久米田寺畔の耳塚の如き、たとへ其の伝説の疑はしき、墓制の信ず可からざるもの北大塚のそれに比して一層甚しきものあるにもせよ、一再の考察研究に値せざらむや。
>
> 又北大塚古墳の南数町にして南大塚古墳あり、いまは僅にその残跡を残すのみにして埴輪の破片もなく其の現状を推しがたきも、余輩を以て見るに恐らくは北大塚と同じ時代のものならむ、土人《ママ》はこれを以て諸兄公の御父美努王の御墓となすと雖も、こは北大塚の諸兄公に関する伝説より起れるいみじき附会に過ぎざる可し(74)。

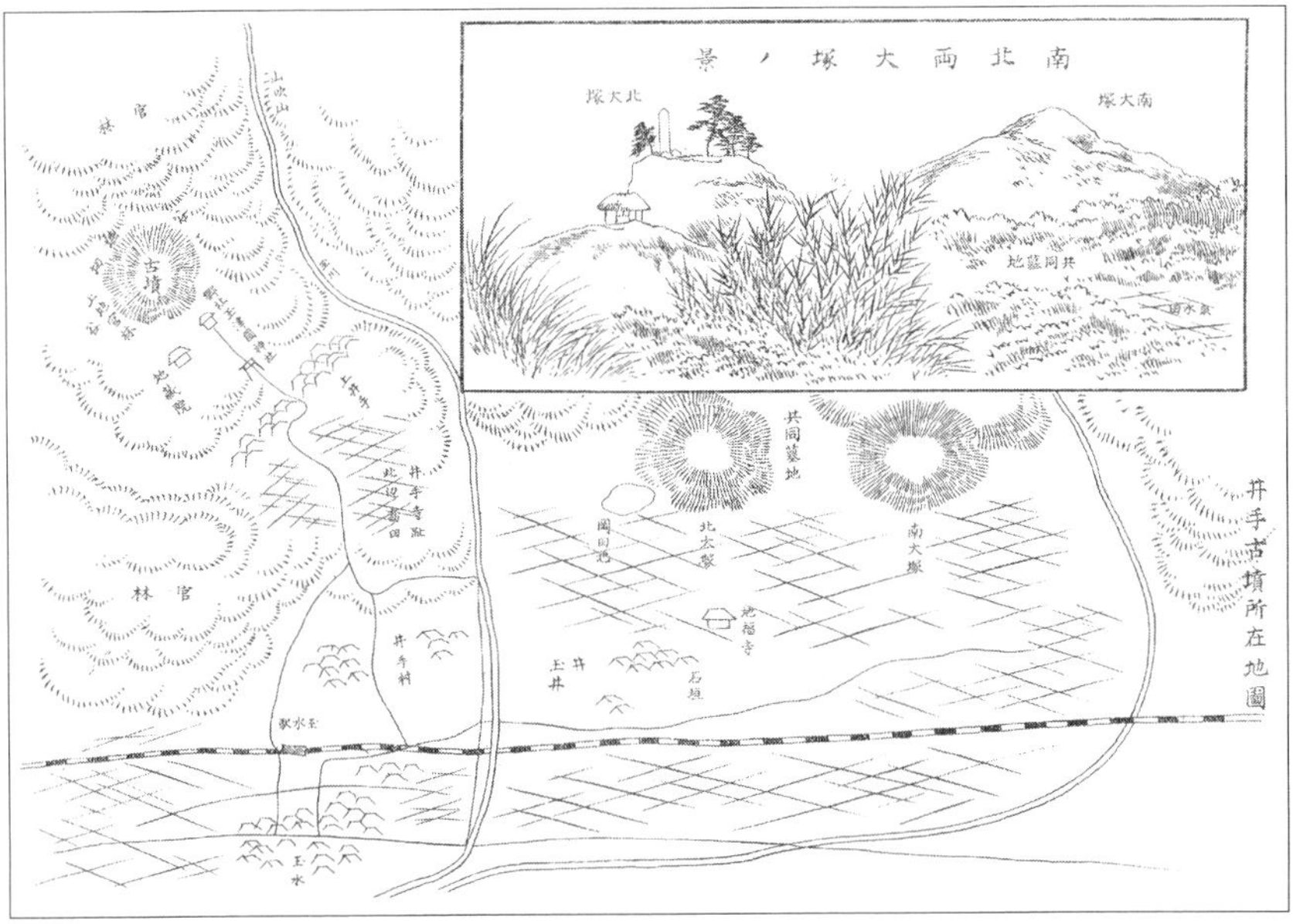

湯本文彦執筆記事の付図（『帝国古蹟取調会会報』2 号、1902 年 10 月）

このように、橘氏関係墳墓という解釈に疑問を投げかけ、別の地に橘諸兄墳墓の対立候補も存在することを指摘した上で、諸兄の時代より遡る古墳として扱った調査報告が綴られていくのである。ここには、学術的価値認識と地元の由緒的価値認識との乖離が明確に現れている。

続いて同墳墓に関心を抱いたのは、『平安通志』編纂等に従事したことで知られ、当時京都府の社寺志編纂委員・名勝旧蹟保存委員等を務めていた地方史家・湯本文彦である[75]。湯本は同地を調査して宮本三四郎と面会、帝国古蹟取調会の会報に橘諸兄墳墓と井手保勝会を紹介したが、湯本自身は「天平時代古葬の制とは認め難き所あり」、「此墓は史学上より観察すれば天平時代よりは猶数百年前の物の如く考へられ、其地の因縁よりいへば此公の墓は此間に在るべきに似たり、猶精密に考究したきものなり」と、慎重な姿勢を示していた[76]。近世以来の漢学・国学の素養に依拠していた湯本は、西洋史学の影響のもとに成立しつつあったアカデミズム史学の外部に位置する存在だったが[77]、その考証学的な判断基準においても、同墓の由緒は疑問を抱かせるものだった。だが、当時民間の保存事業に対する批判を展開していた日本歴史地理研究会は、この湯本の慎重な史蹟記事を含む会報の諸記事に対し「之を繙きて一通り見渡したるに、何とも御話にならぬに呆れたり」と酷評を下す。[78]そして、これに追い討ちをかけるように、帝国古蹟取調会の会報でも「諸兄公の時代よりは古き制なりと認定す」という学者たちの共通見解が示されるに至った。[79]

3 野村靖の調査と湯本文彦の判断

ところが、帝国古蹟取調会役員の一人であった野村靖（当時枢密顧問官）は、この橘諸兄墳墓に興味を抱き、独自の調査を開始する。その契機は、一九〇〇（明治三三）年頃に行われたと思われる野村家の家系調査の結果、橘諸兄に遡る家系を見出したことにある。これを受けた野村は、戦国時代の祖にあたる諸親・諸吉父子の祭典を執行する一方で、遠祖・橘諸兄の顕彰にも関心を寄せていく。具体的には、諸兄を摂社に祀る梅宮神社（現・京都市右京区梅宮大社）において一九〇七（明治四〇）年に予定されていた橘諸兄千百五十年祭に協力することになり、これに先立って諸兄の事績と遺跡を一通り調査しようとしたのである。[80]

野村は一九〇四（明治三七）年に宮本三四郎に面会し、[81]翌年八月には京都府知事・大森鍾一を介して湯本文彦と出会い、湯本と共に井手村を訪れて調査に従事した。[82]だが、湯本はこの調査を通じても、やはり「諸兄公時代より余程古き式であつてどうも公の墓と断定する事ハ出来ない」という考えを崩さなかった。[83]この判断にあたっては、帝国古蹟取調会による否決宣言も念頭に置かれていただろう。調査を依頼されていた大森も、次のように現地の視察結果を報告している。

先頃取調書差上候通リ種々引証して墓標ヲ立テ有之候得共、近年此辺茶園ニ開拓之節妄ニ掘返候為メ、何分判然ト古墳ト認むへき拠無之、乍去同村内井堤寺ノ旧址アリ、同公ノ別業地ト唱アル地もアリ、旁何レ此辺ニハ相違

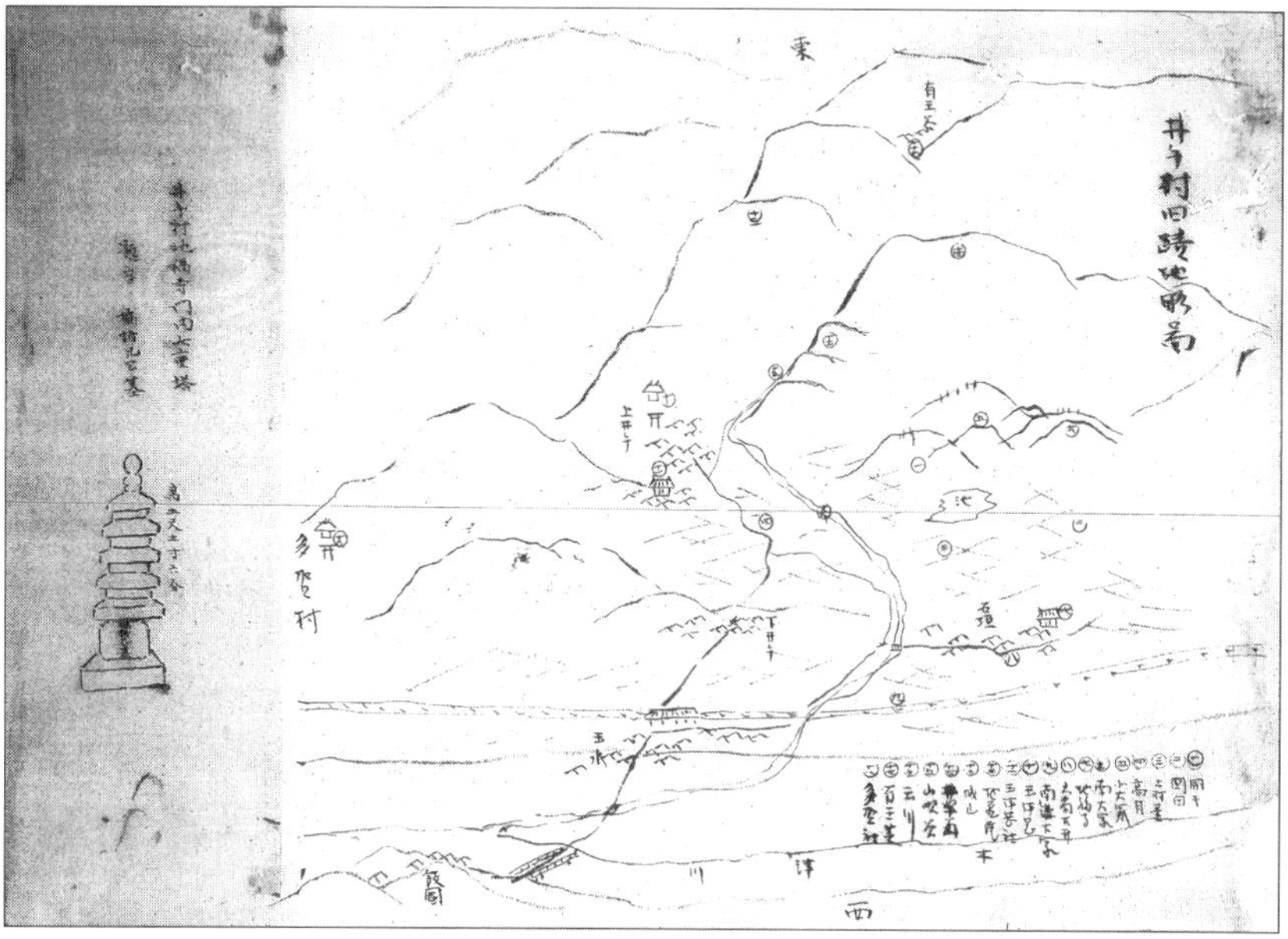

野村靖の調査資料「井手村旧跡地略図」（国立国会図書館憲政資料室所蔵野村靖関係文書11－8「橘諸兄関係書類」所収）

アルマジクトハ奉存候、又同所ヲ去ル五六町地福寺ト唱フル寺院アリ、寺内同公ノ墓ト称スル五重ノ石塔アリ、是亦信ヲ置キ難シ[84]

このように、大森の報告も野村にとって要領を得ないものだった。そのほか野村は、地福寺にある橘諸兄の位牌の拓本を取り寄せたもの[85]、前述のように一八世紀初頭の製作物に過ぎず、さしたる考証材料にはならなかったと思われる。さらに、「山城国井堤郷旧地全図」（写）の原図の所蔵先と伝えられる春日神社にも問いあわせたが、古図の所在は確認できないとの回答に終わった[86]。

他方で野村は、一九〇五（明治三八）年一一月、対

橘諸兄位牌の拓本（国立国会図書館憲政資料室所蔵野村靖関係文書11－8「橘諸兄関係書類」所収「諸兄公霊碑拓本」）

立候補とされていた大阪府泉南郡八木村久米田寺における橘諸兄墳墓も訪れ、翌年には湯本と共に調査に赴いている。[87]その結果、野村の手元には、この墳墓に関する調査報告や、自身が橘諸兄の母方の家系の末孫であることを証する、八木村長から送られた由緒書などが集められた。[88]だが湯本から見れば、この八木村の橘諸兄墳墓も「その発掘せられたる埴輪に就て見るも、寧ろ奈良朝已上のものと察せられる」古代の古墳であり、「要之両地とも諸兄公の墳墓に対する適確なる証左を獲るに由無」く、確証に欠けるものだったのである。[89]

こうした野村の調査に対し、宮本は名誉会員章の送付を兼ねた野村宛の書翰で「爾後諸兄公御墓所之義、種々御穿鑿被為在候御事ト奉察候、当地ニテハ先々申上候通、未タ確証等無之事ニ候得共、古老之言伝へ、古図ノ写等ニ対照シ、御墓所ニ相違無之ト確信之外無之候」[90]と訴えているが、やはり確証を示すことはできなかった。自家の由緒への関心に発した野村の調査は、由緒的価値にもとづく両候補地の主張、考証主義にもとづく湯本の判断、中央の学者たちの否決宣言などが交錯するなかで、結局墳墓の確定に至ることなく、千百五十年祭を迎えたものと思われる。

なお、梅宮神社の千百五十年祭に約一月先立つ四月一五日、玉津岡神社でも独自に千百五十年祭が執行され、集まった献詠和歌は千首を超えたが[91]、これに野村が参加したかどうかは定かではない。

4　京都府史蹟名勝保存行政による否定

こうした状況の中で再度明確な判断を下したのが、京都府の史蹟名勝保存行政である。同府における史蹟名勝への対応は、一八九八（明治三一）年一二月に内務省から府県に達せられた名勝旧蹟調査の訓令を受け、翌年七月、名勝旧蹟保存委員会規程を設けたことに端を発する。[92]さらに大正期に入ると、木内重四郎府知事の主導のもとに一九一七（大正六）年度より史蹟勝地保存費を設け、史蹟勝地調査会を組織して、府内の調査を本格的に開始した。[93]当時内務省は、地方改良運動の一環として各地方に対し史蹟名勝の調査保存を奨励していたが（第五章参照）、京都府の施策もそうした流れを汲んだものとして位置づけられる。そのため、馬淵鋭太郎府知事の公式見解では「之ヲ保存顕彰スルハ、啻ニ、国史研究上急務ナルノミナラス、国民精神、郷土愛重ノ念ヲ涵養スルニ於テ最欠クヘカラサル事タリ(94)」と、研究上の意義にとどまらず、国民教化政策の一環として捉えられていた。各地で生じた史蹟保存熱は、こうした意味づけのもとに行政レベルと結びつく道筋が生じたのである。

その内部で実務を担ったのは、由緒的価値を重視する民間の史蹟保存事業に対して一定の距離を保っていた歴史学者・考古学者であった。調査会の評議委員には三浦周行、内田銀蔵、浜田耕作、黒板勝美、内藤虎次郎が就任し、調査委員の実務を西田直二郎、梅原末治らが担って、調査報告書を刊行していく。イギリス留学から帰国後、京都帝国大学文科大学で考古学の指導を開始していた浜田は、その調査方針を次のように示している。

調査ノ方針ハ宜シク統一的タル可ク、其ノ方法ハ学術的タルヲ要シ、報告ノ出版亦タ従テ此ノ目的ニ協フモノナラザル可カラズ。〔中略〕思フニ郷土ノ人士ハ其ノ史蹟名勝ノ時代ト関係人物トニ関シテ確然タル断定ヲ聴カムトスルモノ鮮カラザラムモ、是レ多クノ場合ニ於イテ細心ナル学者ノ敢テセザル所ニ属シ、此種報告書ノ体裁亦タ妄リニ自己ノ臆断ヲ恣マヽニスルヲ許サズ(95)

同会の組織にあたり、木内府知事時代から要請を受けて協力していた歴史学者・黒板勝美も「我国ニ於ケル史蹟勝地ノ保存ハ近時朝野ノ間ニ其声ヲ聞クモ、而モ純正ナル学問的見地ニ立脚シテ、真個近代的意義ヲ有スル顕彰保存ノ実ヲ挙ゲシモノニ至ツテハ多カラザルナリ。〔中略〕保存ヲ図ルニ当ツテハ、先ヅ予メ学術的調査ヲ完全ニスルノ要アリ(96)」という姿勢を表明している。つまり、由緒的価値認識に立つ判断は「臆断」になりかねず、「純正ナル学問的見地ニ立脚」する「学術的調査」を経て、史蹟の学術的価値が裏づけられなければならなかったのである。

そして、こうした方針のもと、一九二二（大正一一）年度調査の際、調査委員の考古学者・梅原末治が井手村を訪れる。その調査対象には、橘諸兄とその父美努王の墳墓と目される北大塚・南大塚も含まれていた。この時、宮本三四郎が所有していた遺物も調査対象になっていたため、宮本もこれに協力している。だが、作成された報告書は古墳としての現状記録となり、橘諸兄墳墓の由緒については、次のように末尾で明確に否定されることになった。

両大塚古墳ニ就イテハ地方人士ノ間ニ橘氏関係ノ墳墓ナリトノ伝ヘアリ、特ニ北大塚ヲ以テ諸兄ノ墳墓ナリトス、然レドモ上述ノ構造上ヨリスレバ、ソレヨリモ更ニ遡レル時代ノモノナルコト早ク濱田博士ノ説カレタル処ノ如ク〔中略〕到底コレヲ奈良朝人タル諸兄ノ墓ト認ムベカラズ、蓋シ此ノ地ガ橘氏ト特殊ノ関係アル土地ナルヲ以テ後人附会シテ此ノ伝説ヲ生ゼリト見ルベキナリ(97)

なお、これより先、前述した一九一四(大正三)年・一九一八(大正七年)年の内務省の史蹟名勝天然紀念物調査依頼に対する綴喜郡の回答にも「橘諸兄公墳」は記載されていた(98)。つまり同郡は、由緒的価値認識に立つ判断をそのまま内務省に伝えていたことになる。しかし、梅原の調査は学術的価値認識に立ち、これを北大塚古墳として、同時期の他の古墳と一括して扱ったのである。だが井手保勝会は、一九二七(昭和二)年の町制施行にともない井手町保勝会と改称、同会名で観光案内書『玉川及史蹟案内』を発行した際にも「橘諸兄公墳」「美努王墳」を記載し続けた(99)。こうして、井手保勝会は保存行政と袂を分かち、両者は別々の道を歩むことになったのである。

5　昭和戦前期――有王芝と井手寺址の浮上

これより後、会の動向を知りうる史料は乏しいが、昭和戦前期に井手の史蹟を訪れた人々の二つの記録からその一端をうかがってみたい。

第一の事例は、一九三二(昭和七)年一月一九日、京都史蹟会役員たちの有王芝来訪である(100)。有王芝は、元弘の変の際に後醍醐天皇が滞在し捕らえられたという場所で(101)、前述のように井手保勝会の趣意書にも記載されたが、特別な扱いはされていない。
これに対して一九三二年には、職業軍人や久世郡有志、井手町長、井手町保勝会長（当時は玉津岡神社社司の大西正夫）らを発起者とした有王芝建碑運動が生じており、すでに前年には東屋と木標も建てられていた。そもそも、京都史蹟会の一行が同地を訪れたのも、同会の小西大東が、建碑運動発起者から有王芝の考証を依頼されたためだったのである。一行の案内に立った発起者たちは、地元に残る古地図・口碑・地形などを根拠として後醍醐天皇由緒地説を主張し、小西はその説明に若干の疑問を抱きながらも、同地が楠木氏と通じる橘諸兄子孫・有王家の所在地であるとの考察にもとづいて同説を支持した(102)。こうした有王芝への注目は、建武中興六百年を機とする建武中興関係史蹟顕彰とも軌を一にするものであろう(103)。

小西大東執筆記事の付図（小西大東「後醍醐天皇有王芝御遺蹟臆断（上）並に有王紀行」（『史迹と美術』16 号、1932 年 2 月）

第二の事例は、一九四四（昭和一九）年三月、史迹美術同攷会が主催した見学会である。井手町内では井手寺址の礎石と、玉津岡神社の十三重石塔がコースに含まれ、前者については同会主幹・川勝政太郎の講演も行われた(104)。約二〇名の参加を得、大西正夫が一行を歓待した。

史迹美術同攷会は、その会誌が「学術の研究発表機関であると同時に、広く斯界の同好者に対しての手引となる」ことを目指していたように(105)、学者と愛好家の間にまたがる存在であった。会を主導する川勝も、古美術・古建築・史

井手寺址（『京都府史蹟勝地調査会報告』4冊、京都府、1923年6月）

蹟等の学術的な見方を初学者向けに平易に紹介することに努めていた[106]。偉人を追想し社寺・仏像を参拝する行為とは別に、モノ自体に時代的・地域的特徴や美術的価値を見出す行為が、通俗的な趣味として提供されつつあったのである。この立場からすれば、井手の見所とは、礎石や古瓦といった物質資料が現存し、梅原末治が評価した井手寺址と、川勝が専門とする石造美術である十三重石塔にあったのだろう。

地域における橘諸兄墳墓の由緒は、学術的価値認識にもとづく否定によって直ちに退けられたわけではない。だが昭和戦前期には、当初のように事業の中心として強調されることも、来訪者の目的地になることもなくなっており、かわって相対的にその地位を浮上させたのは、有王芝と井手寺址だった。地域で重視される由緒は建武中興の時代へとその重心を移し、学術的価値にもとづく史蹟認識も、由緒的価値と共存する形でもたらされつつあったのである。社会情勢が変化するなかで、地域社会がアピールし、来訪者に注目される井手の史蹟は、変容を続けていったものと思われる。

おわりに

以下、本章で論じてきたことを整理し、考察を加えたい。幕末以来、村の由緒への関心が高まってきた井手村では、奈良鉄道開通や各地の史蹟保存事業から刺激を受けて井手保勝会を設立し、観桜歌会や山吹の植樹・管理、史蹟修繕などの事業に取り組んだ。その中核を担ったのは宮本三四郎・大西正一ら村の有力者だが、他の村民と連携し、中央の名士とも結びつきを築いていた。彼らが価値を見出したのは、橘諸兄をはじめとする偉人の由緒を有する場所や、古典文学に登場する山吹などの歌名所であり、歴史学者らの描く当時の民間における史蹟保存事業の典型であった。

このうち山吹の名所に関しては、当初その名に比して実態が希薄だったが、集客の見込めた枝垂桜を軸に歌会と園地整備を行いつつ、山吹の大規模な植栽を進めることで次第に形をなさしめ、その存在をアピールしていった。こうした地域の事業は、舟木宗治の行楽名所普及事業と歩調をあわせて発展した一方、史蹟名勝天然紀念物保存行政の価値体系と合致するものではなかった。

村の由緒のもう一方の核をなす橘諸兄墳墓については、橘諸兄千百年忌、楠木正成五百五十年忌などを契機として関心が高まり、調査活動による墳墓の確定に力を得て、井手保勝会はその修繕を目指した。だが、広く史蹟保存の機運が高まる一九〇〇年頃から学者や名士の眼にさらされると共に、他の候補地との対立も余儀なくされる。そして、京都府の史蹟名勝保存行政を担った考古学者によってその由緒的価値は否定され、古墳としての調査記録が残されるに至った。井手保勝会はその後も由緒的価値にもとづいて橘諸兄墳墓の存在を語り続けたが、建武中興関係史蹟や考古学的遺跡が注目されるなかで、その重要度は相対的に低下したと考えられる。

このように、中世歌学書や近世地誌、家や寺院のレベルで担われていた井手の山吹と橘諸兄の由緒は、ナショナリズムの形成、鉄道や新聞・雑誌を通じた行楽趣味の普及、これに呼応した地域経済発展への期待といった近代的文脈のもとに、一般村民をも担い手に加えつつ、地域のアイデンティティあるいは誇りとして積極的に再構成されていったのである。この点で本章は、先行研究で明らかにされてきた当該期史蹟保存事業に、新たな事例を追加したものといえる。

また、本章は、こうした由緒的価値認識に依拠する地域の活動と、その後全国的に展開していく史蹟名勝天然紀念物保存行政及びそれを担う学者たちの価値認識との齟齬が表面化することがあったことも明らかにした。学者たちの関心は、史蹟に付与された伝承ではなく、その物質資料としての特徴に向けられていたのであり、彼らに指導された保存行政を通じて、史蹟は日本の歴史と文化の一構成要素として意味づけ直されていく。「橘諸兄公墳」から「北大塚古墳」への名称変更は、このことを端的に示している。井手保勝会はこの解釈を直ちに受け入れたわけではないが、井手寺址見学の例に見るように、その後も学術的価値認識との対峙は避けられなかったと思われる。その過程で保勝会がいかなる対応を示したかという点については、史料的制約のため十分踏み込めなかったが、本章は両者が切り結んだ最初の事例を提示し得たと考える。

註

（1）この点を扱った研究として、岩橋清美『近世日本の歴史意識と情報空間』（名著出版、二〇一〇年）第五章が挙げられる。岩橋は、東京都多摩市域を事例として、近世に発見された名所が、近代において天皇の権威と結びつけられる一方、地域開発にも活用されていく実態を明らかにしている。

（2）井手町史編集委員会編『井手町の近代Ⅰと文化財（井手町史シリーズ第五集）』（京都府綴喜郡井手町役場、一九九九年）。

（3）同右、及び『井手町のくらしの歴史（井手町史シリーズ第三集）』（井手町史編集委員会、一九七九年）。

（4）「記録（井手保勝会記録係）」、京都府立総合資料館所蔵宮本守三家文書（館古四三八、以下、宮本文書と略記）一三六七。以下、「記録」と略記。

（5）「井手保勝会趣意並規則」、国立国会図書館憲政資料室所蔵野村靖関係文書（以下、野村文書と略記）一一 - 八「橘諸兄関係書類」所収、R７コマ一七五〜一七八。なお、憲政資料室内で閲覧に供されている野村文書目録には「橘諸兄関係書類」内の細項目が記されているが、内容に遺漏や混乱が見られるため、本書ではこれに依らず独自に史料名を付し、コマ番号を添えた。

（6）具体的には、出雲大社保存会、笠置山保存会、伝教大師紀念塔建設事業、源氏瀧保勝会、京都探勝会などが挙げられる（「出雲大社保存会監督北嶋斎孝・千家尊紀書状」宮本文書一七二七 - 六九、「笠置山保存会幹事大倉治郎右衛門書状」同一七三〇 - 一四一、「西村捨三・内貴甚三郎・竹村藤兵衛連署書状」同一七四〇 - 四〇、「源氏瀧保勝会書状」同一七四四 - 五八三、「舟木宗治年賀状」同一七五七 - 一二三四等）。特に笠置山に関しては、一八八二（明治一五）年に始まる後醍醐天皇記念碑建立運動の発起総代の一人を務め（「笠置山建碑一件書類」同一八五八）、一八九五（明治二八）年に設立された笠置山元弘彰址会の評議員を務めるなど（「笠置山元弘彰址会書類綴」同一三六四）、積極的関与が認められる。

（7）小林丈広『明治維新と京都――公家社会の解体』（臨川書店、一九九八年）。

（8）笠原一人「歴史・観光・博覧会――第四回内国勧業博覧会と平安遷都千百年紀念祭の都市空間」（『10＋1』三六号、二〇〇四年）。

(9) 水漉あまな・藤岡洋保「古社寺保存法成立に果たした京都の役割」(『日本建築学会計画系論文集』五〇三号、一九九八年一月)。
(10) 前掲註4「記録」。同史料からは、一九二一(大正一〇)年までの活動記録が確認できる。
(11) 前掲註4「記録」、及び前掲註5。
(12) 宮本文書所収の「宮本三四郎履歴」には、地租改正に関する郡総代、綴喜郡長、綴喜郡連合町村会議員、井手村戸長などを歴任し、教育、衛生などの公益事業に携わり褒賞を受けた宮本の履歴が、一八八八(明治二一)年まで記載されている(宮本文書一二九四)。実業面では、各種商品作物の導入、玉水銀行の設立、倉庫運送会社の設立、奈良鉄道敷設、木津川架橋事業など、地域経済の近代化に関わる諸事業を推進した。前掲註2、二六七、二六八~二七〇頁、前掲註3『井手町のくらしの歴史』八〇、八三~八八、一二八、一三二、二〇一、二一九~二二一頁。
(13) 湯本文彦「井手村北大塚橘諸兄公墓と称する古墳」(『帝国古蹟取調会会報』二号、一九〇二年一〇月)六頁。
(14) 「綴喜郡誌資料 第二編 綴喜郡」(京都府立総合資料館所蔵京都府行政文書、綴喜郡役所文書五)。
(15) 京都府教育会綴喜郡部会編『山城国綴喜郡誌』(京都府教育会綴喜郡部会、一九〇八年)三〇〇頁。
(16) 前掲註4「記録」。
(17) 前掲註2、二六八~二六九、二七一、二八九、三一八~三一九頁、前掲註3『井手町のくらしの歴史』二一九頁。
(18) 前掲註5。
(19) 「井手保勝会名誉会員之章」(前掲註5「橘諸兄関係書類」所収、コマ一七四)、前掲註4「記録」。
(20) 「井手保勝会の計画」(『京都日出新聞』一八九九年三月一〇日付四面)。
(21) 前掲註4「記録」。なお、村内の各地区ごとに「世話方」という役職が置かれていることも、この推測を裏づける。「大西正一書状」(宮本文書一七四六-三二、三月四日付。発信年未記載だが一九〇一=明治三四年の書翰綴に収録)。
(22) 「井手保勝会組織広告」(宮本文書一三五六)。
(23) 前掲註5。
(24) 「どこへなりとも」(『京都日出新聞』一八九八年四月一〇~一五日付各一面)。
(25) 前掲註4「記録」。ただし後述するように、最後の一九〇三(明治三六)年は山吹の季節に設定された。
(26) 文芽「井手の桜」(『京都日出新聞』一八九八年四月一四日付五面)、「観桜花会」(同一八九九年三月三〇日付五面)、「井手地蔵院観桜会」(同一八九九年四月一七日付四面)など。
(27) 前掲註4「記録」。
(28) 「井手花信」(『京都日出新聞』一九〇〇年三月二七日付七面)。

(29)「観桜者の狼藉（予審判事の出張）」（同右一九〇〇年四月一八日付七面）。

(30)『京師巡覧集』（野間光辰編『新修京都叢書』第一一巻、臨川書店、一九七四年。以下『新修』一一、一九七四と略記）。以後、貞享二（一六八五）年成立『京羽二重』（同二、一九六九）、貞享三（一六八六）年成立『雍州府志』（同一〇、一九六八）、正徳元（一七一一）年刊行『山州名跡志』（同一五、一六、一九六九）、同年刊行『山城名勝志』（同一四、一九七一）、安永九（一七八〇）年刊行『都名所図会』（同六、一九六七）など、京都及び山城国を対象とした代表的な地誌類に記載されている。諸兄の山吹遺愛・植栽説の根拠としては、歌学書『和歌色葉』（上覚著、一二世紀末頃成立）や伊勢物語の注釈書『惟清抄』（三条西実隆述・清原宣賢記、一六世紀前半成立）が引用されるのが常だが、いずれも和歌解釈上の一説として取り上げるもので、確たる根拠は示されていない。

(31)前掲註30『雍州府志』六八四頁、元禄二（一六八九）年刊行『京羽二重織留』（『新修』二、一九六九）三八四頁、前掲註30『山州名跡志』九八頁など。元禄三（一六九〇）年成立『名所都鳥』（『新修』五、一九六八）四三頁では南のほとりにわずかに残ると記されている。また、時期は遡るが、鴨長明の随筆『無名抄』には、肥料として用いられた結果、山吹が失われたという伝聞が記載されている。『無名抄』（久松潜一・西尾実編『歌論集　能楽論集』岩波書店、一九六一年）。

(32)井手町史もこの点に言及している。『日本文学にあらわれた井手町（井手町史シリーズ第二集）』（井手町史編集委員会、一九七五年）一一〇〜一一二頁。

(33)舟木生「桜狩りの案内」（『京都日出新聞』一八九八年四月七日付四面）。

(34)舟木生「花のいろいろ」（同右一八九八年四月二五日付四面）。

(35)「くさぐさ」（同右一八九八年四月二二日付二面）。

(36)前掲註4「記録」。

(37)同右。

(38)「ししを書状」（宮本文書一七五〇－五、一月三一日付。発信年未記載だが一九〇二＝明治三五年の書翰綴に収録）。

(39)「井手山吹」（『京都日出新聞』一九〇三年四月七日付五面）。

(40)「観桜花会」（同右一八九九年三月三〇日付五面）、前掲註28「井手花信」、「井手の歌会」（『京都日出新聞』一九〇一年三月二七日付四面）、「今日の遊覧」（同一九〇三年四月一二日〜三〇日付各一面）。

(41)「くさぐさ」（同右一八九九年三月一一日付二面、一九〇一年四月一六日付四面、一九〇三年四月一五日付三面、一九〇三年四月一九日付三面）。

(42)舟木生「山吹」（同右一九〇三年四月一五日付五面）。もっとも舟木は、別の記事で「井手の山吹は、山吹山に残れる花は皆単弁（一重山吹）にて、昨年より玉川の両側に植付けたるものは単弁、重弁、花交れり、しかし古来井手の山吹と称せしは単弁にて花の小なるものならんか」（探勝会主事舟木「状さし」『京都日出新聞』一九〇〇年四月三〇日付六面）と、自身の想像する真正の風致的条件とは異なることに若干の疑問を呈してもいる。だが、過去の風致を人工的に造成すること自体は何ら問題としておらず、本質的な批判ではないといえる。なお、同地には元来八重山吹があったとする説があり（前掲註30『山州名跡志』）、井手保勝会はこれを参考にした可能性が考えられる。

(43) 「井手山吹山」（同右一九〇三年四月二三日付四面）。

(44) 高木博志「水木要太郎時代の奈良女子高等師範学校の修学旅行と学知」（久留島浩・高木博志・高橋一樹編『文人世界の光芒と古都奈良――大和の生き字引・水木要太郎』思文閣出版、二〇〇九年）。

(45) 舟木宗治『五十年の夢』（舟木保次郎、一九一九年）所収の「略歴」「追想録」。

(46) 田村撫松「舟木柳昇翁を憶ふ」（同右所収）二八二頁。

(47) 舟木生「探勝会発起の趣旨及其実況」（『勝区探遊参宮案内　附会務雑録・会員名簿』京都探勝会、一九〇一年）。

(48) 同右、同右裏表紙、及び「京都探勝会明治三十五年庶務及会計報告」（『内国漫遊探勝紀行　附会務報告』京都探勝会、一九〇三年一月）。

(49) 関口秀範「翁の海水浴」（前掲註45所収）。

(50) 「大西正一書状」（宮本文書一七四四‐一一、一二月一五日付。発信年未記載だが一九〇〇＝明治三三年の書翰綴に収録）。

(51) 『勝区探遊　花のいろいろ』（京都探勝会、一九〇一年）。

(52) なお、同年宮本は、舟木を井手の松茸狩りに誘っているが、二人が秋の行楽を連れ立って満喫したその模様も、舟木によって速やかに『京都日出新聞』に報じられている。舟木生「井手官山の松茸」（『京都日出新聞』一九〇三年一〇月二七日付三面）。

(53) 「名勝史蹟及天然紀念物ノ調査ニ関スル件照会」及び「同上調査報告（綴喜郡）」（京都府立総合資料館所蔵京都府行政文書、大七‐六〇「名勝旧蹟」所収）。

(54) 「名勝史蹟古墳墓ノ件（管理保存費調報告）」及び「名勝史蹟古墳墓ノ件（照会）」（同右）。

(55) 大正・昭和戦前期の指定名勝天然紀念物については、文部省社会教育局文化課『史蹟名勝天然紀念物一覧』（文部省、一九四九年）を参照した。

(56) 『新修京都叢書』では、寛文五（一六六五）年成立『扶桑京華志』（『新修』二二、一九七二）を初出とし、以後、前掲註30に挙げた諸書（『京師巡覧集』から『都名所図会』まで）にも記載されており、橘諸兄館址に関する記述が中心である。

(57) 前掲註31『京羽二重織留』四三五頁。

(58) 「宝永四年　井手里有王山由来縁起」（田辺町近代誌編さん委員会編『田辺町近世近代資料集』京都府田辺町、一九八七年）。

(59)「諸兄公霊牌拓本」(前掲註5「橘諸兄関係書類」所収、コマ一三〇～一三七)中のコマ一三三～一三六。
(60)「綴喜郡井手の里広告」(宮本文書一八九六－一)。
(61)前掲註22。
(62)前掲註2、一三六頁。
(63)前掲註60。なお、橘神社は玉津岡神社末社であり、楠木正成が橘諸兄の子孫を称していたことから、あわせて祀ったものという。この祭典では宮本守親が催主、大西正三が祭主であった。
(64)前掲註22。
(65)前掲註30『山城名勝志』四九七頁。また、特に橘氏関係の史蹟とは明記していないが、享保一九(一七三四)年成立『五畿内志』(蘆田伊人編『五畿内志・泉州志　第一巻(大日本地誌大系三四)』雄山閣、一九七一年)一〇六頁、天明七(一七八七)年成立『拾遺都名所図会』(『新修』七、一九六七年)五四八～五四九頁にその名称が記載されている。
(66)前掲註13、六頁。
(67)同右。
(68)『井手町の古代・中世・近世(井手町史シリーズ第四集)』(井手町史編集委員会、一九八二年)一二七～一二九頁など。康治二(一一四三)年制作の春日社所蔵の原図から二度の複写を経たという体裁をとっている。
(69)馬部隆弘「偽文書からみる畿内国境地域史――「椿井文書」の分析を通して」(『史敏』二〇〇五年春号、二〇〇五年四月)。なお、椿井の死後に偽文書は質入れされ、木津の今井氏によって縁故ある地域へ有償で譲渡されたという。同「大阪府枚方市所在三之宮神社文書の分析――由緒と山論の関係から」(『ヒストリア』一九四号、二〇〇五年三月)。
(70)前掲註69「偽文書からみる畿内国境地域史――「椿井文書」の分析を通して」。なお、田宮家にも同図の写が残されている。前掲註58『田辺町近世近代資料集』一〇八～一〇九頁。
(71)前掲註13、六頁。千二百年忌の際に建てられたとされているが、千百年忌の誤りであろう。つまり、文久二(一八六二)年の事業か、またはこれを受け継いだ一八八一(明治一四)年の事業の際に建てられたものと思われる。
(72)前掲註4「記録」。
(73)前掲註15『山城国綴喜郡誌』三七五頁、小林満三郎『小学綴喜郡地誌　附史談』(安岡伊三発行、一八九六年)三一頁、綴喜郡役所編『綴喜郡要覧』(綴喜郡役所、一九一五年)八〇～八一頁。
(74)浜田耕作「山城における原史時代の遺物遺跡一」(『東京人類学会雑誌』一六巻一八二号、一九〇一年五月)三一七、三一九頁。
(75)「湯本文彦履歴」(鳥取県立博物館編『湯本文彦関係資料(昭和五六年度資料調査報告第九集)』鳥取県立博物館、一九八二年)。名勝旧蹟保存委員については後述する。
(76) 前掲註13、八頁。なお、このころ湯本は宮本から古図を借り受け、複写して京都府庁に保管していることから、この調査が京都府名勝旧蹟保存委員の業務として行われたものであることが推察される。「京都府属湯本文彦書状」(宮本文書七六〇、七月一一日付。発信年未記載だが一九〇二＝明治三五年の書翰綴に収録)。
(77) 湯本の史学思想については、山中寿夫「鳥取藩史編纂と湯本文彦の史学思想」(『鳥取大学学芸学部研究報告(人文科学)』一一巻二号、一九六〇年一一月)、小林丈広「『平安通志』の編纂と湯本文彦――十九世紀末京都における「知」の交錯」(明治維新史学会編『明治維新と歴史意識(明治維新史研究七)』吉川弘文館、二〇〇五年)参照。
(78) 由水「帝国古蹟取調会会報第二号」(『歴史地理』四巻一二号、一九〇二年一二月)八九頁。
(79) 「認定」(『帝国古蹟取調会会報』三号、一九〇二年一二月)一頁。
(80) 「先考を偲ぶ　一」(野村文書二九-二)、「先考を偲ぶ　四」(野村文書二九-五)。なお、この家系調査には、帝国古蹟取調会役員の中田憲信が協力していた。
(81) 明治三九年一月五日付野村靖宛宮本三四郎書翰(前掲註5「橘諸兄関係書類」所収、コマ一七九～一八〇)。
(82) 前掲註80「先考を偲ぶ　四」。
(83) 同右。
(84) 七月一一日付野村靖宛大森鍾一書翰(野村文書五-六六)。発信年は記されていないが、内容上、野村が調査を実施した一九〇四～一九〇六(明治三七～三九)年頃の書翰と考えられる。
(85) 前掲註59。
(86) 「明治三八年九月二九日付諸陵寮京都出張所宛奈良県回答」(前掲註5「橘諸兄関係書類」所収、コマ一四四)。
(87) 「欲庵随筆　十一の四」(野村文書三二)、及び前掲註80「先考を偲ぶ　四」。
(88) 「久米田寺橘諸兄公墳墓調査報告」(前掲註5「橘諸兄関係書類」所収、コマ一三九～一四三)、明治三九年五月六日付野村靖宛山中増治郎書翰(同右、コマ一五六)、「山中氏由緒書」(同右、コマ一五八～一六三)。
(89) 前掲註80「先考を偲ぶ　四」。
(90) 前掲註81。
(91) 「橘諸兄公千百五十年祭」(『京都日出新聞』一九〇七年四月二〇日付四面)。
(92) 丸山宏「近代における京都の史蹟名勝保存――史蹟名勝天然記念物保存法をめぐる京都の反応」(丸山宏・伊従勉・高木博志編『近代京都研究』思文閣出版、二〇〇八年)一七五～一七七頁。なお同論文は、それ以前から同府に「名所旧跡取調委員」なる役職が設けられていたらしいことを、一八九九（明治三二）年六月土木関連事業に関する書類にその名称が見られることから指摘している。

(93) 馬淵鋭太郎「緒言」（京都府編『京都府史蹟勝地調査会報告』一冊、京都府、一九一九年）、三浦周行「序文」（同右）。

(94) 前掲註93、馬淵鋭太郎「緒言」。

(95) 浜田耕作「序文」（前掲註93所収）。

(96) 黒板勝美「序文」（同右）。

(97) 「第九　井手発見ノ石器ト両大塚古墳」（『京都府史蹟勝地調査会報告』四冊、京都府、一九二三年六月）五八頁。ただし同報告は、同地所在の井手寺址については、その由来や遺物から見て「本寺ヲ諸兄ノ建立ナリトスル伝ヘハマサニ保存セラルベキナリ」（「第八　井手寺址」同右、五四頁）と、諸兄の創建と伝える由緒に強い関心を示している。地域の伝承をすべて否定するのではなく、学術的判断に照らして取捨選択していたと見るべきであろう。

(98) 前掲註53及び54。

(99) 前掲註2、三六一～三六七頁。刊行年は未記載。

(100) 小西大東「後醍醐天皇有王芝御遺蹟臆断（上）並に有王紀行」（『史迹と美術』一六号、一九三二年二月）。参加者は会長の清岡長言、幹事の川勝政太郎、有職故実研究家・小西大東らである。京都史蹟会は、一九一三（大正二）年に設立された民間団体で、松田万智子「小西大東――近代京都を支えた文化人」（馬場憲二・菅宗次編『関西黎明期の群像　第二』和泉書院、二〇〇二年）にその概要が記されている。

(101) 『新修京都叢書』における同地の後醍醐天皇由緒地説の初出は『山城名勝志』（前掲註30）の「有王山」の項目で、橘諸兄の曾孫・有王の由緒地とも推定されている。なお、現在この後醍醐天皇由緒の所在地は、松の下露跡の呼称で知られている。

(102) 前掲註100「後醍醐天皇有王芝御遺蹟臆断（上）並に有王紀行」、および小西大東「後醍醐天皇有王芝御遺蹟臆断（下）」（『史迹と美術』一八号、一九三二年五月）。

(103) 尾谷雅比古「昭和九年における建武中興関係史蹟の指定について――大阪府を中心に」（藤澤一夫先生卒寿記念論文集刊行会編『藤澤一夫先生卒寿記念論文集』帝塚山大学考古学研究所、二〇〇二年）などを参照。

(104) 「第一五六回井手附近・蟹満寺見学記」（『史迹と美術』一五巻四号、一九四四年四月）。

(105) 「第百号を迎へるの辞」（同右一〇巻三号、一九三九年三月）。

(106) たとえば、『史迹と美術』での連載を単行本化した、川勝政太郎『古建築入門講話』（一条書房、一九三四年）。

（付記）　本章の執筆にあたり、井手町教育委員会社会教育課学芸員・茨木敏仁氏より種々ご教示をいただいた。記して謝意を表したい。なお、文責は筆者に帰するものである。

第二部

史蹟名勝天然紀念物保存事業とアカデミズム

第五章　史蹟名勝天然紀念物保存協会と学者たち

科学性とナショナリズムの結合

はじめに

第一部では、一九〇〇年前後における史蹟保存論の対立状況、すなわち、由緒的価値にもとづく〈顕彰〉を意図する史蹟保存事業に対して、学術的価値にもとづく〈保存〉を主張する歴史学者・考古学者たちが批判を展開していく様相を明らかにした。だがこの段階では、学者たちが主張する学術的価値はアカデミックな世界の内部でしか通用しないものであり、少数の例外を除いて、彼らの主張が実質的な保存事業として実を結ぶことはほとんどなかったのである。数として圧倒的に多かったのは史蹟〈顕彰〉事業の方だった。アカデミズムの立場に立つ学者たちの批判は、そうした一般の動向と乖離した、外部からの批判に過ぎなかったともいえる。

だが、両者の関係性はその後、史蹟名勝天然紀念物保存法に結実する一九一〇年代の保存事業の潮流において、異なる様相を呈していく。結論を先取りするならば、物質資料としての特徴に価値を見出すアカデミズムの言説は、ナショナリズムと結合することで、保存事業の中で一定の正当性を確保することになるのである。本章はこの点を明らかにするために、当該期の保存事業において中心的役割を担った史蹟名勝天然紀念物保存協会（以下、適宜保存協会と略記）を取り上げたい。

大正期の同会については、高木博志が一九一〇年代の史蹟名勝天然紀念物保存運動を論じる中で取り上げており、科学的な実証主義が取り入れられた一方で、史蹟名勝をナショナリズムの伸張と結びつける論調が強く「日本では欧米に普遍性をもつ文化財保護行政が天皇制イデオロギーで色揚された」と論じている[1]。また丸山宏は、同会会報復刻版の改題において、保存協会の事業と会報『史蹟名勝天然紀念物』の内容を概説し、旧幕臣たちに見られる懐旧の情、アカデミズムの進展、官僚が目指した国家のアイデンティティの確立など、保存運動の諸要因が結びつく結節点として同会と『史蹟名勝天然紀念物』を位置づける[2]。

しかし、いずれも第一部で論じてきたような由緒的価値と学術的価値の対立に着目するものではない。また、科学性やアカデミズムとナショナリズムが論理的にどう結びついているのかが十分に説明されていない。本章で論じていくように、同会における科学性とナショナリズムの関係性は、保存すべき対象とその価値認識の変容をともなうものであり、史蹟の学術的価値がいかにして理解され、受容されたかを考える上で重要であると思われる。

そこで以下本章では、日露戦後から一九一〇年代における史蹟名勝天然紀念物保存事業の展開を概観し（第一節）、保存協会の活動経過、組織・運営の特徴を確認した上で（第二節）、同会刊行物における保存事業全体の意義を語る総論的な論説（第三節）、史蹟保存に関する論説（第四節）、名勝・天然紀念物に関する論説（第五節）を、順次検討していく。これを通じて、史蹟の由緒的価値と学術的価値の両者にとって、同会はどのような場を提供したのか、科学性とナショナリズムはいかに結合し、その中でアカデミズムの言説はいかなる意味を与えられたのかを明らかにしたい。検討時期は、史蹟名勝天然紀念物保存法が成立する一九一九（大正八）年までを中心とする。

第一節　史蹟名勝天然紀念物保存事業の潮流

1　学者の運動

保存協会について論じるに先立ち、日露戦後の史蹟名勝天然紀念物保存事業について確認しておきたい。

第一章で述べたように、一八九七（明治三〇）年に制定された古社寺保存法は、古社寺の建築や宝物、仏像等の古美術を対象としたものであり、「旧蹟」にも準用する規程が設けられていたものの、適用されることはなかった。内務省で準備していた古墳旧蹟に関する保存法案も提出に至らず、帝国古蹟取調会の活動は、日露戦争を機に中断されていた。

だが、日露戦後から一九一〇年代にかけて、学者、官僚、名士など各方面から新たな潮流が生じてくる。歴史学界・考古学界においては、それぞれの中心的な学術団体であった史学会及び考古学会の活動が注目される。両会は以前から、それぞれが刊行する雑誌で各地の史蹟保存の動向を紹介していたが、考古学会では一九一一（明治四四）年一一月、評議員会において、当時内務省で調査されていた史蹟保存の議に関する会の希望を開陳することを決議する。その結果、黒板勝美・高橋健自両評議員によって意見書の草案が作成され、各評議員による修正ののち、一九一二（明治四五）年三月、内務省に提出された(3)。史学会でも、一九一一年九月の評議員会で黒板勝美の提案により史蹟保存の意見書提出を決議、黒板ら四名が中心となって立案に従事した(4)。こちらは当局への提出は見あわされたものの、『史学雑誌』に黒板勝美の著者名で意見書が掲載された(5)。

また、個人的に史蹟保存事業に関与していく歴史学者も現れてくる。史学会・考古学会の建議提出を推し進めた歴史学者・黒板勝美は、その代表的人物である。黒板は欧米留学から帰国した一九一〇（明治四三）年以降、史蹟保存に関する多くの論説を発表し、各地の史蹟保存行政や史蹟調査などに携わっていった（第六章参照）。また、東京帝国大学文科大学国史科及び史料編纂掛の中心的人物だった三上参次も、一八九〇年代後半から史蹟保存に関心を持ち始め、一九〇〇年代以降は史蹟保存行政や民間の史蹟保存団体の指導にあたる。そして、帝国古蹟取調会や史蹟名勝天然紀念物保存協会にも当初から関与するなど、保存事業の推進に尽力した（第七章参照）。

一方で日露戦後は、自然科学者の側から新たな運動が開始される。一九〇六（明治三九）年、植物学者・三好学が天然紀念物という概念を導入し(6)、雑誌や新聞、著作を通じて天然紀念物保存の必要を訴えていったのである(7)。

さらに三好は、諸外国の例に倣って国の事業として保存を行う必要があると考え、帝国議会への建議案提出運動を一九一〇年頃から開始する。このとき、三上参次らの意見をもとに建議案に「史蹟」を追加することになり、三宅秀《ひいず》（医学博士、貴族院議員）や徳川頼倫《よりみち》（紀州徳川家当主、侯爵、貴族院議員）らによって一九一一年三月「史蹟及天然記念物保存ニ関スル建議案」が貴族院に提出、可決された(8)。三宅は衆議院議員にも働きかけており、衆議院でも同内容の建議案が提出、可決されている(9)。天然紀念物保存と史蹟保存の動向が、ここに合流することになったのである。

2　内務省の施策

内務省も、この潮流を後押しするさまざまな施策を講じていった。日露戦後、省内では各地の歴史的名君の事績調査が行なわれており、その中で史蹟保存への気運が高まっていたが(10)、一九〇九（明治四二）年の地方長官会議では地方の有志・団体による史蹟勝地保存の指導、調査保存につき内相から指示が出され(11)、一九一一（明治四四）年にも史蹟勝地記念物等に関して内務省宗教局長から説明がなされた(12)。一九一五（大正四）年には、内相から各府県知事に名所旧蹟、古墳墓等の保存顕彰の指示が出されている(13)。さらにこの間、史蹟勝地等に関する保存法案の作成も試みられていた。一九一〇（明治四三）年には地方長官会議で史蹟勝地保存法案が審議されており(14)、その後も政府が名勝地保護法制定を構想していたことが報じられている(15)。

こうした内務省の方針を受けて、各府県でも調査事業が開始されていった。京都府の例に関しては第四章で確認したが、そのほかの府県についても、一九一九（大正八）年三月までの『歴史地理』および後述する『史蹟名勝天然紀念物』の諸記事によると、大阪府、奈良県、愛知県、東京府、熊本県、神奈川県、鹿児島県、栃木県、静岡県、三重県で具体的な施策が始まっていることが確認できる(16)。

この背景には、史蹟や名勝の保存が、地方改良運動における国民教化策、地域振興策の一環に位置づけられたという直接的な要因があった(17)。当時実施されていた地方改良講習会においても、史蹟名勝天然紀念物保存に関する講演がしばしば行われており、上記の目的が語られている(18)。こうした政策的意図が、史蹟保存事業の流行や学者たちによる保存の主張と呼応して、史蹟名勝天然紀念物保存の潮流を形作っていたのである。

第二節　史蹟名勝天然紀念物保存協会の概要

1　設立と活動

この潮流の中で、徳川頼倫を中心に、学者、官僚、政治家等の諸勢力を糾合して設立されたのが史蹟名勝天然紀念物保存協会である。以下、一九一九（大正八）年までの略年表（表5－1）に沿って会活動の経過を確認していきたい。

活動の発端は、一九一〇（明治四三）年、旧幕臣で江戸文化の発揚に取り組んでいた戸川安宅らが東京府内の史蹟老樹の調査に着手したことに始まる。同年、その成果の披露を兼ねて徳川頼倫が学者や名士を招いた「史蹟史樹保存茶話会」を開催すると、会合の継続に向けた機運が生じ、建議案提出に奔走していた三好学の活動とも合流して、一九一一（明治四四）年六月に保存協会の設立が決定する。その結果、一一月には報告書を刊行、一二月には発会式が行われることとなった。だが、その後は地道に調査活動を続けるものの、当初の活動目標とされていた会報および報告書の発行、講演会開催などの実現には至っていない。

これが本格化するのが、会運営の刷新が図られた一九一四（大正三）年六月以降である。少人数で構成される常務委員を設置し、あわせて評議員会・常務委員会・総会の定期開催、会報の発行、年二回の講演会開催などの事業方針が取り決められる。以後は諸会合が定期的に行われ、講演会の開催、報告書および会報『史蹟名勝天然紀念物』の刊行が実施されていった。同時に、さまざまな団体や会合へ出張講演に赴いて保存思想の普及に努め、そうした地方出張を兼ねた各地の調査視察、地方当局への建議や、会長みずから費用を負担しての保存施設の整備が行われていく。さらに、史蹟名勝天然紀念物保存法の制定を支援する取り組みとして、保存すべき対象の基準を示した「史蹟名勝天然紀念物保存要綱草案」を作成している。史蹟名勝天然紀念物保存法は、こうした保存協会の支援のもとに内務官僚が作成、徳川頼倫ら貴族院議員提出によって成立したものであった[19]。

だが一九二〇年代に入ると、会の主要な活動は、史蹟名勝天然紀念物保存法制定にともなって内務省に設置された史蹟名勝天然紀念物調査会に移っていき、一九二三（大正一二）年五月を最後に会報は刊行されなくなる。そして、頼倫死去後の一九二五（大正一四）年一一月から一九二六（大正一五）年一月にかけて、内務大臣を会長として再組織化されるまで、活動を停止した[20]。

2 組織構成と運営

次に、一九一四（大正三）年段階の役員から会の組織構成を見てみると（表5－2）、会長に徳川頼倫、副会長に徳川達孝と阪谷芳郎、常務委員は内務官僚・井上友一のほか各分野の学者が占めており、評議員には貴衆両院議員、内務・文部・宮内官僚、ジャーナリスト、さまざまな専門分野（歴史学、考古学、文学、建築史学、植物学、林学、動物学、地理学、地質鉱物学など）を代表する学者たちが参加している。一般会員についてはほとんどうかがい知ることができないが、会報への寄稿者を見ると、各地の行政当局者や郷土史家が会員に含まれていたことがわかる。もっとも、会員数は少なく、一九一九（大正八）年段階でも一〇〇人を超過する程度に過ぎなかったという[21]。

会の運営に目を向けると、先行研究でも論じられているように、徳川頼倫が活動の中心だったことが指摘できる。会の事務局は紀州徳川家の個人文庫（私立図書館）である南葵文庫に置かれ、会合も多くは同文庫で開催されたほか、南葵文庫掌書（のち掌書主事）橘井清五郎、同掌書宮沢宗助が幹事を務めていた[22]。私立図書館として各種の教育事業を展開していた同文庫は、保存事業の拠点として適当なものだっただろう。また、頼倫自身が多額の経費を負担しており、一九一五（大正四）年度の支出一五四五円五九銭一厘のうち、会費収入でまかなったのは六二六円に過ぎず、会長立替は八四八円七七銭一厘と過半以上を占めた[23]。

一方、史蹟関係業務を扱っていた内務省との関係だが、設立前から内務官僚が関与していたものの[24]、特に政策的な

表5－1　大正期史蹟名勝天然紀念物保存協会略年表　①

年	事　項	内　容
1910 (明治 43)	調査	1910 年 7 月より、戸川安宅ら、東京府下の史蹟老樹の調査開始。1911 年 9 月 21 日までに計 27 回の調査。11 月開催の報徳会並行政研究会で、戸川安宅により都下の史跡老樹の写真説明。
	茶話会	12 月 7 日、史蹟史樹保存茶話会を開催。戸川の幻燈演説、その後数人による演説、茶話。
1911 (明治 44)	茶話会	4 月 25 日、史蹟及天然記念物保存研究茶話会を開催。数人による演説、茶話。
	協会設立決定	6 月 13 日、史蹟名勝天然紀念物保存協会の設立を決定（その後、評議員会などで役員決定、8 月執務開始）。
	協会発会式	12 月 10 日、発会式。会長の開会の辞、西園寺公望の祝辞、会長の協会趣旨演説、阪谷芳郎の演説あり。
	会合	評議員会を 3 回開催、会務に関し協議。
	調査	東京府、青森、奈良などでの調査が計 22 回。
	保存意見	和歌山県知事へ那智山の草木保存意見を送付。
	出版	11 月、『史蹟名勝天然記念物保存協会第一回報告』出版。
1912 (明治 45・大正元)	会合	評議員会を 2 回開催、明治天皇神宮および遺跡に関する協議あり。
	調査	東京府、岡山、京都などで調査、31 回。
	他会援助	朱舜水紀念会の活動を援助。
	保存意見	北海道庁長官へ史蹟、樹木の保存法につき意見送付。
1913 (大正 2)	会合	評議員会を 1 回開催、明治天皇神宮および遺跡、十和田湖保勝、大極殿址保存等につき協議あり。
	調査	東京府、常陸、相州、信州などでの調査が 22 回。
	保存意見・実施	東京市、芝区教育会などへ史蹟保存意見を提出。東京市役所職員とともに芝公園の樹木、小金井桜樹の保存につき協議。
	他会援助	徳川頼倫が他会（奈良大極殿址保存会、小金井保桜会）の会長に就任。
1914 (大正 3)	組織改正	常務委員を設置、その他会務を改革。
	会合、講演会	評議員会 2 回、常務委員会 4 回、講演会開催。
	調査	東京、千葉、埼玉などで調査、11 回。
	保存意見・実施	地方当局および所有者と史蹟天然紀念物保存につき協議・意見（日本橋区長、滝野川町長、伊豆韮山の江川英武氏、東京市職員、東京府知事、上野公園内博物館など 12 回）。
	出張講演	他会への出張講演（歴史地理中等教育教員協議会、歴史地理江戸時代講演会、東京地学協会夏季講習会、師範学校校長会など 4 回）。
	出版	『史蹟名勝天然紀念物保存協会第二回報告』出版。『史蹟名勝天然紀念物』発行開始。

表５－１　大正期史蹟名勝天然紀念物保存協会略年表　②

年	事　項	内　容
1915 （大正 4）	会合、講演会	評議員会 2 回、常務委員会 4 回、総会、講演会 2 回を開催。12 月 30 日の常務委員会で、史蹟名勝天然紀念物保存要綱の起草を決議。以後、常務委員会などを通じ協議。
	保存意見・実施	地方当局と保存について協議すること 3 回（鉄道院、東京市役所）。特に徳川頼倫が史蹟名勝天然紀念物保存のために東京府へ 1000 円寄付、戸川安宅幹事が東京府嘱託として史蹟標識調査に従事。他会の活動を援助（奈良大極殿址保存会）2 回。
	出張講演	他会での出張講演 1 回（中央報徳会）。
	出版	6 月、第 3 回講演会報告『日光』を発行。
1916 （大正 5）	会合、講演会	評議員会 1 回、常務委員会 4 回、総会開催。本会講演会を 2 回、その他講演を 1 回開催。
	調査	東京、埼玉、日光など各地での調査 8 回。
	出張講演	他会での出張講演・挨拶 6 回（内務省地方改良講習会、吉野山保勝会、奈良県宇陀郡および磯城郡日本弘道会支部、大阪府史跡調査会、竹内式部先生祭典、全国道徳団体連合会時局講演会、中央報徳会自治制実施 25 周年記念大会）。
	出版	3 月、『史蹟名勝天然紀念物保存協会第四回報告』を発行。
1917 （大正 6）	会合、講演会	評議員会 1 回、常務委員会 5 回、講演会準備委員会 1 回、総会開催。第 6 回・第 7 回本会講演会開催。
	出張講演	他会での出張講演・あいさつが 5 回（内務省地方改良講習会、文部省師範学校中学校高等女学校教員等講習会、浅野長政公宅址建碑除幕式、奈良県吉野郡主催夏季講演会、広島県教育会主催史蹟名勝天然紀念物講演会、県立宮崎図書館での有志会合）。
	保存意見・実施	保存事業援助が 2 回（浅野長政宅址保存、唐崎の松保存）。
	調査	出張講演を兼ねて奈良県大台ケ原山、中国地方・九州地方等を視察。
	出版	1 月、『史蹟名勝天然紀念物保存協会第五回報告』を発行。2 月、『史蹟名勝天然紀念物保存協会第六回報告』を発行。『史蹟名勝天然紀念物』が報告書と合併し月刊化。
1918 （大正 7）	会合	評議員会 1 回、常務委員会 4 回、総会開催。第 8 回本会講演会開催。
	出張講演	他会での講演が 6 回以上（文部省教育的観覧施設講習会、新潟、長岡、高田の通俗講話会など）。
	調査	出張講演にあわせて、新潟地方の視察。
1919 （大正 8）	会合	評議員会 3 回、常務委員会 3 回、総会開催。本会講演会を 1 回開催。
	出張講演	他会での出張講演が 3 回（内務省地方改良講習会課外講演、静岡県教育会総会、文部省教育的観覧施設講習会）。

＊　『史蹟名勝天然紀念物保存協会第一回報告』及び同書所載の「調査日録」「協会日誌」、『史蹟名勝天然紀念物』各号所載の「協会録事」「協会近事」「本会記事」、三好学「天然紀念物保存事業と故徳川侯爵」（『史蹟名勝天然紀念物』1 集 1 号、1926 年 1 月）、「史蹟名勝天然紀念物保存協会年表」（『史蹟名勝天然紀念物』11 集 12 号、1936 年 12 月）により作成した。

＊　帝国古蹟取調会と異なり活動が多岐にわたるため、各年とも活動内容を事項別に分類し整理した。

＊　1910 年 12 月 7 日の茶話会について、『史蹟名勝天然紀念物第一回報告』では「史蹟史樹保存茶話会」と表記された箇所と「史蹟及史樹保存茶話会」と表記された箇所があるが、本書では前者に統一した。

表5－2　史蹟名勝天然紀念物保存協会役員（1914＝大正3年9月現在）

会長	徳川頼倫
副会長	徳川達孝、阪谷芳郎
幹事	戸川安宅、国府種徳、橘井清五郎
常務委員	井上友一、三宅秀、三上参次、関野貞、三好学、白井光太郎、本多静六、渡瀬庄三郎、神保小虎、井上禧之助
評議員	貴族院議員：蜂須賀茂韶、三宅秀、田中芳男、田所美治、石黒忠悳、浜尾新、目賀田種太郎、安部浩、鎌田栄吉、奥田義人、衆議院議員：床次竹二郎、尾崎行雄、足立荒人、箕浦勝人、内務官僚：井上友一、一木喜徳郎、水野錬太郎、斯波淳六郎、潮惠之輔、文部官僚：九鬼隆一、正木直彦、福原鐐二郎、岡田良平、宮内官僚：山口鋭之助、ジャーナリスト・編集者：徳富猪一郎、坪谷善四郎、文学：芳賀矢一、歴史学・考古学：三上参次、黒板勝美、三宅米吉、喜田貞吉、坪井正五郎、建築史学：伊東忠太、関野貞、植物学・林学：三好学、白井光太郎、松村任三、伊藤篤太郎、川瀬善太郎、本多静六、動物学：渡瀬庄三郎、地理学・鉱物学・地質学：山崎直方、神保小虎、井上禧之助

＊『史蹟名勝天然紀念物』1巻1号、1914年9月より作成した。

援助はなく、むしろ、地方改良講習会での講演や史蹟名勝天然紀念物保存要綱草案作成などの形で、会及び会関係者が内務省の政策を支援する側にまわっていた。第八章で検討する昭和期の保存協会が内務・文部当局からの補助金に大きく依存していたのとは異なり、この時点での保存協会は頼倫の意欲と財力によって維持されており、国政との結びつきは、緩やかな人的結合にとどまっていたといえよう。

いま一つ指摘できるのが、学者の主導性である。会の運営を担う常務委員会は、会長・副会長、幹事に加え、学者が大多数を占める常務委員によって構成されており、そもそも一九一四年の常務委員設置も、井上禧之助、神保小虎、三好学、渡瀬庄三郎ら自然科学者たちが協議の結果、徳川頼倫に提案し実施されたものであった(25)。この点は、一九〇〇年代前半に活動していた帝国古蹟取調会において名士が会運営の中枢を担い、学者は実務的事項に携わるにとどまったこととは対照的である。会報や報告書に掲載された記事も、多くは彼らの手になるものであり、運営面での主導性のみならず、保存事業の理論的な裏づけの面でも大きな役割を果たしたと思われる。

以上のように同会は、徳川頼倫を中心に、官僚、政治家、学者、名士と、保存事業に関係を有する各勢力を糾合し、これを推進する中心的な団体だった。会員数こそ少なかったものの、会報・報告書の刊行や講演活動などの思想普及活動に加え、中央・地方の政策にも直接携わり、保存法の制定とその後の保存行政の運営に直接的な影響を与えたのである。その際、どのような対象を、なぜ保存すべきかという理論的根拠を与える役割を担ったのが、学者たちであった。

それでは、彼らはいかにして、自らの科学的立場を堅持しつつ、官僚・政治家・名士たちに向けて納得のゆく根拠を提示しえたのだろうか。この点を考える上で、まずは保存協会全体の論調を確認しておく必要があると思われる。

第三節　総論的な論説　「郷土保護」の論理

1　保存事業の意義

同会が取り組む保存事業の意義は、会長・副会長を中心にさまざまな講演会や出版物を通じて発表されたが[26]、その要点は、おおむね次のように整理できる。すなわち、①史蹟名勝天然紀念物はいずれも郷土の美であり特徴である、②そうした日本固有の歴史的・自然的特徴の感化力によって国民性が涵養される、③特に天然紀念物に関して別立てで語られる点だが、学術に資する日本固有の天然物の研究・保存によって世界文明に貢献する義務がある、という三点である。そして、こうした意義を根拠として、国土の開発にともなう破壊からこれらを守り、保存・顕彰する必要が論じられていく。

たとえば、一九一一（明治四四）年の設立趣意書では「〔史蹟、名勝、天然紀念物は〕皆是レ科学芸文ノ諸方面ニ渉リテ考証記念ノ資トスベキガ為メニ価値アルノミナラズ、又実ニ我邦固有ノ美ヲ寓シテ、深カク我邦同胞ノ性情ヲ涵養陶冶セシムルノ力アリ[27]」と述べられており、発会式における西園寺公望の祝辞でも「是等ヲ擁護スルハ即チ本邦固有ノ美トスル所ヲ撫存シ之ヲ後代ニ留貽スル所以ニシテ、以テ性情ノ陶冶ニ供ス可ク以テ学術ノ資材ヲ豊カニス可シ、其人文ニ寄与スル所蓋シ鮮カラザルナリ[28]」と語られている。保存法案が現実化してきた一九一八（大正七）年の時点でも、この論調にほとんど変化は見られない。徳川頼倫は保存協会第八回講演会開会の辞で、次のように保存事業の意義を論じている。

史蹟と名勝と並に天然紀念物と申しますのは、我邦に於きまする郷土の美、或は国土の美でございます。〔中略〕是等の三方面が仮に無くなつたと致し、又は我国土から離れましたと致しましたならば、洵に我国土の価値は全く無いと申しましても宜からうかと存じます。それは何故かと申しますれば、史蹟と名勝と天然紀念物との、此三方面に依りまして、国民性の最も麗はしき特色が今日まで養はれ、将来亦之を発揮いたすことが出来るのでございます。[29]

なお、天然紀念物に関しては「主として学術上比類少なき性質のものを貴ぶ」と学術的価値が強調される傾向が強いが、「単に学術上の必要より之を言ふべきのみならず、我特長の保全発揮より之を言ふも、価値の如何に大なるものあるかは、多く言ふまでもなき所也」というように、これを日本の特徴として位置づける論理も重ね合わされていた。[30]

保存事業の意義は、語られる場や時期に応じてさまざまなバリエーションをもちながらもほぼこの三点に要約されるが、これにその他の意味づけが組み合わされていく。すなわち、④郷土・国土の美を保護することで愛郷心・愛国心を育成する、あるいは風教を維持し品性を陶冶するといった精神面に与える好影響を主張するもの、[31]⑤外客誘致による外貨獲得、[32]天然資源の保護・研究による産業増進といった経済的効果を挙げるもの、[33]⑥西洋的な物質文明と折り合いをつけつつ、日本の人格ある文明を調和的に発展させていくべきとする文明論的主張[34]などである。

2　郷土保護の論理

そして、こうした意義を語る上でたびたび参照されたのが、当時欧米で盛んに行われていた同種の事業、特にドイツを発祥とする郷土保護（Heimatschutz 郷土保存とも訳す）事業であった。

郷土保護とは、勝景、天然記念物、古建築、風俗・言語などの対象に、学術資料として、また国民に精神的影響を与える郷土の特徴としての価値を見出し保護を行う実践である。産業の進展による環境破壊を背景として生じた潮流とされ、一九〇九（明治四二）年、一九一二（明治四五）年には「郷土保存万国会議」が開催されている。(35)この時期日本にも積極的に紹介されており、とりわけ三好学の天然紀念物保存論は郷土保護の論理に依拠するものだった。(36)

保存協会の幹部たちも、当初からこの概念に着目していた。建議案提出に尽力した三宅秀は、会の名称を定めるにあたって「天然紀念物」という語をドイツの辞書で調べてみたところ、「ハイマートシユッツ」すなわち「郷国保護」の語に行き当たり、「殆んど鉄鉱を掘り出す積りで、大きな金鉱を掘り当てたかの如き歓を得」た。そして、この概念について協会発会式で詳しい説明を加え、「郷国保存」の名の下に広範な対象を保護しているドイツの事業に倣って、無形の風俗習慣などの保存にも取り組むべきことを提唱している。(37)前出の徳川頼倫の論説でも、引用箇所の前段で「欧洲に於ては、御承知でもございませうが『ハイマートシユッツ』といふことを申して居ります。是は郷土保存といふ意味であるさうでございまして、此郷土保存といふ事を申しますれば、延きましては国土保存といふ事に相成ります」との前置きが語られており、一九一八（大正七）年頃には関係者の間で周知の概念となっていたことがわかる。(38)郷土保護は、史蹟、名勝、天然紀念物の三者を結びつけ、保存事業の多様な意味づけを包含しうる便利な概念であり、彼らの抱いていた構想に輪郭を与えるものであっただろう。

前述したように、一九〇〇年前後における史蹟保存事業では、由緒的価値〈顕彰〉によって人心教化に資するという意義が中心に据えられていた。これに対して保存協会では、世界的潮流として紹介された郷土保護の論理にもとづいて、史蹟は名勝・天然紀念物などの自然環境全般とともに、国民性を涵養する国土・郷土の特徴として位置づけられることになった。その他にもさまざまな主張が折り込まれながら保存事業の必要性が訴えられたが、その中心的根拠に据えられたのが郷土保護という広範な枠組みであった。この郷土保護という概念の広範性が、後述するような学者たちの言説を許容する前提になったと考えられる。

第四節　史蹟保存に関する論説

1　由緒的価値を重視した史蹟保存論

保存事業全体の意義がこのように語られるなか、一〇年前に生じていた史蹟に対する二つの価値認識の対立は、いかなる様相を呈していたのだろうか。まず指摘できるのは、由緒的価値にもとづく〈顕彰〉の論理が、引き続き確認できることである。たとえば、会長・徳川頼倫の例示する史蹟とは、次のような対象であった。

史蹟と言へば改めて申上げる迄もなく、歴史上の事件がありました所で、詩歌文学に因んだ有名な地とか古への都の跡とか、宮廷や御所の跡とか、古戦場又は城跡、昔の関所址の如き著名な所、或は有名な伝説地詩歌文学に因みのある有名な名所などを指して居るので厶います。(39)

このように、事件や詩歌文学にまつわる由緒のあるものが史蹟であるという理解を表明している。同様な見解は他の記事にも見受けられる。愛知県知事・松井茂は「旧蹟保存の事業は、徒に古物を尊重して、骨董品を弄るといふ意味ではなく、畢竟するに、各人が古人の遺徳を慕ひ、自分も古人の如き偉人になつて、国家の為め、社会の為めに貢献するといふ、重大なる意味があるのであります」(40)と、偉人顕彰を通じた人心教化を保存の意義として重視している。由緒的価値〈顕彰〉の論理はなお一般的であり、これを保存協会も継承していたといえる。

そして、こうした考え方を学者の立場から擁護する史蹟保存論を展開したのが、同会発会前の茶話会から関わり、のち常務委員を務めた三上参次であった。詳細は第七章に譲るが、三上は史蹟保存に関する意見を誌上や講演でたびたび発表し、由緒的価値〈顕彰〉の論理に沿った主張を展開していった。一方で三上は、学者としての立場から、偽物の史蹟や遺物が間々あること、特に愛郷心や地方繁栄の念に囚われて疑わしい史蹟の保存事業が進行しがちなことに対し注意を促してもいる。だが、これは人心教化に資する史蹟の学術的裏づけを重視するという発想であり、物質資料としての史蹟への着目とは意味が異なる。当時三上は、民間の史蹟顕彰事業を積極的に後押ししていたが、そこで生じる諸問題をその論理の枠内で修正するというのが、三上のとった立場であった。

この点と関連して付言しておかなければならないのは、天皇関係の史蹟に関する扱いである。保存協会では、戸川安宅の主導のもとに当初から明治天皇関係史蹟の全国調査を行っており、これを『史蹟名勝天然紀念物』誌上で連載していた(41)。明治天皇顕彰という特殊な事情にもとづくため、他の史蹟と一概に同等に扱うことはできないが、本書の問題意識に即して見れば、これも由緒的価値にもとづく史蹟顕彰のバリエーションの一つと見ることができるだろう。

2　学術的価値を重視した史蹟保存論と文化的価値の提示

だが一方で、学術的価値を重視する意見も引き続き主張されている。一九一〇（明治四三）年の茶話会では、三上参次による〈顕彰〉の立場に沿った講話（第七章参照）と同時に、喜田貞吉による次のような講話が行われていた。

> 史蹟といひますと随分広いものではありますが、ちよッと考へますと何か其中の事が歴史に現はれて居るとか、記録に遺つて居るとか、縦しさうでないまでも、是は何某の墓である、是はどういふ事蹟があつた所であると云ふ風に、何等か関係者の名なり事件なりが、具体的に分つて居るものでなけね〔ママ〕ばならぬ様に解されて居る。さう云ふ者でなければ余り尊重しないといふ傾きがあるやうに思ふのであります。〔中略〕私の方が歴史を研究しまする上から申しますると、斯く記録で十分に分る程の物は実は無くても間に合ふ。却て記録の伝はつて居無い方の物が記録の欠を補ふに足る所以で、一層重要な物であらうかと思ふ位であります。さうでありませぬと、史蹟

といふ言葉を単に世人が熟知して居る歴史上に現はれた遺跡、或は歴史上知名の何某の其の関係したる遺跡といふに限つて居る事になり、甚だ範囲が狭く成るのみか、学術上に取つて比較的利益少き結果を生じはせぬかと思はれます。それで此の会の事業としては、一般に古代の状態を現はすに足る総ての遺跡を調査保存をするといふ事にしたいと思ふのであります。(42)

喜田が以前から発表していた見解が、変わることなく主張されている。この対立構図は、学術的価値を重視する学者たちにとっては、やはり強く意識されるものだったのである。(43)

このような見解を体系化して示したのが、歴史学者・黒板勝美である。当時の保存協会では評議員の一人に過ぎなかったが、一九一二年に同会で行ったと思われる講演は『史蹟名勝天然紀念物』に連載され、大正期の同誌中で最も体系的な史蹟保存論としての位置を占めている。(44)

この講演で黒板は、保存すべき史蹟遺物として、第一に国民の活動の痕跡のうち歴史美術の研究上必要なもの、第二に伝説的史蹟、第三に人類活動と関係ある天然状態の三点を挙げ、特に第一点目を「宗教上の信仰とか、美術品骨董の愛玩とかいふのを主とせずに、之を純科学的の見地から解釈せんとする」「近来欧羅巴に於ける史蹟遺物の保存について現代的の意義」として重視する。(45)そして、「偉人の邸宅などは無論人心に非常な影響もありますが、夫等のものはまた同時に歴史上の価値甚だ大なるもの」であると、人心教化に資する史蹟にも学術的価値を見出せることを主張する。(46)

一方で、後世に伝説的な由緒が付会された史蹟もまた保存すべき対象として挙げており、それらが信仰・風教上好影響を及ぼすという意義も認めている。ただし、これも学術的意義に引きつけて論じており、楠木正成・正行親子の別れた場所である桜井駅は「南北朝時代の史蹟としては何等歴史的の価値なしとしても、幕末に於て国民を感奮せしめた一の史蹟として、また之を保存する必要がある」というのである。(47)また、保存すべき史蹟の第一に皇室関係のものを挙げているが、これを最大限に尊重しつつも「学術的分類の外」に位置づける見解を示している(48)。

このように黒板は、史蹟の学術的価値と由緒的価値を併置し、後者を旧来からの価値観として尊重しつつも、前者を「現代的」保存の意義として重視する議論を展開した。そして重要なのは、黒板がこの両者を「文化的復現」を通じた郷土保護という高次の意義にも結びつけていたことである。学術的に過去の史蹟遺物を研究し保存することや、それらに対する信仰・崇敬などの過去の態度を保存することは、いずれも、郷土の特徴たる過去の日本の文化を現代に復元することであり、それが人々に感化を与える。このような論理によって、学者の研究材料という意味にとどまっていた学術的価値を、文化という、より一般的な価値に読み替え、郷土保護という大枠の中に位置づけたのである(第六章参照)。こうした考え方は、学者たちの主張が保存事業の中に受け入れられるにあたって、重要な素地になったと思われる。

なお、黒板がこの観点を実地に適用したものの一つに、講演「史蹟としての法隆寺」が挙げられる。ここで黒板は「史蹟といふもの丶価値は、其当時からの遺物、其当時の人間の活動そのものが其中に成るべく沢山遺つて居ることが史蹟として最も価値あらしむ所以」という観点からギリシャのパルテノンと法隆寺を比較して、「パアテノン宮殿は希臘の文化を具体的に且つ美術的に最も能く表現して居るものといつて可い」が、法隆寺は「パアテノン宮殿以上のものでないか」と論じ、建築や遺物など各時代の貴重な標本を有していることや、世界最古の木造建築であり、最古の印刷物も含まれるところに法隆寺の価値を求めたのである(49)。

3　建築史学者の史蹟論

一方、建築史学者の伊東忠太と関野貞の論説にも、同様な見解を見て取ることができる。関野は、平城宮大極殿址の詳細な実測研究から、次のような主張を導き出している。

畢竟我朝堂院は、支那《ママ》の朝堂の制度を参考したけれども、彼よりは一層設備が完全して、彼に無い所の百官の溜り所や、百官の参列する建物が建てられて居ます。是は日本の文化史を研究する上に於て、誠に重要な事で、奈良時代の文化は、何もかも支那の真似をしたかといふに、決してさうでない。前に話しました如く、第一に奈良の都の制度は、支那のものを参考としたけれども、もう一層完備した、規則正しい、立派なものとなつた。又宮城も、支那のものを参考したけれども、彼れと違つて、我邦に適当した方法を採つた。又朝堂の方も、支那のものを参考したけれども、一層設備の完備した、堂々たる規模の者となつた。総て斯ういふ風に、決して彼の者を其侭模倣せず。其制度文物、すべて彼れの長所を採つて、更に彼よりは一層進歩したものを造り出して居るのであります。(50)

このように関野の平城宮論は、皇室に由来するという価値に頼ることなく、史蹟自体の物質的要素の分析によって、日本文化の固有性を読み出すものであった。(51)

また、伊東忠太は日光東照宮と法隆寺についてそれぞれ講演を行っているが、東照宮についてはそれが桃山時代の覇気のある建築の特性を表わすものであること、法隆寺についてはその建築が現在の人間から見ても美である上、世界の東西各地方の芸術と関係あるモニュメントであることにその価値を見出している。(52)

当時の日本建築史研究は、建築様式の地域的・時代的特徴や影響・発展過程を明らかにする手法を用いて、日本建築が外国の建築様式を摂取しつつも固有の発展を遂げていく過程を論じていた。(53) それゆえ、由緒的価値に依らずとも、建築の物質的要素自体に日本の固有性という価値を見出し、保存の意義を語ることが比較的容易にできたのである。

だが、前出の伊東の法隆寺論が「物の新古とか、由緒の尊い卑いといふやうな事を取り去つて、赤裸々にした建築として見て、法隆寺は、確かに美しいのです」と語っていたように、(54) 彼らは由緒的価値から距離を置く一方で、美術的価値には大きく依存しているところがあった。彼らが関与していた古社寺保存行政もこの基準から古社寺の建築を扱うものであり、後世の付加物を除去し、創建当初の様式の再現を目指す修繕方針がとられていた[55]。そしてそのことが、日本歴史地理研究会や黒板勝美ら歴史学者からの批判の的となっている。黒板からすれば、古社寺保存行政の方針は、「美術史眼」にとらわれて古社寺を破壊するものに見えたのである（第六章）。

とはいえ、前述の関野の論説の場合は、平城宮大極殿址が美術的価値基準を適用しうる遺構をほとんど有さないこともあって、機能的な固有性・優秀性を通じてその価値を語るものとなっている。建築史学者たちの論説は、美術的価値判断を別とすれば黒板の主張と大差はなく、ともに物質資料としての史蹟にもとづいて日本の固有性を語る場を構成するものだったといえよう。

4　古墳に関する論説

このような視線は、偉人の由緒が付会される傾向が特に強い史蹟の一つ、古墳に対しても向けられた。物理学博士にして宮内省諸陵頭であった山口鋭之助は、古墳保存の必要を次のように語っている。

> 日本上代の歴史を研究するに、古事記日本書紀、其他小説の記録の外には、古墳が其資料の重なるものでありま す。此時代に於て、家屋の構造、衣服調度の制式、石工金工陶工等の、工芸の発達、大土工を起したる社会の状態等、古墳の研究によつて、始めて知られる事が多いのであります。〔中略〕日本民族の残した他の史蹟では、古いものも多くは奈良飛鳥時代を登りませぬ。然るに古墳は、大概それより前のものであつて、此時代の、日本民族の文明を、証明する遺蹟といふものは、殆ど他に無いのであります[56]。

山口が語っている「日本民族の文明」の遺蹟としての価値とは、先述した文化的価値とほとんど隔たりがないものと思われる。

もっとも山口は、一方で「万世一系の皇室を戴く我国体では、祖先崇拝といふことは、最も大事な事である。従って祖先の墳墓を大切にすることは、勿論の筈であります[57]」とも語っている。だが、その際も「是等の古墳の主は、其地方の古代の領主か、又は其一族で、中には、皇室に関係のある方も、沢山ある筈であります。たゞ各個の墳墓の主が、某々であるといふことが、明瞭にわからぬだけであります。故に其地方土着の人々には、其の遠い昔の、祖先か又は其祖先の主人たる人々の、墓であるのであります[58]」というように、古墳を特定の偉人の由緒から切り離し、日本民族または地域社会共通の先祖の墓として位置づけている。〈顕彰〉の論理も、偉人中心の歴史観ではなく、社会を視野に入れた歴史観にもとづくものへと読み替えられたのである。

一方、古墳の学術的調査に徹底して反発した人物もいる。植物学者・本草学研究者の白井光太郎である。

史蹟の中、第一に保存すべきは、古墳であります。我邦の古墳は、我々日本人の、祖先の造つたので、先祖の墓所である。〔中略〕今日に遺存して居る古墳は、古昔我国家に功労のあつた帝王、将相、県知事、郡長の墓所である。夫を臣民たり子孫たる我々が、発掘して内部を検査したり、開拓して耕作地に改易すると云ふは、人情に反したる事柄で、大悪事であるのであります[59]。

だが注目すべきは、白井もまた、特定の偉人の由緒に依拠せず、「我々日本人」共通の祖先の墓として古墳を位置づけていることである。〈顕彰〉の論理はここでも由緒から切り離され、日本社会の歴史と結びつけられるようになっていた。

5　民間史家と江戸懐古趣味

ところで、ここまでの議論に欠けていたものに、戸川安宅をはじめとする西洋の学問に基礎を置くアカデミズムとは一定の距離を置いた民間史家の存在がある。戸川らが取り組む江戸史蹟の調査は、初期の保存協会の活動の一角を占めていたが、彼らはいかなる価値認識を有していたのだろうか。

この点については、戸川に関する岩淵令治の研究が参考になる。岩淵は、戸川の関心が旧幕府・旗本の再評価や江戸時代への懐古的意識に支えられていたこと、戸川が保存しようとする江戸史蹟は、①学術的価値を有するもの、②失われつつある「江戸」の原風景（建造物や庭園など目に見える現存遺構や老樹など）、③そうした形を残さない墓・碑・老樹の類（江戸の発展・幕府の施設・著名な人物に関するもの）に分けられるが、①については少なく、②③が中心だったことを指摘している[60]。①は本書における学術的価値を有する史蹟に、③は由緒的価値を有する史蹟におおむね相当し、戸川は後者の側に軸足を置いていたと見ることができる。

だが、このうちの②が、物質的でビジュアルな要素を有するという意味において、本書の言う文化的価値と類似していることは興味深い。欧米の実例から文化的復現の発想を学んだ黒板と、旧幕府評価や江戸回顧という心情にもとづく戸川とでは、その出発点に大きな相違があるものの、変貌する世界の中でビジュアルな過去の名残を求めようとする志向においては、共通するものがあったのではないかと思われる[61]。

以上のように、保存協会には、史蹟の由緒的価値にもとづく〈顕彰〉の論理が引き続き見られる一方、喜田や黒板らは、物質資料としての史蹟に学術的価値を見出す保存論を展開した。特に黒板は、学術的価値を文化的価値に読み替えて、その保存を郷土保護の枠組みの中に位置づけていた。また、物質資料としての史蹟に日本の固有性を見出す論説は、建築史学者からも提示されており、顕彰すべき対象を、特定の偉人から日本人共通の祖先へと読み替える試みもなされたのである。

第五節　名勝・天然紀念物保存に関する論説

1　三好学の天然紀念物保存論

次に、当初より同会を主導し、『史蹟名勝天然紀念物』や報告書において多くの論説を発表した自然科学者たちの主張にも眼を向けたい。彼らの論説は、科学的研究を通じて日本の風景や自然の固有性を論じ、「郷土保護」の枠組みに位置づける点で、黒板や建築史学者らの志向と軌を一にするものだったからである。

その中心的人物が、天然紀念物の概念を輸入し、その保存が西洋で郷土保護の観点から進められていることを紹介した植物学者・三好学である。三好は、天然紀念物は「木といはず、草といはず、動物、鉱物等の天然物であつて、其土地の紀念になり、其地方の歴史を語り、其郷土の学理的考証になる」「郷土の特徴」であるとともに、その調査研究により学術的にも世界に貢献すること、それが文明国に欠かせない事業であることを論じ(62)、実際にさまざまな自然物に関して郷土の特徴たることを示していく。

保存協会以外の場で発表した論説も含めてその実例を見てみると、まず代表例として挙げられるのが、以前より日本固有の自然的特徴として認知されていた桜である。三好は、新聞・雑誌などで桜の国粋植物たることを繰り返し論じ、品種に関する歴史的研究や、樹木の保護、名所の保存などに努めていた。だが、科学的見地から見ると、桜は日本固有のものではなく、中国南部や台湾にも分布していることがわかってくる。これに対して三好は、日本に比較的広く見られることや、品種の多様性などを論拠に、桜の国粋植物たることを主張していく(63)。固有性の語りは、科学的実例に依拠しながらも、最終的には任意の判断にもとづくものであった。

一方で三好は、従来日本の特徴としてさほど意識されていなかった対象にも眼を向けていく。たとえば、学術的に貴重な古代植物であるイチョウを「国粋的樹木(64)」と規定し、東京の街路樹などに採用して外国人に見せるべきことを論じている。[65] また、産地では薬用に食されていたオオサンショウウオを、世界的にきわめて稀な「国の宝」と位置づけている。[66] 三好の科学的視線は、こうしたところにまで日本の固有性を見出していったのである。

2 自然科学者たちの名勝・天然紀念物論

同様な議論が、保存協会の出版物や講演において、各分野の自然科学者たちによって語られていった。鉱物学者・神保小虎は、「日本は大変に大地震があり、火山の破裂があり、大洪水があるので、それが為めに、国民は非常に忍耐で、勇気があると同時に、一方に於ては風流で、柔和であって、中々良い国民である」と、地質鉱物学的な特徴から日本の国民性が養われることを説明する。[67]

名勝分野の論説においてもこの論調に変わりはない。湖沼植物を専門とする中野治房は「湖沼の自然的風景は、周囲の地形、湖岸の状態（殊に水生植物の繁殖状態）、周囲に森林の有無。湖中の島嶼の有無。及水色の有無から左右せらるゝのである」[68] と述べ、沖積湖岸と浸蝕湖岸の風景の違い、水色による感覚の違いを論じるなど、科学的見地から風景の美しさを説明していく。そのほか、井上禧之助は地質学上の理論に依拠しつつ日本風景の諸類型を析出しており、[69] 脇水鐵五郎は志賀重昂『日本風景論』を挙げつつもその誤りを指摘し、より科学的な見地からの説明を試みた。[70]

だが、こうした日本の固有性の語りは、時に学者自身を苦慮させることにもなる。昆虫学者・三宅恒方は、講演にあたり日本固有の昆虫をテーマとすることが要請されていたが、実際には「困つたことに」、日本の昆虫分布は複数の地域分布を含んでおり、本州は欧州やシベリアに似ていたり、小笠原は南洋、台湾はインドに似ていたりと、固有性を読み取りづらいことを指摘する。それでも「日本独特のものがないでもない」[71] として、その一つに、益虫としてアメリカに輸出されているサムライバチを取り上げる。

是れは大変小さいのですが、日本は詰り侍の居る国で、偉い蜂ですからサムライバチといふ名を附けた。〔中略〕

併ながら是は日本独特のものではない。以前は日本独特のものと思はれたが、近頃では欧羅巴のものと同じものといふことになつて居ります。しかし之は学問上の事故、もう少し経つと又違ふといふことになるか知れませぬが、稍々此点で鋒先きが挫けるのは残念ですが、併ながら兎も角も日本に沢山居る。(72)

ここには、固有性を析出することの困難さを「困つたことに」「残念ですが」という言葉で告白しつつ、限られた事例から固有性を絞り出そうと苦慮する様子がうかがえる。科学的に日本の自然環境の固有性を語ることの恣意性が半ば自覚されつつも、それが自他共に要請される環境が醸成されていたのである。

3　由緒から物質的特徴へ

ところで、名勝、天然紀念物はそれぞれ、史蹟と同様に、旧来の価値観の残存物というべきものを抱えていた。名勝分野では、和歌や漢詩、随筆、紀行文等に繰り返し描かれてきた、文学的由緒とともに享受される歌枕的名所観が挙げられる。(73) 保存協会においても戸川安宅、漢詩人国府種徳らによって、歌枕的名所に関する論説がしばしば掲載されていた。(74)

前述のような物質的特徴に依拠した風景論は、この歌枕的名所観を踏まえた上で、これと折り合いをつけつつ、新たな視点を提示するものであった。たとえば三好学は、各地の歌枕的名所に散在する芭蕉の句塚を調査するなど、文学的な風景享受の作法についても十分な理解を有していたのだが、(75) 一方で、自身の単行書では、従来の旅行案内記に対して次のような苦言を呈している。

土地の名勝紹介の為めに美文、詩歌、俳句を挿み、又「スケッチ」や昔の風景画などを入れることは趣味多き体裁ではあるが、是は言はゞ飾りて〔ママ〕、旅客に必要ではない、それに反して一方には肝腎の案内が具体的になつて居ず、色々の欠点が見出される、例へば一の名所の記事の如きも、主として風景の表面的殊に一般美観的形容に止まり、其風景の特徴に就て一々其主要なる部分即ち急所が挙げてない、何処の景色も大抵千篇一律の書方で、旅客自身が自分で風景の特徴を見出さねばならぬ(76)

神保小虎もこの点を問題にしており、画家や詩人の風景の描き方について「『越中の山奥』などゝいふ画題を見ても、何うしても其れが、越中の山奥とは見えない」、「此詩は木曽山中に於て作つた詩だといつても、木曽の山中にもなるし、カラフトの山中にもなり、台湾の山中にもなるといふ風で、誠に困つたものがあります。〔中略〕実は芸術や文学の人も、景色に対して、モット細かく観察したら、面白いものが大層多く出来ると思ひます」と述べている(77)。文学的な風景享受の作法は決して否定されたわけではないが、これと対比する形で、風景の特徴は科学的視点によってこそ見出せるという主張が提示されたのである。

一方、天然紀念物分野においては、歴史的・信仰的・文学的由緒が付与されることが多い老樹名木、奇岩・巨石、珍しい動植物等を珍重する傾向が、従来から存在していた。保存協会の活動も、その発端は東京府内の老樹名木調査と「史蹟史樹保存茶話会」に始まったのであり、会報にも老樹名木を扱った論説がたびたび寄せられた(78)。特に、地方官庁や非専門家の調査報告などにその傾向が見受けられる。天然紀念物概念が普及していない段階では、老樹名木がその代表例と解されたものと思われる。

だが学者たちは、老樹名木等の価値を認めつつも、それにとどまることを良しとしなかった。保存協会設立前の茶話会で林学者・川瀬善太郎は、学問上の観点から「一つの名物の木であるといふものだけでなくして或一つの元よりの森林だけを少しも手を附けずに保存せられることは大変に必要な事ではなからうか」と提案している(79)。同茶話会では、植物学者・伊藤篤太郎も、名木の意味を「第一は個体として特に歴史上に種々関係のある樹木即ち史樹」、「第二は歴史上には別に関係を持つて居らぬけれども樹木其物が学問上から非常に珍しい物」の二種類に区別し、「此第二種に属する樹木も第一種と同様に保護を加へたい」という希望を述べている。[80] 林学者・本多静六も、「天然紀念物と老樹名木」と題した講演で「老樹名木は、何れも其地の由緒の深きを現はし、延て愛郷心、愛国心の源をなす」ことを重視する一方で、「種々学術的研究上の標本としても極めて必要なもの」であることをつけ加えている。[81]

三好学にしても、最初の保存論は名木を主な対象としたものだったが、[82] 翌年には天然紀念物概念を提起し、[83] 以後はその広範な天然紀念物概念の中の一項に名木が組み入れられることになった。[84] 三好の観点からすれば、「旧幕府時代に於ては各地の領主が其領内に於ける好風景の土地、老樹、名木、美しい岩山などを保護して、其土地の名所名物として誇つたくらゐで、此頃諸藩で作つた風土記の如きものには是等の記載がある」ものの「此時代では今日の如き科学的思想が無かつたから、固より精確なる観察は施されて居ない、一体に奇怪なる伝説や風流韻事が多く、天然物の記載は空漠に失して居る」ものであった。[85] 前述の天然紀念物保存論は、こうした旧来からの価値観を一部に取り込みながらも、より広範な対象を視野に入れたものだったのである。

以上のように、天然紀念物保存事業の発端をつくった三好学は、学術的意義のみならず、郷土保護の論理にもとづいた天然紀念物保存を訴えたのであり、各分野の自然科学者たちも、科学的研究を通じて日本の自然の固有性を語る論説を多数発表していった。これは黒板や建築史学者らの論説と軌を一にするものであり、史蹟、名勝、天然紀念物の三者が一体となってこの論調を構成していたといえる。たとえば、一九一五(大正四)年に開催された保存協会第三回講演会では、大礼奉祝を企図し、史蹟分野は前述の関野の平城宮論が発表されるとともに、名勝分野では佐藤伝蔵が富士山の美しさを地質学上の特徴から説明し、天然紀念物分野では牧野富太郎が、従来中国から輸入されたと思われていた菊の野生種・原種が日本に自生することを論じた。[86] 皇室を含む日本の代表的なシンボルの文化的・自然的特徴が、それぞれ科学的分析によって説明されたのである。

名勝においては歌枕的名所観、天然紀念物においては老樹名木等に対する価値意識と、いずれも過去の価値観の残存物を抱えていたが、自然科学者たちは、そうした価値観を意識し、半ばは取り込みつつも、その乗り越えを目指していた。古典文学や信仰・伝説などの由緒で構成される自然観から、物質的特徴で構成される科学的自然観への移行が図られたのである。この点においても、黒板らと自然科学者たちは同じ立場にあったといえる。

おわりに

最後に、本章で論じてきたことを整理し、考察を加えたい。

日露戦後の史蹟名勝天然紀念物保存事業の潮流の中で設立された保存協会は、当該期の保存事業に関わる諸勢力を糾合し、思想普及、政策形成いずれの面においても中心的役割を果たすこととなった。その際注目すべきは、保存事業の意義について、世界的な郷土保護の潮流に範をとり、国土・郷土の特徴を保存することを通じて、国民性を涵養することにあると語られたことである。こうした論理によって、史蹟、名勝、天然紀念物の三者はもとより、風俗習慣でさえも、保存すべき郷土の特徴として認められ得る回路を確保した。史蹟の由緒的価値のみに注目し、その〈顕彰〉を通じて人心教化に資するという論理が中心だった時期と比べると、より広い正当化の枠組みの中に史蹟保存が位置づけられたといえる。

こうした状況において、史蹟に対しては、引き続き由緒的価値、学術的価値のいずれもが見出されていた。だが、後者は学者の研究材料としての価値だけでなく、文化というより一般的な価値にも結びつけられており、物質資料としての史蹟の研究を通じて、日本の文化的固有性を語る論説が発表されていた。こうして前者のみならず後者も、郷土保護の枠組みに組み込まれることになったのである。

これと軌を一にして、自然科学者たちは、従来から自然物に付与されてきた文学的・歴史的・信仰的由緒をある程度尊重しつつも、それにとどまることなく、物質的特徴の科学的研究を通じて郷土の特徴を語る名勝・天然紀念物保存論を展開していった。

郷土保護という広範かつ曖昧な保存事業の意義が提供されたこと、その枠組みのもとに、文化・自然環境の物質的特徴の研究によって郷土の特徴を語る言説が、さまざまな専門分野を持つ学者たちによって提供されたこと。こうした条件のなかで、学者たちが提案してきた史蹟保存の論理（学術的価値）は、ナショナリズムと結合して、保存事業の中で一定の立場を占めるようになったと考えられる。

ここでいうナショナリズムは、序章で述べたように、日本の歴史・文化・自然環境の固有性を科学的に描出・宣揚する運動・思想としての側面を示している。もちろん、国体史観にもとづくナショナリズムが支配的だった当時において、そうした固有性の最たるものが、天皇・皇室にまつわるものだと見なされる傾向があったのは当然であった（保存協会第三回講演会の例）。だが、両者は完全に重なり合っていたわけではない。実際、戦後において国体史観が後退した後も、科学性に裏づけられた歴史と文化は、ナショナリズムを支える要素として重要な役割を担うようになるのである。

註

（1）高木博志「史蹟・名勝の成立」（『日本史研究』三五一号、一九九一年一一月）七三頁。
（2）丸山宏「『史蹟名勝天然紀念物』の潮流――保存運動への道程」（『復刻版　史蹟名勝天然紀念物』別冊、不二出版、二〇〇三年）。
（3）「本会評議員会」（『考古学雑誌』二巻四号、一九一一年一二月）、「史蹟保存に関する建議書草案」（同二巻五号、一九一二年一月）、「史蹟保存に関する建議書提出」（同二巻八号、一九一二年四月）、「本会第十七次総会」（同二巻一一号、一九一二年七月）。
（4）「史蹟保存に関する評議員会決議」（『史学雑誌』二二編一〇号、一九一一年一〇月）、「本会評議員会」（同二三編三号、一九一二年三月）、「懇親会」（同二三編五号、一九一二年五月）。
（5）黒板勝美「史蹟遺物保存に関する意見書」（同右二三編五号、一九一二年五月）。
（6）ドイツの植物学者・コンヴェンツが提唱した概念 naturdenkmal の訳語。この時点では「自然紀念碑」と訳されている。「名木ノ伐滅並ニ其保存ノ必要」（『東洋学芸雑誌』三〇一号、一九〇六年一〇月）。
（7）代表的なものとして、「天然記念物保存の必要並びに其保存策に就て」（『太陽』一三巻一～二号、一九〇七年一～二月）が挙げられる。また、天然紀念物を主題とした代表的著作として『天然記念物』（冨山房、一九一五年）などがある。
（8）三好学「史蹟名勝天然紀念物保存事業の由来」（『史蹟名勝天然紀念物』一一集一二号、一九三六年一二月）九六一～九六三頁、

「第二十七回帝国議会貴族院議事速記録第十七号」（一九一一年三月一五日）二八五〜二八八頁。
（9）「第二十七回帝国議会衆議院議事速記録第二十四号」（一九一一年三月一八日）五五七頁、「第二十七回帝国議会衆議院議事速記録第二十六号」（一九一一年三月二一日）六〇八頁。
（10）「史蹟名勝天然紀念物保存法施行二十周年記念談話会」（『史蹟名勝天然紀念物』一四集六号、一九三九年六月）二八〜三〇頁、国府種徳の発言。国府はこうした日露戦後の内務省の風潮が保存事業の発端だと述べている。
（11）「内相指示事項」（『時事新報』一九〇九年五月九日付四面）。
（12）「地方官会議」（『東京朝日新聞』一九一一年四月二一日付二面）。
（13）「内務省と名所旧蹟古墳墓の保存」（『史蹟調査委員会報』一号、大阪府、一九一六年。一九八四年の和泉文化研究会による復刻を用いた。以下同様）。
（14）高木博志「史蹟・名勝の成立」（『日本史研究』三五一号、一九九一年一一月）六五〜六六頁。
（15）「勝地保護法案脱稿」（『読売新聞』一九一四年一一月一三日付二面）、「勝地保護案未し」（『時事新報』一九一四年一一月二四日付八面）、振衣生「名勝旧蹟保護法の施行を望む」（『歴史地理』二四巻六号、一九一四年一二月）、「名勝地保護法案に就て」（『考古学雑誌』七巻二号、一九一六年一〇月）。
（16）『歴史地理』二七巻三号（一九一六年三月）、二七巻四号（一九一六年四月）、二七巻五号（一九一六年五月）、二八巻二号（一九一六年八月）、三一巻四号（一九一八年四月）、『史蹟名勝天然紀念物』一巻一〇号（一九一六年三月）、一巻一一号（一九一六年五月）、一巻二四号（一九一七年一〇月）。それぞれ記事名は省略し、府県の具体的活動がわかる代表的な記事のみを挙げた。
（17）前掲註2、一〇頁、前掲註1、七三〜七七頁、住友陽文「史蹟顕彰運動に関する一考察」（『日本史研究』三五一号、一九九一年一一月）九六〜九八頁。
（18）徳川頼倫「郷土愛護と地方改良」（『史蹟名勝天然紀念物』一巻一六号、一九一七年二月。一九一七年一月一七日の地方改良講習会の講演）一二一〜一二二頁、三好学「天然紀念物の保存に就て」（同右一巻一二号、一九一六年七月。一九一六年一月一八日内務省地方改良講習会の講演大要）九一〜九二頁、「協会近事」（同右三巻八号、一九一九年八月。一九一九年七月一七日の地方改良講習会課外講演で三好学が講演）六四頁など。
（19）前掲註10、三八七〜三九一頁。
（20）「協会月報」（『史蹟名勝天然紀念物』一集一号、一九二六年一月）一二三〜一二五頁、前掲註8「史蹟名勝天然紀念物保存事業の由来」一三頁。
（21）井上禧之助「往時を追懐して」（『史蹟名勝天然紀念物』一一集一二号、一九三六年一二月）四〇頁。

(22) ほかに戸川安宅、国府種徳が幹事を務めているが、戸川は後に南葵文庫主任となっている。なお、『史蹟名勝天然紀念物』編集は通号五〇号までは戸川、以後は国府が担当した。
(23) 戸川安宅「会務報告」(『史蹟名勝天然紀念物保存協会第五回報告』史蹟名勝天然紀念物保存協会、一九一七年)一三〇～一三一頁。
(24) 一九一一年七月の会設立に向けた会合には、床次竹二郎(地方局長)、井上友一(神社局長・地方局府県課長)、斯波淳六郎(宗教局長)、潮恵之輔《しげのすけ》(宗教局第一・第二課長)ら内務官僚が参加している。「協会日誌」(『史蹟名勝天然紀念物保存協会第一回報告』史蹟名勝天然紀念物保存協会、一九一一年)。
(25) 前掲註21、三九頁、阪谷芳郎「追悼の辞」(『史蹟名勝天然紀念物』一集一号、一九二六年一月)。
(26) 『史蹟名勝天然紀念物』及び報告書に限っても、徳川頼倫一六件、徳川達孝五件、阪谷芳郎四件の論説を寄せている。以下本節の議論は、これら二五件の論説に趣意書等を追加した諸史料から抽出したものである。
(27) 「史蹟名勝天然紀念物保存協会趣意書」(前掲註24『史蹟名勝天然紀念物保存協会第一回報告』)。
(28) 『史蹟名勝天然紀念物』(一巻一号、一九一四年九月)七頁。
(29) 徳川頼倫「国土美の保全事業」(同右二巻五号、一九一八年五月)三三頁。保存協会第八回講演会開会の辞。
(30) 徳川達孝「国体の精華と史蹟名勝天然紀念物」(同右一巻二号、一九一四年一一月)九頁。
(31) 徳川頼倫「愛郷心の保護」(同右一巻一四号、一九一六年一一月)、前掲註18「郷土愛護と地方改良」、徳川頼倫「第一回講演会開会の辞」(『史蹟名勝天然紀念物保存協会第二回報告』史蹟名勝天然紀念物保存協会、一九一四年)、同「紳士道の発揮と学術上の光輝」(『史蹟名勝天然紀念物保存協会第六回報告』(史蹟名勝天然紀念物保存協会、一九一七年)など。国民性涵養論のバリエーションともいえる。
(32) 阪谷芳郎「欧米各国に於ける史蹟名勝の保存実況」(前掲註31『史蹟名勝天然紀念物保存協会第二回報告』)など。
(33) 前掲註30、前掲註18「郷土愛護と地方改良」、徳川頼倫「国民性破壊の颶風予防」(同一巻二五号、一九一七年一一月)、同「本協会の趣旨並希望」(前掲註23『史蹟名勝天然紀念物保存協会第五回報告』)など。この点を特に強調していたのは動物学者の渡瀬庄三郎である。
(34) 前掲註31「愛郷心の保護」。なお同時期は、自然科学者によって、物質文明による自然の無秩序な破壊に対し警鐘を鳴らす自然保護的な趨勢も紹介されつつあった。渡瀬庄三郎「自然物の保存に就て」(同一巻一六号、一九一七年二月)。
(35) 「第二回郷土保存万国会議状況並右関係事項報告」(『官報』四六号、一九一二年九月二五日)。
(36) 品田穣「天然記念物保護の歴史とその意義」(本田正次・吉川需・品田穣編『天然記念物事典』第一法規出版、一九七一年)など。
(37) 三宅秀「天然紀念物と郷国保存」(前掲註31『史蹟名勝天然紀念物保存協会第二回報告』)九一～九七頁。一九一一(明治四四)年一二月一〇日、協会発会式における講話。
(38) 前掲註29「国土美の保全事業」三三頁。別の論説では「私の会でもハイマート、シューツと申して宜しいのでムいます」とも述べている（前掲註31「愛郷心の保護」一〇六頁）。
(39) 前掲註31「愛郷心の保護」一〇六頁。
(40) 松井茂「古英雄を現代に結び著くるの事業」（同右一巻一九号、一九一七年五月）一五〇頁。一九一七（大正六）年四月二五日、保存協会が支援していた浅野長政公宅址建碑除幕式の祝辞。
(41)「先帝御遺蹟しらべ」（同右一巻一号、一九一四年九月）。
(42) 前掲註24『史蹟名勝天然紀念物保存協会第一回報告』一八～一九頁。史蹟史樹保存茶話会（一九一〇年一二月七日）での喜田貞吉の講話。
(43) ただし、喜田は以後、大正期の保存協会には深く関与していない。一九一三（大正二）年に京都帝国大学専任講師になったことが主な理由と思われるが、そのかわりに、法隆寺再建論争の論敵だった建築史学者が、保存協会の中枢に加わることになった。
(44) 黒板勝美「史蹟遺物保存に関する研究の概説」（『史蹟名勝天然紀念物』一巻三、四、五、六号、一九一五年一、三、五、七月）。
(45) 黒板勝美「史蹟遺物保存に関する研究の概説」（同右一巻三号、一九一五年一月）一九頁。
(46) 同右、同頁。
(47) 同右、同頁。
(48) 同右、二〇頁。
(49) 黒板勝美「史蹟としての法隆寺」（『史蹟名勝天然紀念物』三巻八～一〇号、一九一九年八～一〇月）。引用箇所は三巻八号、五八頁。なお、この論説で黒板は、法隆寺における聖徳太子信仰をあわせて重視しているが、こうした由緒的価値をも「文化的復現」の観点のもとに重視した黒板の論理においては、矛盾するものではないといえる。
(50) 関野貞「平城京大極殿址」（『史蹟名勝天然紀念物保存協会第四回報告』史蹟名勝天然紀念物保存協会、一九一六年）二二～二三頁。一九一五（大正四）年一〇月一四日保存協会第三回講演記録。
(51) その他、関野貞「朝鮮の名山と史蹟」（『史蹟名勝天然紀念物』二巻三～五号、一九一八年三～五月）にも、同様な観点が見出せる。
(52) 伊東忠太「美術より観たる日光」（史蹟名勝天然紀念物保存協会編『日光（史蹟名勝天然紀念物保存協会第三回報告）』画報社、一九一五年）、伊東忠太「法隆寺」（前掲註31『史蹟名勝天然紀念物保存協会第六回報告』）。
(53) 一例として、伊東忠太「建築進化の原則より見たる我が邦建築の前途」（『建築雑誌』二六五号、一九〇九年一月）。
(54) 伊東忠太「法隆寺」（前掲註31『史蹟名勝天然紀念物保存協会第六回報告』）二一頁。

(55) 水澒あまな・藤岡洋保「滋賀県における古社寺保存の運用と修理方針」(『日本建築学会計画系論文集』五一八号、一九九九年四月)、藤岡洋保・平賀あまな「大江新太郎の日光東照宮修理」(『日本建築学会計画系論文集』五三一号、二〇〇〇年五月)など。
(56) 山口鋭之助「古墳保存の必要」(『史蹟名勝天然紀念物』一巻七号、一九一五年九月)五一頁。
(57) 同右。
(58) 同右。
(59) 白井光太郎「史蹟名勝天然紀念物の保存に就て」(『史蹟名勝天然紀念物』一巻七号、一九一五年九月)五五頁。
(60) 岩淵令治「「江戸史蹟」の誕生」(久留島浩・高木博志・高橋一樹編『文人世界の光芒と古都奈良――大和の生き字引・水木要太郎』思文閣出版、二〇〇九年)。
(61) 都市生活者のノスタルジーと結びついたビジュアルな過去の希求については、拙稿「明治期から昭和戦前期における歴史学と風俗史研究」(『風俗史学』五〇号、二〇一三年一月)でも簡単ながら言及している。
(62) 三好学「天然紀念物の保存に就て」(『史蹟名勝天然紀念物』一巻一二号、一九一六年七月)九一頁。一九一六(大正五)年一月一八日内務省地方改良講習会講演大要。
(63) 前掲註7「天然記念物保存の必要並びに其保存策に就て」。
(64) 三好学「日本ノ天然記念物ノ保存ニ就テ」(『植物学雑誌』二九〇号、一九一一年三月)八〇頁。
(65) 三好学「都市美観の問題」(『新日本』二巻四号、一九一二年四月)六九頁。
(66) 三好学「天然紀念物の保存に就て」(『史蹟名勝天然紀念物』一巻一二号、一九一六年七月)九一頁。
(67) 神保小虎「鉱物界に属する日本の天然紀念物」(前掲註31『史蹟名勝天然紀念物保存協会第二回報告』)五四~五五頁。一九一四(大正三)年一〇月八日南葵文庫での保存協会第一回講演記録。
(68) 中野治房「湖沼の風景と保存に就て」(『史蹟名勝天然紀念物』一巻一五~一七号、一九一七年一~三月)。引用箇所は一六号、一二六頁。
(69) 井上禧之助「風景上より観たる日本の湖水」(前掲註31『史蹟名勝天然紀念物保存協会第二回報告』)四五頁。保存協会第一回講演記録。
(70) 脇水鐵五郎「名山と勝景」(『史蹟名勝天然紀念物』二巻一~四号、一九一八年一~四月)。一九一七(大正六)年一〇月一四日保存協会第七回講演記録。
(71) 三宅恒方「昆虫学上より見たる我邦」(同右二巻七~九号、一九一八年七~九月)、引用箇所は七号、五〇頁。一九一八(大正七)年四月二五日保存協会第七回講演筆録。

（72）　同右八号、五七～五八頁。

（73）　西田正憲は、瀬戸内海を事例に伝統的風景観から近代的風景観への変容を論じた著書『瀬戸内海の発見』（中央公論新社、一九九九年）において、「意味の風景」が「視覚の風景」に移行していく過程を描いている。西田のいう「意味の風景」「視覚の風景」の対比は、本書における由緒と物質的特徴の対比に、ほぼ対応する。

（74）　「歌枕に就て」（『史蹟名勝天然紀念物』一巻一三号、一九一六年九月）一〇三頁（記事の署名に「と、が」とあるが、「と、ざ」の誤りで戸川残花（安宅）の執筆と思われる）、戸川残花〔安宅〕「玉川之碑」（同三巻九号、一九一九年九月）、国府犀東〔種徳〕「本朝十二景と風景十六大標式」（同五巻九号、一九二二年九月）など。

（75）　三好学「芭蕉の句塚と名勝地の紀念」（同右三巻一〇号、一九一九年一〇月）。

（76）　前掲註7『天然記念物』一三四～一三五頁。

（77）　神保小虎「鉱物と名勝」（前掲註23『史蹟名勝天然紀念物保存協会第五回報告』）五二～五四頁。もっとも神保は、保存すべき名勝の選定には、学術上の議論のみならず、文学者や画家も加わらせる必要があるとし、この問題に折り合いをつけてもいる。同六八～六九頁。

（78）　溝手保太郎「岡山県下の名木」（『史蹟名勝天然紀念物』二巻四号、六号、一九一八年四月、六月）、秋山賢夫「埼玉県下に於ける大公孫樹調」（同二巻七号、一九一八年七月）、市村塘「石川県下の老樹名木」（同二巻八号、一九一八年八月）、「岡山県下の名木（岡山県内務部調査）」（同二巻一〇～一一号、一九一八年一〇～一一月）、「神奈川県名木調」（同三巻一号、一九一九年一月）、「神奈川県名木調（前号補遺）」（同三巻二号、一九一九年二月）、佐藤衡「岩手県下の名木」（同三巻六号、四巻二号、一九一九年六月、一九二一年二月）、「愛知県下巨樹老木」（同三巻一二号、一九一九年一二月）、大川李葉「青森県大光寺村の老樹並に古社」（同四巻二号、一九二一年二月）、坂本登「川越喜多院の老桜」（同五巻四号、一九二二年四月）。

（79）　前掲註24『史蹟名勝天然紀念物保存協会第一回報告』二二頁。

（80）　同右、二八頁。

（81）　本多静六「天然紀念物と老樹名木」（前掲註31『史蹟名勝天然紀念物保存協会第六回報告』）三九～四〇頁。

（82）　前掲註6「名木ノ伐滅並其保存ノ必要」。もっともここでは、やはりその学術上の価値も併記している。

（83）　前掲註7「天然記念物保存の必要並びに其保存策に就て」。

（84）　保存すべき史蹟名勝天然紀念物を列記した「史蹟名勝天然紀念物保存要綱草案」は、植物分野は三好が中心に作成したが、そこでは、保存すべき植物分野の天然紀念物二二項目のうちの一つに「名木、巨樹、老樹」が挙げられることになった。

（85）　前掲註7『天然記念物』七二～七三頁。

（86）佐藤伝蔵「富士山」（前掲註50『史蹟名勝天然紀念物保存協会第四回報告』）、牧野富太郎「菊の原種に就て」（同）。一九一五（大正四）年一〇月一四日保存協会第三回講演記録。

第六章　黒板勝美の史蹟保存論

はじめに

本章では、一九一〇年代以降の史蹟保存事業において重要な役割を担った歴史学者である黒板勝美の活動と史蹟保存論を検討する。

当該期の史蹟保存事業における黒板の活動については、従来もさまざまな方面から言及されてきた。第一に、黒板の業績を回顧した記念文集『古文化の保存と研究』は、文化財保護に尽力した黒板の業績に関して多くの紙数が割かれている。(1)また、生前に出版された著作全集『虚心文集』のうちの一冊は、史蹟保存に関係する論説の一部を収録したものであり、未刊行手稿等を収めた『黒板勝美先生遺文』にも関連史料が収められている。(2)

第二に、博物館学の分野では近年、黒板の博物館論が博物館学の先駆として取り上げられており、(3)とりわけ、黒板がヨーロッパの野外博物館に学んだ議論を展開した点などが注目されている。(4)

第三に、文化財保護史においては、田中琢が黒板勝美の保存論「史蹟遺物保存に関する意見書」に言及して、ヨーロッパの保存論に学んだ包括的・具体的な議論として紹介しており、(5)西村幸夫は同じ論説に関して、科学的・学術的なものとして評価している。(6)一方で高木博志は、本書第五章で取り上げた「史蹟遺物保存に関する研究の概説」などから見られる黒板の保存論の特徴として、伝説的な史蹟遺物の保存を主張したこと、古社寺保存会の活動に対する批判、ドイツの郷土保護運動に学び国民教化の手段として史蹟名勝保存を位置づけたことを挙げ、「黒板勝美が、ドイツの史蹟・名勝保存の科学的方法を紹介する一方で、その国民統合機能に着目し皇室と結びつけたことに象徴されるように、日本においては欧米に普遍性を有する文化財保護行政が天皇制イデオロギーで色揚された」と当時の状況を総括している(7)。

これらの著作を通じて、当該期の史蹟保存事業において黒板が担った役割の大きさについては共通理解となっていると思われるが、なお未解明な部分は多い。回想・伝記類は黒板の保存活動の概要が得られるものの、保存論について検討するものではなく、博物館史においては、博物館学的な関心に対象が限定されている。文化財保護史における取り上げ方も、いずれも若干の紙数をもって代表的論説に言及するにとどまっている。特に、科学性・学術性を重視する評価と、ナショナリズムの側面を強調する評価が混在していることからもわかるように、黒板の保存論には多様な側面があったものの、両特徴の関連性を含めた全体像は明らかにされていないのである。

そもそも第一部で言及したように、学術的な意図からの史蹟保存論や、学者による人心教化的意義の肯定は、以前から見られたものである。本書の問題関心上、黒板の史蹟保存論が、以前の保存論と比較してどのような特徴があるのかという点にも目を向ける必要がある。

こうした先行研究の問題点を解決する上で必要なのは、黒板の史蹟保存論の一部のみを取り上げるのではなく、その全体像を捉えることであろう。本章では、黒板の史蹟保存事業との関わりを概観し（第一節）、総論的な史蹟保存論を検討した上で（第二節）、古社寺保存法批判、史蹟発掘論、民間の保存事業批判、博物館論といった各論的な保存論を検討する（第三節〜第六節）。最後にその変容にも目配りすることで（第七節〜第八節）、体系的把握を試みたい。

また、黒板の保存論を、当該期前後を含む史蹟保存論全体の中に位置づけ直すことも必要となる。特に本書の行論上注目すべきは、黒板に先行する史蹟保存論に見られた由緒的価値〈顕彰〉と学術的価値〈保存〉の対立構図がいかに扱われたかという問題である。先回りして言えば、黒板は両者を意識的に自身の保存論に併存させるとともに、当時流行し始めた文化という概念を活用しながら両者を包括的に説明することで、新たな史蹟保存の意義を提案していったと見ることができる。この点を明らかにすることで、従来指摘されてこなかった黒板の保存論の重要な特徴を把握するとともに、大正期における史蹟保存論の進展を示す典型例として位置づけたい。

第一節　史蹟保存事業への関与

まず、黒板の史蹟保存事業への関与の実態を、黒板が一九一九（大正八）年までに発表した史蹟保存に関連する著作・講演記録の一覧表（表6‐1）を参照しながら、三期に分けて概観していく。

第一期は一九〇〇年代までである。黒板は一八九六（明治二九）年、帝国大学文科大学国史科を卒業後、直ちに大学院に入学し、東京帝国大学史料編纂員（一九〇一＝明治三四年〜）、同文科大学講師（一九〇二＝明治三五年〜）を務めながら一九〇三（明治三六）年に学位論文「日本古文書様式論」を脱稿する。一九〇五（明治三八）年には東京帝国大学文科大学助教授・史料編纂官に任ぜられて文学博士の学位を受領、若手の国史学者として頭角をあらわした(8)。だがこの頃は、一九〇六（明治三九）年に古文書館設立を訴える論説を発表したものの(9)、史蹟保存について言及したものはほとんど見当たらない。わずかに表6‐1の1及び2の論説で、一里塚や郡山城に残る古建築保存に言及する箇所があるが、保存については一言つけ加えられている程度であった。黒板も寄稿していた『歴史地理』誌上では史蹟保存事業に関して盛んに論じられ、大学時代の同窓である喜田貞吉が健筆を振っていたにもかかわらず、黒板はこの問題にさしたる関心を示していなかったのである。

この姿勢が大きく変化した契機が、一九〇八（明治四一）年から一九一〇（明治四三）年にかけて行われた欧米外遊であった。このとき欧米の史蹟遺物保存の実態を見聞したことが、後の黒板の史蹟保存論に大きな影響を及ぼしたのである(10)。

その外遊から帰国した後の一九一〇年代が、第二期として位置づけられる。黒板は帰国後直ちに講演、新聞、雑誌

表6－1　黒板勝美の史蹟関係著作・講演記録　①

番号	年　月	記事名	書名・誌名・新聞名	内　容	外遊関係
1	1906年　2月	黒板勝美「奈良の一里塚と高野の町石」	『歴史地理』8巻2号	一里塚と町石の紹介。一里塚についてはその保存も訴える。	
2	1906年　6月	黒板勝美「郡山城に就て」	『歴史地理』8巻6号	郡山城の歴史と現状の紹介。一部に残る古建築の保存もあわせて訴える。	
3	1910年　3月	黒板勝美「欧米漫遊談（上）（下）」	『東京経済雑誌』1533～1534号	東京経済学協会2月例会での講演。欧米漫遊の雑感を述べたもの。史蹟やその発掘事業に関する言及を含む。	●
4	1910年　4～5月	黒板勝美「南欧巡遊談（一）～（八）」	『都新聞』4月21～22、24、26～27、29日 5月3～4日付	外遊時にまわった南欧（イタリア、ギリシャ等）の見聞記。史蹟やその発掘事業、博物館の紹介・感想を含む。	●
5	1910年　6月	黒板勝美「西遊雑感の二三」	『禅宗』7巻6号	欧州の宗教心と美術との関係について、諸事例を紹介。	●
6	1910年　6月	黒板勝美「名勝と古蹟」	『日本及日本人』535号	欧米での見聞をもとにした、名勝・古蹟の調査保存についての意見。	●
7	1910年　7月	黒板勝美「埃及ナイル河の治水工事」	『斯民』5巻5号	ナイル川の水利事業の現況と古物保存の対立について紹介。	●
8	1910年　7～8、10、11月 1911年　3、5～8月	黒板勝美「南欧探古記（一）～（九）」	『歴史地理』16巻1～2、4～5号 17巻3、5～6号 18巻1～2号	外遊の際に見聞した、南欧（イタリア・ギリシャ・小アジア）の史蹟の紹介と感想。	●
9	1910年　9月	「本会例会」	『史学雑誌』21編9号	6月の史学会例会における黒板勝美の講演「欧州に於ける歴史材料の保存及整理について」の概要記録。エジプトの遺物発掘保存、国立博物館と地方の小博物館の連携、古文書館の状況をそれぞれ紹介。古文書館設立を訴える。	●
10	1911年　2、4～5、7、10、12月 1912年　1月	黒板勝美「埃及に於ける発掘事業（一）～（七）」	『考古学雑誌』1巻6、8～9、11号 2巻2、4～5号	欧米留学の際に見聞した、エジプト発掘事業の実態、エジプトの地理と歴史、発掘された史蹟についての紹介と感想。	●
11	1911年　9月		黒板勝美『西遊二年欧米文明記』文会堂書店	1908年2月から1910年春にかけての欧米旅行記。史蹟保存・発掘、博物館に関する記事を多数含む。	●
12	1912年　1月	「史蹟保存に関する建議書草案」	『考古学雑誌』2巻5号	黒板勝美・高橋健自起草。史蹟の定義、史蹟保存の意義、史蹟の種類、保存方法を説明し欧米の実例を紹介、取るべき保存施策を提案。	
13	1912年　5月	黒板勝美「史蹟遺物保存に関する意見書」	『史学雑誌』23編5号	史蹟遺物の定義、史蹟遺物の種類、保存の歴史、保存方法を説明、取るべき保存施策を提案。	

表6－1　黒板勝美の史蹟関係著作・講演記録　②

番号	年　月	記事名	書名・誌名・新聞名	内　容	外遊関係
14	1912年　7月	黒板勝美「史蹟保存と歴史地理学」	『歴史地理』 20巻1号	史蹟遺物の定義、保存すべき範囲、取るべき保存方法について説明。	
15	1912年　8～9月	黒板勝美「博物館に就て（一）～（八）」	『東京朝日新聞』 1912年8月24、26～31日 9月1～2日付	日本の博物館を批判、欧米に倣った文化的風気の復現を目的とする博物館にすることを提唱。その他博物館に関する概論。	
16	1912年　9月	黒板勝美「古墳発掘に就て考古学会々員諸君の教を乞ふ」	『考古学雑誌』 3巻1号	いい加減な古墳の発掘が多い事を批判、古墳発掘法を制定すべきこと、学術的発掘をすべきこと、官憲が一層監督を厳しくすべきことを提唱。	
17	1912年　9～10月	黒板勝美「誤れる古社寺保存法令（一）～（十五）」	『東京朝日新聞』 1912年9月6～8、10、16、23、27日 10月16～24日付	史蹟遺物の定義、保存の意義を説明し、古社寺保存法を批判。	
18	1913年　1月	黒板勝美「郷土保存について」	『歴史地理』 21巻1号	第二回郷土保存万国会議の報告を参照しつつ郷土保存事業の意味や方法、欧米の実例を紹介。日本歴史地理学会第50回例会での談話筆記。	
19	1913年　1月	黒板勝美「我国古代研究の鍵」	『読売新聞』 1913年1月23日付	宮崎県古墳発掘調査の成果の紹介。	
20	1913年　5月	黒板勝美「宮崎県古墳発掘の経過」	『考古学雑誌』 3巻9号	古墳発掘に至る経緯、発掘の際の注意点、発掘の経過とその後についての説明。	
21	1914年　1月	「復命書」	『官報』446号 1914年1月26日	1913年8月の福岡県下での史料調査の復命書。『史学雑誌』25巻3号にも転載されている。	
22	1914年　2月	黒板勝美「福岡地方旅行談」	『考古学雑誌』 4巻6号	1913年8月の福岡県下史蹟調査旅行の経過と成果の紹介、感想。史蹟の調査保存についても言及する。	
23	1914年　4月	黒板勝美「史蹟調査の方法」	『筑紫史談』 1集	1913年8月24日の筑紫史談会例会における講話。史蹟調査について注意すべき数点を述べたもの。	
24	1914年　5月	黒板勝美「東照宮宝物陳列館に就て」	『神社協会雑誌』 13年5号	3月21日、日光東照宮宝物陳列館新築起工式での講演。あるべき博物館像と日光東照宮宝物陳列館の建設方針、日光の宝物の内容を紹介。	

表6－1　黒板勝美の史蹟関係著作・講演記録　③

番号	年　月	記事名	書名・誌名・新聞名	内　容	外遊関係
25	1915年 1、3、5、7月	黒板勝美「史蹟遺物保存に関する研究の概説」	『史蹟名勝天然紀念物』1巻3～6号	1912年に史蹟名勝天然紀念物保存協会で行ったと思われる講演。史蹟遺物の定義、その分類、保存の歴史、保存方法について説明、取るべき保存施策を提案。	
26	1915年　5月	黒板勝美・坂口昂「西都原古墳調査総説」	宮崎県編『宮崎県児湯郡西都原古墳調査報告』宮崎県	1912年12月から1913年1月にかけて行われた宮崎県西都原古墳群発掘の経過についての概説。	
27	1915年　5月	宮崎県「下穂北村古墳調査記録」	宮崎県編『宮崎県児湯郡西都原古墳調査報告』宮崎県	古墳調査中に、黒板勝美が警察分署長・村長・青年会長ほか十数名に対し行った講話概要が含まれる。今まで通り敬虔の態度をもって保存すべきこと、発掘は保存のために必要な行為であることなどに言及。	
28	1915年11月	「本会十月例会」	『考古学雑誌』 6巻3号	考古学会10月例会における黒板勝美の講演「南朝鮮の古墳に就て」の概要記録。1915年の朝鮮での古墳調査の成果の報告。	
29	1916年　7月	黒板勝美「朝鮮史蹟遺物調査復命書」	〔註記参照〕	1915年4月から8月にかけて行った朝鮮史蹟遺物調査の復命書。	
30	1916年11月	黒板勝美「大同江附近の史蹟」	『朝鮮彙報』 1916年11月	朝鮮での史蹟調査の過程と、朝鮮古代の歴史について感じた事を説明。	
31	1917年　2月	黒板勝美「史蹟遺物保存　実行機関と保存思想の養成（一）～（五）」	『大阪毎日新聞』 2月2～6日付	中央・地方に博物館と監督局を設置し法令を設けること、保存思想を養成すべきことを提案。『考古学雑誌』7巻7号にも転載されている。	
32	1917年　3月	「史料蒐集復命書」	『官報』1372号 1917年3月1日	1916年8月の大阪府および奈良県下の史料調査の報告書。『歴史地理』29巻4号にも転載されている。	
33	1917年　3月	黒板勝美「南河内の文書に就て」	大阪府編『史蹟調査委員会報』4号	1916年10月1日、南河内郡郷土史料展覧会及講演会での講演。古文書古記録を用いて楠公関係の事績を紹介、南河内でも歴史の材料、国民教育のために古文書を保存していくべきことを主張。	
34	1917年11月		黒板勝美編『特別保護建造物並国宝目録』文会堂書店	国宝および特別保護建造物の目録。	

表6－1　黒板勝美の史蹟関係著作・講演記録　④

番号	年　月	記事名	書名・誌名・新聞名	内　容	外遊関係
35	1917年12月	黒板勝美「黄海道殷栗郡鳳山郡平安南道大同郡龍岡郡安州郡平安北道義州郡龍川郡定州郡史蹟調査報告書」	朝鮮総督府編『大正五年度朝鮮古蹟調査報告』朝鮮総督府	大正五年に行われた朝鮮史蹟調査の報告。史蹟の保存にも言及している。	
36	1918年　3月	黒板勝美「大阪の史的観察」	大阪府『史蹟調査委員会報』5号	1917年1月21日、大阪府史蹟調査委員会主催の第8回史蹟講演会並史料展覧会での講演。日本史上から見た大阪の歴史を論じるもの。	
37	1918年　5月	黒板勝美「国立博物館について」	『新公論』33巻5号	各地に国立博物館を設けて文化的風気の復現、史蹟遺物の保存・復旧を行うことを提案。	
38	1918年11月	「本会第百九回例会記事」	『歴史地理』32巻5号	黒板勝美による、今夏の鴨緑江上流沿岸史蹟調査の成果に関する講演記事が含まれる。	
39	1919年　2月	黒板勝美「史蹟遺物の保存に就て」	東京府学務部兵事課編『東京府史蹟第一回講演集』	史蹟保存の意義を説明、東京の事例を挙げて歴史研究の材料・国民教育に資することを主張し、東京府に対して注文を述べるもの。	
40	1919年　6月	黒板勝美「序文」	京都府『京都府史蹟勝地調査会報告』1冊	京都府の史蹟勝地保存事業の経緯と、自身の関与についての説明。	
41	1919年　8～10月	黒板勝美「史蹟としての法隆寺」	『史蹟名勝天然紀念物』3巻8～10号	法隆寺の史蹟としての価値を論じ、幻燈を用いて建築・遺物について説明するもの。	

＊　1919年までの黒板勝美の著作・講演記録等のうち、史蹟に関する記載のあるものを表にした。『史蹟調査委員会報』記載の講演は史蹟に関する内容を含まないが、参考として表に加えた。旅行記は史蹟について言及しているもののみを取り上げた。1919年以降の史蹟関連著作は、行論上関わりのある範囲内で本文中で取り上げた。

＊　記事名及び書名には、適宜著者名・編者名・出版者名を付記した。

＊　複数の雑誌、新聞に掲載された著述については、先に発表されたもののみを取り上げた。

＊　『宮崎県児湯郡西都原古墳調査報告』は1983年の西都市教育委員会西都原古墳研究所による復刻『宮崎県西都原古墳調査報告書一－三』、『京都府史蹟勝地調査会報告』は1983年臨川書店による復刻、『大正五年度古蹟調査報告』は1974年国書刊行会による復刻、『史蹟調査委員会報』は1984年の和泉文化研究会による復刻をそれぞれ用いた。

＊　「史蹟保存に関する建議書草案」は『考古学雑誌』彙報欄に無署名で掲載されたものだが、黒板勝美・高橋健自による起草と記されており、目録（日本考古学会編『考古学雑誌総目録』吉川弘文館、1943年）には黒板勝美の著作となっている。

＊　黒板勝美「朝鮮史蹟遺物調査復命書」は、1974年に黒板勝美先生生誕百年記念会の編集になる『黒板勝美先生遺文』に収録されたもので、1916年7月19日付で東京帝国大学総長に提出された『朝鮮古蹟遺物調査復命書』の副本と見られるものである。

＊　15「博物館に就て（一）～（八）」は、連載最後の2回がいずれも（八）と表記されているため、実際の連載回数は9回である。

等を通じて旅行時の見聞を紹介し始め、その中で史蹟や博物館、発掘事業の紹介を行っており、史蹟保存を主題とした意見も発表している（表6－1の3〜11）。「自分は欧州大陸を巡遊して、多少此等の方面を注意した結果、我国の古蹟に対する形而上形而下の事業が何れに於ても遠く彼等の脚下にすら及ばぬことを感じた、而して将来に於ける人も我も、共に大に努力せねばならぬ所以を悟り得た(11)」と自ら語っているように、欧米の保存事業と日本の現状との落差が、史蹟保存に関する意見表明を促したのである。

そして一九一二（明治四五）年以降、考古学会の建議書草案、史学会の意見書をはじめとして、いずれも類似した内容の体系的な史蹟保存論を展開する（表6－1の12〜14、25）。さらに、こうしてまとめられた保存論や海外経験に依拠しつつ、博物館に関する意見（表6－1の15、37）、古墳発掘に関する意見（表6－1の16）、現状の保存政策に対する批判（表6－1の17）、具体的な施策意見（表6－1の31）などを発表していく。

その結果黒板は、学界における代表的な史蹟保存論者として認知されるようになる。たとえば、『歴史地理』の史蹟保存の現状を論じる記事では「曽て黒板博士が史学雑誌を始め諸雑誌に是に関する説を公にし、大に世の注意を喚起せられしは読者の記憶に新たなる所(12)」、「近時名蹟保存の思想漸く盛んとなり、史蹟名勝天然記念物保存協会《ママ》とか郷土研究会の如きこれが思想の鼓吹に勤め、黒板博士の如き新聞若しくは史学雑誌又は本誌上に史蹟保存の意見を発表せらるゝあり(13)」などと報じている。また、考古学者・浜田耕作は、『大阪毎日新聞』に連載した論説「歴史的記念物の保存」の中で「既に十年以前から識者の中に意見を発表する人があり殊に黒板文学博士の如きは今から数年前に於て歴史的記念物の保存保護に関する意見書を発表せられた」、「歴史的記念物とは何ぞ、黒板博士の意見書には詳しく品目を挙げて之を示して居り又常識を以て考へても大抵正しい観念を得ることが出来る」と述べている(14)。海外経験を基盤に展開された黒板の史蹟保存論は、当該期の史蹟保存事業において、とりわけ注目されることになったのである。

他方でこの時期の黒板は、史蹟調査・保存の具体的実践にも取り組み始める。一九一二（大正元）年一二月から一九一三年一月にかけては宮崎県西都原古墳群の合同発掘調査に参加し(15)、一九一三年八月には考古学者・柴田常恵とともに福岡県下の史蹟調査保存に従事、[16]一九一六（大正五）年八月には史料調査の途次、奈良県史蹟勝地調査会に同行して石仏を調査した。[17]また、京都府の史蹟名勝保存行政推進のために活動し[18]（第四章）、大阪府や東京府でも史蹟に関する講演を行うなど、活発化する各地の保存行政に対し意見提供を行っている。[19]史蹟名勝天然紀念物保存協会では当初は評議員、一九一八（大正七）年一二月には常務委員に推薦された。[20]

さらに、当該期において黒板が担った行政上の仕事として、朝鮮における史蹟調査が挙げられる。一九一五（大正四）年には東京帝国大学の要請で朝鮮の古墳調査を行い、一九一六（大正五）年に朝鮮総督府が古蹟及遺物保存規則を発布し古蹟調査委員会の制度を定めると、その委員となる。そして、一九一六年の八月下旬から九月中旬にかけて黄海道および平安南北道の調査にあたり、一九一七（大正六）年には八月末から九月中旬にかけて慶尚北道・南道を、一九一八（大正七）年夏には平安北道から咸鏡南道を調査した。[21]

その他関連する事柄を付記すると、一九一六年以降古社寺保存会委員を務めたこと、[22]一九一三年七月から日光東照宮の三百年記念事業として行われていた宝物館の建設計画に顧問として関わったことが挙げられる。[23]総じて、次章で検討する三上参次とは対照的に、黒板の場合は欧米の事例を踏まえた言論活動から、保存事業に入っていった側面があるといえる。

第三期は、史蹟名勝天然紀念物保存法制定後の一九二〇年代以降である。この頃は史蹟保存に関する論説が減少する一方、一九二〇（大正九）年には史蹟名勝天然紀念物調査会委員に就任して、史蹟保存行政の実務に携わることになる。[24]朝鮮における史蹟調査にも引き続き取り組み、[25]一九二七（昭和二）年には南洋方面の日本関係史蹟を調査している。[26]そのほか、国宝保存会委員、重要美術品等調査委員会委員、臨時陵墓調査委員会委員など、保存事業に関係のあるさまざまな役職に就いて指導に当たることになった。[27]

公務を離れた活動としては、帝室博物館復興事業、醍醐寺や高野山等の宝物調査と宝物館の建設など、引き続き博物館に関する事業に取り組んでいる。また、主宰する日本古文化研究所では藤原京の発掘調査などで成果を挙げた。[28]

このように黒板は、留学から帰国した一九一〇年代以降、新聞雑誌、講演を通じて史蹟保存の必要性を訴え、その後公私の調査保存事業に関係していくことになったのである。

第二節 総論的な論説

続いて、総論的な史蹟保存論である表6－1の12～14及び25から黒板の保存論の全体的特徴を把握していくが、とりわけ13「史蹟遺物保存に関する意見書」は、前節で述べたように代表的なものであるため、これを中心にまとめていきたい。(29)

1 学術的価値の主張

まず、黒板の主張の中核となっているのは、史蹟を学術資料として保存すべきだという主張である。黒板は表6－1の13の冒頭、従来の史蹟保存論を次のように批判する。

近時我が国に於ける史蹟保存の必要、朝野人士の間に唱道せられ、往々之に関せる言説を耳にするは、吾人史学の徒が慶して措かざる所なり、然れどもその必要を論じその方法を講ずるもの、果してよく学問上の見地よりして、所謂近代の意義に於ける保存法を研究せるかは、窃に疑なき能はざる所なり（八五～八六頁）

そして続く議論の中で、保存すべき史蹟として「一、地上に残存せる過去人類活動の痕跡中不動的有形物にして歴史美術等の研究上特に必要あり便宜を与ふるもの」（八七頁）、「二、変化し易き天然状態の過去人類活動と密接なる関係を有するものにして、偶々今日にその旧態を留むるもの」（八八～八九頁）を挙げ、前者については次のようにその意義を説明する。

古社仏寺は我が国に於ける祭祀宗教の好記念物にして、その美術上の価値は更にもいはず、当時文物の進歩を代表するに足るものとして、特に史学上に必要なる材料たり、またかの古城塞の如き、是れ吾人の祖先が軍事的方面の一事業を語る資料にして、古橋梁若しくは古道駅趾が過去交通の状態を示し、古溝池堰堤の農業状態を説く等、一として歴史上重要なる遺跡にあらざるはなし（八八頁）

ここには、前述した日本歴史地理研究会の主張との共通性が確認できる。さらに黒板は、保存対象となる史蹟を表にして提示しているが（表6－2）、やはり特定の偉人・事績に関するものではなく、「過去人類活動の痕跡」全般が幅広く挙げられていることが見てとれる。

同様の観点から、史蹟と遺物の間に区別をつけず扱うことをも提唱する。史蹟と遺物は「たゞ比較的動不動の別あるに過ぎず、その過去人類活動の痕跡徴証を有せる有形的産物なるに至つては則ち一」（一〇〇頁）だからである。

そして、こうした学術的意義からの史蹟保存は、旧来の史蹟保存との対比によって強調された。たとえば、奈良朝から徳川時代までに行われた仏寺社殿の修繕は「信仰追遠の心に出づるにあらざれば国民の風教上より注意を加へたるに過ぎず、偶々古美術愛好の余然りしものありといへども、また未だその間何等学術的意義を有するに至らざりし」ものであり、「近代学術的意義」はヨーロッパで一九世紀より各国に広がったものだとする（一〇二～一〇三頁）。また次のように、同時代的に流行していた「風教上」からの偉人関係の史蹟保存とも明確に区別している。

或は国民の信仰上より、或は国民の風教上より、英雄偉人の墳墓邸宅の如き史蹟を保存せんことを主張するものあり、然れども此等社会人心の上に感化を及ぼせる史蹟は、また同時に歴史美術の研究上必要あり便宜を与ふる

ものにあらざるはなし（八八頁）

こうした姿勢は、保存方法に関する議論にも反映された。黒板が保存方法として提示するのは、現状保存、復旧保存、模型保存、表彰保存、記録保存の五つだが、現状保存は「史蹟遺物保存事業の最も主要なるもの」（一一五頁）、記録保存は「第一の現状保存と共に史蹟遺物の保存法中最も緊要なるもの」（一一九頁）と重視する一方、復旧保存は「素より史蹟遺物保存の本義にあらず」（一一六頁）とし、表彰保存も破壊を助長する危険性があり保存上弊害があると述べるのである（一一八頁）。かつて三宅米吉が〈顕彰〉と区別されるべきものとして提起した〈保存〉の理念が、より具体化された形で明示されているのが確認できる。

そのほかにも「史蹟遺物保存の根本義」として、①史蹟遺物に優劣をつけてはならないこと、②現代以外のものはすべて対象とすべきこと、③現状維持が原則で復旧修繕を加えてはならないことの三点を挙げているが（一〇七～一一五頁）、ここにも、対象を幅広くとる網羅性と、〈保存〉の理念を見ることができる。そして、以上のような論理のもとに、国民に史蹟遺物尊重の精神を普及させること、新たな保存法令を設けること、各地に監督局と博物館を設けて全国的な調査をし、台帳登録を行うことなどの具体的方策が提案されたのである（一二〇～一二七頁）。

2　信仰・風教的意義の併存

だが、注意しなければならないのは、史蹟保存の学術的意義とあわせて信仰・風教的意義も併記されたことである。すなわち、先に挙げた保存すべき史蹟の第一、第二に続けて「三、厳密なる意味に於て右二類に属せざるも古来一般に史蹟として尊重せられ特に社会人心に感化を及ぼせるもの」は保存すべきとし、楠木親子の訣別の場所とされる「桜井駅趾」、スイスの「ウイルヘルムテル関係の遺蹟」のような「伝説的又は小説的」史蹟を例に挙げており（八九～九一頁）、表6－2の第十一にも風教に関する伝説的史蹟を例示している。そして、前述した表彰保存という

表6－2　黒板勝美の史蹟保存論における保存すべき史蹟

分　類	具体例
第一　皇室に関するもの	宮城皇居趾、離宮行宮頓宮等の趾、陵墓
第二　祭祀及び宗教に関するもの	神社（社寺社殿及びその遺趾附属地等）、仏寺（寺院堂舎及びその遺趾附属地等）、禱禊地遥拝所の類及び其遺趾、墳墓（古墳（上代）、横穴、墓地墓石（中代以降近代まで））、供養塔（板碑の類を含む）、経塚、火葬場趾、巌仏巌碑（巌面等に彫刻したものをいう）、記念碑古碑（仏足石碑の如きものを含む）
第三　政治及び兵事に関するもの	都邑及びその遺趾、官庁及びその遺趾、境界標、城郭、城砦、砲台、烽火台、石塁（博多附近のものの如き）、船倉、古戦場、古碑（多胡碑多賀城碑の如き）
第四　商工業に関するもの	商業上の都市、市場及其遺趾、商廓（各時代にチピカルのもの）、上代の工場趾（埴輪製造所趾、玉作遺跡の如き）、中古以後の工場趾（鋳銭所趾、製陶所趾、瓦窯趾の如き）、倉庫、造船所趾、兵器製造所趾（反射炉の如き）、採鉱所趾、精錬所趾、記念碑（商工業に関する）
第五　農業山林に関するもの	牧場、古田制の遺れる土地、製材所、材木集積所、農家・樵家（各時代におけるチピカルのもの）、開墾及び植林に関する記念碑
第六　土木文通〔「交通」の誤りか〕に関するもの	溝池、堰堤、運河（堀河）、橋梁、古道、路標（一里塚、町石（高野山、醍醐にあるものの如き）、里程標、路しるべ、下乗標下馬標）、墜道、並木、古関、古駅（本陣問屋場等を含む）、港津、渡頭、古碑及び記念碑（宇治断碑の如き交通等に関するもの）
第七　教育学芸に関するもの	学校、寺子屋、文庫、筆塚、記念碑（学者芸術家に関するもの、俳句詩歌等を刻した碑文等を含む）
第八　日常生活に関するもの	邸宅（誕生地臨終地等の趾を含む）（旧公家大名邸宅、偉人邸宅）、庭園、井泉
第九　先住民族に関するもの	貝塚、竪穴、土器塚、石器製造所趾
第十　変化し易き天然状態に属するもの	河道、河口、海岸線、湖沼、温泉附浴場
第十一　伝説的史蹟にして風教に関するもの	伝説的遺物を有する地、何等の遺物を有せざる地
第十二　雑類	この部には、以上十一類の何れにも属せしむることのできないもの、及び現代における史学考古学等の研究程度において、その性質を詳かにすることのできないものを含む。所謂神籠石類、雑古碑、その他前諸項に属せざるもの。

＊ 表6－1の13「史蹟遺物保存に関する意見書」91～98頁に挙げられた史蹟の分類表をまとめた。文体は適宜簡略化した。

保存方法に関しても、「国民の風教等に利益ある」場合もあるので伝説的史蹟等については用いられ得ると論じていた（一一八〜一一九頁）。

もっとも黒板は、これらの伝説的史蹟が後世に多大な影響を与えたということは事実であって「国民の風教道徳の方面に於ける研究資料」でもあると説明している（九〇頁）。つまり、桜井駅は「よしや南北朝時代の史蹟としては何等歴史的の価値なしとしても、幕末に於て国民を感奮せしめた一の史蹟として、また之を保存する必要がある」のであり、「大石良雄の文書を偽作したのがあつても、それによつて忠臣とか義士とかの教訓を与へられたとすれば、その偽物もまた一の史料であり遺物であるといへる」ということになる。(30) 伝説的史蹟の場合は、その伝説自体の歴史性に学術的意義があると解釈することによって、他の史蹟と併置しうるようにしたのである。学術的意義と風教的意義の両立への志向は、墳墓発掘について「国民の風教と密接なる関係を有すること多し、その局に当るもの、十分の注意を此点に払はざるべからざる、また言を待たざるなり」（一一六頁）と述べ、祭祀宗教関係史蹟について「信仰風教の上から特に保存を願ひたい(31)」と述べているところにも見ることができる。

そして、国民一般に史蹟保存思想を養成する意義として「公徳心、愛国心をはじめ、国民道徳の上に好影響多きのみならず、敬神信仰の美風従つて起り、趣味の向上を来す基礎たるもの」（一二三頁）と論じている。黒板の史蹟保存論の重点が学術的意義に置かれていたことは間違いないが(32)、「純学術的の意義を有せる史蹟保存が、国民の信仰風教等と決して衝突するものにあらざるのみならず、此方面よりしてまたその要求を充たす」（八八頁）ものであることが、あわせて強調されていたのである。

3 皇室関係史蹟の扱い

この両者が論理上いかにして併存しているかという問題は後述するとして、本節の最後に、皇室に関する史蹟の扱いについて付言しておきたい。表6-2に見られるように、皇室関係史蹟は表の最初にまとめて別記されているが、その理由は次のように説明されている。

我が邦は特別な国体を有つて居ます、また皇室に於ても歴代の陵墓に就ては殊に御手厚い保存方法を講ぜられて居ますから、皇室に関する史蹟だけを独立させて、若し成らうことなら、皇室に於て御保存のことを御願したいのですが、もしそれが出来ませんならば国家事業として先づ第一着にその保存を講ぜられたいと考へます、従つて此の第一類は学術的分類の外であります[33]

この説明は、黒板が皇室関係史蹟を特に重視していたことの表れである。時期的な変化はあるものの、黒板が国体を重要視する歴史観を有していたことはよく知られており、それは黒板の他の著作からも見て取ることができる[34]。だが同時に、黒板の一連の史蹟保存論が学術的立場に重点を置き、そのことを売りにするものだったことを考えれば、皇室関係史蹟が「学術的分類の外」に位置づけられたことは、陵墓とあわせて黒板の史蹟保存論の体系の外部、あるいは傍流に位置づけられたことを意味するものでもあるだろう。この黒板の説明について、黒板の史蹟保存論の科学的・学術的性格を指摘する西村幸夫は、「「学術的」保存論の立場と皇国史観との妥協を成立させようとしている」と述べているが[35]、妥当な評価であると考える。

第三節　各論1　古社寺保存法批判

本節からは各論的な保存論を検討していくが、まずは表6－1の17を中心として古社寺保存法批判について取り上げる。

黒板が批判を向けたのは、第一に、同法の指定制度に対してであった。具体的には、指定後の保管方法が講じられていないこと、等級をつけて優品のみ保存していること、指定に一定の標準がないこと等を批判した上で[36]、欧州の動向に倣って指定制度から台帳制度（史蹟の全部にわたって取捨選択を加えず精細な目録を作成し、それぞれの現状に従って適宜保存措置を講じる制度）に移行すべきだと主張している[37]。

そしてこの批判は、指定制度が前提としていた価値基準に対しても向けられた。

例へば江戸時代の建築は建築史上に於けるデカダンの時代として、亦今日の時代を去る遠からざる為に、現在の人々に余りに珍らしく感ぜられざる事実と相合して、学者及び一般人士が、江戸時代の建築物に対しては其保存に就き何等注意を払はざる傾向あり〔中略〕然れども社会の発展し来れる江戸時代の歴史より言へば、元禄時代、享保時代其他寛政天保時代等凡て皆当時の特長を有し、研究を加ふべき価値の充分存せるものなり。然るに古社寺保存会に於て此等に注意せず、寧ろ古き時代にのみ重きを置けるは一種の好古癖と、所謂る一種の美術史眼とに拘束せられて、学術的意義を忘却したるものと云はざるべからず[38]

このように古社寺保存行政を、好古癖や美術的価値から建築物を判断しているものとして批判し、建築物を各時代の特長を有する歴史的資料として位置づけるべきことを主張しているのである。ここでいう「美術史眼」に拘束された学者とは、主に建築史学者を指していると思われる[39]。黒板の指定制度批判の背後には、美術的価値にもとづく建築史学者主導の古社寺保存行政と、歴史的資料としての価値を重視する黒板の保存論の相違を見て取ることができる。

批判の第二点目は、復旧を主とした修繕方針に向けられた。黒板は、近年の欧州では復旧主義が学術的保存主義に改められているとして、実用に供されているものなどやむを得ない場合を除いて、復旧に反対している[40]。

こうした見解は外遊直後から主張していたが、これが美術評論家・黒田鵬心からの批判を受けることとなった。黒板は表6－1の4「南欧巡遊談」において、イタリアで修復された寺では「古い物と新らしい物とを混同して見ゆる様にしてはない」が、「日本で古社寺保存会の行り方を見ると多く其れを区別してない、修補した分も古い物の色に見せた部分が大分あるやうに思ふ」、これは時代がたったら人を誤らせるだろう、と批判している。[41]

これに対し黒田鵬心は、「私の見る所では、今の日本のやり方のはうがよくはないかと思ふ。〔中略〕大体に於て、古美術品の出来た時の、様式、手法を用ひて復旧すべきものだと思ふのである」[42]と批判する。黒田は、鎌倉時代に鎌倉風の様式で大修繕された東大寺の転害門、鎌倉時代に一部だけ鎌倉風に修繕された法隆寺西院の食堂、足利時代に再建されたがもとの天平時代の様式を模した興福寺五重塔の三例を挙げ[43]、第一の転害門は論外とするが、食堂、五重塔の例を対比させて次のようにのべる。

○第二の食堂の場合は、即ち黒板博士の主張せらるゝやり方である。而かして原作を復旧から区別して見るには都合がよい、又後代に於ける研究（様式、手法を主とする研究）の対象としては、最上の方法だと思ふ。併し一個の古美術品として味はふには、甚だ困る。〔中略〕

○これに反して興福寺五重塔の場合、或は進んで現今のやり方は、全体を一個の美術品として見やうとするには、最も進んだものだと思ふ。換言すれば原作の妙味を伝へるには、最上の方法である。而して復旧と云ふ意味も完全せられる。

○一体古美術保存の眼目は何の点にあるかと云ふに、原作の妙味を失はないと云ふにあるのが当然である。復旧と云ふ事の目的も主として其点にあるのだ。[44]

この批判に対して黒板は、表6－1の6「名勝と古蹟」で「それは自分の説を誤解されたのである」とし、「余は古いものと新らしいものを混同せぬやうにといつたので、その補足する部分の手法を必ず明治の式にせねばならぬとは決していはない、たゞ従来日本であちこちの復旧された仏像などの様に補足した部分などを古いやうに塗つて見す

るのはよくないといつたのである」と述べ、その後同じ主張を繰り返している。(45)

確かに黒板の言うように、黒田が誤解している側面はあると思われる。だがこのやり取りは、「原作の妙味を失は」ず、「全体を一個の古美術品として見」ることを目的としている黒田の立場と、歴史的資料としての価値を重視する黒板の立場との相違を、浮き彫りにすることにもなったのである。

以上のように、指定制度批判、復旧批判のいずれにおいても、美術的価値に依拠する古社寺保存行政と、歴史的資料としての価値を重視する黒板の保存論との相違が確認できる。第二章で取り上げた『歴史地理』誌上の古社寺保存法批判でも、ほぼ同様の対立構図が前提とされていたが、黒板は海外の保存事業の潮流を引き合いに出しつつ、この対立構図を再度明確化したのである。

第四節　各論2　史蹟発掘論

次に、黒板の史蹟発掘論を検討する。黒板は、古代ローマ遺跡などヨーロッパの史蹟発掘の現状に依拠しながら、日本の発掘、特に古墳発掘の不十分さについて論じている。

表6－1の6「名勝と古蹟」では、エジプト、イタリア、ギリシャの発掘事業を紹介し、「我国の現情を見ると、まだ幼稚でもあり、不完全な処が甚だ多い」(46)と批判する。具体的には、古墳の発掘を禁じていて学術的発掘ができず「学者は見すゝゝ地下の秘宝の存在を知りつゝも、矢張指を啣へて引込んで居ねばならぬ」一方で、「其方面の智識の皆無な百姓などが、折々石棺や石槨を掘り出」すなど偶然の発掘による破壊が進展している現状を問題視している。そこで、乱掘を取り締るとともに、学者の学術的調査の道を開いたほうが「発掘して研究し得た利益と共に保存上の効果が非常に多い」と主張するのである。(47)

ここでいう科学上の発掘とは、表6－1の16「古墳発掘に就て考古学会々員諸君の教を乞ふ」に詳しく示されている。黒板は「古墳発掘法の制定せらるべきこと」「官憲の更に一層監督を厳にすべきこと」といった古墳発掘の取り締り強化を主張するとともに、「学術的の発掘に注意せらるべきこと」を主張し、[48]外遊時に見学したポンペイ発掘を例として、次のように述べる。

　然らばまづ学術的発掘とは如何、余は今伊太利の考古学者フィオレリ氏〔Giuseppe Fiorelli, 1823-96. ナポリ大学の考古学教授〕のポムペイ発掘の方針を定めし言を借り来らん、曰く、ポムペイ発掘の目的はポムペイそれ自身なり、美術品の発掘はたゞ副産物として考へられざるべからず、まづ何を措きても前時代の生活を我等に復現すべき古羅馬の市を復興すべく、之が為めには如何に賎し〔ママ〕て家屋をも捨てずして全体を見るべからしむべし[49]

　そして、これに続けて「若し埋蔵物の発見を以て主とするの発掘法を古法といふべくんば余はこの発掘法を以て新学術的発掘法と名けんと欲す」と述べ、古墳発掘もこの新しい発掘法で行うべきことを論じている。[50]「美術品」の取得ではなく、「前時代の生活」を「復現」することを目的とし、あらゆる細部に注意を向ける発掘が目指されたのである。

　だが黒板は、発掘の学術性のみを強調したわけではない。自身が実際に携わった宮崎県西都原古墳群の発掘報告では「余は元来我国古墳の発掘については之を学問と道徳の両方面より観察し、如何にせば学術的にして道徳方面を忘れざるを得るかといふ一致点を発見するに苦心せり」[51]と述べているように、学術と道徳を両立する配慮を行ったという。すなわち、一方では「考古学上及び我が古代史の研究上、今日に伝へられたる古墳及びその中に蔵せらるゝ遺物は実に古代の文明を闡明する唯一の資料」であり「この際古墳発掘に関し何等か新しき時期に入り之を学術的ならしめざるべからざる機運に到達し居るなり」と、今回の発掘を学術的に行ったことを強調している。[52]だが他方で、「大抵自己と異なりたる国民の墳墓」を発掘している欧州と異なり、「祖先の墳墓」であり「古来国民に信仰せられ尊敬せられたるもの」である古墳の発掘は余程心すべきものだとし、「故に宮崎県の発掘に際しても第一古墳調査に先ち祭典をなし出来る丈け古墳の主人たる死者に対し敬意を表すること、第二に発掘の場合に多くの人々の出入を禁ぜられ度こと、第三に復旧工事のこと及び是等に関する種々の注意を先づ知事に注文」したという(53)。そして実際の発掘では、発掘前および発掘後に申告祭を催し、遺骨を箱に収めて埋め直し、丁重に発掘前の状態に復旧することに努めていた(54)。

このように、黒板の発掘論には一方で、史蹟の学術資料としての価値、過去の文化の総体を表すものとしての価値を重視する立場が、明確に示されている。だが同時に、従来の信仰・風教的側面もあわせて重視しようとする姿勢もうかがえる。黒板の保存論に見られるこの二面性は、史蹟発掘論にも反映されていたのである。

第五節　各論3　民間の史蹟発掘事業に対する見方

次に、民間の史蹟発掘事業に対する考え方を、表6－1の22「福岡地方旅行談」から検討したい。

黒板は一九一三（大正二）年八月、民間で発掘調査された、元寇関係の史蹟といわれる蒙古塚、石塁、唐人墓を再調査した。この史蹟は、一九一三年七月に糸島郡今津村・粕屋郡志賀島村で開催された「史蹟現地講演会」において発掘調査されたものである。福岡日日新聞社の主催で、地元の青年会や在郷軍人会員を作業員とした発掘が行われ、その史蹟の近辺で講演会を開催するというもので、四日間で延べ二〇〇〇人を超える聴衆が集まった。考古学者の和田千吉も参加していたが、地元の郷土史家や軍人も発掘指導及び講演にあたっていた(55)。黒板からすれば、民間の素人による発掘事業だと感じられただろう。

黒板は再調査の結果、これらの発掘事業の成果に批判的な判断を下していく。蒙古塚については、遺物や形などから見て「前方後円の塚」で「実は上代の古墳と見た方が穏当らしい」ものであり、「余り研究上利益を得ることが出

史蹟現地講演会による志賀島唐人墓発掘（史蹟現地講演会編『元寇史蹟の新研究』（丸善、1915年）

来ませんでした」と手厳しい(56)。元寇時の石塁はよく保存されていて大いに利益を得たとするが「まだ発掘の方法が不足ではないかと思ひました」と感想を述べる(57)。志賀島にある唐人墓については「更に失望」しており、「トテも鎌倉時代のものなどゝは思はれない」、「すべて其の形式から考へて、正さに天文頃即ち足利季世のものと認めてよいものであります」と述べている(58)。

こうして発掘事業の成果を批判していく一方で、博多や大宰府近辺で青磁の破片が散乱しているのに気づき、「これは日本で未だ陶磁器が作られない時、既にこれらの外国品が輸入されて、実用に供されたのではないかと思ひます〔中略〕よつて私は、其の分布区域を図に作つて見たら、当時割合に進んで居つた住民の分布と見ることも出来るし、有益であらうと、其の調査を土地の篤学者に依頼して参りました」(59)と、地元で注意されていなかった過去の文化的痕跡を見出し、指摘している。

そして、民間の史蹟発掘事業について次のように総評する。

さて蒙古塚及唐人墓を発掘したのは、筑前史談会及福岡の新聞社が中心となつて行つたのではありますが、専門

志賀島での史蹟現地講演会（史蹟現地講演会編『元寇史蹟の新研究』（丸善、1915年）

> 家の手を経たのでありませんから、ムダの事が多く、且つ其結果には甚だ不満の点が多いと思ひました。〔中略〕元来私の持論では、古墳を発掘するに当つては非常に緻密な注意が必要で、多人数に見せたり、又其の際講演をするなどゝ云ふ事は、余程考へ物であらうと思ひます。〔中略〕然しこれには中央の専門家も又罪がないとはいへぬ。それは地方で、かやうの事を行る場合には、可成関係するやうにしなければならぬので、兎角学者が世間と縁を遠くして居るのは、こんな場合に感心すべきことではない。以来かやうの事を聞た節は、中央の学者は之について注意を与へるやうにしなければいけないので、我々が今後心を用ふべきことでありましやう(60)

欧米の発掘事業を体験し、史蹟保存の学術的意義を主張する黒板からすれば、特定の歴史的事績への付会を旨とする民間の史蹟発掘事業は不十分なものに感じられたのであり、学者が積極的に介入していくべき対象であったのである。

第六節　各論4　博物館論と「文化的復現」への志向

これまで論じてきたように、黒板の史蹟保存論には学術的意義と信仰・風教的意義とが併存していた。出自の異なる両者は、黒板の議論において、それぞれ自立的な価値観のもとに両立していたと思われる。

しかしこの両者はある程度は、次のような文化の「復現」という意図に含まれていると考えられる。黒板は表6－1の15「博物館に就て」で、現在のヨーロッパの博物館に比べ日本の博物館の進歩が遅れていることを論じ、特に陳列方法について「その陳列品そのものだけを個々別々に観せしむるといふのでなく、すべての陳列品に連絡がなければならぬ、そしてその陳列品の時代及びその地方の文化的風気を復現せしめねばならぬ」[61]という。そして、藤原時代の美術品陳列を例に取り、次のように述べる。

然らば文化的風気の復現とは何であるかといふに、例へば藤原時代の美術品を陳列する室があるとすれば、その室はすべて藤原時代の装飾を施し、藤原時代の飾りつけを為し、その室に入れる人々をして全く藤原時代の人となつたかのやうに感ぜしむる程、室内には藤原時代の風気が満ちて居らなければならぬ〔中略〕現在欧州の博物館は決して骨董店頭のやうなものではない、陳列品はまた単に骨董品として取扱はるゝものではない、いひ換ふれば或る時代の文化を復現せしむるために、その時代の遺物を仮り来りて、宗教、美術、工芸及び当時の社会状態を示すのである、これでなければ意義ある博物館とはいへぬ[62]

このように、過去の社会状態を再現し文化を「復現」するのが博物館の意義だと論じ、遺物を本来あった建物、あるいはそれに近い建築の博物館に置くべきことを主張している[63]。黒板は、博物館を史蹟保存の実行機関として重要視しているが、この考え方からすれば、多種多様な「過去人類活動の痕跡」を分け隔てなく扱う学術的・科学的な史蹟保存論もまた、文化の「復現」というより高次の目的に包摂されていたと見ることができる。

しかも、この目的に包摂されるのは、学術的に調査・保存される史蹟遺物だけではなかった。黒板は、仏像への信仰的態度を維持すべき理由を次のように説明している。

ミユーゼアムにはこの文化的復現がないやうでは意義ある陳列場とはいはれぬ。されば決して陳列品を骨董扱ひしてはならぬ。仏像を拝するのでも、須彌壇上に安置し、之を拝むべきものである、然り拝むべきものである、観るべきものではない。〔中略〕何故ならば、仏像にしても、仏画にしても、現に我々によつて宗旨の上から拝まるゝべく、彫刻せられ写されて居るのである。それを従来たゞ観るといふ心持になつて居るのは、全く誤謬である。(64)

それゆえ仏像は、用いられていた当時の場所、建築で、用いられていた当時のように陳列すべきものであり、(65)大和の法隆寺・東大寺・興福寺・薬師寺等は「実に理想的のミユーゼアム」である一方、奈良帝室博物館の陳列は「殺風景にして仏像を骨董扱にし、単なる美術的製作として、何等信仰の対象たる待遇を為さゞるを遺憾とする」ものであった。(66)

さらに、前述した古墳に対する崇敬の態度も、「文化的復現」の実践そのものだったという。

この古墳調査は学術的意義即ち文化的復現といふことを中心として実行せられねばならぬのである。嘗て宮崎県で古墳調査を行つたとき、古墳の主人を祭つて後ち、その霊を他に遷し始めて之を発掘した。これは全く文化的復現の意味であつた、そしてこれが社会道徳的見地とよく合致するのである(67)

このように、史蹟に対して従来から抱かれていた崇敬・信仰的態度も、文化として再解釈され、その意味から保存すべきだとされたのである。この考え方を踏まえると、伝説的史蹟の保存を訴える主張も、伝説それ自体を文化として意味づけ直し、再評価しようとするものと理解することができる。

そして、こうした黒板の志向において理想とされたのが、ノルウェーやスウェーデンで見た野外博物館であった。

> 例へばスカンセン〔スウェーデンの野外博物館の名称〕は瑞典国の縮図で、山川渓谷の有様から動植物の主なる分布を実物で示すのみならず、北方に住むラプランド人の天幕生活も観ることが出来れば、ストツクホルム附近の風俗も知ることが出来る、そしてその内なる建築物、建築物の中なる古代の工芸品等はまた歴史的に瑞典を語つて居るのである。そして此等の建築はまた遺物として保存すべき必要からこゝに移して来たともいふことが出来るので、この種のミユーゼアムは史蹟遺物保存の一法として実行せられたものとしても可い。[68]

このように、あくまで理想ではあるが、地形や動植物分布、美術工芸や各地の風俗など、一国の歴史・文化・自然環境の「縮図」を描くことを志向しており、その中に史蹟保存も位置づけられていたと見ることができる。

こうした主張には、前章で扱った郷土保護論との類似性が感じられる。事実、黒板は、先行研究でも指摘されている通り、史蹟保存を郷土保護の一環としても位置づけていた。[69]黒板の保存論の学術的意義及び信仰・風教的意義は、「文化的復現」、さらには郷土保護という高次の目標へと結びつけられていたのである。

そして、このような黒板の博物館論は、日光宝物館において最初に具現化されることになる。日光東照宮では、一九一五（大正四）年の三百年祭記念事業として宝物館建設事業が進められていたが、[70]古社寺保存会委員を務めていた歴史学者・荻野仲三郎（当時女子高等師範学校教授）とともに宝物館建築顧問となった黒板は、宝物台帳と目録を作成し、この目録に従って建築が設計された(71)。

その結果、建物については「江戸時代初期元和寛永年間に行はれたる、桃山期手法混和の様式に拠る(72)」ものとなっている。内部の陳列も、たとえば一号館では入り口に東照宮の神輿を置き、神祭の行列を示すことで「此館の一方に

日光宝物館（笑景子「日光宝物館の建築及装飾」（『建築工芸叢誌』2期13冊、1915年6月）

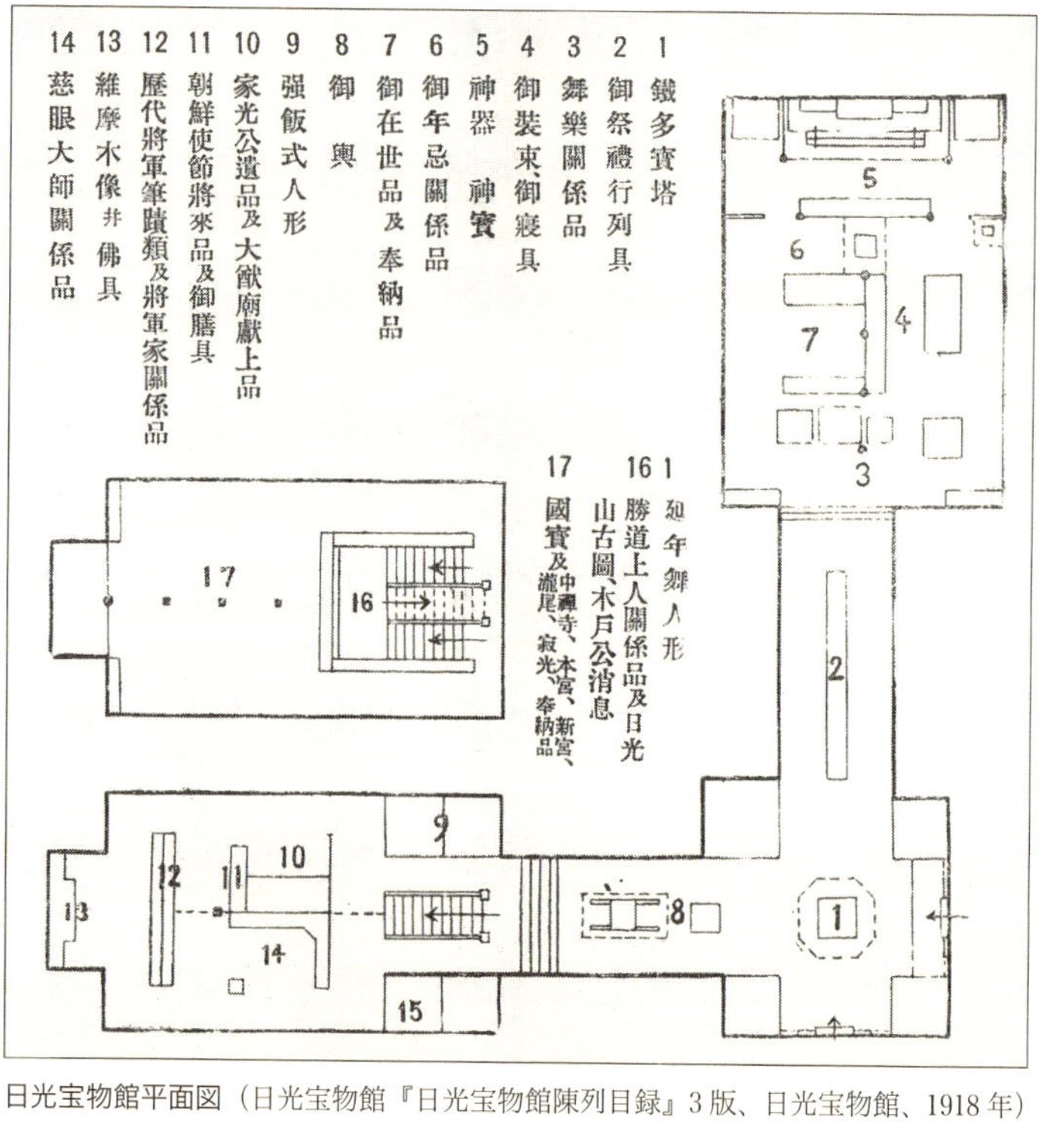

日光宝物館平面図（日光宝物館『日光宝物館陳列目録』3版、日光宝物館、1918年）

主なる部分を東照宮関係のものが占めて居る事を、不知々々自然に、誰も感得し得らるゝやうにし、併せて敬神の念を起せしめる事に、勉めてあり」[73]、その中心である東照宮の御本陣の室では中央を神殿風に作り、神前に神饌具を陳列し、東照宮在世時の品々も陳列して、神としての東照宮と人としての東照公の偉大さを示すこととした[74]。そのほか「徳川氏ばかりでなく、同時代の工芸品をも陳列して、当代の文化を連想させる方針を取り」、「其の室々の設備もすべて江戸時代の座敷の様式を取」るなどの試みも行われた[75]。宝物台帳と目録作成という学術資料に則ったからこそ、「敬神の念を起せしめ」、かつ「当代の文化を連想させる」ような空間を現出しえたということになる。この事例には、黒板の史蹟保存論が目指したものが何であったのかを、明確に読み取ることができる。

第七節　保存論の変化

1　文化概念の多用

最後に、黒板の保存論の時期的変化についても言及しておきたい。第一に指摘すべきは、文化という概念が次第に活用されるようになり、史蹟保存論の中心的概念に据えられたことである。実は、最初の体系的史蹟保存論が発表された一九一二（明治四五）年の段階では、文化という語も用いられていたものの、保存の意義を説明する上で中心的役割を担っていたわけではなかった。だが、同時期以降の博物館に関する議論では「文化的復現」の概念のもとに重要視され、さらに一九二〇（大正九）年の論説では次のように重要な意味を担うようになっていく。

従来歴史といへば、主として政治関係を中心とし、国家組織を通じて、経済問題なり、信仰問題なりに触れたものであるが社会生活を基礎としての史的現象を研究するやうになつたのは、寧ろ新しい時期に属するといつて可い。吾々が大昔から子孫相継いでこの社会を造り、国家組織の下に発達して来た文化その物を時間的に研究するのが、即ち歴史といふ学問である。而かもこの社会なるものが空間的に現はれて居るが為めに、文化の発達し行く中程に於て、その跡を地上に残して居る、これが所謂史蹟で、吾々はこれによつて或る時代に人類が如何なる文化の程度を有して居たかを知り得るのである。〔中略〕いはば吾々人類活動の痕跡が即ち史蹟そのものであるから、過去に於ける人類の社会的活動を観るに就て此等の史蹟を尊重する必要があり、従つて之を保存する義務が吾人の上に加へらるのである。(76)

旧来の政治史よりも社会の歴史を重んじる点は、日本歴史地理研究会の歴史観と同様であり、史蹟をそうした「社会生活」の痕跡として位置づける点も、同会や初期の黒板の保存論と同様である。相違が認められるのは、これまで使われることのなかった文化という概念が、史蹟の価値を説明する上での中心的概念として導入された点である。

実はこうした変化は、黒板の主著として知られる国史学概論書『国史の研究』にも見ることができる。同書は初版（一九〇八＝明治四一年）刊行後、大正期、昭和期と二度の大きな改訂を経たが、その改訂ごとに文化という概念が多用されるようになっていくのである。たとえば、正倉院の価値を説明する際、初版（一九〇八年）では「殆んど奈良朝の社会をこゝにつめ込んであるといつてよいのである」「世界に於ける当時の文明が東西如何に交渉せしかを研究すべき一大宝庫(77)」と述べるのに対し、大正期改訂版（一九一三＝大正二年）では「正倉院は奈良朝に於ける社会の発達及びその文化を研究すべき一大宝庫(78)」、昭和期改訂版（一九三一＝昭和六年）では「実に当代の文化をつめ込んで居る一大宝庫(79)」とされている。また、とりわけ昭和期には文化概念の使用例自体が増加するようになる。(80)

また、同書の改訂にあたっては「文化史」概念の範囲も拡張された。明治版では歴史の事物的区分法として「政治史」と「文化史」に大別しているが、昭和期版では政治史も「文化の最も主要なるもの」と、広い意味での文化史の一部とされたのである。(81)

この変化を説明する上で欠かせないのが、大正・昭和戦前期における文化概念及び文化史の流行である。ここで、大正期に広く流行した文化という概念について説明しておくと、①明治期に元来の漢語の意味を引き継ぎつつ文教が盛んになることを意味したこの語は、②大正期にはドイツ語Kulturの訳語として、自然状態に働きかけ人間生活を高めていく精神活動として捉えられ、③通俗的にはハイカラ、モダンという意味でも広く用いられた(82)（文化住宅、文化釜など）。このうち②について詳述すると、新カント派的発想にもとづき、普遍的理想（文化価値）の追求や人格の自由な発展を目指す「文化主義」が論壇を賑わせた一方で(83)、それとは対照的に、ある地域・時代における人間活動の固有性を強調する意味で用いられることも多かった（日本文化、朝鮮文化、奈良文化、古代文化など）。黒板の場合は後者の意味で文化概念を用いる傾向が強いといえる。

一方、大正期にはこれと並行して文化史も流行するようになった。京都帝国大学史学科教授・三浦周行は一九三〇（昭和五）年、次のように当時の歴史学界を観察している。

> 世界大戦の前後から、我国に於て欧米の社会主義やデモクラシーの輸入を見るに至つたが、文化の語の如きも亦此頃から文化運動、文化政策、文化住宅、文化食堂等と盛んに国民の口頭に上つたこと、さながら明治初年の文明開化と異ならぬ。それが史界に反映して文化史の流行となり、何文化史とか何時代の文化とかいはねば、時代後れと思はるゝやうになつた。(84)

そうした文化史の代表格とされるのが西田直二郎『日本文化史序説』であるが、従来の事件中心の政治軍事史を批判し、芸術・宗教・思想などを素材に各時代の国民精神の発展を概括的に捉えるもので、先の文化主義とも共通する要素を含んでいる(85)。ただ、まとまった学派が形成されたわけではなく、従来型の事件史とは異なるものに文化史の名が付され、流行したという側面も強かった(86)。黒板も文化史の概念を活用していたことは前述した通りで、通俗的歴史雑誌『中央史壇』の「文化史観」特集にも一文を寄せている(87)。

要するに、黒板の保存論は一九一二年段階でほぼその形を完成させており、社会の歴史を志向する姿勢も一貫していたのだが、文化概念及び文化史の流行を受け、より便利で一般的に受け入れられやすい文化概念を積極的に活用するようになったのだろう。その入れ替えは一九一〇年代を通じて行われ、これが史蹟保存論にも反映しているのである。

第八節　保存論の変化2　民族主義論と第二第三の天然保存論

これに加えて、一九二〇年頃より以降の黒板は、次のような二つの方向性から保存の意義を説明するようになる。その一つは、民族団結に資するという意義である。黒板は第一次世界大戦以後、新たに世界に勃興した民族主義の潮流に大きな関心を抱き、民族の団結を強めるものとは何かを考察するようになっていた。この問題関心を保存論にも持ち込み、次のように語っている。

この同じ血液、同じ言葉、同じ信仰を有つてゐる社会団体〔「民族」のこと〕の発生と進展とには、其の生活して居る天然と密接な関係を保つて今日の現状に及んで居る〔中略〕過去に於て吾々の祖先以来造り上げられたところの文化を、如何に能く理解するかと同時に、亦其の過去の永い間に、吾々の祖先の住んで来た天然の状態が如何であつたかと云ふことを、最も能く知ることが民族中心主義を強めるのに必要であるのはいふまでもないことであらう。随つて吾々はこの意味に於て所謂史蹟若しくは名勝、若しくは天然紀念物を保存することに注意しなければならぬ(88)

一国の文化・自然の固有性を理解することが、民族中心主義の強化に繋がる。史蹟保存が一般社会に対して資するこうした意義については、当初の史蹟保存論にも曖昧な形ながら表明されていたが(89)、第一次世界大戦後の時勢認識の中でより強く自覚化され、明確な説明がなされるようになったのである。[90]

第二の方向性は、人類史的視点からの意義である。すなわち、世界人類が理想世界に向けて継続的に発展していくためには、欧米の物質文明のように破壊一方ではなく、自然環境および文化環境を保存していかなければならないと論じるものである。[91]

特に注目したいのは、第二・第三の天然たる文化環境に関する次のような説明である。

此処に或る天然の平野があつた、是は第一の天然と称すべきものであるが、その中に一つの市街が出来たとすると、第一の天然は既に幾分か破壊せられたに相異ないが、之を遠くから眺めるとき、この町が平野の中に一つの景色となつて現れ、亦天然の平野の一部と認めて差支ないものになつて居る。又道路が出来、並木が植ゑられ、橋が架けられる、さうしてそこに過去人類の文化の或る階段が、第二、第三……の天然として存在するとせば、この各階段の文化に現れてゐる天然もまた尊重しなければならないのである。[92]

この議論が目を引くのは、保存すべき文化の範囲が、街並みや日常生活を取り巻く事物にまで拡大されていることである。もちろん、この発想は直ちに保存行政に結びつくことはなかったが、文化としての史蹟保存という黒板の発想を推し進めれば、戦後の民俗資料を対象に収めた文化財保護や街並み保存、歴史的環境の思想へと論理的に繋がっていくことを、この第二・第三の自然論は示唆している。

おわりに

以下、本章の考察をまとめたい。

黒板は一九〇八（明治四一）年から一九一〇（明治四三）年までの欧米遊学をきっかけに、一九一〇年代には海外の事例を踏まえた体系的な史蹟保存論を展開し、一九二〇年代以降は保存事業の指導的役割を担う、史蹟保存論の専門家として活躍した。

その主張の要点は、従来日本で行われ、当時も流行していた信仰・風教的意義による史蹟保存や、美術的価値にもとづく優品保存にとどまらず、より広範な人間活動の痕跡に対して、過去の文化・社会を知る学術的価値を見出し〈保存〉すべきことを訴えるものだった。

ただ同時に、信仰・風教的意義も無視しておらず、史蹟の学術的価値と併存するものとして扱われている。そして、学術的意義の出自は欧米の近代の潮流に、信仰・風教的意義の出自は主に日本の国体や従来からの慣習に帰されていた。これは本書の言う〈保存〉と〈顕彰〉の論理に比すべきものであろう。黒板は、一九〇〇年前後から生じていた両者の論理的対立を、自覚的に自身の体系的な保存論へ組み込んだのである。学者側の主張を欧米の具体的事例を用いながらより体系化・具体化するとともに、対立する〈顕彰〉の論理も組み込んで、両者を並立させたところに、黒板の保存論が各方面に支持された理由があったと思われる。

だが、黒板の保存論の特徴はこれにとどまらない。黒板の目標は、そうした広範な史蹟を活用した「文化的復現」にも置かれていたのであり、上の二つの意義もある程度ここに包摂されたとみることができる。史蹟は各時代の特徴が正しく描かれるために学術的に調査され、本来の姿を整えていなければならず、それに対する信仰や崇敬の姿勢もまた維持されなければならないとされたのである。そして、文化の保存は郷土保護、ひいては民族意識の強化及び持続可能な文明発達に資するものでもあると主張していく。この文化概念を用いた説明は、最初の保存論が発表された当初から明確に説明されていたわけではないが、一九一〇年代半ばの博物館論以降、次第にその形を整えていったのである。

黒板の保存論が、一九〇〇年前後に見られた学者たちの史蹟保存論と異なるのは、とりわけこの点においてであろう。文化概念を積極的に活用し、広範な人間事象をその概念の中に組み込むことによって、史蹟の学術的価値にもとづく〈保存〉は、学界内的な価値だけでなく、ナショナリズム、さらには人類史的な価値にまで結びつけられる。本書では、こうして見出された史蹟の価値を文化的価値と称することにしたい。また、三宅米吉のいう〈保存〉の論理が、学術資料の維持を目的とし、一般に周知させる必要はないとしたのに対して、黒板の場合は学術資料を〈保存〉した上で過去の文化を再現し、それが社会一般に理解・経験されることを重視していた。以下、この志向を〈復現〉と表記する。史蹟の学術的・文化的価値を重視するこうした姿勢は、後の史蹟保存行政の基調の一つとなっていくのである。

ただし、文化という概念を用いて説明される事柄は、論者によって大きく異なる。黒板が史蹟や博物館の意義を説明する際に文化概念を用いるとき、物質資料としての史蹟のみならず、それに対する信仰・風教的な態度、ひいては町並みや生活環境にまで意味が拡大されうる幅広さを有していた。だが、第八章で扱うように、後に史蹟保存行政の実務を担う考古学者たちの史蹟保存論は、行政的に限定された史蹟という対象を厳密に扱う必要からか、物質資料としての要素に一層重きを置くようになっている。黒板のいう「文化的復現」の発想は、人心教化的な顕彰運動も、物資的要素の学術的研究も肯定しうるものだったが、その後の史蹟保存行政の担い手は、後者を支持するようになっていくのである。

また、いま一つ言い添えておかなければならないのは、黒板一人がこの言説上の変容を促したわけではないということである。文化概念は広く一般に流行しており、多種多様な人間事象に日本の文化としての価値を見出す試みも、各方面で同時進行的に行われていたと見るべきだろう。史蹟遺物に日本独自の文化としての価値を見出すという黒板の主張は、この一般的な潮流に棹さすものだったと思われる。

ただ、そうした思潮の変化の全容を、正確に把握することは難しい。むしろ、黒板の主張や、史蹟保存論の変化に限定して着目することで、この変化の一端を多少なりとも実証的に論じることができるだろう。本書は、そうした試みの一つとして位置づけられる。

註

（1）黒板博士記念会編『古文化の保存と研究――黒板博士の業績を中心として』（出版者記載なし、一九五三年）。
（2）黒板勝美『虚心文集』四巻（吉川弘文館、一九四〇年）、黒板勝美先生生誕百年記念会編『黒板勝美先生遺文』（吉川弘文館、一九七四年）。
（3）青木豊「黒板勝美博士の博物館学思想」（『國學院大學博物館学紀要』三二輯、二〇〇七年）、今野農「明治末・大正初期における博物館構想――通俗教育調査委員会の活動を中心に」（『國學院大學博物館学紀要』三三輯、二〇〇八年）。
（4）落合知子『野外博物館の研究』（雄山閣、二〇〇九年）第一章第二節など。
（5）田中琢「遺蹟遺物に関する保護原則の確立過程」（『考古学論考』平凡社、一九八二年）七七五～七七七頁。
（6）西村は当時の限界として、天皇関係史蹟も併記せざるを得なかったことを指摘しているが、黒板の保存論の主眼は「学術的」保存論であったと評価する。西村幸夫「「史蹟」保存の理念的枠組みの成立――「歴史的環境」概念の生成史　その4」（『日本建築学会計画系論文報告集』四五二号、一九九三年一〇月）一八一～一八二頁。
（7）高木博志「史蹟・名勝の成立」（『日本史研究』三五一号、一九九一年一一月）七一～七三頁、引用箇所は七二～七三頁。
（8）「黒板勝美博士の年譜と業績」（前掲註1所収）。
（9）黒板勝美「古文書館設立の必要」（『歴史地理』八巻一号、一九〇六年一月）。
（10）補論参照。
（11）黒板勝美「名勝と古蹟」（『日本及日本人』五三五号、一九一〇年六月）八頁。
（12）振衣生「史蹟は保存せられつゝありや」（『歴史地理』二一巻一号、一九一三年一月）八六頁。
（13）英蛾「大塚先儒墓所保存会起る」（『歴史地理』二一巻四号、一九一三年四月）九二～九三頁。
（14）浜田耕作「歴史記念物の保存（一）」（『大阪毎日新聞』一九一六年一一月二一日付三面）。
（15）宮崎県知事の要請で、東京帝国大学、京都帝国大学、帝室博物館、宮内省諸陵寮の共同で行われたもの。西都市教育委員会『宮崎県西都原古墳調査報告書　一－三』（西都市教育委員会西都原古墳研究所、一九八三年。一九一五～一八年宮崎県刊の復刻）。
（16）黒板勝美「福岡地方旅行談」（『考古学雑誌』四巻六号、一九一四年二月）一～一八頁。
（17）「史料蒐集復命書」（『官報』一三七二号、一九一七年三月一日）一四頁。
（18）黒板勝美「序文」（京都府編『京都府史蹟勝地調査会報告』一冊、京都府、一九一九年）。また、斎藤忠『書簡等からみた史学・考古学の先覚』（雄山閣出版、一九九八年）五四～五九頁に掲載されている大正六年二月一四日付内藤虎次郎宛黒板勝美書翰は、京都府史蹟勝地調査会の構成員や活動内容について内藤とやりとりをしているもので、黒板が同会の組織化に直接関与している様子がうかがえる。

(19) 黒板勝美「南河内の文書に就て」(大阪府編『史蹟調査委員会報』四号、大阪府、一九一七年)八～一五頁、「南河内郡郷土史料展覧会及講演会概況」(同右)四七頁、「史料展覧会並史蹟講演会の概況」(同右)五三頁、黒板勝美「大阪の史的観察」(大阪府編『史蹟調査委員会報』五号、大阪府、一九一八年)三七～四二頁、黒板勝美「史蹟遺物の保存に就て」(東京府学務部兵事課編『東京府史蹟第一回講演集』、一九一九年二月)一二～二六頁。

(20) 「協会日誌」(史蹟名勝天然紀念物保存協会編『史蹟名勝天然紀念物保存協会第一回報告』史蹟名勝天然紀念物保存協会、一九一一年一一月)六九頁、「評議員」(『史蹟名勝天然紀念物』一巻一号、一九一四年九月)八頁、「協会近事」(同四巻一号、一九二一年一月)一二頁。

(21) 末松保和「あとがき――黒板先生の朝鮮古蹟調査」(前掲註2『黒板勝美先生遺文』)一二九～一三八頁、黒板勝美「朝鮮史蹟遺物調査復命書」(同右)、朝鮮総督府編『大正五年度朝鮮古蹟調査報告』(国書刊行会、一九七四年。一九一七年朝鮮総督府刊の復刻)一五～一八、五五七～六〇九頁、朝鮮総督府編『大正六年度古蹟調査報告(朝鮮考古資料集成一五)』(出版科学総合研究所、一九八三年。一九二〇年朝鮮総督府刊の復刻)一一～一七頁。

(22) 前掲註1。

(23) 黒板勝美「東照宮宝物陳列館に就て」(『神社協会雑誌』一三年五号、一九一四年五月)一頁、大江新太郎「日光の宝物館」(同一四年八号、一九一五年八月)一四～一五頁。

(24) 前掲註8。同会は一時廃止されるが、のち一九三三(昭和八)年に官制の史蹟名勝天然紀念物調査会となり、このときも黒板は委員に任命されている。

(25) たとえば一九三一(昭和六)年には、財政緊縮で停滞していた朝鮮総督府の史蹟関連事業を援助するため、外部から資金を調達して朝鮮古蹟研究会が発足し、調査事業が継続的に実施されることとなったが、黒板はその創立と運営にあたって中心的役割を果していた。藤田亮策「朝鮮古蹟調査」(前掲註1所収)。

(26) 黒板勝美「南洋に於ける日本関係史料遺蹟に就きて」(『財団法人啓明会第二十七回講演集』財団法人啓明会事務所、一九二八年)。

(27) 前掲註8。

(28) 前掲註1。

(29) 黒板勝美「史蹟遺物保存に関する意見書」(『史学雑誌』二三編五号、一九一二年五月)。以下本節に限って、同論説からの引用の場合は註を設けず、本文中に頁数のみ記すこととする。

(30) 黒板勝美「史蹟遺物保存に関する研究の概説」(『史蹟名勝天然紀念物』一巻三号、一九一五年一月)一九頁。
(31) 同右、二〇頁。
(32) たとえば、黒板勝美「史蹟保存と歴史地理学」(『歴史地理』二〇巻一号、一九一二年七月)では、「保存すべき史蹟とは、学術上の研究若しくは国民道徳の養成上必要なるものを包含するものにして、特に前者の学術上必要なるものを主とすること、実に近代的保存の第一意義なりとす」(一八頁)と述べられている。
(33) 前掲註30、二〇頁。
(34) 黒板勝美『国体新論』(博文堂、一九二五年)など。
(35) 前掲註6、一八一～一八二頁。
(36) 黒板勝美「誤れる古社寺保存法令(三)」(『東京朝日新聞』一九一二年九月八日付六面)、同「誤れる古社寺保存法令(四)」(同一九一二年九月二三日付六面)、同「誤れる古社寺保存法令(六)」(同一九一二年九月二七日付六面)。
(37) 同右「誤れる古社寺保存法令(七)」(同右一九一二年一〇月一六日付六面)。指定制度への批判は、表6-1の13、14にも確認できる。
(38) 前掲註32、二〇～二一頁。
(39) 黒板勝美「誤まれる古社寺保存法令(八)」(『東京朝日新聞』一九一二年一〇月一七日付六面)では、江戸時代の建築を「デカダン」として軽視する「建築学者」を批判し、「歴史の徴証」という点から貴重な記念物であると述べている。
(40) 黒板勝美「誤まれる古社寺保存法令(十一)」(『東京朝日新聞』一九一二年一〇月二〇日付六面)、同「誤まれる古社寺保存法令(十三)」(同一九一二年一〇月二三日付六面)。
(41) 黒板勝美「伊太利の修復事業(南欧巡遊談の三)」(『都新聞』一九一〇年四月二四日付一面)。
(42) 黒田鵬心「古美術品の復旧に就て(上)」(『東京朝日新聞』一九一〇年五月一二日付三面)。
(43) 同右、および黒田鵬心「古美術品の復旧に就て(下)」(『東京朝日新聞』一九一〇年五月一三日付三面)。
(44) 同右「古美術品の復旧に就て(下)」。
(45) 前掲註11、八頁。
(46) 同右、五頁。
(47) 同右、六～七頁。なお、同様の議論は、黒板勝美「南欧巡遊談(二)(羅馬の発掘事業)」(『都新聞』一九一〇年四月二二日付一面)にも示されている。
(48) 黒板勝美「古墳発掘に就て考古学会々員諸君の教を乞ふ」(『考古学雑誌』三巻一号、一九一二年九月)二頁。

(49) 同右、三頁。
(50) 同右、四頁。
(51) 黒板勝美「宮崎県古墳発掘の経過」(『考古学雑誌』三巻九号、一九一三年五月)二頁。
(52) 同右、二~三頁。
(53) 同右、三頁。こうした祖先崇拝への配慮は、前掲註48、五頁にも示されている。
(54) 前掲註15。
(55) 竹田雅弘「史蹟現地講演会記録」(史蹟現地講演会編『元寇史蹟の新研究』丸善、一九一五年)三五三~三八四頁。
(56) 前掲註16、三頁。
(57) 同右、三~五頁。
(58) 同右、五頁。
(59) 同右、六頁。
(60) 同右、六~七頁。
(61) 黒板勝美「博物館に就て(二)」(『東京朝日新聞』一九一二年八月二六日付六面)。
(62) 同右。
(63) こうした見解は表6-1の37「国立博物館について」にも見られる。
(64) 黒板勝美「国立博物館について」(『新公論』三三巻五号、一九一八年五月)八四頁。
(65) 同右、八五頁。
(66) 同右、八五頁。だが、本来理想的ミュージアムであるはずの法隆寺などが、仏像を骨董品・美術品視する「博物館式陳列」に影響されて「文化的復現といふ最も大切なことを忘れ」ていることも批判されている(八五~八六頁)。
(67) 同右、九二頁。
(68) 黒板勝美「博物館に就て(六)」(『東京朝日新聞』一九一二年八月三〇日)六頁。
(69) 黒板は表6-1の18で郷土保存を論じており、表6-1の13でも、保存思想を養成すべきことを主張する中で、参考にすべき例としてドイツにおける「護国(「ハイマートシュッツ」とルビあり)」を紹介している。前掲註29、一二三頁。黒板勝美「史蹟遺物保存に関する研究の概説」(『史蹟名勝天然紀念物』一巻六号、一九一五年七月)四七頁でも同様に言及されている。
(70) 東照宮社務所編『東照宮史』(東照宮社務所、一九二七年)四一六~四一八頁。
(71) 前掲註23、大江新太郎「日光の宝物館」、一四~一五頁。

(72) 同右、一六頁。
(73) 前掲註23、黒板勝美「東照宮宝物陳列館に就て」、三頁。
(74) 同右、四頁。
(75) 同右、四頁。
(76) 黒板勝美「史蹟名勝保存と都市政策」(『中央公論』三五年七月号、一九二〇年七月) 四九～五〇頁。なお、こうした主張は、黒板勝美「歴史の文化的研究」(『中央史壇』四巻四号、一九二二年四月) などにも見ることができる。
(77) 黒板勝美『国史の研究』(文会堂、一九〇八年) 九三頁。
(78) 黒板勝美『国史の研究』総説の部 (文会堂、一九一三年) 一〇三頁。
(79) 黒板勝美『国史の研究』総説 (岩波書店、一九三一年) 一四〇頁。
(80) 同右、各説上 (岩波書店、一九三二年)。たとえば、仏教伝来が「我が国民文化に多大な影響を与へた」(八五頁) ことを論じたり、聖徳太子を「日本文化の父母」(一二一頁) と位置づけたり、平将門反乱の原因を「支那文化」(二七七頁) に帰したりといった説明がなされるようになる。
(81) 前掲註77、二〇一頁、前掲註79、三七六～三七七頁。
(82) 今井道兒『〈文化〉の光景――概念とその思想の小史』(同学社、一九九六年)、『日本国語大辞典』第二版 (小学館、二〇〇〇～二〇〇二年)「文化」の項。
(83) 当時流行した文化主義に関する概論として、野村隈畔『文化主義の研究』(大同館書店、一九二一年)。
(84) 三浦周行「日本史学史概説」(同著『日本史の研究』二輯上、岩波書店、一九八一年。一九三〇年刊の復刻) 五〇九頁。
(85) 西田直二郎『日本文化史序説』(講談社、一九七八年。初出は改造社一九三二年)。
(86) 三浦周行は前述の論説で、「是等の文化史の中には普通の歴史から政争や戦争の記事を除いた代りに文学、芸術、宗教、思想等の分量を幾分多くした程度に過ぎないものもある」(前掲註84、五一〇頁) と述べている。
(87) 前掲註76「歴史の文化的研究」。
(88) 黒板勝美「保存事業の根本的意義」(『史蹟名勝天然紀念物』四集一号、一九二九年一月) 五頁。
(89) たとえば、黒板勝美「史蹟遺物保存　実行機関と保存思想の養成」(『大阪毎日新聞』一九一七年二月五日付三面) では、史蹟遺物保存法令が必要であることを述べ、次のように論じている。「保存法そのものも極めて大切であるが、更に大切なるは、保存法より得る所の抽象的効果である。即ち総ての人は自分の国を愛する、そして自国の山水に依りてその壮大なる又は優美なる感に打たるゝと共に、長い間の歴史的記憶を喚起し、古代の史蹟遺物に依つてチヤームされると云ふ様な風に総てがならなければ、この保存法の精神は十分に達することが出来ないのである」。また前述のように、表6－1の13でも、史蹟遺物保存思想の養成が、愛国心や公徳心、国民道徳の養成に結びつくという一般的意義を説明しているが、この段階では根拠が説明されておらず、曖昧な説明にとどまっていたといえる。

(90) なお黒板は、民族主義・社会主義などへの対応を論じた同時期の論説では、国史に見られる皇室を中心とした平等的民族主義を自覚すべきことを主張している（黒板勝美「我が日本と新民族主義」『新公論』三四巻二号、一九一九年二月、黒板勝美「日本歴史と現代思想」『東方時論』五年四月号、一九二〇年四月）。つまり黒板にとって、日本の民族主義を支える最重要の要素とは、やはり皇室を中心とした国史であった。だが、黒板の史蹟保存論や「文化的復現」論の重点が天皇・皇室に関係するものにのみ置かれていたわけではないことは、これまで論じてきた通りである。

(91) 前掲註76「史蹟名勝保存と都市政策」、黒板勝美「史蹟名勝保存の意義と厳島」（『史蹟名勝天然紀念物』五巻四～五号、一九二二年四～五月）、前掲註88。

(92) 前掲註88、九頁。

補論　黒板勝美の外遊経験と史蹟保存論　『西遊二年欧米文明記』を中心に

はじめに

第六章で論じたように、黒板勝美の史蹟保存論は、欧米各国の事例を数多く参照している。ここには、一九〇八(明治四一)年から一九一〇(明治四三)年まで約二年間に及んだ外遊経験が、大きな影響を与えていたことは明らかである。

だが、従来の研究において、この黒板の外遊経験を取り上げたものは少ない。たとえば、黒板の業績を回顧する記念出版物に寄せられた岩生成一「黒板先生の海外経験」(1)は、昭和初期の二度目の留学に関する記述が主で、この明治末の外遊についての記述は薄い。また、田中琢は黒板の史蹟保存論がヨーロッパで議論されていたことと共通していること、特にその内容がG・B・ブラウン *The Care of Ancient Monuments*(古代記念物の保護)に依拠していることを指摘しているが、黒板の外遊経験には触れられていない(2)。一方、博物館学の分野では、この外遊時の経験を含む黒板の博物館論が取り上げられつつあるが、その論点は博物館学的事項に限られる(3)。

そこでこの補論では、黒板の外遊経験の概要を紹介し、その内容を記した『西遊二年欧米文明記』をはじめとする各種旅行記の内容を整理しつつ、後の史蹟保存論と関わる記述を読み取っていくことで、この外遊経験が黒板の保存論に与えた影響を考察する。

第一節　外遊の概要

1　発端と目的

まず、黒板の履歴や旅行記中では明示されていないこの外遊の契機について明らかにしておきたい。当時の報道によれば、その発端は、親日家のフランス人カーンが、将来有望な人物を留学させたいとの望みで帝国大学に留学資金を寄贈したことにあり、これに選ばれたのが、黒板をはじめ法学博士高橋作衛、文学博士姉崎正治らであったという。(4) ここで挙げられているカーンとは、一八九八（明治三一）年に「世界周遊奨学金制度」を創設して世界各地の学者たちの外遊を支援していたフランス人実業家、アルベール・カーンであると考えられる。カーンは同制度によって一九〇六（明治三九）年、東京帝国大学にも外遊資金を寄付しており、一九一三（大正二）年には日本国内にカーン海外旅行財団が設立され、多くの学者たちを海外に送り出していくことになる。こうした事業は、世界の人々がお互いを理解することは平和の基礎になるというカーンの信念にもとづいていた。(5)

それゆえ、特定の研究事項にのみ関わらざるを得なかった通常の留学に比して、この黒板の留学は「半公半私の間にあり、其の研究に於ても亦半ば遊覧的にして、半ばは研究的に属」すというような「先人の未だ曽て試むる能はざりし自由の見学(6)」であると見られていた。黒板自身も帰国直後、「此漫遊の目的に就ては深き研究をするよりも広く視察するのが本旨」であり「只欧米各国の面白いことを見て帰つたと申す外ない」と述べている。(7)

ただ、黒板はこの外遊に際し、海外博物館の調査という目的を定めていたようで、これを出立前日に知った宮内大臣田中光顕のはからいにより、翌出立当日に宮内省嘱託として博物館調査研究の任を受けることになった。これにより黒板は、各国の博物館・図書館の利用に大きな便宜を得たという。(8)

2　行程

次に、外遊の行程を確認したい。(9) 一九〇八（明治四一）年二月二六日に日本を出立した黒板は、ハワイに寄航したのち、米国西岸に着き汽車で東岸まで横断する。次いで航路イギリスへ向かい、ロンドンを拠点として六〜七月にはフランス、ドイツ、オーストリア、スイス付近を、八月にはデンマーク、ドイツ、パリなどを巡遊している。冬には避寒のため南仏を経てイタリア各地を見物し、ローマで五週間を過ごし越年、一九〇九（明治四二）年六月からはギリシャ、トロイ、コンスタンティノープル、ブダペストなど東欧諸国・諸都市にも足を伸ばした。その後は避暑を兼ねて北欧へ向かい、そこからモスクワ、ドイツ、オランダ、ベルギーを通ってロンドンに戻っている。そして同年一二月、ロンドンを発して帰国の途につき、帰路エジプトの遺跡発掘状況を見学しつつ、一九一〇（明治四三）年二月頃帰国した。このように、文字通り東奔西走の外遊で、イベリア半島を除くヨーロッパ各地を訪れていた。

特に滞在期間が長いのはロンドンだが、その他大都市でも数週間滞在しているところがあり、特定の博物館や古文書館（バチカンなど）で長期にわたってその施設を学ぶこともあった。そのほか、万国平和主義者大会（ロンドン、一九〇八年七月下旬）、万国史学家大会（ベルリン、同年八月六日）、万国東洋学大会（コペンハーゲン、同年八月中旬）、万国エスペラント大会（ドレスデン）と、四つの国際会議に出席している。

3　訪れた場所

こうした旅行の過程では、各地の名所・景勝地、博物館・美術館めぐりにも相当な時間が割かれていた。表6－3は、旅行記の記述からうかがえる、黒板が実際に訪れたと思われる場所を列記したものである。エッフェル塔などの都市名所や図書館、古文書館などは除き、一定の記述が割かれている場所を中心に記載した。博物館・美術館は、滞在期間にかかわらずどこの国でも必ずといっていいほど訪問しているが、特にアメリカ、イギリス、フランス、ドイツ、イタリアなどは種類、記述ともに豊富である。また、こうした国の大都市では滞在期間も長くなる傾向にあり、その間に都市にあるさまざまな古建築・記念施設を訪れていることが多い。一方、景勝地に関する記述が多く割かれているのは、南仏の地中海沿岸、スイス、ドイツのライン川沿岸、北欧などであり、後半の滞在先であるイタリア、ギリシャ、エジプトなどでは発掘された古代遺跡を中心に見て回っていた。

表6－3　黒板勝美が外遊時に訪れたと思われる場所

	博物館・美術館	古建築・記念施設	景勝地	発掘遺跡
アメリカ	ハワイの博物館、シカゴ市立美術館、ボストン博物館、メトロポリタン美術館、ニューヨークの博物陳列館、フィラデルフィアの商業博物館	グラントの墓、ワシントン旧宅、フィラデルフィアの独立閣、ファネウル・ホール、バンカヒルの記念碑、レキシントン古戦場、文学者の旧宅・墓	ナイアガラ大瀑布・プロスペクト公園周辺	
イギリス	大英博物館、ロンドン国立絵画館、テート絵画館、ビクトリアアンドアルバート博物館、ロンドン塔、オックスフォード大学博物館、ケンブリッジ大学博物館、そのほか各種博物館多数	名誉の神廟（ウェストミンスター・アベー、セント・ポール寺）、議事堂とウェストミンスター・ホール、ハンプトン・コート、キュー植物園、ウィンゾア離宮、フログモアーの霊屋、グレーの墓	バーナムビーチ	
フランス	ルーヴル博物館、ルクサンブル博物館、クルニーの博物館、武器博物館、ギメー博物館、リヨンの織物博物館・動植物園・美術館、ロンシャム宮の美術館・博物館	ノートルダム寺院、パンテオン、ルクサンブル宮殿、ナポレオンの神廟、バスチール広場、モンマルトルの大墓地、ヴェルサイユ宮、大小ツリヤノン宮	地中海岸リヴェイヤの風景	ローマ時代の考古遺跡
スイス	チューリッヒの国立博物館、ベルンの歴史博物館		アルペン連山	
ドイツ	カイザー・フリードリッヒ博物館、国立絵画館、人種博物館、新古博物館、ホーヘンツォレルン宮殿、工芸博物館、遊就館、郵便博物館、ブランデンブルグ公園博物館、博物陳列館、農業博物館、鉱業博物館、植民地博物館、服装博物館、建築博物館、ドレスデンの絵画館、ライプチッヒの書籍商組合の博物館、ブレーメンの工芸博物館・商業博物館、ハンブルグの博物館・美術館、アルトナ市の博物館、ハーゲンベックの動物園、トリヤの博物館、ミュンヘンの博物館・美術館	レッシングの家、ゲーテの墓、ヘーゲルの墓、皇宮、大寺院（ドーム）、ティーアガルテンの記念像、ポツダム離宮、サンスーシー宮、ゲーテの訪れた料理屋、ブレーメンの古蹟・十五六世紀の家屋、ゲーテの旧宅、フランクフルト記念像と大寺院、ゲルマニヤの記念碑、ラインスタイン城、メッツ城、バイエルン婆さんの大銅像	バスタイの勝景、ライン河畔、ローレライの岩	トリヤの遺跡
ウィーン、オーストリア〔オーストリア＝ハンガリー〕	博物陳列館、帝国美術館、宮城内宝物室、美術学校の美術館、アルベルチーナ館、貴族私邸の博物館、工芸・人種・歴史博物館など	シェーンブルン宮		

ボヘミア、プラハ〔オーストリア＝ハンガリー〕		プラハの諸寺院、ワルレンスタインの旧邸、プラハの古王宮・別荘		
ハンガリー、ブダペスト〔オーストリア＝ハンガリー〕	国立博物館、工芸博物館、農業博物館、美術館			
オランダ	アムステルダム王立博物館、マウリッツ家美術館	ピョートル大帝の旧宅		
ベルギー	アントワープのプランタン博物館と王立美術館			
ノルウェー	スタヴァンガ港の小博物館、ツロンジェムの博物館、諾威国民博物館	スタヴァンガの寺院、ツロンジェムの寺院	フィヨルドの奇勝、レンフォース滝、北岬	
スウェーデン	スカンセン、ストックホルムの国立博物館、ノルディスカ博物館	ウプサラの大寺院、リンネ像	ザルチョバーデン	古ウプサラのスウェーデン王室祖先墳墓
デンマーク	コペンハーゲンの博物館、彫刻館			
フィンランド			イマトラの大急湍	
ロシア	エルミタージュ博物館、アレクサンドル二世博物館、歴史博物館、ルムヤンツエフ博物館、工芸博物館、工業博物館、ツレチャコフ美術館	ピョートル大帝の旧宅、ペテルパウル寺院、冬宮、クレムルの諸建築物（ナポレオン退却の場所、スパキーヤ門、ニコライ殿、巨鐘、諸寺院、アレクサンドル二世の銅像、大クレムル宮、大砲の帝王）		
イタリア	法王宮の博物館、ラテラーノ宮の古彫刻館・基督教博物館、キャピトリーノ博物館、ボルゲーゼ別邸の絵画館、ドーリヤ邸の絵画館、コロンナ邸の絵画館、テルメーの国立博物館、パパ・ジュリオの別荘、キルヘリヤノ博物館、ナポリの国立博物館、サン・マルチーノ寺院の博物館、ヴェネチアの造船所の博物館・美術学校の絵画館、ヴェネチア市立博物館、フィレンツェのウフィツィ邸・ピチ邸・美術学校の絵画館・国立博物館、ジェノバの白宮（博物館）、ミラノの博物館	サン・ピエトロ寺院、ヴァチカン殿、ローマ市の古寺旧邸（カステロ・アンヂェロ、ヴィラ・ファルネシヤなど）、ヴェネチア市街の名所、ピサの傾斜塔と大寺院、ピサのカンポサント、ミケランジェロ邸宅、サン・ロレンツォ寺院、サンタ・クロス寺院、ジェノバの赤宮・古王宮、コロンブスの家、ミラノの大寺院	チヴォーリとフラスカーチの景勝	カンパニヤ平原の古水道、古墳、ハドリヤヌス帝別荘の廃墟、ローマ市のフォールム、パラチーノ丘、カラカラの浴場、コロシウム、パンテオン、カタコムボ、ポンペイの廃墟

ギリシャ	アテネの博物館、コリントの小博物館、その他各遺跡付属の小博物館			アッチカ平原、アテネの古蹟、アテネのアクロポリスとパルテノン、ミケーネの獅子門、アルゴスのアクロポリス、チリンスのアクロポリスと城壁・王宮、オリンピヤの遺跡、コリントの古宮殿その他の遺跡、デルフォイ（アポロ神殿その他）
トルコ	スミルナ市の博物館、コンスタンチノープルの国立博物館	コンスタンチノープル（ガラタの高塔、アヤ・ソフィアなど）		スミルナの古城塁、トロヤの廃墟
エジプト	カイロの国立博物館			ギザの大金字塔・スフィンクス、ルクソル神殿、カルナック神殿、サッカラの遺蹟、テーベスの遺蹟（古帝王の陵墓、デル・エル・バハリ）、アビドスの遺跡、アスワンの遺跡

＊『西遊二年欧米文明記』に記されている博物館・美術館、古建築・記念施設、遺跡、景勝地のうち、一定の記述があるものを中心に表にした。
＊ジャンルの建て方、分け方、各対象の取捨選択は、作成者の判断によるものである。重複する対象もあるが、一方に入れてある。
＊各施設の名称表記は、作成者が適宜修正した。
＊都市名所（エッフェル塔、凱旋門など）、都市全体が名所的な場所などもあるが、表からは除いた。
＊古文書館、図書館は表から除いた。

第二節　旅行記の発表とその構成

さて、黒板は帰国直後からこの外遊経験を新聞・雑誌、講演などで発表していく。(10) こうした欧米旅行記をまとめたものが『西遊二年欧米文明記』で、一部記述が重複している箇所もある。

これら旅行記を構成する記述内容はさまざまだが、『西遊二年欧米文明記』を代表例として見てみると、訪れた国や地域ごとに、それぞれ次のようなパターンで記述される傾向が見て取れる。

①各国・各地域の国勢・国政・国民性、他国と比較した社会的特徴などを記述。

②都市の風物とともに、博物館、美術館、古建築・記念施設などを、その中の陳列品等とあわせて紹介。

③周囲の遺跡や景勝地などの遊覧について記述。

これに加えて、所々に社会問題に対する意見がはさまれることもある（日本人排斥問題、高等教育問題、賭博への嫌悪等）。また、食に対する関心が高かった黒板らしく、著名な料理屋の紹介、南仏料理の賞賛など、食文化に関する記述もしばしば見られる。他方で、一定の時間を割いていたであろう学術的な調査研究、学会・世界大会などへの参加については詳しい記述がない。旅行記としての性質上、過度に専門的な記述は避けられたものと思われる。同書の序文でも、その記述内容として「欧山米水の勝景」「大都小市の繁華」「二十世紀の文明」「欧米十数国民の性情と文化」「美術文芸」などを挙げ、従来のように物質面だけでなく精神面も欧米から学ぶべきことを主張している（小序一～三頁）。黒板の旅行記は専門的内容に偏するものではなく、カーンの外遊支援の意図にも通じる、欧米文明への包括的な関心にもとづき発表されたものだった。

ただ、こうした幅広い観察は、①の記述からもわかるように、基本的には国や地域別に記述される（表6－4）。その記述の一例を紹介したい。

英国に自由の思想が充ち満ちて居るのと同じく、独逸には国家的観念が人心を支配して居る、仏国には民権主義が盛んである、社会の組織も仏国は個人的で、英国は家族主義、独逸は国家的と思はるゝ点が多い、随つて英国の立憲政治は殆んど理想的で、仏国の共和政治は円満に発達しつゝあり、独逸の帝国政治は新進気鋭当るべからざるものがある。工芸品にしても独逸のものは学理的経済的であるのに、英国では実験を経た念入りの品が重

表6－4　国勢、国民性の表現

アメリカ	活力が横溢、労働・実業重視、排外性ない、アメリカ魂、平等、進取の精神（匹夫といえども一躍して大統領たるべしとの観念）
イギリス	保守的で信用を尊ぶ（料理屋の勘定の自己申告制）、自由の思想、立憲政治、伝統を重んじつつ改革も加える、社会の組織は家族主義的、質を重視、紳士
フランス	民権主義が盛ん、社会の組織は個人主義的、共和政治、芸術家、外観の美を重んずる、中央集権の国
ドイツ	国家的観念が人心を支配、社会の組織も国家的、帝国政治、農夫、地方分権、根気強さ・応用力・実用化の力あり、学理に走り経験を軽んずる傾向、国運は活発
オーストリア〔オーストリア＝ハンガリー〕	往時の勢力が回復するかは疑問。
プラハ〔オーストリア＝ハンガリー〕	人種・宗教・言語の軋轢あり。
ブダペスト〔オーストリア＝ハンガリー〕	活発に発展。マジャール人の国民的自覚の強さ、反ドイツの姿勢。
オランダ	質実
ベルギー	軽捷
北欧	親切、正直、平和事業・文芸の盛んさ。自治の精神に富む
ロシア	お人よし、親切、宗教心強い、疑問の国。
イタリア	観光客に依存して生活しているのは不快。

＊『西遊二年欧米文明記』より作成。

んぜられ、仏国の品は寧ろ外観の美を主とするやうである、英国は質に於て勝り、仏国は華に於て勝り、独逸は用に於て勝つて居る、もし英国を羅紗服とせば、仏国は絹服、独逸は綿服らしく思はるゝ、また仏国はシャムペーン酒の如く、英国はウィスキーの如く、独逸はビールの様である、そして英国人を紳士的典型とすれば、仏国人は芸術家らしく、独逸人は農夫らしいところがある。（二〇三頁）

ここには、欧米文明を一様のものとして捉えるのではなく、各国民の性情と文化の相違に着目しようとする黒板の姿勢がうかがえる。エスペラントを「世界語」ではなく「国際中立語」と理解していたことからもわかるように[11]、黒板は世界を、文化の異なる国民・民族が競争・並存する場と捉えていたのである。

そして黒板は、こうした国民性の基盤となる歴史・文化の独自性を自覚化し、かつ他者へ表象するツールとして、②③で記述されるような諸対象を捉えていたものと思われる。表6－3に挙げたように、これらの多くは一般的な旅行者が訪れる観光地であり、同時代の他の旅行記にも取り上げられていたが[12]、黒板の旅行記は従来のような印象的な感想にとどまらず、歴史・文化の社会的効用に着目し、これを日本でいかに活用するか考察を加えていく点に特徴がある。以下、この②③の記述に着目して、この外遊が黒板の史蹟保存論に与えた影響を読み取っていきたい。

第三節　史蹟保存論に与えた影響

1　博物館

博物館の調査研究を目的の一つとしていたこともあって、黒板の旅行記において博物館・美術館の記述が占める分量は多い。内部の展示品の紹介も詳細だが、特に博物館の陳列方法や理論的側面について言及した箇所には、のちの史蹟保存論に直接繋がる主張が見出せる。

黒板は、近年ヨーロッパの博物館が「革新時代」を迎えており、古い物をなるべく多く集めて見せるという旧来のあり方が改められつつあることを論じている[13]。たとえば、ドイツでは博物館の細分化が進み、陳列方法も発達していること、大英博物館が黒板の滞在中、急速に旧式陳列法から新式に変化していること、ルーヴル博物館が依然旧式のままであることなどを述べている（一五三〜一五四、二三四〜二三五、三二三〜三二四頁）。

特に黒板が感心しているのは、このような変化を通じて、博物館が「時代とその場所のアトモスフェヤ」、つまり過去の雰囲気を当時のままに感じさせるようになっている点である。その代表例が、スウェーデンのスカンセン、ノルウェーの国民博物館である。これらは、広大な敷地にその国各地の建築、動植物を移し、その地域の人を住まわせ生業に従事させるという趣向のもので、黒板はこれらに関して次のように述べている。

元来博物館の陳列法で第一に注意すべきことは、その陳列品の出来た時代とその場所のアトモスフェヤとが、成るべくその陳列品の上に現はれ、その陳列室の内に溢れるやうにせなければならぬ、観るものをして何となくその時代の人となり、その遺跡やその土地にあるやうな感を起さしめねばならぬ、たゞ古物を列べ、標本を陳ぬるだけで満足すべきものではない、若しこゝに一国の風俗を示し、習慣を示し、また美術工芸を示さんとならば、その如何なる服装をなし、如何なる家屋に住し、如何なる家業に勤労し、如何なる遊戯を楽みしかを、一目の下に分明ならしむるやうに、その陳列法を考へねばならぬ、これがビグドーの博物館となり、スカンセンとなつた理由である。（五一四頁）

スカンセンに移築された農家（『西遊二年欧米文明記』増補改訂版、文会堂書店、1913年。以下、本章所収の図版はいずれも同書掲載）

スカンセンに移築された寺院

スカンセンの陳列室

このように黒板は、一箇所でその国の歴史、文化・風俗、自然を体感させる博物館に大きな刺激を受けていた。そして「この種の博物館的大公園は、果して我が国に必要なる設備の一でないであらうか、また古建築の保存すべきもの必ずしも寺社に限るべきことであらうか、現今に於ける古社寺保存法は更に大に改革すべき余地がないであらうか」と、日本にもこれを設けることを望み、その好適地として奈良の春日公園（奈良公園か）を挙げている（五一七〜五二〇頁）。

そのほかイタリアでは、大寺邸宅を博物館・美術館として活用している例が多いことについて、「陳列品と建築との間に離るべからざる風気が充ち満ちて居る」「その場内に入つてその物に接する刹那に身は古代希臘羅馬の人となり、ルネッサンス時代の人となつたかのやうに感ずる」（五八五〜五八六頁）と、その時代の雰囲気が再現されていることに感嘆しており、イギリスのロンドン塔の博物館としての利用（一七六〜一七八頁）、ギリシャで各遺跡に小博物館が附属している様子（七一九〜七二〇頁）などを見て、やはり同様の感想を抱いている。[14]

この体験は、黒板がのちに展開していく保存論、特にその各論として位置づけられる博物館論に直接の影響を与えている。当時日本には東京・京都・奈良の三大帝室博物館があったが、いずれも古美術の陳列施設とみなされるものだった。これに対し黒板は、前述したように「文化的復現」を旨とした博物館の実現を目指し、各地に国立博物館を設置して史蹟遺物の調査・保存・展観の役割を担わせるべきことを主張していくのである。[15] そしてその中で、スカンセンなどの野外博物館は「史蹟遺物保存の一法として実行せられたもの」として紹介されることになった。[16] また、日光宝物館建設に携わった際も、ヨーロッパで体験したような、過去の風気を体感できる博物館を実現したと自負している。[17]

過去の史蹟を信仰・風教上の意図や古美術愛好的な眼で見るのみならず、広く過去の社会・文化の痕跡全般を保存し「文化的復現」を目指すという黒板の志向は、同様な意図の下に設けられた欧米の博物館を数多く実見したことに、その源泉の一つを見出すことができるだろう。

2　偉人記念施設

一方黒板は、偉人の邸宅や墓、記念碑、銅像、またそれらを含んだ記念施設などにも数多く訪れ、その役割に注目していた。一例として、歴代の国王、政治家、学者、文学者、芸術家、軍人ら、国家に貢献した偉人を祀ったウェストミンスター寺院及びセント・ポール大聖堂を訪れたときの感想を見てみたい。

この名誉の神廟に立つて一堂に会せる英雄偉人の墓を展した時ほど敬虔の念が生じたことは覚えぬ〔中略〕そして偉人その人が墓中より再び身を起して我々を呼ぶかのやう、いはゞ英雄偉人の神霊と交感しつゝあるが如き心地がするのである。（一二三頁）

このウェストミンスター、アベーとセント、ポール寺は実に英国史の縮写である心地がする、想ふに生前の功業に対して国家が報いる所以の道を尽し、国民をして感奮興起せしむるにこんな記念的建物が我が国にも必要ではあるまいか、東京の音羽に儒者捨場といふものがある、馬琴の墓もどこやらに移されて仕舞つた、近松門左衛門の墓も新井白石の墓もハヤもとの処にはない、此等の保存については世の有識者が一考せねばならぬことで、我々はたゞに靖国神社を以て満足すべからざることゝ思ふ。（一二四～一二五頁）

また、ゲーテの旧宅を訪れた際には、次のような感想を持っている。

余は欧洲を旅行してこんな大詩人文豪などの旧蹟が、到るところによく保存せられて居るのに感服せざるを得なかつた、ロンドンに於けるカーライルの家然り、ベルリンに於けるレッシングの寓居然り、シラーはワイマーに

ゲーテの旧宅

もあればライプチッヒにもある、モツァルトのは墺国ザルツブルヒに小博物館として保存せられて居る、そして中には幾らかの観覧料を徴収して番人の報酬に充てたり、絵葉書など記念として持ち帰らるゝやうになつて居る、我が国民は祖先崇拝の情に厚く、誌的情操に富んで居ると自負しながら、此等偉人の旧蹟を保存する熱心がまだ甚だ乏しいやうである、余の知るところにては僅かに伊勢松阪なる本居宣長翁の鈴の屋ぐらゐに過ぎぬ、墓所すらその所在を失つたものが多いのは痛嘆すべきである、近来偉人や学者の祭典など大分行はるゝやうになつたのは喜ばしいことであるが、我が国民たるもの更に偉人に対する所以の道を講ずべきであらう。（三七八～三七九頁）

このように、欧米における偉人顕彰施設の多さと、その国民に対する影響力の大きさを実感し、日本でも盛んにすべきことを論じるのである。

この点について後の保存論と比較してみると、帰国当初に書かれた論説「名勝と古蹟」は、旅行記と同様、偉人の邸宅保存を日本でも盛んにすべきことを主張している(18)。しかし、その後発表された体系的な史蹟保存論では、史蹟保存の「近代学術的意義」が重視される一方で、この主張は後景に退くこととなる。たとえば、再度の引用となるが「或は国民の信仰上より、或は国民の風教上より、英雄偉人の墳墓邸宅の如き史蹟を保存せんことを主張するものあり、然れども此等社会人心の上に感化を及ぼせる史蹟は、また同時に歴史美術の研究上、必要あり便宜を与ふるものにあらざるはなし(19)」といった見解や、奈良朝から徳川時代までに行われた仏寺社殿の修繕は「信仰追遠の心に出づるにあらざれば国民の風教上より注意を加へたるに過ぎず、偶々古美術愛好の余然りしものありといへども、また未だその間何等学術的意義を有するに至らざりしなり」[20]といった見解が示されていくのである。おそらく、一般の風潮に対し学者として意見する立場から、自身のオリジナルな主張である「学術的意義」のほうを強調する方向へ修正したのではないか。旅行記の段階での感想は、そのまま史蹟保存論に採用されたわけではなく、日本の状況と黒板の専門家としての立場などから考えあわせ、取捨選択された部分もあったと思われる。

3　景勝地

続いて、黒板が訪れたヨーロッパ各地の景勝地の記述を取り上げたい。特にスイスとノルウェーをヨーロッパの景勝地の代表的なものとして挙げているが、特徴的なのは、スイスの景勝について論じる際に、天然の美だけでなく人工の施設も加えてこそ観光地として完備されると論じるところである。

其景色の勝れた場所ごとに必ず立派な旅館が甍を連ねて居る、ケーブルカーがあつて見上ぐるやうな山腹の上に通じて居る、其の湖水の周囲、其の山谷の間を、或は一直線に、或は紆廻しつゝ、深谿を俯瞰し、大瀑布を瞻仰し、一峰又た一水、殆んど送迎に遑なくして瑞西廻りが出来るのである。〔中略〕しかもその交通の機関が実に至れり尽せりで、汽車が行くべき所は汽車、水を見るべき所は舟、然らざる所は軽便鉄道と云ふ風に、それからそれと皆な心地よく連絡がついて居る（二九一～二九三頁）

瑞西の人ほど旅客の取扱が上手な国民はないといふのも定論である、心持よく待遇する点に於て彼等は独特の手腕を有する、知らずゝゝゝ旅客は財布を空虚にして少しも遺憾としない〔中略〕天然の美に加ふるに人工の最を以てし、且つこの独特の待遇を以て四方の客を待つ、世界の公園として辜負するところがないと称せらるゝも当

然の事である、余は我国の名勝地が瑞西を師とすべきものまた必ず多いであらうと信ずる。（二九八〜二九九頁）

しかし、この感想はのちの保存論への結びつきは薄い。「名勝と古蹟」の段階では、同様に近代的設備を加えるべきだと主張しているが、以後そうした記述は見られず、場合によっては逆に、登山鉄道のような設備を、保存の観点から、また国民の元気を奪うという観点から批判していくことになる。(21) この例からも、旅行記の際の経験的・印象的な感想が直接保存論につながったわけではなく、取捨選択されていることが見て取れる。

4 遺跡発掘地

黒板は外遊中、イタリア、ギリシャ、トルコ、エジプトなど、地中海沿岸のさまざまな遺跡発掘地に足を運んでいる。そしてここでも、のちの保存論に結びつく感想を抱くこととなった。

黒板はイタリアの遺跡等について論じる際、かつての発掘では、古ローマの遺跡の例に見られるように、「好事家の濫掘」「骨董癖」的な発掘で荒らされたが、現在は新たな発掘方法で行われていること、すなわち、ポンペイの遺跡に見られるように、遺跡の全体像を明らかにして過去の社会状態の再現を目指していることに、関心を示している。(22)

ポムペイの発掘の目的はポムペイそのものを研究せんがためである、発見されたる古物の価値は美術的に歴史的にこれを認むべしとするも、ポムペイそのものに比すればこれを第二に置かなければならぬ、我々は羅馬当時の社会情態を知らんがために、過去のポムペイを復活するを究竟の目的とせなければならぬ、如何につまらぬ陋屋でも、如何に立派な壁画でもこの意義から見れば皆同一の価値を有し、その間に軽重を附すべきものではない、従来くだらぬものとして捨てゝ顧みざりしモザイックありとせよ、これを拾集して、その時代のものに復活するところに考古学の生命があるとは、実にフィオレリー氏の主張であった（六二〇〜六二一頁）

ちなみにポンペイの遺跡は、当時すでに観光客向けに開放されており、案内用の小冊子が配布され、遺跡の各所には説明版も立っていた。黒板はこれらを頼りに、発掘されたポンペイ遺跡の観光を楽しんでいる。また、帰国直前に立ち寄ったエジプトにおいても、考古学的な発掘が過去の状態を再現する力を確認した。なお、黒板は別稿で、ポンペイのように当時の社会風俗がそのままの形で残されている日本の事例として、奈良の正倉院を挙げている(23)。

こうした発掘遺跡の実見は、黒板の保存論にも少なからず影響を与えたことだろう。「文化的復現」を訴える黒板の脳裏には、ポンペイやエジプトの遺跡の光景があったと思われる。そして、それが来訪者に与える感化力を、日本でも活用しようとしたのである。

ポンペイの発掘

発掘されたポンペイ市街

おわりに

以上検討してきたように、一九〇八(明治四一)年から一九一〇(明治四三)年にかけて行われた黒板勝美の外遊は、アルベール・カーン提供の留学資金にもとづいて世界各国を巡遊する「自由の見学」であった。そのため、各地で国民性や文化・社会風俗の相違に着目しながら、数多くの博物館・美術館、古建築・記念施設、遺跡、景勝地などを歴訪することになったのだが、黒板はこれを享受するばかりでなく、こうした欧米各国民の文化・自然環境の表象ツールをいかに日本で活用すべきかについても考えをめぐらせたと思われる。特に博物館や遺跡発掘地での経験は、学術資料として史蹟を〈保存〉するとともに、過去の文化を〈復現〉し、ひいては人々に感化を与えることを重視する黒板の保存論に、大きな影響を与えたのである。

ただし、専門家としての立場から保存論を体系的に論じていく際には、旅行記の際の印象的な感想・意見に取捨選択が加えられている。旅行記の段階では偉人の邸宅や顕彰施設の保存について感動を表明しているが、のちには強調されなくなっているのがそれである。

ともあれ、こうした外遊経験を下地に発表された黒板の史蹟保存論は画期的なものとして受け止められ、のちの史蹟保存行政にも大きな影響を与えていくことになる。

註

(1) 黒板博士記念会編『古文化の保存と研究——黒板博士の業績を中心として』(出版者記載なし、一九五三年)所収。
(2) 田中琢「遺跡遺物に関する保護原則の確立過程」(小林行雄博士古稀記念論文集刊行委員会編『考古学論考』平凡社、一九八二年)。
(3) 青木豊「黒板勝美博士の博物館思想」(『國學院大學博物館学紀要』三二号、二〇〇八年三月)、落合知子『野外博物館の研究』(雄山閣、二〇〇九年)第一章第二節。
(4) 「黒板博士の渡欧」(『歴史地理』一一巻三号、一九〇八年三月)。
(5) 渋沢史料館『渋沢栄一とアルベール・カーン——日仏実業家交流の軌跡』(財団法人渋沢栄一記念財団渋沢史料館、二〇一〇年)七二〜七五頁。
(6) 前掲註4、七七〜七八頁。
(7) 黒板勝美「欧米漫遊談(上)」(『東京経済雑誌』一五三三号、一九一〇年三月)七頁。
(8) 同右「学芸の守護者」(熊沢一衛『青山余影——田中光顕伯小伝』青山書院、一九二四年)七〇七〜七〇八頁。
(9) 同右『西遊二年欧米文明記』(文会堂書店、一九一一年)。ただし、ゆまに書房による復刻(『明治欧米見聞録集成』三四〜三五巻、一九八九年）を利用し、頁数は原本のものを示した。以下、同書からの引用の場合は註を挿まず、本文中に頁数を記すこととする。

(10) 特に史蹟保存に関わるものは多く、表6-1右列「外遊関係」にチェックを入れたものがいずれも外遊経験に関する文章である。史蹟と直接の関わりがないものとしては、新聞に各国の国民性が現れることを論じた「欧米の輿論と新聞紙（上）（下）」（『読売新聞』一九一〇年三月九～一〇日付各五面）、スイスとノルウェーの風景を紹介・称賛した「山は瑞西、海は諾威」（『日本及日本人』五三九号、一九一〇年八月）、冬のノルウェーの気候・観光・生活風俗などを紹介した「冬の諾威」（『文章世界』六巻三号、一九一一年二月）などがある。

(11) 黒板勝美「エスペラントに対する感想」（『改造』一九二二年八月）。黒板はエスペランティストとして知られるが、エスペラントの意義を、各民族が自らの言語を尊重し、公平な国際関係を築き得るところに見出していた。

(12) 『明治欧米見聞録集成』二二～三三、三六巻（ゆまに書房、一九八七～八九年）。

(13) 黒板勝美「南欧巡遊談（一）」（『都新聞』一九一〇年四月二一日付一面）。

(14) 他の例として、チューリヒの国立博物館（二九八頁）、ドイツの工芸博物館（三三四頁）などがある。

(15) 黒板勝美「博物館に就て（二）」（『東京朝日新聞』一九一二年八月二六日付六面）、同「国立博物館について」（『新公論』三三巻五号、一九一八年五月）。

(16) 同右「博物館に就て（六）」（『東京朝日新聞』一九一二年八月三〇日付六面）。

(17) 同右「東照宮宝物陳列館に就て」（『神社協会雑誌』一三年五号、一九一四年五月）。

(18) 同右「名勝と古蹟」（『日本及日本人』五三五号、一九一〇年六月）三～四頁。

(19) 同右「史蹟遺物保存に関する意見書」（『史学雑誌』二三編五号、一九一二年五月）八八頁。

(20) 同右、一〇二～一〇三頁。

(21) 黒板勝美「郷土保存について」（『歴史地理』二一巻一号、一九一三年一月）。

(22) 同右「羅馬の発掘事業（南欧、二）」（『都新聞』一九一〇年四月二二日付一面）。

(23) 同右「ナポリと孟買（南欧巡遊談の五）」（同右一九一〇年四月二七日付一面）。

第七章　三上参次の史蹟保存論

はじめに

本章では、黒板勝美と並んで史蹟保存事業に深く関与した歴史学者である三上参次の活動と史蹟保存論を取り上げる。

三上は、明治後期から大正期にかけて東京帝国大学で国史学を教授するとともに、史料編纂掛の支柱として活躍し、昭和戦前期は明治天皇紀編修に従事した、国史学界の重鎮として知られている。

しかし、従来の史学史では、三上個人の活動や歴史観について取り上げた研究は必ずしも多くなかった。その理由の一つに、三上がいわゆる官学アカデミズムの担い手の一人と見なされたことが挙げられるだろう。昭和戦後期の歴史学界において、東京帝国大学と史料編纂掛（史料編纂所）における実証主義的な史学は、その無思想性を批判的に評価される傾向があった(1)。そのうえ三上は、単著が少なく、特徴的な歴史観・歴史像を提示したわけでもなかったから、各時代の新しい史学の潮流を示すと見なされる歴史家（田口卯吉、津田左右吉、西田直二郎、野呂栄太郎など）に比べて、目が向けられることが少なかったのである。

だが実際には、三上が国史学界の代表者として果たした役割は多方面に及んでいる。東京帝国大学での教授と史料編纂、明治天皇紀編修に加え、宮中行事への関与や進講、歴史系学術団体の運営、行政上の審議会・諮問機関などに関与し、新聞や一般誌でも多くの啓蒙的論説を発表していた。学説史としての史学史上は特記すべき研究業績がないように見えても、当時の社会的影響力、アカデミックな世界の外部との接点は、むしろ相当に大きかったものと思われる。近年では、堀口修が『近現代日本人物史料情報辞典』4の「三上参次」の項目で基本情報を整理し、高橋勝浩が昭和天皇への進講に関する史料翻刻と解説を発表するなど、三上の多方面での仕事を再認識する試みがなされつつある。(2)

ただ、そうした三上の政治・社会活動の一つであった史跡保存事業については、三上逝去時に発表された回想のほかには、拙稿が簡単に取り上げているに過ぎない。(3) アカデミズムと史跡保存事業の関わりを考える本書の課題に即して、改めてその活動と史跡保存論の全体像を明らかにする必要があると思われる。

そこで本章では、三上の史跡保存事業への関わりを三期に分けて概観した上で、その過程で発表された史跡保存論の内容を整理・考察し、保存論の背景となった歴史観についても検討する。以上を通じて、三上の史跡保存事業への関与の実態を明らかにするとともに、その史跡保存論が由緒的価値〈顕彰〉論の典型的特徴を備えていたこと、そしてそれが、アカデミックな領域とその外部の歴史意識の狭間に立つ三上が選択した、一つの自覚的立場にもとづくものだったことを指摘したい。

第一節　史跡保存事業との関わり

まず、三上の史跡保存事業との関わりを、史跡関連著作・講演記録一覧表（表7-1）を適宜参照しつつ、三期に区分して考察していく。(4)

第一期は、東京帝国大学文科大学国史科および史料編纂掛で学者としてのキャリアを歩み始めた一八九〇年代である。特に一八九〇年代後半以降、史料調査のために各地の史跡名勝や社寺を訪れることになるが、その際に宝物や建造物等の保存状況の実態を見聞し、しばしば保存に関する注意を与えていたという。(5)

表7－1　三上参次の史蹟関係著作・講演記録

番号	年月	記事名	書名・誌名・新聞名	内　容
1	1899年10月	「歴史的物品及場所の保存に就て市人に注意を望む」	『東京教育雑誌』123号	東京府教育会での講演記録。歴史的物品・場所に対する世間と政府の無関心を批判し、地方の人の手による保存を訴え、特に東京府に例をとって説明。
2	1899年12月	「東京市内の史蹟及び史的物件の保存に就て」	『歴史地理』1巻3号	東京府教育会での講演の一部をまとめたもの。東京市に関係ある恩人、史的人物の墳墓、史的建造物を紹介。これを保存すべきことを主張。
3	1907年　3月	「辻談議に対する弁駁」	『読売新聞』1907年3月17日付	1907年3月10日に『読売新聞』紙上に掲載された、本居宣長旧宅保存に関する三上の方針への批判に答えたもの。旧宅移転が止むを得ないこと、保存の方針などを論じる。
4	1907年10月	「栗山先生に就て」	香川県教育会編『栗山先生の面影』六盟館	1906年8月25日の栗山先生百年祭での講演記録。日本の偉人としての柴野栗山の業績を説明。
5	1911年　9月	「一里塚史」	『読売新聞』1911年9月27日付	一里塚設置の歴史を紹介、保存の必要を主張。
6	1911年11月	「演説談話」	史蹟名勝天然紀念物保存協会編『史蹟名勝天然紀念物保存協会第一回報告』史蹟名勝天然紀念物保存協会	1910年12月7日、史蹟史樹保存茶話会での演説談話集。三上は日本と海外の史蹟保存の具体的事例を紹介しつつ、あわせて史蹟保存の意義・注意点等を説明。
7	1914年11月	「史蹟保存に関する注意」	史蹟名勝天然紀念物保存協会編『史蹟名勝天然紀念物保存協会第二回報告』史蹟名勝天然紀念物保存協会	史蹟名勝天然紀念物保存協会第1回講演会の講演記録。かつての破壊の風潮と近年の保存流行の原因を説明し、関ヶ原付近を中心に史蹟保存の具体例を紹介、会の趣意を説明。
8	1917年　1月	「史蹟保存と愛知県」	史蹟名勝天然紀念物保存協会編『史蹟名勝天然紀念物保存協会第五回報告』史蹟名勝天然紀念物保存協会	史蹟名勝天然紀念物保存協会第4回講演会の講演記録。かつての破壊の風潮と近年の保存流行の理由を説明し、愛知県の史蹟の具体例と保存状況を紹介、保存方法の注意・保存の意義を説明。
9	1918年10月	「史蹟保存に就て」	『史蹟名勝天然紀念物』2巻10号	史蹟名勝天然紀念物保存協会第8回講演会の講演記録。史蹟保存が盛んな理由を述べ、各地の保存会の活動を紹介、そのさいの問題点・注意点を説明。
10	1921年　9月	「欧州における史蹟保存の状況――文豪沙翁夫妻の住宅並に墳墓を訪ふ」	『史蹟名勝天然紀念物』4巻9号	三上が公務による欧州滞在中に訪れたシェイクスピアの住居・墳墓等の紹介と感想。
11	1922年　1月	「独逸両文豪の遺蹟を訪ひて」	『史蹟名勝天然紀念物』5巻1号	シラーおよびゲーテの旧宅等の紹介と感想。

＊　三上参次の史蹟に関する著作および講演・講話記録を表にまとめた。
＊　6の「演説談話」は三上以外の人物の演説談話も収められている。

大塚先儒墓所（2014年撮影）

そしてこうした経験を踏まえ、一八九九（明治三二）年九月には東京府教育会での講演で、「歴史的物品及場所の保存」について訴えた[6]（表7－1の1）。三上自身が後年、「今に至るまで、史跡名勝保存会（史蹟名勝天然紀念物調査会）の会長なんという面倒なことをやっているのは、こんなことが禍をなしているのだと思っている」[7]と回顧しているように、これが史蹟保存事業と関わり始める最初の契機となった。なお、この講演の一部は、史蹟保存論が誌面を賑わしていた『歴史地理』にも「東京市内の史蹟及び史的物件の保存に就て」の題で掲載され（表7－1の2）、後に関係者間に広く読まれたようである[8]。要するに、第一期は、三上が史蹟等の保存について自身の意見を形成し、発信し始めた時期である。

第二期は一九〇〇年代から大正期にかけて、各地の史蹟保存事業に積極的に関与し、意見を発表した段階である。その最初の事例が、第三章で取り上げた帝国古蹟取調会の支援であった。三上は発会前の調整段階から意見を与え、発会後は学事顧問、のち調査委員に就任している。

同会の活動は振るわなかったものの、三上はこの頃から東京市内の史蹟保存事業に関与するようになっていく。まず一九〇一（明治三四）年、東京帝国大学の教授たちを中心に大塚先儒墓所保存会が計画されると、三上はこれに参加し、一九一六（大正五）年に祭典を執行して解散するまで、幹事として土地買収交渉に従事し事務を監督した。[9]次いで一九〇五（明治三八）年には、大蔵次官阪谷芳郎の依頼で大蔵省内の平将門墳墓と称されるものの調査を引き受け、[10]一九〇六（明治三九）年には滝沢馬琴墓の移転問題について尾崎行雄市長に真偽を問い質している。[11]西ヶ原一里塚の二本榎が伐られようとした際にも、尾崎市長に保存意見を述べ、その後も阪谷芳郎市長、渋沢栄一らとともにその保存に尽力

西ヶ原一里塚（2014年撮影）

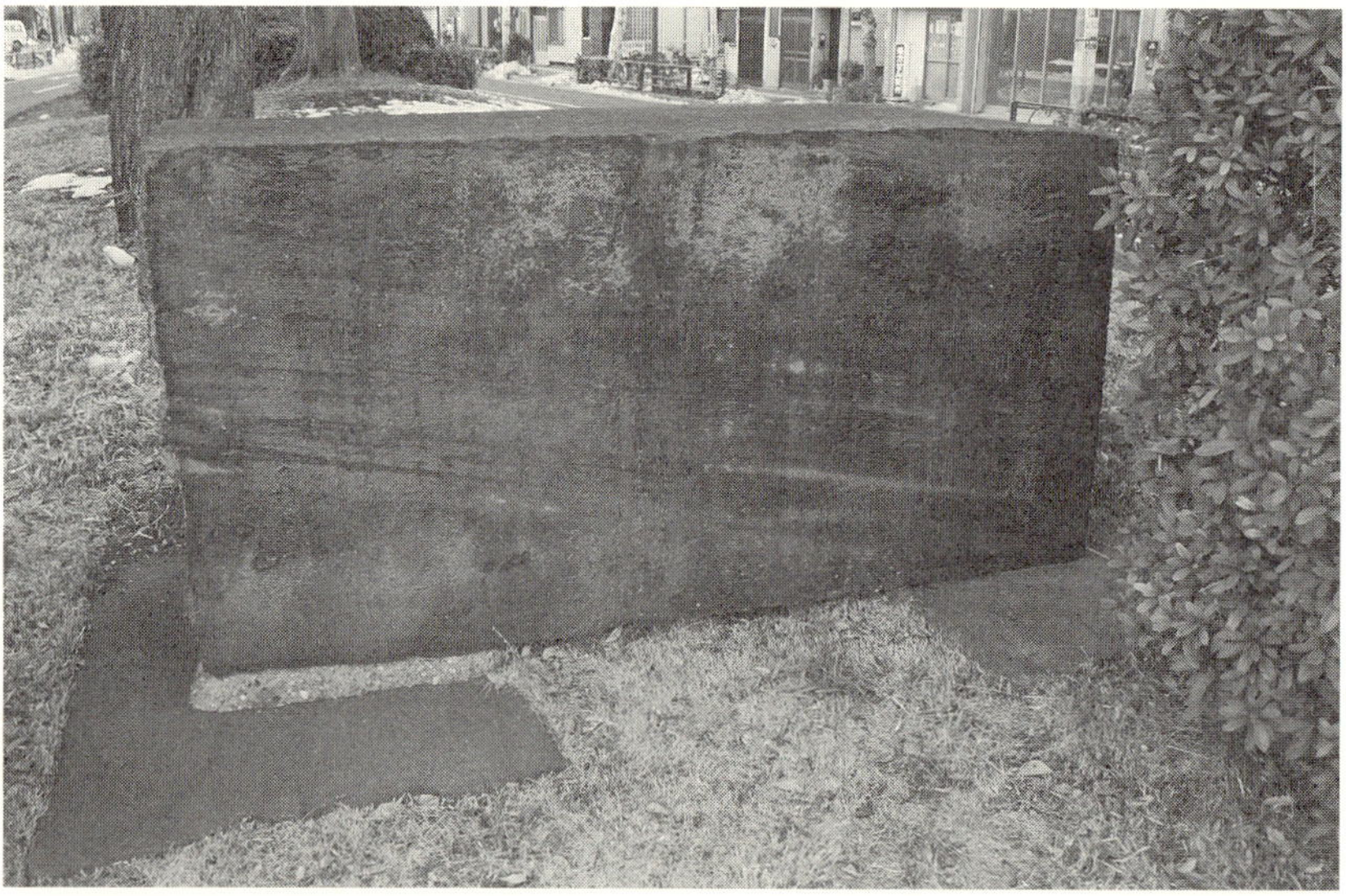

三上参次撰文「二本榎保存之碑」（2014年撮影）

する。その結果一九一六年には、三上撰文の記念碑が建立されるにいたった(12)。そのほか、東京市の公園常設委員会委員として史蹟保存事業や一般公園事業に関与するなど、東京市との関係はとりわけ深いものがあった(13)。

さらにその活動は、各地で活発化していた史蹟保存団体の支援にも向かう。一九〇六年には柴野栗山顕彰会の事業に関係し、一九〇七（明治四〇）年には本居宣長旧宅保存を支援している(14)。府県で史蹟名勝保存行政が開始される一九一〇年代には、愛知県の史蹟保存行政の顧問を務めた(15)。

また一方では、内務省と報徳会による白河楽翁（松平定信）顕彰事業に協力するなど、内務省との関わりも早くから有していた(16)。こうした多方面での活動と人脈があったからこそ、一九一一（明治四四）年の帝国議会における「史蹟及天然記念物保存ニ関スル建議案」提出に際して助言を求められる立場にあったのだろう。

史蹟名勝天然紀念物保存協会にも発会前から茶話会や諸調査に参加し、発会後は常務委員として会務運営に取り組んだ(17)。そして、同会やその前身の茶話会での講演を通じて、史蹟保存に関する意見を表明していく（表7-1の6～9）。このように、史蹟名勝天然紀念物保存事業の潮流の中で、第一期に

移築後の本居宣長旧宅（『本居翁遺跡絵はかき』伊勢松坂鈴屋遺跡保存会、1924年4月）

抱いていた史蹟保存に関する主張が実践に移され、またその実践をもとに具体的意見を発表していったのである。

第三期は、一九二〇年代から没年までで、三上が実務的活動や発言よりも組織の統括者としての役割を担った時期である。三上は一九一九（大正八）年に史料編纂掛の兼官を退き、一九二六（大正一五）年に東京帝国大学教授を退官するが、その後も明治天皇紀編修を中心にさまざまな行政機関の役職を務め、多方面で活躍している。その一つに、保存事業関係の役職があった。

まず、一九二〇（大正九）年以降、史蹟名勝天然紀念物保存法にもとづく保存行政が開始されると、その諮問機関である史蹟名勝天然紀念物調査会委員に就任、同会廃止後は嘱託として史蹟保存行政に携わり、一九三六（昭和一一）年に調査会が官制で再設置されると会長に就任した。また、明治天皇聖蹟保存会に事実上の顧問として関与し、一九三六年には御歴代天皇聖蹟調査委員会会長、一九三八（昭和一三）年には神武天皇聖蹟調査委員会会長として聖蹟調査に従事した。行政との結びつきを深めた昭和期史蹟名勝天然紀念物保存協会（第八章参照）の副会長にも就任しており[18]、会長（当初は内務大臣、史蹟名勝天然紀念物保存行政の文部省移管後は文部大臣）の代理をこなすこともしばしばあった。

この頃の三上は、保存協会副会長としての発言が記録されているほかは、史蹟保存に関する独自の論説をほとんど発表していない。第一期が意見形成と問題提起の段階、第二期が個別的支援と啓蒙の段階だったとすれば、第三期は、保存事業が行政的な軌道に乗り、三上は公的組織を通じてこれを統括する立場に移ったといえよう。

第二節　史蹟保存論

続いて、三上参次の史蹟保存論を表7−1に挙げた諸論説から検討していきたい。一覧してわかる通り、同時期に黒板勝美が発表した史蹟保存論と比較すると、必ずしも多くの論説を残しているわけではない。また、黒板のように体系的・理論的に議論を展開したものではなく、実体験にもとづく具体的事例を挙げながら注意点を述べていくといったものが中心である。しかしながら、その主張からは、おおむね一貫した史蹟に対する価値認識をうかがうことができる。以下、どのような対象を保存すべきと論じたか、保存の意義や保存対象の価値をどう説明したか、いかなる方法で保存すべきと論じたかの三点に分けて、三上の史蹟保存論を整理していく。

1　保存対象

三上の議論における保存すべき史蹟がいかなるものだったかを把握するため、表7－1の保存論で史蹟として言及されているものを表7－2にまとめた。その特徴としてまず明らかなのは、歴史上の人物の旧宅・墳墓その他の由緒地や、史書に記された出来事に関係した史蹟が多いことである。たとえば表7－1の8「史蹟保存と愛知県」では、日本歴史上に一時に人物が出た時期として、天孫降臨の時、源頼朝の時、元亀天正の時、王政維新の時を挙げ、元亀天正の頃多くの群雄を輩出した事が「愛知県が、特に史蹟の多いといふ大原因である」と論じている。[19] そうした視線から三上が注目していった史蹟が、表7－2の8に挙げたものである。ここには、三上が史蹟を歴史上の人物・事件に関係するものと理解していることが、端的に示されている。

また、表7－1の9の次のような記述にも注目できる。

名勝とか旧跡とかいふものには種々の理由から名勝と言はれ旧跡と言はれるものがあるのであります。昔から名所の名高くなつた原因は景色の好いこと即ち其辺に樹木があるとか、山川の様子が宜いとか、要するに風景の点が一つ、それから歴史に関係のあること、即ち、戦争があつたとか、有名な人が住んで居つたとか、其外何等か人物事件に関係あることこれが二つ、それから詰らぬ場所ではありますけれども、それが文学上の由緒の地になつて居るといふこと、これが第三、其他にも尚色々ありまするが、まづ此三つが大きな原因であります。[20]

このように、「名勝」「旧跡」の対象として、風景のよい所、歴史上の人物・事件に関係した場所、文学上の由緒地として有名な場所、の三点を挙げている。こうした三上の立場は、過去の人類活動の痕跡全般を史蹟と見なす黒板勝美の立場と、大きく異なるものであった。

2　保存の意義1――風教（人心教化・国民性涵養）

歴史上の人物・事件に関係する対象を史蹟と見なす姿勢は、三上が史蹟保存の意義を風教という点に置いていたこととも関連している。つまり三上は、史蹟保存は古人の徳に報い祖先を崇敬する意味から必要であり、それにより人心が感化され国民性涵養に資するという、典型的な〈顕彰〉の論理を主張したのである。

たとえば表7－1の2「東京市内の史蹟及び史的物件の保存に就て」は、東京市民は東京市の発展に関係ある恩人たちに感謝し、その遺跡保存に注意すべきだという議論の流れで史蹟保存が提唱されている。(21)すなわち、東京では「古来東京市に関係ある恩人」であるところの太田道灌、徳川家康・家光・綱吉・吉宗ら徳川家の廟所、明暦大火後に江戸を再建した松平信綱の墓、玉川上水を引いた玉川徳右衛門（清右衛門の誤りか）等の碑、米穀を江戸に輸送する海運を開いた河村瑞賢の居宅などに対して「恩を忘れ功を没する」態度をとっている、と批判するのである。(22)「史的人物の墳墓」についてもあまり関心が示されていないことを歎いており、「上野、芝の徳川氏の廟所」も「建造の美、彫刻の精」に価値があるのみならず、「東京市と其由緒の深きを考ふるときは特に市人には感謝し誠意を以て之を保存すべき義務あるを思はしむ」と述べている。(23)

表7－2の凡例

＊　表7－1の著作・講演講話記録から、三上参次が史蹟と判断していると思われる対象を抜き出した。2では「史蹟及び史的物件」と分けられ、その土地に建造物として残っているものを史的物件としているが、3以降の分類からするといずれも史蹟とされる対象なので、両方を表に載せた。それ以外の美術品、宝物などは、三上が史蹟と判断していないと思われるものは表から除いた。
＊　具体的な史蹟名が挙げられていなくとも、歴史的人物の史蹟への注意が示唆されている場合があるが、この場合は人名を〈　〉に入れて表に載せた。
＊　抽象的な表現のものは除いた。
＊　〔　〕内は筆者が書き換え、あるいは補足したものだが、出来る限り史料の表現を用いた。

表7－2　三上参次の保存論で扱われた史蹟

1	四条畷の神社、千早の城趾、仁徳天皇の浪速の高津の御宮趾、高台寺、千代田城、太田道灌の墓〔および〕紀念碑、〈松平伊豆守信綱〉、〔玉川上水を作った〕清右衛門荘右衛門〔の碑〕、〔江戸に米を供給した〕河村瑞賢〔の墓と屋敷〕、物徂徠〔の住んでいた場所、墓〕、其角〔の住んでいた場所〕、ヤヨス〔の住んでいた所〕、三宅観瀾先生墓、儒者捨場、泉岳寺の四十七士の墓、加茂真淵の墓、沢庵和尚の墓、服部南郭の墓、〔林道春・太宰春台・木下順庵・山鹿素行・新井白石などの墳墓〕、〔青木昆陽の墓〕、評定所、江戸の町奉行〔所〕、老中の役宅、赤門、見附、旧の大名の門、芝の増上寺と上野の寛永寺、〔楠木〕正成の湊川神社、〔新田〕義貞の藤島神社、〔新田〕義貞の旗を挙げた生品神社
2	武蔵防弁慶が勧進帳を読みた安宅の関、日蓮上人が路傍に建てたりといふ題目石、龍口山〔高島宮遺趾との説あり〕、児島湾、源平史に有名なる藤戸の渡し、〈太田道灌〉、上野及び芝の両所にある徳川氏の廟所、〔松平〕信綱の墓、玉川徳右衛門等〔の碑〕、河村瑞賢〔の紀念物・居宅〕、徂徠〔の居宅〕、賀茂真淵〔の居宅〕、耶楊子の住地、案針町〔東西両洋史の連鎖を為しし人の古蹟〕、儒者捨場〔大塚の室鳩巣・柴野栗山・尾藤二洲・古賀精里・岡田寒泉等の墓地〕、新井白石之墓所、木下順庵の墓、三宅観瀾〔の墓〕、栗山潜鋒の墓、〔林羅山・鵞鋒・鳳岡等の墓地〕、青木昆陽の墓、昔の評定所、老中の役宅、南北町奉行の役宅、見付の石壁、〔大学の〕赤門、〔上野、芝の〕徳川氏の廟所
3	鈴の屋、物徂徠の茅場町の蘐園塾、伊藤仁斎の堀川塾、頼山陽の山紫水明処、馬琴翁の墳墓、「シエキスピヤー」の家、「ペートル」大帝〔のロンドン滞在中の〕住居、正倉院
4	儒者捨場、故本居宣長先生の遺跡、栗山堂
5	西ヶ原の一里塚
6	御陵墓、馬琴の墓、〔ピョートル大帝のロンドン滞在中の家〕、〔学者コレリッジの住家〕、〔シェイクスピアの家〕、〔柴野栗山の書籍を供えた〕栗山堂、本居宣長の鈴屋、藤樹書院、石川丈山の詩仙堂、太田道灌の記念物、上野の霊屋、増上寺の霊屋、〔玉川清右衛門、荘右衛門の〕玉川の碑、〔河村瑞賢の〕瑞賢屋敷、物徂徠の住居の趾〔蘐園塾〕、ゲーテ〔の住居〕、儒者捨場〔寛政の三博士や室鳩巣先生の墳墓などが一所に集まる〕
7	関ヶ原〔特に徳川家康の首実験の場所、石田三成・大谷吉隆・小早川秀秋などの陣地の石標〕、不破ノ関、〔関守の子孫宅の庭前の歌碑〕、関の藤川、天武天皇の御行在所の跡、〔金華山の斎藤氏・信長の遺跡〕、名古屋の天守閣、〔樫原彦右衛門の碑〕、〔安土の信長の遺蹟〕、〔清洲城趾〕、養老の瀧、〔シェイクスピアの遺蹟〕、ゲーテやシルレルの生れた所、竹中半兵衛の後裔の家、〔国分寺跡の礎石〕、鈴ノ屋、新井白石先生の墓、儒者捨場〔寛政の三博士や室鳩巣先生の墓などが集まる〕、木下順庵の墓、木門十哲の一人の墓、板碑、〔西ヶ原の一里塚と二本榎〕
8	姫路城の西丸、〔モンス、ルーベンの寺院〕、〔興福寺の〕五重の塔、〔織田信長・徳川家康・豊臣秀吉・前田利家・加藤清正・福島正則・山内一豊その他英雄豪傑の由緒ある史蹟〕、〔王政維新の人物の史蹟〕、熱田神社、〔文学上に名高い矢矧川、鳴海潟、愛知潟、三河の八ツ橋〕、古戦場〔長篠、長久手、桶狭間〕、〈細井平洲〉、伊藤圭介〔の生誕地〕、〈石川丈山〉、〈横井也有〉、〈鈴木春山〉、加藤藤四郎〔の〕陶碑、中村公園、真福寺、東照宮の産湯の井戸、渡辺崋山先生の墓、加藤清正の屋敷趾〔と〕秦鼎といふ人の石碑、〔渡辺渡の妻なる袈裟御前が遠藤盛遠に殺されたと伝えられる古蹟〕、〔中国筋のある古い寺の塔〕、金華山の織田信長の遺蹟、〔樫原彦右衛門の碑〕、鈴廼屋、儒者捨場、木下順庵先生の墓〔と〕石燈籠、清洲の城趾、義元塚、〔高野山上の朝鮮征伐の際の石碑〕
9	吉野の保勝会、関ケ原、〔信長の起こった〕尾張の清洲、〔豊太閤の生れた〕尾張の中村の公園、江州の安土〔の総見寺と名勝旧蹟〕、〔徳川家康の誕生地である〕岡崎の名所旧跡、肥前の名護屋〔城址とその付近〕、浮間ケ原〔桜草の名所〕、〔上州木崎町大通寺境内の新田義貞が冠を掛けた松〕、武田信玄の城跡、壺坂、和歌の浦、〔隠岐の国の後鳥羽天皇の遺跡〕、〔上州新田郡の〕新田神社、小田原北条氏の墓、蔦の細道
10	沙翁〔シェイクスピア〕の生れた家〔と〕庭園、ワイマールに於けるゲーテの家、シラーの家、ハサウェー〔シェイクスピアの妻〕の生家、沙翁を葬つてある所の寺院、沙翁を紀念する為に建てられた劇場や銅像、〔中国・蘇州の〕虎丘、〔同〕寒山寺
11	シラーの家、ゲーテの家、ゲーテの銷夏地、ゲーテとシラーとの銅像、〔大公家累代の墳墓とその傍らの〕両文豪〔ゲーテとシラー〕の墳墓

また、表7－1の6「演説談話」では「近頃は文学の側に於きましても追々昔の偉大なる人物の伝記が歓迎せられまして、之を読み偉人の感化を受けるといふ非常に喜ばしい傾向になつて来たのであります、それからして歴史的物件を風教上から観て保存するといふ事も余程行はれて参りましたのは是亦結構な事と思ひます」[24]というように、史蹟保存の意義を風教に置き、近年の史蹟保存の動向を歓迎しているのが見てとれる。風教上の史蹟保存の風潮を容認しつつも、それと自らの保存論を区別しようとしていた黒板とは対照的である。

三上が史蹟保存に関して述べた注意点も、多くはこの考え方にもとづいていた。たとえば、史蹟保存は「好事家の骨董いぢりの如きことに陥り易い傾があるのです、是は余程注意しなくてはならぬ事です、併し何処までが古人の徳に報い又後世を教化する所以の事で何処から骨董いぢりになるかといふ事は分界がむづかしい」[25]というように、骨董趣味的な保存を批判し、それと対比する形で、古人の徳に報い後世を教化するという保存の意義を挙げている。

さらに表7－1の9では、「或ものを保存したり若くは標石を建てたりすると却つてそれが世の中の害となる、風教を害したりすること」があるとし[26]、その一例として、悲恋心中の物語で知られる浦里と時次郎の比翼塚を取り上げており、次のような批判を向けている。

若し青年男女があつて或る窮境に陥つたときに偶然斯ういふ墓でも見れば最後の決心を促すの動機になる。〔中略〕多分芝居で斯ういふ事柄を演ずるのでありますから、何れ其芝居の興業主とか俳優とかいふ輩が大当りでも占めたときに、御礼の心持でかゝる立派な墓を建てたりするのでありませうが、一般の風俗の上からはそれは甚だ宜くないのです〔中略〕是も或は芝居道であるとか若しくはその方に近い人から観れば結構なことゝ言ふではありませうが、併しながら広く天下の風教の上から言へばさういふ表彰などはあつてはならぬことなのでありましよう。[27]

三上にとって、風教を害する史蹟の顕彰は、むしろ排すべき事柄であった。

一方、三上は、偽物の史蹟や遺物が間々あること、特に愛郷心や地方繁栄の念に囚われて疑わしい史蹟の保存事業が進行しがちなことに対して注意を促している。[28]風教に資する史蹟の〈顕彰〉運動に際しても裏づけが必要であるという主張は、すでに見てきたように、由緒的価値〈顕彰〉を容認する学者たちが表明していた立場であり、その点は三上も例外ではない。ただ、ここでは偽史蹟顕彰が地方的感情や利益に囚われがちであることに批判が向けられているのであり、つまりは動機からして風教的意義にもとるという批判でもあったのである。

なお三上は、「国民性の涵養に資する」[29]（表7－1の7）という、大正期の史蹟名勝天然紀念物保存事業で多用された表現を用いることもあった。表7－1の8でも、保存の歴史を論じる際に「国民は、段々自覚して、一家の内でも、先祖の遺物は、大事にせねばならぬといふ。又、国家としては、国民の祖先の由緒のあるものは其れを大事にして、国民性を養ふべき手段とせねばならぬといふ、結構な所に気が付いて来た」と述べ、講演の最後には「日本の如き、古き歴史を有つて居る国には、宝物及び名勝旧蹟が多い。これは我邦の国民性を養成するに、最も大切なる道具立てとして、十分手を入れねばならぬ」と論じている。[30]三上は国民性という概念の内実については語っていないが、扱われる物件としては「風教」に資する史蹟と「国民性の涵養」に資する史蹟との間に違いはない。この二つの意義は、三上にあっては区別されるものではなかったといえる。

3　保存の意義2――学術資料

ただし、三上の保存論が対象としたのは、歴史上の人物・事件に関係する史蹟のみではない。表7－2の1、2は江戸時代の幕府の行政施設も保存対象に含まれているが、これについて「昔の評定所」「老中の役宅」「南北町奉行の役宅」「見付の石壁」は「希くは史的物件としてその一二の標本を遺留せしめよ」とし、赤門は「史的物件として之を永遠に存続せしめよ」と述べ、「上野、芝の徳川氏の廟所」は「其建造の美、彫刻の精の如きも国家として注意すべき価値あらん」としている。[31]また、表7－2の7では保存すべき史蹟として一里塚を挙げているが、三上は大日本史料を編纂していく途中で、幕府の交通制度として一里塚の設置が行われたことを知り、西ヶ原一里塚の所在とその重要性に気づいたのだという。[32]これらは先に述べたような風教の意味ではなく、学術資料として価値あるものと見なされているといえる。

とはいえ、三上撰文の「二本榎保存之碑」には「史蹟の存廃は以て風教の汚隆を見るべく以て国民の文野をトすへし」[33]とも記されており、一里塚のような史蹟でさえ風教維持に結びつけて説明しているのは興味深い。結局のところ、三上はあくまでも風教の観点、すなわち歴史上の人物・事件に関係ある史蹟を保存する事を通じて人心を教化し、国民性を涵養することを、史蹟保存の意義の第一に置いていたといえる。

4　保存方法

以上見てきた考え方は、三上が評価する史蹟の保存方法にも影響している。たとえば三上は表7－1の6以降、一九〇六（明治三九）年に高松で行われた柴野栗山顕彰事業を史蹟保存の好例として挙げている。その内容を列挙すると、献饌・祭文奉読・講演会・遺墨展覧会などからなる百年祭執行、伝記出版、贈位請願、文集・詩集出版、生誕地の買収と記念碑および栗山堂（栗山の祠堂）の建立、栗山木像の製作・安置、栗山全集刊行、百年祭記念文庫の設置などである。[34]特に三上は、栗山堂に書籍が備えられ、村の若者の学習の場となって地方の風紀に好影響を与えていることを、好意的に紹介している。[35]つまり、三上が高く評価したのは〈保存〉というよりも〈顕彰〉、とりわけ現代の風教に好影響を与えるような〈顕彰〉方法であった。

また、一九〇七（明治四〇）年に伊勢松坂で本居宣長旧宅の移転工事に関与したことについては、次のように説明している。本来史蹟移転は避けるべきだが、町中で防火設備が立てられないという問題があり、また火災の心配のために宣長の遺著遺品などは土蔵の中にしまいこまれてしまい「是等の遺著遺品は一目之を見れば余程人をして感奮興起せしめるのですが、さういふ功能の大いなる品物を土蔵の中にたゞ蔵ひ込んでしまつて居るのではまこと宝の持腐れである」。(36)そこでやむをえず、建物自体は旧城内の公園に移築して元の場所には石碑を建てることとし、移転先には土蔵に入れられていた遺物遺書などを並べ、訪れた篤志家や学校の生徒が観覧できるようにすれば国民の利益になる、と意見を述べたという。(37)やはり、史蹟の活用によって風教上に感化を与えることが重視されているのである。この方法は実施されたが、三上は「伊勢参宮の旅客や、近傍府県の中小学校の生徒が遠足などに来て、鈴ノ屋を見て、喜んで益を得て帰ると云ふ、目下の状況でありまして、我々は大変に喜んで居ります」(38)と紹介している。

また、表7-1の6では「近頃は勤王家の外に種々の方面に渉つての学者事業家などにも御贈位の恩典がありますが為めに其等の人を出したところの地方の風教上には愈々益々喜ばしい状況を見るやうになりましたのは御互ひに慶すべき事であらうと思ひます」(39)と述べ、続けて近江の藤樹書院、石川丈山の詩仙堂などの保存が国民教育に有益だと論じている。ここからも、三上が史蹟保存を贈位という偉人顕彰行為と同列に捉えていたことがうかがえる。

ただし、過去の状態を大きく変更すること、集客のために設備を立派にしすぎて俗化することについては、これを強く戒めている。表7-1の8では、地方の人が集客のために神社仏閣、名勝古蹟に大幅に手入れする傾向があるのを批判し「たゞ金儲けのために、名勝旧蹟を俗化させることは、断じてよろしくない。先祖の由緒をダシモノにして、金を儲けるなどは、其動機に於て、既に善くない」と論じている。(40)この立場から古社寺保存法の復旧の仕方についても批判を加えており、「旧態に復すれば、立派にはなりますが、其手入れが、余り手際よく出来ますると、千年以上の古い仏か、或は今日の人が、骨を折つて作つたのか、判らなくなるといふ虞」があり「古物の保存といふ意味を欠くやうな事になるので、古い物は古い侭で、人に感興を与へしめるようにせねばならぬ」という議論を紹介し、これを支持している。(41)

このように、史蹟そのものについては本来の状態を可能な限り維持すべきことを注意しているが、学術的価値を重視する意味のみならず、風教維持や国民性涵養に資するという観点からもこうした態度がとられているように見受けられる。

なお、そのほか保存方法上の注意点として、史蹟は本来の場所で保存されるのが原則であること、正確な証拠がなくても人口に膾炙したものは「伝」として建碑すべきこと、前述のように風教を害する史蹟は保存してはならないこと、などが挙げられている。(42)

5 時期的変化

以上は三上の論説全体を通じて見られる特徴だが、若干の時期的変化も認められる。すなわち、一八九九(明治三二)年の講演にもとづく論説(表7－1の1～2)と、一九一〇年代に発表された保存協会関係の諸論説との相違である。

第一に、一八九九年の講演では「歴史的物品及び場所」「史蹟及び史的物件」という概念を用いており、偉人の書翰などの古文書や、古建造物などの古社寺保存法で扱われる対象も含んでいたが、保存協会関係の講演ではそれがおおむね史蹟に統一されていることである。三上は一九〇二(明治三五)年に古社寺保存会委員(一九二九＝昭和四年には国宝保存会委員)にもなっており、古社寺保存と史蹟名勝天然紀念物保存の両者に同時に関わることになったが、現実に古社寺保存法が宝物・古建造物のみを対象とし、保存協会がそこから外れるもの(史蹟・名勝・天然紀念物)を対象にしている以上、この枠組みにあわせて議論の対象を史蹟に特化したと考えられる。

第二に、一八九九年の論説では、歴史的な物件や偉人に目が向けられない現状を批判する論調であったが、保存協会関係の論説では逆に、史蹟保存の風潮を歓迎し、その事例を紹介しつつ、具体的な注意点を述べていくものとなっている。ここには、三上の現状認識の変化が反映されていると見てよいだろう。一九一〇年代には、三上の望む史蹟保存事業＝〈顕彰〉事業が隆盛する、好ましい状況になったのである。

たとえば表7－1の1では、古社寺保存行政の美術的価値偏重の姿勢を批判し、次のように「歴史上の謂れ因縁」

を重視すべきことを主張している。

此十年来、美術と云ふことが余程やかましくなりましたからして、宝物取調と云ふやうな係も出来、又古社寺保存会抔と云ふやうなものも出来て、政府の手からして、随分さう云ふものをは注意することになつて居る。然るに、美術品と云ふものゝ中て、歴史上の謂れ因縁のあるものを、調べるといふことは頓としない。(43)

具体的には、小野道風の書や、金岡や雪舟の画などばかりが指定されているが、たとえ字は下手であっても信長、秀吉、家康など歴史上の大人物が書いた字、とりわけ歴史上の事件の真相を明らかにするようなものや、それら人物を描いた肖像画は、保存すべきであるというのである。(44) こうした批判は、前述した理由から、後には見られなくなったのである。

だが、ここで書画の歴史的価値を訴える際にも、歴史上の人物・事件に関わるものが事例に挙げられていることに注意したい。日本歴史地理研究会や黒板勝美の古社寺保存法批判が、物質資料としての史蹟が有する学術的価値重視の立場からなされたのとは異なり、三上は偉人と事件の歴史を前提とし、由緒的価値重視の立場から同法を批判しているのである。変化したのは議論の枠組みと三上の現状認識の方であって、由緒的価値を重視するという三上の基本理念はほぼ一貫して変わらなかったと思われる。

第三期以降の三上が、いかなる見解を有していたかは判断しがたい。しかし、欧米遊学から帰国した三上が『史蹟名勝天然紀念物』に報告した海外の史蹟保存の実例は、従来から注目していたシェイクスピア旧宅など、文豪の史蹟に関するものだった。(45) 結局、欧米の状況を実見して得たものは、旧来の自身の主張が、欧米先進国の事例からも裏づけられるという確信であったのではないだろうか。

第三節　歴史の意義と歴史観　科学性と教学性の分離・並立

ところで、以上のような保存論には、歴史の意義に関する三上の一貫した考え方が反映していた。三上は日露戦争に関連して発表した歴史教育に関する論説で、歴史の目的を次のように説明している。[46]

● 科学的研究の目的…①事実の真相を究め、原因結果を明らかにすること
● 実用的活用の目的…②政治家などが国家社会を考える上での素養
　③歴史教育による国民的道義や忠君（尊王）愛国の観念の養成

③に関して別の講演記録から補足すると、歴史教育は、広義には歴史科、修身、国語、寄席・芝居なども含むものであり、科学的見地から見て否定すべき人物も、歴史教育上は否定すべきではないとする。[47] そして、富国強兵のため、忠臣義士烈婦の事績と同時に、学問技芸殖産興業などの偉人の事績にも注意すべきことが論じられている。[48] いずれにせよ、③については偉人による精神的感化という手段が想定されているのであり、日清戦争・日露戦争の戦勝もその成果として説明された。

そして注目すべきは、この③の意義が、科学としての歴史と対比する形で主張されていたことである。一九〇八（明治四一）年五月一三日、報徳会の有志により白河楽翁公八十年記念報徳会が行われたが、[49] 三上は白河楽翁の事績を紹介する講演の冒頭で次のように述べている。

近頃の歴史教育といふものは、昔し風のものとは余ほど違ひまして、国家の治乱盛衰を明かにするとか、或は事件の原因結果を究めるとかいふやうなことが、主になつております。是は余ほど進んで居るのでありますけれども、之に伴つて古人の嘉言善行に私淑する機会といふものは、昔風の歴史教育よりは幾分か少なくなつて居りは

しないかといふ感じを、私は早くから有つて居ります。〔中略〕固より国家の治乱興廃の跡を察するといふこと、史的事件に就て因果の理を考へるといふことは、勿論結構なことでありますけれども、之と同時に歴史上の偉大なる人物に私淑し、其言行を見て自分が感奮興起をする、及ばざるまでも其下風に立たうといふ念を起すといふことも、亦鮮からず必要な事であらうと思ふのであります。(50)

そして、教育関係者が模範とすべき古人の遺物や遺書を見せたり、話をする機会を多くして、少壮の国民に古人の感化を与える事が必要であると述べ、先述した本居宣長旧宅や栗山堂の例、イギリスでのシェイクスピア旧宅保存の例を挙げている。(51)

シェイクスピア旧宅の後園（三上参次「欧州における史蹟保存の状況――文豪沙翁夫妻の住宅並に墳墓を訪ふ」(『史蹟名勝天然紀念物』4巻9号、1921年9月)

三上の言う「昔風の歴史」は、一般的にはなお自明のものだっただろう。当該期の多くの史蹟保存事業が由緒的価値〈顕彰〉運動だったことがそれを証している。だが、明治後期の教育界では、すでに科学としての歴史（歴史学）は一定の位置を占めていたのであり、歴史学に取り組む人々にとってはなおさら自明なものであった。三上はこの状況を認識しつつ、あえて偉人の言行による精神的感化という教育的意義を改めて主張したのであり、歴史学と国民教学としての歴史観を分離・並立させようと努めていたと考えられる。この点に関しては、東京帝国大学で三上に学んだ歴史学者・中村孝也が、次の有名なエピソードを紹介している。

先生が、しばゝゝ教室の硝子窓を全部密閉せしめて講義をなされたことを記憶してゐる同学諸君は少くないであらう。それは要するに学術性と教学性との矛盾撞着を感ぜられた場合の処置であつた。その事例は、今茲に列挙すべき限ではないが、先生は研究者としては飽くまで史実の実相に徹しようと努められながら、皇国臣民としては、その研究の結果が国家社会に及ぼす影響の良否について、聡明にして的確な判断を誤られないのであつた。そして帝国大学が学術の蘊奥を攻究し、またこれを教授すべき特殊使命を有することに鑑み、こゝに学ぶところの学生に対しては、史学の学術性の半面を明示せられるのであるけれど、それは教室を以て特別な学術殿堂と思惟せられるからであり、教室以外において、これを語るべきものでないことを教へるために、四方の窓を閉鎖せしめられたのであらう。乃ちそれは史学の教学力の重大なることを認識せられたからであり、学術研究を以て、これを裏付けることを重要視せられながら、その相容れ難き場合に処する心得を示されたものであつたと考へる。[52]

この回想には中村の解釈も加わっているが、前述の三上の論説とあわせて見ても、おおむね間違いない理解であろう。ただ、大学内でのこのエピソードが「学術性」維持の点に重点が置かれているのに対し、学外の社会活動においては、三上はむしろ歴史の「教学性」を積極的に主張していたのである。史蹟保存事業において三上が重視していた風教に資するという意義も、この観点から主張されたものだったといえる。

おわりに

最後に、本章の考察をまとめたい。第一節では、三上の史蹟保存事業との関わりを概観した。三上は一八九〇年代、地方の史料調査に際して史蹟の現状を知り、一八九九（明治三二）年からその保存・顕彰の必要性を訴え始めた。そして一九〇〇年代以降、民間・行政さまざまな史蹟保存事業に関与し、その経験を踏まえた史蹟保存意見を発表していった。そして昭和期には、保存事業が行政的軌道に乗る中、委員や調査嘱託、史蹟名勝天然紀念物保存協会副会長などの役職を務め、保存事業の根幹を支えたのである。

第二節では、三上が主として由緒的価値〈顕彰〉の立場から史蹟保存論を展開したことを明らかにした。すなわち、歴史上の人物・事件に関係する史蹟を主な対象とし、その顕彰を通じて風教に資することを目指したのである。もちろんその保存論には、学術的価値を有する対象も一部含まれていたし、明らかな誤解にもとづいて史蹟とされたものに対しては学術的観点から批判しているが、全般的には主張の重点は風教に資するという点に置かれていた。黒板が海外の理論・実践にもとづいて史蹟保存論を展開したのに対し、三上は民間の保存事業支援の経験をもとに意見を表明していたが、その相違がここに表れているといえる。また、歴史地理学や考古学と積極的に関わった黒板と、文献史料の調査・研究を主とした三上の違いということもできる。

第三節では、歴史の学術的意義（歴史学）と教育的意義（国民教学）との区分・並立を目指す三上の志向を確認した。国史学を代表する存在だった三上は、アカデミックな領域のみならず社会の各方面で活動することとなったため、とりわけこの両者の扱いに自覚的にならざるを得なかったが、その社会的活動に際して三上は明確に後者を支持したのである。三上の史蹟保存論が、由緒的価値の〈顕彰〉を通じた国民教学への志向を典型的に示すものであったのもそのためであった。

しかしながら、三上の主張は明確な理論的基盤を提供するものではなく、一般に普及している〈顕彰〉の運動・思想を追認したにすぎなかったともいえる。そのためもあってか、のちの史蹟保存行政の中で、三上の立場は必ずしも全面的に採用されたわけではなかったのである。

註

（1）　家永三郎「日本近代史学の成立」（同著『日本の近代史学』日本評論新社、一九五七年）、歴史学研究会・日本史研究会編『日本歴史講座第八巻　日本史学史』（東京大学出版会、一九六一年）、岩井忠熊「日本近代史学の形成」（『岩波講座日本歴史』二二、岩波書店、一九六三年）など。この観点から三上参次を批判的に評価したものとして、小沢栄一『近代日本史学史の研究』明治編（吉川弘文館、一九六八年）四五〇頁、同「明治時代の歴史思想」（日本思想史研究会編『日本における歴史思想の展開』吉川弘文館、一九六五年）二六六頁。

（2）伊藤隆・季武嘉也編『近現代日本人物史料情報辞典』4（吉川弘文館、二〇一一年）「三上参次」の項、高橋勝浩「資料翻刻　宮内庁書陵部所蔵　三上参次『御進講案』――その一」（『國學院大學日本文化研究所紀要』九二輯、二〇〇三年九月）、高橋勝浩「宮内庁書陵部所蔵　三上参次『御進講案』追補――三上参次略年譜・主要著作目録・主要人名索引」（『國學院大學日本文化研究所紀要』九七輯、二〇〇六年三月）。そのほか、柴田紳一「三上参次博士逸事考」（『國學院大學日本文化研究所紀要』七六輯、一九九五年九月）、齊藤智朗「國學院設立期の国史学界――皇典講究所講師時代における三上参次の事績・活動を中心に」（『國學院大學伝統文化リサーチセンター研究紀要』一号、二〇〇九年三月）など。

（3）拙稿「明治末から大正期の史蹟保存論――黒板勝美と三上参次を中心に」（『法政史論』三一号、二〇〇四年三月）。

（4）以下、三上の一般的な経歴については、辻善之助「故三上参次先生略歴」（三上参次『江戸時代史』下巻、冨山房、一九四四年）、及び「二三　三上参次履歴書」（東京大学史料編纂所編『東京大学史料編纂所史史料集』東京大学出版会、二〇〇一年）に拠った。

（5）三上参次『明治時代の歴史学界――三上参次懐旧談』（吉川弘文館、一九九一年。一九三六＝昭和一一年から一九三九＝昭和一四年にかけて記録された懐旧談）一三八、二〇五、二二五～二二六頁、三上参次「歴史的物品及場所の保存に就て市人に注意を望む」（『東京教育雑誌』一二三号、一八九九年一〇月）一、八～九頁。

（6）「本会記事」（『東京教育雑誌』一一九号、一八九九年一〇月）四一頁。

（7）前掲註5『明治時代の歴史学界――三上参次懐旧談』一六五頁。

（8）宮地直一は同論文について、「いついつまでも思出の種となるのは此の論文である」と評価している。宮地直一「三上先生の薨去と保存事業上に遺されたる其の功績」（『史蹟名勝天然紀念物』一四集七号、一九三九年七月）三五頁。

（9）『大塚先儒墓所保存会報告書』（一九一七年）。

（10）「三上博士の将門墳墓談」（『歴史地理』七巻一〇号、一九〇五年一〇月）。

（11）「演説談話」（『史蹟名勝天然紀念物保存協会第一回報告』史蹟名勝天然紀念物保存協会、一九一一年）五頁。

（12）三上参次撰文「二本榎保存之碑」（東京都北区西ヶ原二丁目所在）、三上参次「史蹟保存に関する注意」（『史蹟名勝天然紀念物保存協会第二回報告』史蹟名勝天然紀念物保存協会、一九一四年）三八～四〇頁。

（13）井下清「三上・三好両博士と東京市の保存事業」（『史蹟名勝天然紀念物』一四集七号、一九三九年七月）六七頁。

（14）前掲註11、六頁。

（15）松井茂「愛知県の古蹟保存方針」（『史蹟名勝天然紀念物保存協会第五回報告』史蹟名勝天然紀念物保存協会、一九一七年）四～五頁。

(16)「史蹟名勝天然紀念物保存法施行二十周年記念談話会」(『史蹟名勝天然紀念物』一四集六号、一九三九年六月)二九〜三〇頁(国府種徳の発言)、前掲註8、三五頁、三上参次「文教より見たる楽翁公」(『斯民』三編五号、一九〇八年七号)、三上参次「白河楽翁公に就て」(同一編五〜六号、一九〇六年八〜九月)。
(17)「評議員」(前掲註11『史蹟名勝天然紀念物保存協会第一回報告』)四頁(本文とは別の頁数)、「協会日誌」(同右)六七、七〇頁、「協会録事」(『史蹟名勝天然紀念物』一巻一号、一九一四年九月)七〜八頁、「協会近事」(同右)八頁、坪谷水哉「徳川頼倫侯の追憶」(『史蹟名勝天然紀念物』一四集一号、一九三九年一月)五〇〜五一頁、前掲註16「史蹟名勝天然紀念物保存法施行二十周年記念談話会」三六頁。
(18)前掲註8、三六頁。
(19)三上参次「史蹟保存と愛知県」(前掲註15『史蹟名勝天然紀念物保存協会第五回報告』)八二〜八三頁。
(20)同右「史蹟保存に就て」(『史蹟名勝天然紀念物』二巻一〇号、一九一八年一〇月)七五頁。
(21)同右「東京市内の史蹟及史的物件の保存に就て」(『歴史地理』一巻三号、一八九九年一二月)七四〜七六頁。
(22)同右、七四頁。
(23)同右、七五〜七六頁。
(24)前掲註11、三〜四頁。
(25)同右、一二頁。
(26)前掲註20、七五頁。
(27)同右。
(28)同右。
(29)前掲註12「史蹟保存に関する注意」二五頁。
(30)前掲註19、七八〜七九頁、九九頁。
(31)前掲註21、七五頁。
(32)前掲註12「史蹟保存に関する注意」三八〜三九頁。
(33)前掲註12、三上参次撰文「二本榎保存之碑」。
(34)谷本富・三上参次『栗山先生の面影』(六盟館、一九〇七年)。
(35)前掲註11、六頁。
(36)同右、七頁。

(37) 同右。
(38) 前掲註12「史蹟保存に関する注意」三四頁。
(39) 前掲註11、七〜八頁。
(40) 前掲註19、九二頁。そのほか、前掲註11、一二〜一三頁、前掲註12「史蹟保存に関する注意」二五頁にも同様の見解が見られる。
(41) 前掲註19、九二〜九三頁。
(42) 前掲註19、八九〜九〇、九三〜九四頁、前掲註20、七五頁。
(43) 前掲註5「歴史的物品及場所の保存に就て市人に注意を望む」一〜二頁。
(44) 同右、二〜七頁。
(45) 三上参次「欧州における史蹟保存の状況――文豪沙翁夫妻の住宅並に墳墓を訪ふ」(『史蹟名勝天然紀念物』四巻九号、一九二一年九月)、同「独逸両文豪の遺蹟を訪ひて」(同五巻一号、一九二二年一月)。
(46) 同右「戦後における歴史教育者の任務」(『國學院雑誌』一一巻一〇号、一九〇五年一〇月)。
(47) 「三上博士の時局講話」(『史学雑誌』一五編七号、一九〇四年七月)。
(48) 三上参次「歴史の教授に就きて某中学教師に与ふる書」(『國学院雑誌』一巻五号、一八九五年三月)。
(49) この会合は、第五章で述べた内務省による名君の事績調査の一環であり、保存事業の回顧の中で先駆的事業として触れられるものである。前掲註16「史蹟名勝天然紀念物保存法施行二十周年記念談話会」二九〜三〇頁。
(50) 前掲註16、三上参次「文教より見たる楽翁公」二頁。
(51) 同右、二頁。
(52) 中村孝也「三上先生を憶ふ」(前掲註4『江戸時代史』)七一二〜七一三頁。

第三部

史蹟名勝天然紀念物保存行政の展開とアカデミズム

第八章　史蹟名勝天然紀念物保存法制下の史蹟保存行政と学者たち

はじめに

本章では、一九一九（大正八）年に成立した史蹟名勝天然紀念物保存法（以下、適宜保存法と略記）と同法制下の史蹟保存行政を検討しつつ、そこで歴史学者・考古学者が担った役割を考察し、当該期の史蹟保存行政に対するイメージの捉え直しを試みる。

保存法制下の史蹟保存行政に関する先行研究としては、『文化財保護法五十年史』などがあるほか、(1)京都府の事例を検討した丸山宏、神奈川県を中心に各道府県の動向を扱った寺嵜弘康の一連の論考など、道府県レベルの活動の実態も明らかにされつつある。(2)中でも注目されているのが、昭和戦前期の史蹟保存行政に大きな影響を与えた聖蹟顕彰運動である。明治天皇聖蹟や建武中興関係史蹟の指定、神武天皇聖蹟顕彰運動など、一九三〇年代以降の聖蹟顕彰の潮流は、さまざまな角度から解明されてきた。(3)これらの聖蹟顕彰運動が、一九三〇年代の史蹟保存行政、およびその政治・社会との関わりを理解する上で、重要な研究対象であることは確かである。

しかし、当時の史蹟保存行政は、それのみに終始していたわけではない。この間にも、戦後の史蹟認識に接続する考え方が、着々とその根を下ろしつつあったのである。この点を見出すためには、従来の研究で取り上げられてこなかった、国レベルの史蹟保存行政を担う歴史学者・考古学者たちの活動とその史蹟認識に目を向ける必要がある。本章第一節〜第三節では、保存法制度の成立と運用の過程を確認しながら、その際に歴史学者・考古学者たちがどのような役割を果たしたかを、彼らの史蹟認識にも注目しつつ、明らかにしていく。

一方、史蹟保存行政を担う学者たちの史蹟認識が、保存行政の外部の社会においてどのように扱われたかという問題もまた、明らかにされる必要があるだろう。この問題と間接的に関わる先行研究として、高木博志が史蹟名勝天然紀念物保存協会の機関誌『史蹟名勝天然紀念物』を分析し、大衆社会状況に応じてその担い手を拡大させていく同会の状況を指摘しているのが注目される。(4)序章でも言及したように、昭和戦前期には、高等教育機関に拠る歴史学者・考古学者たちと郷土史家との結びつきが深まるとともに、両者の間に知の相互作用が生じてくると考えられる。(5)学者たちが提起した史蹟認識も、こうした状況下で地域のさまざまな社会層に広がっていくと思われるが、その過程は決して一方向的な啓蒙の図式で捉えられるものではない。この点については第九章・第十章で具体的事例にもとづき検討するが、本章第四節ではその前提として、個別事例を提示しつつ、当時の状況を描出する。

第一節　保存法と関連規程に見る学者の役割

1　保存法の成立

まずは、保存法の成立過程、および同法と関連規程の内容を整理しつつ、学者たちの果たした役割を検討していく。

第五章で論じたように、同法は、一九一〇年代を通じて名士・学者・官僚の協同により進められた史蹟名勝天然紀念物保存事業に由来する。この潮流の中で内務省では法案作成に向けた検討が進められ、保存協会に拠る学者たちは「史蹟名勝天然紀念物保存要綱草案」(以下、「要綱」)を作成し、保存すべき対象を例示した。そして、最終的には山県治郎ら内務官僚によって法案が作成され、一九一九(大正八)年三月、徳川頼倫ら貴族院議員によって同院に提出されるに至る。(6)法案は両院とも多少の文章上の修正が施されて大きな反対なく可決されたが、その間貴族院では保存協会役員を務める徳川頼倫、徳川達孝、阪谷芳郎、三宅秀らが法案通過のために意見をまとめ、衆議院では同会役員

の床次竹二郎が相談をまとめたという。(7)

ここで、帝国議会の審議過程で説明された同法案の意義について確認しておきたい。一九一九年三月一九日、特別委員会における史蹟名勝天然紀念物保存法案の審議で、政府委員を務める内務省の山県治郎（大臣官房会計課長兼地理課長）は、政府がこの法案に賛成する理由を次のように説明している。

史蹟名勝天然紀念物ヲ保存スルト云フコトハ、非常ニ広イ意味ヲ有ッテ居リマシテ、或ハ学術ノ参考ニモナリマセウシ、或ハ歴史ノ教育ニモナリマセウガ〔中略〕日本ノ歴史、日本ノ山川風物ト云フモノガ、日本ノ特長デアリマスカラ、其歴史ヲ存シ、山川風物ノ中ノ特長ノアル所ノ名勝天然紀念物ヲ保存スルト云フコトハ、言換ヘレバ日本帝国ヲ保存スルト同様デアル、又之ヲ破壊スル場合ハ我国民性ニモ動揺ヲ来タスト云フヤウナ大キナ目的ヲ持ッテ居ル(8)

このように、史蹟名勝天然紀念物の保存を国家が担う意義は、保存協会が展開した論理の延長線上に主張されていた。とりわけ「日本帝国ヲ保存スル」「之ヲ破壊スル場合ハ我国民性ニモ動揺ヲ来タス」という発言が象徴するように、ナショナリズムの観点から正当化が図られたのである。

2　保存法の内容と「要綱」「要目」

こうして成立した同法は、①内務大臣が史蹟名勝天然紀念物を指定（地方長官は仮指定）できること、②担当吏員には指定前後の調査権限が与えられること、③指定物件の保存処置と違反者の罰則（現状変更の地方長官許可制、内務大臣は一定の行為の禁止・制限・必要な施設を命じ得ること）、④地方長官を管理者に指定する措置、といった内容からなる。(9) そのほか、施行令と施行規則で事務的手続きの細目が定められた。(10)

表８－１　「要綱」と「要目」

史蹟名勝天然紀念物保存要綱草案	史蹟名勝天然紀念物保存要目
一、都城趾、宮趾、行宮趾、行在所及びその趾、行幸紀念碑等の所在地	一、都城趾、宮趾、行宮趾その他皇室に関係深き史蹟
二、古城趾、城砦、聖廟、学校（たとえば国学、郷学藩黌等）、薬園、由緒ある旧宅、古井、及びその趾跡	二、社寺の趾跡及び祭祀信仰に関する史蹟にして重要なるもの
三、古社寺（たとえば名刹、霊祠）、及びその趾跡	三、古墳及び著名なる人物の墓ならびに碑
四、墳墓（たとえば古墳、及び史上著名なる人物の墓）	四、古城趾、城砦、防塁、古戦場、国郡庁趾その他政治軍事に関係深き史蹟
五、金石（たとえば碑、碣、灯篭、鐘、額等）、標識物（たとえば立札、標木等）	五、聖廟、郷学、藩学、文庫またはこれらの趾、その他教育・学芸に関係深き史蹟
六、由緒ある樹木	六、薬園趾、悲田院趾その他社会事業に関係ある史蹟
七、歴史上商工業交通ならびに風俗に関する重要史蹟の所在地	七、古関趾、一里塚、窯趾、市場趾その他産業交通土木等に関する重要なる史蹟
八、新領土における最初の探検家に関係ある顕著なる史蹟	八、由緒ある旧宅、苑池、井泉、樹石の類
九、外国及び外国人との関係上顕著なる趾跡	九、貝塚、遺物包含地、神籠石その他人類学考古学上に重要なる遺跡
十、人類学及び考古学上の遺蹟（たとえば貝塚、遺物包含層等）	十、外国及び外国人に関係ある重要なる史蹟
十一、家畜及び著名なる動物、ならびに有用植物の初めて渡来したる所	十一、重要なる伝説地
十二、その他歴史上顕著なる事実の起りたる趾跡、若くは顕著なる人物に関係ある趾跡、ならびに著名なる伝説地、及び由緒ある物件	

＊「史蹟名勝天然紀念物保存要綱草案」（『史蹟名勝天然紀念物』3巻2号、1919年2月）、「史蹟名勝天然紀念物保存要目」（『官報』2258号、1920年2月16日）より作成した。

そうした諸規程の中でも特に注目したいのは、保存すべき対象を告示した「史蹟名勝天然紀念物保存要目」（以下、「要目」）である。(11)「要目」には、同法制度がいかなる史蹟認識のもとに運用されるべきかが示されているといえるが、端的にいえばそれは、「要綱」をモデルに、学者たちが多数加わった調査諮問機関・史蹟名勝天然紀念物調査会で修正を加えて作成されたものだった。(12)それゆえ、「要目」で示された史蹟は、黒板の史蹟保存論と同様、広く人間活動の痕跡一般を包含するものとなっている（表8－1）。皇室関係史蹟を最初に一括したこと（第一類）、科学的根拠に乏しいが風教上価値ある史蹟を「重要ナル伝説地」(13)として包含したこと（第十一類）も、黒板の史蹟保存論と同様である。

ところで、史蹟の部に関して言えば、「要綱」と「要目」の間には若干の相違が認められる。その原因はおそらく、黒板勝美の関与にあると思われる。実は保存協会で作成された「要綱」は、建築史学者伊東忠太・関野貞らが作成に携わっており、黒板は関与していなかった。それに対し史蹟名勝天然紀念物調査会には黒板が参加した一方、伊東によれば、建築史学者たちはこのころ保存行政の史蹟分野から除外されたという[14]。その結果「要目」は、黒板勝美が提示した史蹟の項目立てにより近いものになったのではないだろうか。

さらに、文部省が発表した「要目」の解説（史蹟の部）にも、黒板の史蹟保存論との共通性を見て取ることができる。その一つが、史蹟の定義である。同解説は、史蹟について「要するに歴史の舞台に為つて居る地上に於て、人類の活動した処である」と定義し、そのうち保存すべき史蹟とは「我々人類の活動せる有様が是れに依て知らるゝ様に残て居るとか、或は我々の眼に触れる様に、当時の状態の或物が尚ほ存して居らねばならぬ、而して此等の残存せるものゝ中でも、歴史上なり、美術上なり、若くは国民の趣味風教の上に必要であると考へらるゝものにして、始て『保存すべき史蹟』となり得るのである」と論じている。つまり、黒板の史蹟の定義とほぼ同内容になっているのである[15]。

第二に、史蹟の国民教学的意義のみならず、歴史資料的意義をあわせて主張する点である。たとえば、古墳や著名人の墓の項目の解説では「古墳及び著名なる人物の墓並に碑は、信仰と云ふ方にも関係があり、且つ我々国民道徳の上から、祖先崇拝と云ふ上に於ても墳墓を大切にする必要がある」と主張する一方で、「たとひ多少の崩壊ありと云へども其の内部の構造などに於て、上代の文化を徴するに足るものは各地に見受けらるる、此等のものに対しては余程の注意を以て保存を図らねばならぬ」と、上代文化を伝えるものとしての価値が併記されている[16]。ここには、由緒的価値と学術的・文化的価値をあわせて重視する黒板の保存論との共通性が認められる。

そのほか、史蹟と遺物の密接不可分性を指摘している点などにも、黒板の史蹟保存論との共通性が見られる[17]。この「要目」解説は史蹟名勝天然紀念物調査会関係者が作成したものと思われるが[18]、黒板が主として執筆にあたったか、または黒板の史蹟保存論を踏まえ、その影響下に作成されたものと考えてよいだろう。

以上のように、名士・官僚・学者の協働によって生まれた保存法は、国土の特徴の保存と国民性の涵養という大枠の目的のもとに制定されたが、同法成立過程、および成立後において、これに理論的根拠を与えたのは学者たちであった。特に史蹟分野に関していえば、黒板の保存論が色濃く反映されたということができる。

第二節　史蹟名勝天然紀念物保存行政の組織と実務

1　史蹟名勝天然紀念物保存行政の概要と組織構成

保存法の運用業務は、当初は内務省大臣官房地理課が所管したが、一九二八（昭和三）年、行政整理によって古社寺保存行政と合流し、文部省保存課（合流前は古社寺保存課）に移管される[19]。その後、機構改革によって一九四二（昭和一七）年に教化局総務課、一九四三（昭和一八）年に教学局文化課へと順次移管することとなった[20]。

また、調査・諮問機関として一九一九（大正八）年、官制により史蹟名勝天然紀念物調査会が設置されている。一九二四（大正一三）年に一時廃止されるが、明治天皇聖蹟調査に際して審議に慎重を期すため、一九三三（昭和八）年に文部省訓令によって史蹟名勝天然紀念物調査委員会が設置される。そして、一九三六（昭和一一）年には再度史蹟名勝天然紀念物調査会官制が公布された[21]（以下、これら三期の調査会及び調査委員会をあわせて調査（委員）会と略記）。調査（委員）会それぞれの成立当初のメンバーは表8－2のA～Cの通りである。関連部署の局長および諸陵頭、学者たちによって構成されており、歴史学者としては、三上参次や黒板勝美らが当初から中心に据えられた。調査（委員）会の設置期間においては、彼らの意向が指定に影響を与えていたと考えられる。

同会は、規程上は調査及び諮問機関とされたものの、実質的には指定や現状変更の可否等に関する諮問機関として

表8－2A　史蹟名勝天然紀念物調査会委員一覧（1920＝大正9年7月1日現在）

会長	内務大臣・床次竹二郎	臨時委員	松平頼平
委員	鉄道省工務局長・岡野昇	臨時委員	荻野仲三郎
委員	諸陵頭・山口鋭之助	幹事	宮内省参事官・南部光臣
委員	内務次官・小橋一太	幹事	内務省参事官・山田準次郎
委員	内務省神社局長・塚本清治	幹事	内務省参事官・渡部信
委員	内務省地方局長・添田敬一郎	考査員	佐藤伝蔵
委員	文部省普通学務局長・赤司鷹一郎	考査員	棚橋源太郎
委員	文部省宗教局長・柴田駒三郎	考査員	水木要太郎
委員	農商務省商務局長・鶴見左吉雄	考査員	田子勝彌
委員	神保小虎	考査員	黒田長礼
委員	三好学	考査員	中野治房
委員	川瀬善太郎	考査員	宮地直一
委員	三上参次	考査員	増田于信
委員	渡瀬庄三郎	考査員	内田清之助
委員	徳川頼倫	考査員	国府種徳
委員	白井光太郎	考査員	戸川安宅
委員	三宅秀	考査員	吉井義次
委員	福井三郎	考査員	柴田常恵
委員	黒板勝美	書記	省略
臨時委員	井上禧之助		

＊『職員録』（内閣印刷局）を参照した。

扱われていたという。[22] 史蹟調査その他の専門的実務の担当者としては、史蹟調査嘱託[23]および史蹟考査官（一九三七＝昭和一二年設置）が課内に置かれ、歴史学者・考古学者たちがその任務にあたった。彼らの経歴や史蹟認識については、節を改めて検討する。

2　史蹟保存行政の実務——指定

(1)指定の経過とその偏り

以上を踏まえた上で、史蹟保存行政の実務を検討し、そこにいかなる史蹟認識が見出されるかを考察していきたい。まず、同法制の主要な任務である指定業務の手続きだが、これは申請にもとづくものが多く、道府県が指定を申請したのち（個人・市町村申請の場合も道府県を経由）、書類審査・実地調査となり[24]、調査（委員）会への諮問を経て指定の可否が決められた。[25] 一方で、「急速ニ指定ヲ要スルモノ」や「専門的立場ヨリ調査ヲ要スルモノ」は、申請がなくとも調査が行われた。[26] 実

表８－２Ｂ　史蹟名勝天然紀念物調査委員会委員一覧（1933＝昭和８年５月26日付委嘱）

三好学	黒板勝美	荻野仲三郎	中野治房	国府種徳
原熙	和田英作	貴島圭三	辻村太郎	鏑木外岐雄
脇水鐵五郎	渡辺信	宮地直一	内田清之助	平泉澄

＊「史蹟名勝天然紀念物調査委員会委員の委嘱」（『史蹟名勝天然紀念物』８集６号、1933年６月）を参照した。

表８－２Ｃ　史蹟名勝天然紀念物調査会委員一覧（1937＝昭和12年１月１日現在）

会長	三上参次	委員	黒板勝美
委員	諸陵頭・渡部信	委員	和田英作
委員	帝室林野局長・三矢宮松	委員	荻野仲三郎
委員	内務省神社局長・館哲二	委員	内田清之助
委員	内務省土木局長・岡田文秀	委員	辻村太郎
委員	文部省普通学務局長・菊池豊三郎	委員	平泉澄
委員	文部省宗教局長・高田休広	委員	国府種徳
委員	農林省山林局長・村上龍太郎	委員	龍居松之助
委員	中野治房	臨時委員	陸軍少将・佐竹保治郎
委員	鏑木外岐雄	幹事	営繕管財局書記官・原口武夫
委員	三好学	幹事	文部書記官・柴沼直
委員	脇水鉄五郎	幹事	農林技師・貴島圭三
委員	宮地直一	書記	省略

＊『職員録』（内閣印刷局）を参照した。

際、重要な遺構が発見された際、指定申請よりも調査嘱託による緊急調査が先行する事例はしばしば見受けられる。[27]

こうした手続きを経るため、指定される史蹟・名勝・天然紀念物にはさまざまな意味で偏りが生じていたようである。たとえば、対象物件が数多く見込まれているのに申請が少ないため、指定が進んでいない県があることが問題となった。[28] また、緊急性の高い物件を優先して指定したため、重要な物件が長らく指定されないという問題も起きている。[29] 保存法施行当初（内務省期）に試みられた候補物件の全国調査がその後引き継がれなかったことも、[30] この問題の原因の一つだったと考えられる。だが、一九三五（昭和一〇）年頃にはようやく、緊急性重視の指定から保存を要するものの指定へと変化したという証言がある。[31]

一方、政治的意向にもとづいて特定の史蹟を重点的に調査・指定することもあった。よく知られているように、一九三三（昭和八）

表8－3A　指定史蹟の傾向（1921＝大正10年指定）

●手宮洞窟	和田岬砲台	作山古墳　第一古墳〔岡山県〕
舟塚山古墳	播磨国分寺阯	伊予国分寺塔阯
下野薬師寺阯	五色塚（千壺）古墳　小壺古墳	水城阯
下野国分寺阯	壇場山古墳　第一、二、三古墳	大宰府阯
足利学校阯（聖廟及附属建物ヲ含ム）	大安寺塔阯	多久聖廟
多胡碑	山田寺阯	●千金甲古墳（甲号）
山上碑及古墳	川原寺阯	●千金甲古墳（乙号）
金井沢碑	大官大寺阯	●井寺古墳
相模国分寺阯	元薬師寺阯	●釜尾古墳
美濃国分寺阯	宇智川磨崖碑	●大村横穴群
新居関阯	☆行基墓	●石貫村穴観音横穴
御墓山古墳	宮山古墳	●石貫村ナギノ横穴群
茶臼山古墳・小茶臼山古墳	北山十八間戸	隼人塚
●函石浜遺物包含地	出雲国分寺阯	大隅国分寺阯
西寺阯	石見国分寺阯	大塚古墳
☆桜井駅阯（楠木正成伝説地）	造山古墳　第一、二、三、四、五、六古墳〔岡山県〕	☆大塚先儒墓所

表8－3のA～Fの凡例

＊　文部省教化局総務課編『史蹟名勝天然紀念物一覧』（文部省、1943年）、文部省社会教育局文化課編『史蹟名勝天然紀念物一覧』（文部省、1949年）より作成した。

＊　由緒的価値が主として評価されていると見られる史蹟には☆、明治天皇聖蹟には★、「要目」第9類を指定事由に含むものには●印をつけた。

年から明治天皇聖蹟、一九三四（昭和九）年から建武中興関係史蹟、一九三五年からは歴代天皇聖蹟の調査と指定が進められていく[32]。なお、一九五〇（昭和二五）年（保存法廃止）までの明治天皇聖蹟を除く指定史蹟は六〇三件、明治天皇聖蹟は三七七件（一九四八＝昭和二三年解除）である。つまり、全体九八〇件の約四割を後者が占めたのであった。

(2)指定史蹟の特徴

以上を考慮した上で、実際に指定された史蹟全体の特徴を捉えたい。表8－3のA～Fには、約五年ごとの指定史蹟の一覧を示し、①由緒的価値が主として評価されていると見られる史蹟には☆、②明治天皇聖蹟には★、③「要目」第九類（人類学・考古学上重要な遺跡）を指定事由に含む史蹟には●の印をつけた。日本史上顕著な施設の遺構（国分寺・国分尼寺、城阯、柵阯）、および日本史上顕著な事件の跡（古戦場阯

表８－３Ｂ　指定史蹟の傾向（1925＝大正14年、1926＝大正15年指定）

金閣寺（鹿苑寺）庭園〔史蹟及び名勝として〕	森野旧薬園	紫香楽宮阯
銀閣寺（慈照寺）庭園〔史蹟及び名勝として〕	常栄寺庭園〔史蹟及び名勝として〕	廃少菩提寺石多宝塔及石仏
大谷石窟仏	上野国分寺阯	安土城阯
佐貫石仏	品川台場	毛原廃寺阯
琵琶塚古墳	☆林氏墓地	☆明治二十七八年戦役広島大本営
愛宕塚古墳	☆沢庵墓	名護屋城阯並陣阯
●車塚古墳	☆賀茂真淵墓	●田代太田古墳
牛塚古墳	藤沢敵御方供養塔	
●高ヶ坂石器時代遺阯	旧相模川橋脚	

表８－３Ｃ　指定史蹟の傾向（1930＝昭和5年指定）

●新地貝塚　附手長明神社阯	大岩日石寺石仏	垂井一里塚
●良文村貝塚	西山光照寺阯	丹後国分寺阯
●銚子塚古墳　附丸山塚古墳	一乗谷朝倉氏館阯　附南陽寺阯〔史蹟及び名勝として〕	●寸沢嵐石器時代遺蹟
●牟佐大塚古墳	竹生島〔名勝及び史蹟として〕	松本城
☆伊能忠敬旧宅	御土居	信濃国分寺阯
●菖蒲塚古墳	●蛭子山古墳	旧崇広堂
●薬師堂石仏　附阿弥陀堂石仏	●作山古墳〔京都府〕	☆北畠具行墓
●観音堂石仏	丸岡藩砲台阯	

など）については、さまざまな価値が混在していると思われるため、印をつけていない。

この基準のもとに表を見ると、一九三二（昭和七）年までは、特定の偉人の墳墓や邸宅等はごく少数であったことがわかる。これに対して一九三三（昭和八）年を境に、明治天皇聖蹟が多くの比重を占めるようになり[33]、建武中興関係史蹟、その他偉人に関わる史蹟も増加している。ただし、それ以降も「要目」第九類に分類される史蹟が指定され続けており、その数が著しく減少したわけではないことに注意したい。

また、「要目」第十一類にあてはまる史蹟（重要な伝説地）は、もっぱら由緒的価値にのみ依拠するといえるが、最終的な指定件数はわずか七件にとどまっている。そしてそのほとんどが、従来から広く知られていた建武中興関係史蹟である[34]。つまり、伝説地として従来から広く認知され、定着

表８－３Ｄ　指定史蹟の傾向（1935＝昭和 10）年指定

★明治天皇下館行在所	★明治天皇横山御小休所	★明治天皇鳥居川御小休所
★明治天皇岩瀬中泉行在所及御講評所	★明治天皇楯岡東沢行幸所	★明治天皇長沢御小休所
★明治天皇岩間御野立所	★明治天皇本宮行在所	★明治天皇愛知川御小休所
★明治天皇岩瀬星ノ宮御野立所	★明治天皇桑折御小休所	★明治天皇北町屋御小休所
★明治天皇丹尾台御野立所	★明治天皇大笹生御小休所	★明治天皇中之郷御小休所
★明治天皇高田行在所	★明治天皇大滝御小休所	●モシリヤ砦阯
★明治天皇新井行在所	★明治天皇伏拝御野立所	●鶴ヶ岱チャランケ砦阯
★明治天皇岩室御小休所	★明治天皇横森御野立所	●桂ヶ岡砦阯
★明治天皇福田行在所	★明治天皇和尚塚御野立所	●春採台地竪穴群
★明治天皇下津御小休所	★明治天皇幸手行在所	宗谷護国寺阯 〔第二類史蹟として〕
★明治天皇東河野御小休所	★明治天皇行幸所徳川邸	旧二本松藩戒石銘碑
★明治天皇八事御野立所	★明治天皇妻田行在所 附御膳水	●西塚古墳
★明治天皇須磨御小休所	★明治天皇勝沼行在所	上ノ塚古墳
★明治天皇豊福御野立所	★明治天皇花咲御小休所	中塚古墳
若宮大路	★明治天皇円野御小休所	上船塚古墳
福山城	★明治天皇行幸所開智学校	下船塚古墳
九戸城阯	★明治天皇信楽御小休所	☆聖護院旧仮皇居
☆上杉治憲敬師郊迎阯	★明治天皇釜戸行在所 附御膳水	神泉苑
下鳥渡供養石塔	★明治天皇中津川行在所 附御膳水	●石舞台古墳
石母田供養石塔	★明治天皇茄子川御小休所 附御膳水	三栖廃寺塔阯
須釜東福寺舎利石塔	★明治天皇落合御小休所 附御膳水	伯耆一宮経塚
☆小田城阯	★明治天皇土岐御小休所	大原廃寺塔阯
☆敷山城阯	★明治天皇島田行在所	斎尾廃寺阯
●岩城山神籠石	★明治天皇舞阪御小休所	栃本廃寺塔阯
春日山城阯	★明治天皇木之本行在所	☆大村益次郎墓
白山平泉寺城阯	★明治天皇柳ヶ瀬行在所	野谷石風呂
★明治天皇富山御小休所	★明治天皇高宮行在所	青海島鯨墓
★明治天皇増田御小休所　附御膳水	★明治天皇長浜行在所	今町一里塚
★明治天皇上台御小休所	★明治天皇武佐行在所	

表８－３Ｅ　指定史蹟の傾向（1940＝昭和 15 年指定）

浪岡城阯	★明治天皇気比松原御野立所	★明治天皇妻籠御小休所
★明治天皇葉原御小休所	★明治天皇郷原御小休所	★明治天皇桜沢御小休所
★明治天皇茅野御小休所	☆油島千本松締切堤	★明治天皇寝覚御小休所
★明治天皇下諏訪御小休所	☆藤原武智麿墓	☆八幡行宮阯
★明治天皇広丘御小休所	四箇郷一里塚	高麗寺阯
肥前陶器窯阯・小峠窯阯・大谷窯阯・錆谷窯阯　附土師場物原山	★明治天皇行幸所浅野泉邸	☆小泉八雲旧居
★明治天皇動橋御小休所	★明治天皇大沢御小休所	郡山城阯

表８－３Ｆ　指定史蹟の傾向（1944＝昭和 19 年指定）

★明治天皇桜野行在所	●亀ヶ岡石器時代遺阯	★明治天皇佐屋行在所阯及建物
★明治天皇三日市行在所阯	●田小屋野貝塚	☆谷川士清墓
★明治天皇串茶屋御小休所　附御膳水	☆垂水斎王頓宮阯	野中寺旧伽藍阯
★明治天皇諏訪御小休所	狛坂磨崖仏	幡多廃寺塔阯
★明治天皇宮ノ越御小休所　附御膳水	三井	☆谷重遠墓
★明治天皇泉布観行在所	●宝塔山古墳	土佐藩砲台阯
☆佐久良東雄旧宅	●本郷埴輪窯阯	●下馬場古墳
★明治天皇友沼御小休所	●水上石器時代住居阯	●江田穴観音古墳
☆三岳城阯	☆塙保己一旧宅	●新田原古墳群
往安寺阯	★明治天皇清浄光寺行在所阯　附御膳水	薩摩国分寺塔阯
●松本塚古墳	★明治天皇大垣行在所	

してきたという事実が不可欠であったと思われる。

この点は、聖蹟に関しても一定程度当てはまる。一九三五（昭和一〇）年は歴代天皇聖蹟の調査が重点事業とされていたが、学術的に場所を確定することの困難さや、地方の対立・論争などのため、指定に至らないものが多かったという。(35) なお、一九四〇（昭和一五）年の神武天皇聖蹟調査については、これを文部省宗教局保存課が担当したものの、保存法とは別個に行われており、保存法による指定対象は一件もなかった。両者は学術的厳密性を有する検証によって、明確に切り離されていたのである。

以上のように、一九三三年以降、明治天皇聖蹟の指定件数が著しく増加すると共に、南朝関係史蹟・偉人関係史蹟の割合も増加するが、考古学的遺跡など学術的価値を有する史蹟の調査・指定も継続されたのである。また、由緒的価値に依拠する史蹟でも、指定に際しては一定の根拠が不可欠とされていたことがわかる。

3　史蹟保存行政の実務——調査報告書の刊行

同様の傾向は、内務省・文部省による史蹟調査報告書（『史蹟調査報告』及び『史蹟精査報告』）においても読み取れる。

『史蹟調査報告』（第一〜第四、第五輯〜第一二輯）は、前述した史蹟調査嘱託たちの執筆によるもので、内容上、二期に分かつことができる。前期は第一（一九二六＝大正一五年）から第七輯（一九三五＝昭和一〇年）までで、記載対象は「要目」の分類に沿い、古墳、石器時代住居址、貝塚、国分寺址、寺址、石仏、藩学・郷学・私塾址、城址がそれぞれ多数収められ、少数ではあるが宮址（平城宮址）、薬園址（二件）、偉人旧宅（高山彦九郎・伊能忠敬など）、陣屋址、窯址・鋳銭所址、並木、一里塚が見られる。

その内容に目を向けると、多くは物質資料としての遺構・遺物の解説が中心で、由緒の記載は付随的であり、史蹟の学術的価値や文化的価値が評価される傾向が強い[36]。偉人の邸宅址や墳墓にさえも、その文化的価値を評価する説明がつけ加えられることがあった[37]。執筆はいずれも史蹟調査嘱託によるものと考えられ、当初は柴田常恵、のち上田三平・古谷清が中心となり、その他に荻野仲三郎が加わっている。ただし、前期の最後となる第七輯には建武中興・勤王関係史蹟が含まれており、後期の特徴を垣間見せている。

後期は第八輯（一九三五年）以降で、第八輯〜第一一輯はすべて明治天皇聖蹟、第一二輯は歴代天皇聖蹟を扱っており、皇室関係史蹟重視の内容へと大きく変化している。明治天皇聖蹟の執筆者は上田・古谷・荻野であるが、件数が多い分、執筆内容は全体に簡略で、所在、行幸の経緯、施設の由来や現状、保存の経緯などが記されている。要するに、由緒的記述と、遺物・遺構の現状に関する記述が相半ばしている。

歴代天皇聖蹟については個別の執筆者は不明だが、記述は詳細であり、文献にもとづく当該天皇および施設の由緒的記述が半ば以上を占めている。現状説明に関しては、いずれもまとまった遺構がないため、詳細にわたることはない。指定場所についての判断も確かな遺構にもとづくものではなく、推測に拠っていた。つまり、歴代天皇聖蹟は主に由緒的価値にもとづいて指定されたものだったといえる。

一方、重点的調査の成果をまとめた『史蹟精査報告』（第一～第三）は、学術的調査報告としての側面に重きが置かれている。そのうちの第一（一九二六＝大正一五年）では黒板勝美みずからが上野三碑の調査報告を執筆し、同史蹟の価値を次のように説明している。

〔この三碑は〕実に東国に於ける我々の祖先の文化を観るに足るのであつて、多胡碑が国史の欠を補ふものであると同時に、山ノ上碑及び金井沢碑が信仰の紀念物として、当時の社会心象を研究する上に如何に貴重なる資料であるかを了解するのである。[38]

従来から知られていた古碑は、信仰や人々の心性など「祖先の文化」の象徴・研究資料として再定義されている。黒板の史蹟保存論の特徴は、調査報告書という実務にも反映されたのである。[39] 続いて刊行された上田三平の執筆になる『史蹟精査報告』第二（一九二六＝大正一五年）・第三（一九三八＝昭和一三年）も、史蹟の学術的・文化的価値に重点を置いた考古学的調査報告というべきもので、この立場は後々まで継続していたといえる。

なお、保存行政の実務には、このほかにも指定物件の管理保護や、道府県保存行政の指導などがあるが、行論上省略する。

第三節　史蹟調査嘱託の史蹟認識

1　史蹟保存行政の担い手たち

こうした史蹟保存行政の傾向は、その専門的業務にあたる史蹟調査嘱託の史蹟認識とも関わりがあったと思われる。彼らの経歴を整理した上で、その史蹟認識を明らかにしたい。

(1)荻野仲三郎

荻野仲三郎は、一八九七（明治三〇）年東京帝国大学卒業後、内務省で神社考証にあたる一方で古社寺保存会委員、国宝保存会委員、重要美術品等調査委員会委員などを務め[40]、史蹟名勝天然紀念物調査会、同調査委員会にも加わっている（表8－2）。後述する上田三平の回想によれば、一九二八（昭和三）年の文部省移管後は柴田常恵にかわって史蹟の調査事務を主宰し、国宝保存行政も兼任していたため「其の勢はすさまじかった」という[41]。また、黒板勝美との関係が深く、博物館・宝物館建設や社寺宝物調査など、多くの仕事を共にしている[42]。国宝監査官を務めていた藤懸静也によると、史蹟については黒板・荻野が処理し、国宝・重要美術品等は黒板と美術史家の瀧精一が牛耳っていたという[43]。つまり、史蹟保存行政においては、黒板に次ぐ統括的立場にあったと考えられる。

(2)柴田常恵

柴田常恵は、私立郁文館中学内の史学館を卒業し、東京帝国大学人類学教室の助手を務めた後、一九二〇（大正九）年に史蹟名勝天然紀念物調査会考査員、および調査嘱託として内務省に勤務した[44]。当初の考査員のうち史蹟に関わりある人物としては、柴田のほかにも水木要太郎・戸川安宅・増田于信・宮地直一らが挙げられるが（表8－2）、『史蹟調査報告』で凡例に名前を記しているのは柴田常恵のみであり、柴田が主として調査報告を執筆したものと思われる[45]。また、上田三平の一九二七（昭和二）年入省当時の回想からも、大正期史蹟名勝天然紀念物調査会の消滅以後、常任の調査担当者は柴田一人だったことがうかがえる。[46] その後、史蹟名勝天然紀念物保存行政の担当部局は一九二八（昭和三）年に文部省へ移管されることになるが、柴田はこれに強く反発し、文部省入省を拒んだという。[47] その結果、退職したとする回想がある一方で、[48] 文部省へ異動したとする資料もあるが、[49] これ以後の調査報告書に柴田の名前が見えないことを考えると、そのまま退職した可能性が考えられる。なお、柴田は群馬・埼玉・栃木各県の史蹟調査顧問、愛知・埼玉・香川各県の県史編纂顧問などを務め、[50] 郷土史編纂事業との深い関わりも有していた。

(3)上田三平

柴田に続いて史蹟調査嘱託として活躍したのが上田三平である。尋常小学校卒業後、農業労働などに従事していたが、学問への憧れを抱いて福井県師範学校、文検受験を経て中等教員となる。そしてその後、福井・石川両県の史蹟調査行政を担当している際に黒板勝美と出会い、その計らいもあって、奈良県が内務省から委嘱された史蹟調査事業の担当となる。ここで業績を挙げた上で、一九二七年に内務省史蹟調査嘱託となった。自叙伝『史跡を訪ねて三十余年』を見る限り、上田の歴史学的・考古学的な能力は、書物を通じた独学に加え、長年の史蹟調査の経験、及びそれを通じた学者たちとの交流によって培われたようである。[51] そして、その経験をもとに「遺蹟学」を提唱し、遺物の比較研究に重きを置く従来の考古学の傾向に対して、文献調査と遺跡・遺物の調査を併用する自己の立場の独自性を主張した。[52] こうした経歴を有する上田は、学閥の後ろ盾なく立身を遂げたことに強い自負を抱くとともに、自身の立場の拠り所たる学問の純粋性とその権威に強いこだわりを示す傾向があったように思われる。[53]

(4)古谷清

古谷清は博物館界出身の人物である。一九〇五（明治三八）年に東京帝室博物館写字生となり、一九二五（大正一四）年に退官後は日光宝物館に勤めながら栃木県の保存事業に関係し、[54] 一九二九（昭和四）年に文部省史蹟調査嘱託となる。上田の回想によれば、個人としては荻野に深い関係があるとともに、黒板勝美とも親近の間柄であったとされ、[55] 上田とともに昭和戦前期の史蹟調査に従事した。

(5)斎藤忠

斎藤忠は一九三二（昭和七）年に東京帝国大学国史学科卒業後、主任教授だった黒板勝美の紹介によって京都帝国大学の浜田耕作のもとで副手（同年に助手）となり、のち朝鮮の博物館に勤務して史蹟調査の実務経験を積む。その後、一九四〇（昭和一五）年に史蹟考査官・黒板昌夫の誘いによって史蹟調査嘱託として文部省に入り、(56)考古学的遺跡を中心に数々の史蹟調査の実務を担当した。

(6)史蹟考査官

こうした嘱託に加えて、一九三七（昭和一二）年から新たに史蹟考査官という役職が設けられ、黒板勝美の教え子の丸山二郎、次いで養嗣子の黒板昌夫が就任している。考古学者ではなく歴史学者がその任に就いたのは、聖蹟調査を意図していたためと思われる。

なお、このほか神武天皇聖蹟調査にあたって一九三八年に調査嘱託が増員されたが、上田・古谷ら年俸嘱託とは異なる月俸嘱託であり、別室で神武天皇聖蹟調査関係の業務にあたった。(57)

以上、史蹟調査嘱託及び史蹟考査官の略歴を通覧すると、次のような特徴が見出される。第一に、いずれも入省にあたり、多かれ少なかれ黒板勝美との関わりを有していたことである。(58)史蹟保存行政における黒板の影響力の大きさがうかがえる。第二に、統括的立場にあたる人物（荻野・丸山・黒板昌夫）は東京帝国大学および同大学院出身であるのに対し、史蹟調査嘱託は帝国大学出身ではない人物もその任に就いている。だが、これは必ずしも、史蹟調査嘱託と学問的な世界との断絶を示すものではない。次節で扱う柴田・上田に見られるように、彼らは学問的営為の一翼を担っているという強い自覚を有していたのであり、アカデミックな世界がその裾野を広げつつあった当時の状況（後述）が反映されたものと見るべきである。第三に、考古学的調査能力を身につけた人物の役割が増していることが挙げられる。前述した史蹟調査報告書の多くに見られるように、実務レベルにおいては、物質資料を扱う考古学的能力こそがまず求められたものと思われる。

ここで考古学と史蹟保存事業との関わりについて付言すると、一九〇〇年前後には坪井正五郎や三宅米吉らの論説も見られたが、一九一〇年代の史蹟保存の潮流の中で考古学会の建議を先導したのは、歴史学者の黒板であった。このころ黒板は考古学会員に対して、古墳発掘に際して埋蔵品取得のみを目的とし、学術的発掘・保存がなされていない状況を批判している。[59] 史蹟保存事業への取り組みにおいて、考古学者は黒板に後れを取ったのである。

だが、一九一六（大正五）年に京都帝国大学文科大学で考古学講座を新設した浜田耕作は、従来の遺物偏重の風潮を排して遺跡の組織的発掘調査を重視する考古学に取り組み、[60] それとともに遺跡や遺物の保存についても重んじるようになっていく。たとえば、一九一六（大正五）年には『大阪毎日新聞』に「歴史記念物の保存」と題した浜田の談話が掲載され、ヨーロッパの事例をもとに個別具体的な施策が提案されている。[61] また、一九二二（大正一一）年に刊行された浜田の代表的な考古学概説書『通論考古学』にも「遺物遺跡の保存」「遺物遺跡の修理」「博物館」の章が立てられた。[62]

そして一九二〇年代以降の保存法制下でも、考古学者たちは大いに活躍の場を得るようになったのである。柴田常恵はこの状況について、「歴史家は史蹟に就いて最も通暁し、之れが調査に従事するものも、歴史家が適任である様に考へられて居る」が、今では「寧ろ考古学の方面から、専ら研究が進められて居る状態である」と述べている。[63]

2　史蹟保存論の特質——柴田常恵と上田三平を中心に

次に、彼らの史蹟保存論の特質を検討するが、特にまとまった史蹟保存論を残している柴田と上田の論説（表8－4）について扱いたい。両人の論説が、史蹟保存事業の最前線に立つ史蹟調査嘱託の認識を代表していると考えられるからである。

(1)史蹟の定義

第一に、史蹟の定義を見てみると、黒板勝美および「要目」の定義に準じていることが確認できる（表8－4の1、

12、20)。たとえば上田は、一九四〇(昭和一五)年に刊行した『日本史蹟の研究』で次のように史蹟を定義している。

史蹟とは何ぞやと云へば、多少人によつて見方を異にする点もあるが、一般には地上に残存せる過去人類の活動の痕跡にして不動的有形的なものと定義し、且歴史、美術等の徴証となるものを指すことになつて居る[64]

一方、柴田も、一九二六(大正一五・昭和元)年刊行の著作『史蹟と考古学』で、「過去の人類に依つて残された場所にして其活動の痕の見るべきものは、尽く之れを史蹟と云ひ得る」とし、従来から地誌や名所図会に記されてきた「古蹟」や「旧址」などよりもその範囲は広いと述べる[65]。そして、広い意味では過去の人類活動の舞台だった山川河海も史蹟であると述べ、「関東地方の文化に多大なる影響ありし」利根川や、「国民の祖先」に「感化」を与えてきた富士山などを例に挙げるが、実際には調査の意義が大きい工作物・遺物を有する対象に限ると論じている[66]。表現の仕方は黒板・「要目」の定義と同じではないが、研究資料となりうる人類活動の痕跡、およびそれと関わりある自然物の全体を定義に収める点で同様である。なお、上田・柴田ともに、史蹟の分類についても「要目」に準拠している(表8－4の1、12)。

伝説的史蹟に関しても、次のように、黒板以来の考え方が踏襲された。

〔桜井駅阯について〕古来父子訣別の精忠にして慈愛ある場面が、古来人口に膾炙して如何ばかりか感銘せしめ、斯る事柄が集積して幕末志士の忠憤を弥々盛んにし、遂に維新の大業を成すに至り、今に於て吾人の心緒をそゝるものあるを思へば、事実の存否の如きは問題ではなく、人心の上に大なる影響を及ぼせし所の源泉として、立派な史蹟と云ふべきである[67]

表8－4　柴田常恵・上田三平の史蹟論

番号	刊行年（月）	記事名	書名・誌名
1	1926年		柴田常恵『史蹟と考古学（考古学講座6号）』国史講習会雄山閣
2	1927年　3月	柴田常恵「関東に於ける緑泥片岩の文化圏」	『埼玉史談』3巻4号
3	1927年　9月	柴田常恵「石器時代住居阯概論」	柴田常恵・谷川磐雄『石器時代の住居阯（考古学研究録1輯）』雄山閣
4	1932年10月	柴田常恵「府県史と町村史」	『埼玉史談』4巻1号
5	1933年　1月	柴田常恵「墓地と墓碑」	『考古学』4巻1号
6	1934年　5月	柴田常恵「神社と郷土史」	『神社協会雑誌』33年5号
7	1935年　7月	柴田常恵「日本墳墓の変遷大要」	『歴史公論』4巻7号
8	1935年11月	柴田常恵「郷土を基本とする仏教史」	『歴史公論』4巻11号
9	1937年　6月	柴田常恵「趣味の考古学」	『歴史公論』6巻8号
10	1928年　7月	上田三平「天嶮を誇つた高取城址の保存」	『史蹟名勝天然紀念物』3集7号
11	1930年　1月	上田三平「京都府下史蹟調査雑記」	『史蹟名勝天然紀念物』5集1号
12	1930年　9月	上田三平「史蹟の踏査と調査」	『歴史教育』5集7号
13	1931年　4月	上田三平「先史時代の交通」	『歴史地理』57集4号
14	1931年12月	上田三平「我が家と郷土」	『郷土』2号
15	1931年		上田三平『指定史蹟払田柵阯』高梨村史蹟保存会
16	1932年　2月	上田三平「郷土史料としての史蹟に就いて」	『郷土科学』16号
17	1932年		上田三平『狐山古墳』狐山古墳保存会
18	1932年		上田三平『指定史蹟城輪柵阯』城輪柵阯保存会
19	1933年		上田三平『越前及若狭地方の史蹟』三秀社
20	1940年		上田三平『日本史蹟の研究』第一公論社
21	1942年12月	上田三平「清原宣賢卿の墳墓に就て」	『歴史地理』80巻6号
22	1942年		上田三平『下総国龍角寺の新研究　附龍角寺略縁起』龍角寺本坊
23	1943年		上田三平『東京御茶水に於て発見せる地下式横穴の研究』日本史蹟研究所

＊　柴田常恵、上田三平の著作中、史蹟の調査保存に関する意見を含むものを列記した。
＊　記事名及び書名には適宜著者名、出版者名を付記した。

しかしながら、「但し其他の史蹟との間には趣を異にするものあるより、一併して同様の取扱を為すことは困難で、別に伝説上の史蹟として置くべきものである」と付記するのも忘れない。[68]伝説的史蹟は、やはり例外的存在として扱われていたのである。

こうした立場は、これまでたびたび取り上げてきた古墳についての解釈にも反映されている。柴田は、古墳が指定基準の第三類・第九類のいずれにも当てはまることについて、「祖先崇拝」の観点と「人類学及び考古学上」の観点の双方から価値づけられるためと説明している。[69]当然のことではあるが、黒板や「要目」が定めた路線は、実務者にとっての共通認識であった。

(2)史蹟の物質資料として価値の重視

一方、柴田・上田の史蹟論では、黒板の保存論との若干の相違を見ることもできる。それが第二の特徴、史書との対比で史蹟の物質資料としての価値を重視する姿勢である（表8－4の1、4、8、11～12、15、18～19、21～22）。たとえば上田三平は、斎藤忠に自身の史蹟の定義を問われ、次のように答えたという。

史蹟名勝天然記念物保存法ヲ適用セントスル史蹟ハ、単ニ史的事項ヲ伝スル土地ヲ存スルノミニテハ、不完全ナルヲ免レズ。必ズ其ノ地上及地下ニ或ル目的ヲ以テ加工セル状態ヲ徴シ得ル遺構又ハ遺物ヲ存スルコトヲ要ス。若シ然ラザレバ、客観的ニ史蹟ト史蹟ニアラザル土地トヲ明白ニ判別シ難ク其ノ甄別ニ付キ紛議ヲ免レザルベシ。但シ史蹟ノ表彰ヲモ保存ノ範囲内ニ包含セシムルコトヲ主眼トスル場合ニハ過去ノ記録図面等ニ拠リテ該当ノ地域地点ヲ以テ史蹟ト見做スコトアルベシ[70]

黒板の史蹟保存論と似た定義だが、物質としての遺構・遺物が原則として不可欠であることを、ことさらに強調しているのである。

また上田は、雑誌『歴史教育』の郷土史研究特集号で、物質的痕跡のない場所に設けられる記念施設の危うさを指摘しており、偉人の生誕地に設けられる石碑なども「世の風教を進めるといふ見地から見ては結構なことであるが史蹟といふ点から見れば必ずしも第一義的のものではない」[71]と主張する。

その一方で、物質的痕跡さえあれば、従来のような文献による史蹟研究以上の成果が得られることを強調し、その議論は、史蹟の材料たる石材・土砂・土製瓦製品、木材の考察に及び、史蹟研究に土木学的研究が必要であるとする主張にまで結びついていくのである[72]。

これと同様な考え方は、柴田常恵の論説にも見出すことができる。

寧ろ我等は伝説や記録よりも直接に当時の人の手に為つた工作物なり遺物なりに触れて、其等の事物が親しく説明する所を聴くが確実である。其語る所或は片言隻語に過ぎずして要を得ざるものありとするも、偽らざる告白にして不純なものでなく、苟も工作物なり遺品なりを存する以上は、何れの場処に於ても之れを知る事が出来る。考古学は即ち主として此方面の資料を基礎とし、之れが研究を為す所の学科であるが、史蹟は斯る工作物なり遺品なりを存する場処に局限すべきもので、斯くして始めて実際に臨んで調査を為すことも出来るのである[73]

史蹟に物質資料としての価値を見出すこと自体は、黒板やそれ以前からの〈保存〉論にも見られたが、柴田や上田の史蹟保存論では、この点がより強調されるようになったのである。その理由として、両者とも考古学を学問的基盤としていたこと、行政上厳密な史蹟の調査・確定が求められたことなどが挙げられるだろう。

(3)過去の文化・社会状態の解明への志向

だが彼らは、史蹟の物質資料としての価値の調査・記録そのものを目的としていたわけではない。そうした基礎的な調査・記録はあくまでも、過去の文化・社会状態を解明するという高次の目的に結びつけられていた。これが第三の特徴である。

たとえば柴田常恵は、史蹟調査の仕事を通じて数多く携わった石器時代住居阯について、次のように述べる。

一面に於ては、住居阯の研究は当時の生活の状態や、社会組織などを知るにも大切なものである。住居の工合が明白になれば、やがて屋内に於ける住民が起臥の状態を推測することが出来、延いては其日常生活の一班をも窺へるのである。また住居阯の聚落的関係にして知れるならば、彼等相互の間に存する社会組織を知る便もあつて、文化状態を推察するに足るものがある。(74)

こうした研究は、古代の文献資料が乏しい郷土史研究においてとりわけ必要とされた。柴田は表8-4の4「府県史と町村史」において、地方の古墳の規模や数量、分布状態や材料・型式の系統関係の観察によって、その地の繁栄度合や交通関係を知りうるとし、これを郷土史研究として取り組むべきであるとする。さもなくば、「立派なものや珍奇なもの」の説明に終わるか、「古墳や横穴を単に其物として扱ふ」範囲を出ず、学界への資料提供にはなるものの「此等に依つて説明さるべき郷土の文化」が追究できないと論じている。(75)

そのほか、寺阯についても豪族の存在や「文化の発達」、産業の開発を推察できるし、青石塔婆は銘文の筆跡・文句から当時の僧侶の学問・知識を、その製作からは石工の技術を、仏像や天蓋からは当時の絵画を、分布状態からは交通関係や地勢の変化などを読み取れるとする。(76)

さらに、こうした視線は、由緒的価値〈顕彰〉の観点から見られる傾向が強い墓碑にも向けられることになった。柴田は、坪井良平の墓碑に関する研究について、次の評価を寄せている。

墓地に存する他の多くの墓碑と綜合して考察を試み進んで他地方のものに及ぼすならば、竪の歴史的と横の地理的と相待《ママ》つて、墓碑其物の推移変遷を知るのみならず、之れに依つて地方の信仰状態は云ふ迄もなく、人情、風俗、習慣、交通等に就ても屈強の資料たり得るものと思ふ。[77]

従来も探墓家による墓碑調査は行われていたが、柴田は「此等は風教の上よりするにあらざれば、文芸方面より行はるゝものとて、所謂名家の墓所に限られ、一般の墳墓に対して何等の関する所なきは、立場を異にして居るから是非もない」と、立場の違いを強調している。[78]

上田三平も、上代古墳のさまざまな様式が「夫々の時代に於ての文化状態を反影せるもの」と語り、[79]石鏃の分布状況、先史時代住居阯の構造・形式・分布から、先史時代民族の交通を明らかにするなど、[80]同様な志向を有していた。この点は、「史蹟を調査するに大切なことは復原的研究である。即ち其原型は如何なる状態であったかを推測することである」[81]という言葉にも見て取れる。

すでに述べたように、このような文化の〈復現〉への志向は黒板の保存論にも見られるものだが、黒板の場合は欧米の博物館や遺跡発掘現場をモデルに構想したものだった。彼らはこれを日本の史蹟の実態に即して実践し、郷土史叙述などを通じて一般に周知されることを目指したのである。

第四節　学術的・文化的価値認識の広がり

ここまで、史蹟に学術的・文化的価値を見出す認識が史蹟調査嘱託に共有され、それが史蹟保存行政に反映されたことを論じてきた。最後に、こうした価値認識が他の保存事業関係者、ひいてはその外部の社会一般においてどのように受け止められたかという点に目を向けてみたい。

1　保存行政関係者の認識

実は、保存行政関係者の中には、こうした価値認識に早くから反論を呈していた人物がいた。大正期から保存協会の運営に関与していた漢詩人・国府種徳である。[82] 自身の回想によれば、国府は海外視察（一九二〇＝大正九年末頃）後、国内の史蹟保存行政の趨勢に対して次のような議論を提起したという。

私はその当時幾らかの保存されて居るものを見まして、その中に恰度外国のやつて居ることゝ、日本のやつて居ることゝの間に距離のあることが分りましたので、柴田君には少し強く当つたかも知れませぬが、余りに学究的のものばかりをやつて居られるので、史蹟といふものはもう少し国民的のものでなくてはならぬといふやうなことを述べまして、荻野君なども初めは反対されましたけれども、結局私の説に賛成されました結果、世の中に知られて居る京都の頼山陽の旧宅とか、誰でも知つて居るやうなものにまで手を出すやうになりましたことは、大変私として嬉しかつたのであります。それまでは古墳とか、国分寺等の礎石の残つて居る阯とか、さういふものを保存するのが仕事でありました。外国でもさういふものを勿論やつて居るが、併し更に進んで、国民を啓発するとか、国民精神を作興するといふやうな歴史の阯などを、その侭にして置くのは如何であらうかといふことを申したのでありますが、黒板君も荻野君も初めは反対しましたが、結局私と同じ意見で、それが実行されることになりました。[83]

このように、国府の回想によれば、海外の例を新たな根拠とすることで、史蹟の由緒的価値を重視する立場は史蹟保存行政の中で一定の位置を占めるようになったことになる。[84] だが、この事例は、黒板・荻野・柴田らの学術的・文化的価値を重視する姿勢が早くから史蹟保存行政の主潮流になっていたことを証する事例でもある。

実際、学者たちの見解が保存課の主流だったことは、一九三七年から保存課長を務めた青戸精一の随筆からも見て取れる。[85]青戸は、古墳を神代や上代の著名人物に結びつけて歴史学・考古学を無視した説明をしたり、根拠薄弱な古戦場が世上に喧伝されたりする傾向があることを指摘し、次のように述べる。

一体俗間に流布される所伝は、一概に排斥すべきではないとしても、学術的真実との間に甚だしい懸隔があつて、国民の文化に対する正しい理解を妨げるやうな性質のものは、今後できるだけ是正すべきである。実際今日では、日本文化の権威の為に、妄誕な俗伝に公の干渉を試みる必要があるとさへ感じられる。[86]

そしてこれに続けて、的確かつ平易な解説書を編纂刊行すべきことを主張していく。世間に流布される「俗伝」を退け、「学術的真実」を支持するのが青戸の立場だった。そしてその際、「国民の文化に対する正しい理解」「日本文化の権威」を引き合いに出しているように、「文化」概念を活用することで、史蹟保存行政の学術的姿勢を正当化したのである。

なお、青戸は、保存事業の意味づけに際して「文化」概念を用いることが特に多く、それにより保存事業の対象の拡張を試みようともしていた。たとえば、「俚謡」は「庶民文化の貴重な紀念物」「無形の文化財」であるがゆえに、保存事業の対象に含まれるべきだという意見も記している。[87]この考え方は、戦後の文化財概念につながっていくのである。

各道府県の史蹟調査担当者の史蹟認識については、第九章・第十章での検討に譲ることになるが、一つ興味深い事例を取り上げておきたい。それは、上田三平の次のような経験である。彼は、京都府に史蹟調査に赴いた際、次のように同地の担当者に注意を与えたという。

猶指定申請書の形式に就て高田主任属とも話合つたが山陰、四国、近畿の某々県のものは申請文面に其県の史蹟調査報告書印刷物を添付して提出しておつた様に記臆《ママ》して居るが今日の府県の調査報告は大抵史蹟に関する史実の記載が主で史蹟そのもの〻形態構造を客観的に表現したものは甚だ稀であるから之に依つて其価値を判断することは至難であると語つた。(88)

つまり、この事例は、本省と地方の史蹟保存行政との間に、史伝と物質的痕跡のいずれを重視するかという点で史蹟認識の相違があったこと、上田らの指導によってその転換が図られつつあったことを、如実に示している。

このように、関係者の反応はさまざまだが、由緒的価値から学術的・文化的価値へと史蹟認識の重点が移っていく趨勢を、各々が意識せざるを得ない状況にあったことは確かだろう。

2　昭和期史蹟名勝天然紀念物保存協会の啓発活動とその史蹟認識

こうした史蹟認識の変容は、行政担当者のみならず、民間の保存事業関係者や郷土史家、さらにはその外部の社会一般とも関わりを持っていたものと考えられる。この点を考える上で再び取り上げたいのが、史蹟名勝天然紀念物保存協会である。

大正期、徳川頼倫を中心とした名士・官僚・学者有志の団体だった同会は、頼倫没後の昭和期には大きくその性格を変える。(89) すなわち、内務大臣（のち文部大臣）を会長とし、資金面・事務面で内務省（のち文部省）に依拠する行政の外郭団体になり、保存事業の大衆化・普及宣伝組織として位置づけられたのである。(90) かつて百人程度だった会員数は千数百人にまで増加する。(91) その性格の変化は機関誌の内容にも反映されており、記名記事中の博士号保持者が大幅に減少していることがわかる。(92)

こうした方針のもとに同会は、月例の見学会をはじめ、展覧会・講演会など各種の啓発イベントを実施していく。(93)

一九二七（昭和二）年の大阪支部発会式は、今井貫一・魚澄惣五郎・三好学による講演会、史蹟愛護デー（各学校で

史蹟愛護保存に関する講演会を実施）、ラジオ放送、史蹟史料展覧会などが付随して行われていた。(94)

そしてその結果、史蹟名勝天然紀念物保存思想が一般にも普及していったとして、次のように述べられている。

本会が創立せられ幾多研究の結果として史蹟名勝天然紀念物と云ふ熟語が新に作られた時には、人々はドエライ長い名前だと云つて驚いた。而して之をマトモに云ひ得る人々がまた甚だ少かつた。本会に関係の深い人々までが一気呵成とは行かなかつた。歳月は流れて茲に二十幾年、今日ではどうやら一般国民の常識として名前も判つて居ればそれが持つ概念も大体承知さるるに至つた。(95)

〔保存協会が創立された〕当時は史蹟名勝等といふものに対する世間の関心とか、認識とかいふものが極めて浅く、薄かつた様に思はれる。／　それが現在では、文字通り隔世の感がある。新聞に、雑誌に、史蹟、名勝とか天然紀念物とかいふ文字が盛に見受けられる。交通関係会社の宣伝広告にさへ「史蹟巡り」とか「史蹟を主としたハイキングコース」とかいふ文字さへ用ひられるに至つた。小学校の児童でさへ此言葉をマスターしてゐる有様である。(96)

それでは、保存思想普及の担い手を自負する彼らは、いかなる史蹟認識を有していたのだろうか。機関誌の論調を見る限り、全体として史蹟に学術的・文化的価値を見出すことが一般化していることが見て取れる。(97)古墳、寺址、一里塚などさまざまな対象に対し、史蹟調査嘱託と同様な説明が反復されたのである。偽史蹟への批判、(98)非学術的発掘姿勢への批判、(99)古墳に由緒的価値と学術的・文化的価値が併存していることの指摘なども、(100)引き続き確認できる。

その一方で、由緒的価値を重視する立場からの反発もあった。特に一九三三（昭和八）年頃からは、聖蹟・建武中興関係史蹟顕彰の潮流の中で、文部省史蹟保存行政の指定方針への風当たりも強まってくる。郷土史家の高橋城司は

『史蹟名勝天然紀念物』の保存協会二五周年記念特集に際し、次のように「保存事業の大衆化」を訴える意見を寄せた。

勿論、古墳の特異なる形式又は構造とか、或ひは単に類例稀なる植物とかいふ様な純学術的な、地味なもの丶保存も必要であるが、それと同時に、もつと広く、もつと大きく着眼し、殊に歴史上著名な事実――国民生活に至大な影響を及ぼし、国民精神を支配した様な――に関する史蹟の保存に就ては、格別なる関心を払ひ、一段深く、広く手を着けねばならないと思ふ。史蹟名勝天然紀念物の保存顕彰に依つて、其処に浮彫にされた日本の歴史が現はれ、日本民族の生活が浮き出だし、而して、日本精神が潑溂として脈打ち、躍動して来るまで行かなければ駄目だと思ふ。そして、端的に国民の心に触れ、民族精神を油然たらしめることだ。〔中略〕此事業を学者の手に依つてのみ行つてゐる間は、未だ、保存法の真精神が徹底したとは謂へない。此事業が普辺《〔ママ〕》化し、国民大衆の手に移つて、学者が其の指導者、研究者、相談相手として存在意義を生ずる時に、真に、此事業の精神が達成せられるものであると思ふ。[101]

また同じ号では、郷土史家で三重県史蹟調査委員の大西源一も、史蹟保存行政の学術的価値重視の立場に異を唱えている。

これまでに政府の手で指定された史蹟はかなりの数に上つてゐるが、古墳とか寺院阯とか云ふものが其の大部分を占めてゐる様に思ふ。局外者から見ると政府の指定方針があまり考古学的方面に偏重してゐるやうな感じがする。〔中略…当局発行の史蹟報告書は〕読んで見たところが、一部の限られた学者以外には全く無味乾燥で、蠟を嚙むやうなものである。学術的価値を外にしては、素人には殆ど猫に小判で、それによつて何等の興味をも惹き起されぬであらうと思はれる。何とかして其の点を今少しく緩和し、柔く潤ひのあるものに出来ぬものだらうか。言ふまでも無く、史蹟は国民の大多数から云へば九牛の一毛にも当らぬ二三の学者や、一部官僚の私有物ではない。〔中略〕保存課の人々もいつまでも象牙の塔にたて籠つてゐるばかりが能でもなからうではないか。[102]

高橋・大西ともに、史蹟保存行政のアカデミックな姿勢に対し、大衆性を重視する立場から批判を展開している。ただ、これも別の側面から見れば、学術的・文化的価値を重視する立場が主流であったことを証する事例ともいえる。実際、こうした批判を意識しつつ、学術的・文化的価値にもとづく史蹟認識を擁護する意見も、同誌上に確認できる。たとえば、同誌の書評では、京都府の史蹟名勝天然紀念物調査報告書が、文献資料よりも遺跡遺物等の物質資料に重きを置いていることについて、次のように述べる。

特に吾人の注意を惹くものは従来文献に関するものが多かつたのが本冊には遺蹟並に遺物に関するものが全部を占めて居ることである。〔中略〕爾来古墳窯阯の如き地味な史蹟の指定保存に関しては異論も存するが、史蹟遺物の調査研究と云ふことは文献に欠如せる史実を補足し、国史の成績を闡明ならしむる唯一の手段で、之に依つて古代文化の発達道程並にその分布も明らかなるを得るのである[103]

また、大西が「蠟を嚙むやうなもの」と酷評した史蹟調査報告書だが、版元の刀江書院による『史蹟調査報告』第三の広告文には、次のような文言が連ねられていたことにも注意したい。

我が日本史蹟名勝の研究並に保存の偉業を大成し、精細なる法規の下に着々その報告を発表し、我が国文化の宣揚に寄与せられつゝあるもの、即ち我が内務省の史蹟名勝天然紀念物保存事業之れである。〔中略〕飛鳥時代の美術を産み、奈良時代の工芸を産んだ世体としての古き日本の要素には石器時代の遺跡遺物もあるが、優れて立派な又日本独特の瓢形墳の静かに臥牛の如く大和平野に横たはれる様を見る時は、そこに古代日本の雄姿を偲ぶの情湧然として禁ずべからざるものがある。処々の丘陵の上に将た林間に隠見する円塚、その石室の構造、石棺の工作、共に古代工芸の力を飽かず眺めしむる。奈良仏教の大成者行基の墳墓稀有の磨崖経碑、頭塔の優秀な石仏、春日奥山の石仏群等奈良に杖を牽く人の見逃すことの出来ない勝地である。此等の史蹟が我が日本歴史の生きた材料で之等を見究めずして歴史を語ることは出来ない。(104)

このように、無味乾燥と批判される史蹟調査報告も、少なくとも広告上は、ナショナリズムとロマンチシズムに彩られ、「我が国文化の宣揚に寄与」するものとされていたのである。

さらに、聖蹟顕彰が高唱されていく時期においても、東京府の石器時代住居阯の調査報告の書評は「頃者日本精神の高揚に伴ひ稍もすれば之に役立たざる史蹟は措て顧みられざる憾が深いが、彼は彼、此は此と学術研究上保存を要すべきものは、時代思潮の如何に拘らず、之を保存するのが保存事業の本来と云はなければならぬ(105)」と、学術的価値を重視する保存の意義を擁護している。こうした主張がなお可能だったのは、学術的研究こそが日本文化の闡明に結びつくという考え方が、一定の共通認識となっていたからだといえるだろう。

このように、昭和戦前期の保存協会は、中央の学者・保存行政当局者と、地方の郷土史家・民間保存運動家・保存行政当局者とが交流する場であり、一般の民間人をも対象に含む啓発事業も行われた。機関誌では史蹟の学術的・文化的価値を重視する考え方が定着する一方で、行政当局のそれに対する批判も生じたが、そうした批判も織り込みつつ、両者の併存は自明のものとなっていったのである。

3　歴史学・考古学の大衆化と郷土史研究の潮流

もちろん、史蹟の学術的・文化的価値に対する理解の促進は、保存協会のみによってなされたわけではない。それを促した社会的状況として指摘しうるのは、歴史学・考古学の大衆化と、郷土史研究の潮流である。保存協会の新たな担い手となった各地の史蹟保存行政担当者や郷土史家、中等教員らは、広い視野から見ればこの潮流の担い手でもあった。

歴史学・考古学の大衆化状況を示す一例として、大正期から昭和戦前期にかけて、学問的成果を通俗的に扱うことを売りにした雑誌や叢書が増加したことが挙げられる。その担い手となった出版社の一つが、『中央史壇』（一九二〇～二八年）、『歴史公論』（一九三二～三九年）などの雑誌、『考古学講座』（一九二六年刊行開始）、『日本風俗史講座』（一九二七年刊行開始）などの叢書をヒットさせ、歴史学・考古学の大衆化路線を打ち出した出版社・雄山閣である。[106]歴史学者・遠藤元男の回想によれば、雄山閣の出版物には「アカデミックな傾向というよりは、〝街の歴史家〟という人々が、ファンとしてついてい」た一方で、「大家といわれる人たち」でも「雄山閣に好意を持って」いた者がおり、東京帝国大学教授・史料編纂所長の辻善之助らは「アカデミズムだけれども、大衆にも理解されるような」姿勢を示し、寄稿その他の後押しをしていたという。[107]

実際、『歴史公論』は辻善之助の推薦で入社した辻門下の湊元克巳を編集長に据え、学者の寄稿を得ながら毎号特集を組んでいた。[108]その巻頭言は「歴史研究はもはや一部の有閑インテリ、ブルジョアの手から解放されて、一般大衆のものとならねばならぬ。／我等の目標は歴史認識の大衆化だ」と高らかに宣言している。[109]史蹟調査嘱託の斎藤忠も、旧制高校時代は『考古学講座』を「絶好な参考書」とし、『中央史壇』の特集「趣味の考古学」号によって考古学の魅力に引きこまれたという。[110]大学卒業生が徐々に各地の中等・高等教育の担い手となった結果、アカデミックな研究の生産・受容層が、その裾野を広げていったという状況が推測される。

こうした状況は、郷土史研究のあり方にも影響を与えていく。大正期から昭和戦前期にかけては、中等教育の現場と結びつきつつ歴史の研究・愛好団体が各地で形成され、それにともなって郷土史研究雑誌や関連出版物も増加していた。道府県の史蹟保存行政や自治体史誌編纂も各地で行われ、彼らが活躍する場も用意された。その過程で民間の郷土史研究は、歴史学・考古学・民俗学などの学術的成果を積極的に取り入れるようになっていったのである。たとえば、教員向け歴史雑誌『歴史教育』の臨時増刊号「郷土史は如何に研究すべきか」は、「近来我国学界の進歩に伴ひ、教育界に於ても、研究家に於ても、将た又愛好家に於ても、郷土史の教授、研究、及び趣味的愛好が、日に月に益々旺盛となり、文部当局に於ても郷土科に重きをおかるゝ」状況に際して、「懐古的」「骨董的」なものにとどまらない「学問的」な郷土史研究入門の立場をとり（巻頭言）、歴史学・考古学・民俗学・建築史学などの専門家が記事を寄せていた。(111)

そして、柴田常恵が語っていたように、文献資料に乏しい郷土史の叙述においては、物質資料としての考古学的遺物や史蹟は不可欠なものとして活用されるようになる。史蹟の学術的・文化的価値は、郷土史編纂の実務的な意義からも理解され、受容されていったのではないかと思われる。

なお、一九三〇年代前半に文部省・郷土教育連盟を中心に展開された郷土教育運動においても、史蹟は重要な位置を与えられている。(112) 郷土科が設置されて郷土教育が規定のものになると、各地の師範学校で郷土資料施設が設置され、史蹟に関しては遺物・写真・絵葉書・映画・史蹟模型・分布図・参考資料などが収集・作成された。(113) 上田三平も、郷土教育連盟の機関誌『郷土科学』に「郷土史料としての史蹟に就て」を執筆し、この運動を後押ししている。(114) 郷土教育運動自体は数年で収束したが、その後も郷土教育の指導書『郷土の観察　教師用』に史蹟は多数取り上げられた。(115)

以上のように当該期は、歴史学・考古学の大衆化状況の中で、郷土史家・教員らが郷土史研究や道府県の史蹟保存行政、自治体史編纂などに活躍し、アカデミックな歴史学・考古学・民俗学ともゆるやかに結びついていた。受容するにせよ反発するにせよ、地域社会の中で史蹟に対する新たな価値認識を率先して受け止めたのは、こうした人々であったと思われる。

4　学術的・文化的価値の通俗化

さらに視野を広げると、史蹟に学術的・文化的価値を見出す考え方は、郷土史家や教員といったアカデミズムの裾野をも超えて、社会との接点を拡大しつつあったことがわかる。たとえば、『尋常小学国語読本』には偉人の伝記だけでなく「法隆寺」「古代の遺物」「姫路城」といった項目が、『高等小学国語読本』には「天然記念物」「国宝」の項目が設けられた。修学旅行の行程に国宝建造物や史蹟・名勝が組み込まれるのもすでに一般化しており、切手、駅名、駅前標示などにも史蹟が用いられていた[116]。国宝や史蹟名勝天然紀念物は、より身近なものとなりつつあったのである。

そしてその際には、史蹟の学術的・文化的価値が、話題性・経済性・娯楽性の資源として、いわば流用されていく傾向がみられる[117]。そのことを示す一事例が、古墳発掘の見世物化という現象である。考古学者・後藤守一は、静岡県松林山古墳発掘の際の状況を、次のように回想している。

> この古墳発掘の時程地方人を騒したことはない。近在の人々が雲の如くに集まる。これを相手として種々の店が道路にずらつと並ぶ。見付に近い関係もあつたらうが、煙草やが臨時の許可をとつて出張つてゐる、総計三十軒足らずの店が出てゐるところは全く縁日である。事程左様に群集する見物人の取締は、村の青年達にはとてもつとまらない。巡査も村の駐在所の旦那だけでは事を欠くと云ふ訳で七八人が臨時に出張つて来、その指揮に署長が来るといふ始末である。
>
> これだけの人々が墳丘の上に上られては、発掘も何も出来ぬといふ訳で、一時間毎に五分間の休憩を人夫達にとらせ、その時山の上に見物を許すとし、五分が過ぎると下山して貰ふことにしてゐたが、さて愈々今日は石室の天井石を取外して中の遺物を見るといふことになると、とても五分の休憩時間だけでは満足出来ない、どうと馳せあがる、巡査は抜刀も辞さない勢で叱咤するが、それも聞ばこその勢である。

その興奮のるつぼの中を、愈々天井石を二枚取り外し、石室内に入つて遺物配置の様を見るべく、自分が先頭をきつた時は、一寸厳粛の中に一種のプライドを感じた。(118)

発掘作業が周囲の環境から切り離されていない当時にあっては、こうした現象は珍しいことではなかったようである。上田三平は『史蹟名勝天然紀念物』に、京都のとある古墳発見にともなう次のような状況を伝えている。

古墳発見以来見物人は引きも切らず、考古学資料の絵はがきが出来る。バスが通ふ。貸切自動車が来る。露天に菓子を売る店が出来る。石棺の中には賽銭が投げ込まれるといふ有様で、丹後一円は古墳の話で持ち切り、何れの地方にも有り勝のことだが、此の刺激を受けて附近に古墳を発掘する者は続々と出で、後日に私の巡見した処では、三河内村の琴平山、山田村、石川村（之れは実見せず）等に石槨の或る部分を発掘して露出せしめ遺物を陳列せる処があつた。(119)

上田はこうした現象に対し概して批判的だったが（第十章参照）、柴田常恵はこれを、考古学が元来有する「大衆的」性質に由来するものと理解し、「試みに貝塚若くは古墳の発掘が何処かに於て行はれしとせよ、これを来観する者は遠近より群を為して男女老少の別なく、為に発掘を妨ぐるに至る程なるが、来観者は知識の程度に随ひ相当の満足を得るのである(120)」と、好意的な姿勢を示していた。

以上の事例はいずれも、史蹟が特定の偉人・事績に結びつけられたために関心を持たれたわけではない。考古学的発掘自体が好奇の対象になり、それを当て込んだ経済活動が目論まれるようになったのである。このとき発掘は、本来の学術的文脈から半歩距離を置き、来訪者にとっては娯楽の対象として、迎える側にとっては収益を生む経済的資源として経験された。史蹟の学術的・文化的価値は、娯楽性・経済性などを媒介として、通俗的に経験・受容されつつあったのである。

おわりに

以上、本章で論じてきたことを整理したい。まず、保存法制度の形成にあたって学者たちは理論的基礎を提供し、運用に際してはその内部にあって中心的役割を担ったことを確認した。

第二に、その史蹟認識は、一九一〇年代に黒板勝美が体系化した史蹟論にのっとり、学術的・文化的価値に重きを置きつつ由緒的価値にもとづく史蹟をも付加・許容するものだった。史蹟保存行政を担った学者たちは、欧米モデルの理想論だった黒板の史蹟保存論を実地に適用し、物質資料としての史蹟から過去の文化を描き出すという実践を推し進めていったのである。この考え方は、保存法制度の基本方針（「要目」）や、運用過程（指定物件、調査報告）にも反映された。一九三〇年代半ばからは聖蹟顕彰の方針が強く打ち出され、史蹟保存行政を担う学者たちへの風当たりも強まるが、史蹟の学術的・文化的価値を重視する姿勢は継続した。このことは、国体史観にもとづく歴史の発揚のみならず、科学的研究による日本文化の描出・発揚によってもナショナリズムに貢献しうるという認識が、当該期の史蹟保存事業を支えていたことを意味するだろう。

第三に、学者たちが史蹟保存行政を通じて提起していた史蹟の価値認識は、歴史学・考古学の大衆化状況、郷土史研究や郷土教育隆盛の状況下で、その担い手たる教員・郷土史家・考古学愛好家などに受け止められ、またさまざまな経路を通じて一般に受容されたと思われる。そして、その受容過程は、学術的・文化的価値がアカデミズムから半ば切り離され、話題性・経済性・娯楽性の資源として流用されていく過程でもあった。こうした流用を通じてこそ、学術的・文化的価値は広がり得たと思われる。この点に関しては、第九章・第十章で、具体的事例に即して検討することにしたい。

反発、無理解、受容、流用など、さまざまな反応を惹起しながらも、こうした史蹟をめぐる価値認識の変容は同時代において幅広く経験されていたのであり、徐々に既存の前提として浸透していったものと思われる。

註

（1）文化財保護委員会編『文化財保護の歩み』（文化財保護委員会、一九六〇年）、文化庁『文化財保護法五十年史』（ぎょうせい、二〇〇一年）など。

（2）住友陽文「史蹟顕彰運動に関する一考察」（『日本史研究』三五一号、一九九一年一一月）、同「解説　近代日本の国民教化と文化財保存問題」（箕面市総務部総務課編『萱野三平邸の保存運動――近代日本の文化財問題（箕面市地域史料集二）』箕面市、一九九一年）、丸山宏「近代における京都の史蹟名勝保存――史蹟名勝天然記念物保存法をめぐる京都の反応」（丸山宏・伊従勉・高木博志編『近代京都研究』思文閣出版、二〇〇八年）、太宰府市史編集委員会編『「古都太宰府」の展開』〈太宰府市史通史編別編〉（太宰府市、二〇〇四年）、研究代表者・寺嵜弘康『戦前期における文化財認識と保護主体に関する研究』（平成一四年度〜平成一七年度科学研究費補助金　基盤研究(C)(2)　研究成果報告書）、同「戦前期における史蹟名勝天然記念物の保護活動について――史蹟名勝天然物調査会の活動をめぐって」（『かながわ文化財』九七号、二〇〇一年五月）、松本洋幸「一九三〇年代の横浜市制と史跡保存」（大西比呂志・梅田定宏編『「大東京」空間の政治史』日本経済評論社、二〇〇二年）など。

（3）朴晋雨「明治天皇の「聖蹟」保存について」（『歴史評論』四七八号、一九九〇年二月）、尾谷雅比古「昭和九年における建武中興関係史蹟の指定について――大阪府を中心に」（藤澤一夫先生卒寿記念論文集刊行会編『藤澤一夫先生卒寿記念論文集』帝塚山大学考古学研究所、二〇〇二年）、北原糸子「東京府における明治天皇聖蹟指定と解除の歴史」（『国立歴史民俗博物館研究報告』一二一号、二〇〇五年三月）、川越美穂「政治と聖蹟」（鈴木淳編『史蹟で読む日本の歴史一〇　近代の史跡』吉川弘文館、二〇一〇年）、寺嵜弘康「明治天皇聖蹟顕彰運動の地域的展開――神奈川県を事例に」（横浜国際関係史研究会・横浜開港資料館編『GHQ情報課長ドン・ブラウンとその時代――昭和の日本とアメリカ』日本経済評論社、二〇〇九年）、畔上直樹『「村の鎮守」と戦前日本――「国家神道」の地域社会史』（有志舎、二〇〇九年）、ケネス・ルオフ『紀元二千六百年――消費と観光のナショナリズム』（朝日新聞出版、二〇一〇年）など。

（4）高木博志『「史蹟名勝天然紀念物」昭和編・解題』（『史蹟名勝天然紀念物〈昭和編〉』別冊、不二出版、二〇〇八年）。

（5）久留島浩・高木博志・高橋一樹編『文人世界の光芒と古都奈良――大和の生き字引・水木要太郎』（思文閣出版、二〇〇九年）、広木尚「近代日本の自治体史編纂におけるアカデミズム史学と地域意識――『足利市史』編纂をめぐって」（『日本史研究』五七九号、二〇一〇年一一月）など。

(6)「史蹟名勝天然紀念物保存法施行二十周年記念談話会」(『史蹟名勝天然紀念物』一四集六号、一九三九年六月)三八七頁。
(7)同右、三八七〜三八八頁。
(8)『帝国議会衆議院委員会議録』二二(臨川書店、一九八三年)三一三〜三一四頁。
(9)大正八年四月九日法律第四四号史蹟名勝天然紀念物保存法(内閣印刷局編『大正年間法令全書』八巻ノ二、原書房、一九九〇年)。
(10)大正八年一二月二七日勅令四九九号「史蹟名勝天然紀念物保存法施行令」(同右八巻ノ三)、大正八年一二月二九日内務省令二七号「史蹟名勝天然紀念物保存法施行規則」(同)。
(11)「史蹟名勝天然紀念物保存要目」(『官報』二二五八号、一九二〇年二月一六日)。
(12)「保存要綱に就て」(『史蹟名勝天然紀念物』四巻一号、一九二一年一月)。
(13)「史蹟名勝天然紀念物保存要目中史蹟の解説(続)」(『史蹟名勝天然紀念物』四巻四号、一九二一年四月)四五頁。
(14)前掲註6、四一頁。
(15)「史蹟名勝天然紀念物保存要目中史蹟の解説」(『史蹟名勝天然紀念物』四巻三号、一九二一年三月)二五頁。
(16)同右、二六頁。
(17)前掲註13、四五頁。
(18)解説の作成者は明示されていないが、前掲註13には「そこで我調査会では」(四五頁)という記述があることから、史蹟名勝天然紀念物調査会関係者が作成したことがわかる。
(19)移管の意図・経緯については、前掲註6、四四〜四五頁。
(20)「行政簡素化に伴ふ保存事務」(『史蹟名勝天然紀念物』一七集一二号、一九四二年一二月)、「行政簡素化に伴ふ保存事務」(同一八集一二号、一九四三年一二月)。
(21)大正八年五月三〇日勅令第二五八号「史蹟名勝天然紀念物調査会官制」(『官報』二〇四六号、一九一九年五月三一日)、内田英二「史蹟名勝天然紀念物保存法解説(八)」(『史蹟名勝天然紀念物』一〇集六号、一九三五年六月)、昭和八年四月一一日文部省訓令第一〇号「史蹟名勝天然紀念物調査委員会規程」(『官報』一八八一号、一九三三年四月一一日)、昭和一一年一一月一二日勅令第三九七号「史蹟名勝天然紀念物調査会官制」(『官報』二九六〇号、一九三六年一一月一二日)。
(22)児玉九一・有光次郎『神社行政・宗教行政』(常磐書房、一九三四年)三三五頁。
(23)史蹟調査嘱託という名称は官制にもとづくものではないが、後述する上田三平の場合、就任にあたって内務省知事官房から「シセキチヤウサヲシヨクタクス」という電報を受けており、当時関係者間で一般的に用いられた名称だったと思われる。上田三平『史跡を訪ねて三十余年』(小浜市立図書館、一九七一年。一九五〇年上田三平刊の復刻)四〇〜四一頁。

(24)内田英二「史蹟名勝天然紀念物保存法解説（十三）」（『史蹟名勝天然紀念物』一一集一号、一九三六年一月）七三頁、内政史研究会編『有光次郎氏談話速記録（内政史研究資料第六四、六五集）』（内政史研究会、一九六八年）一七頁。

(25)前掲註22『神社行政・宗教行政』三二四～三二五頁。なお、廃止されていた期間は、調査嘱託による打ちあわせ会によって代えていたという。前掲註21「史蹟名勝天然紀念物保存法解説（八）」六六頁。

(26)前掲註24「史蹟名勝天然紀念物保存法解説（十三）」七三頁。

(27)一例として、「石川県狐山古墳の調査」（『史蹟名勝天然紀念物』七集二号、一九三二年二月）、「群馬県箕輪上芝古墳の調査と其の保存」（『史蹟名勝天然紀念物』四集四号、一九二九年四月）。

(28)「道府県社寺兵事課長事務打合会」（『史蹟名勝天然紀念物』一六集七号、一九四一年七月）。

(29)「新に指定せられたる史蹟名勝天然紀念物」（『史蹟名勝天然紀念物』七集五号、一九三二年五月）。

(30)「都市計画と保存事業」（『史蹟名勝天然紀念物』一〇集一〇号、一九三五年一〇月）、「鎌倉史蹟の保存に就て」（『史蹟名勝天然紀念物』八集一〇号、一九三三年一〇月）。

(31)「編集後記」（『史蹟名勝天然紀念物』一〇集一二号、一九三五年一二月）。

(32)「新に明治天皇聖蹟保存事業を開始せらる」（『史蹟名勝天然紀念物』八集五号、一九三三年五月）、「再び建武中興六百年と関係史蹟の保存に就て」（同九集一号、一九三四年一月）、「歴代天皇聖蹟の顕揚保存に就て」（同一〇集二号、一九三五年二月）。

(33)明治天皇聖蹟が指定され始めたのは一九三三年だが、同年は八六件もの明治天皇聖蹟が指定されたのに対し、他の史蹟（名勝を兼ねたものを含む）の指定は一五件に過ぎなかった。

(34)具体的には、「桜井駅阯（楠木正成伝説地）」（一九二一＝大正一〇年指定）、「院庄館阯（児島高徳伝説地）」（一九二二＝大正一一年指定）、「灯明寺畷新田義貞戦没伝説地」（一九二四＝大正一三年指定）、「生品神社境内（新田義貞挙兵伝説地）」（一九三四＝昭和九年指定）、「稲村ヶ崎（新田義貞渡渉伝説地）」（同年指定）、「一宮（桜山慈俊挙兵伝説地）」（同年指定）、「桶狭間古戦場伝説地　附戦人塚」（一九三七＝昭和一二年指定）の七件である。

(35)「本年中に於ける保存問題の回顧」（『史蹟名勝天然紀念物』一〇集一二号、一九三五年一二月）。

(36)一例として、花山塚古墳について「伝説としては花山法皇の御陵ならんと伝へて居るが形式上そんな時代と認めることは出来ない。磚槨式石室を有する古墳を考定することは、楽浪文化との接触を攻究する上に頗る興味あることであるが、何れも的確な資料を発見しない、而し此種槨壁の現存せることは古代日本の研究に向つて一道の光明を与へるものと云へるだらう」と評価し、「学術資料として保存の必要を認められ」た結果の指定であることが明記されている。『史蹟調査報告』第三（内務省、一九二七年一二月）二六頁。

(37) たとえば、足利氏宅阯は「当時の豪族が地方に於ける邸宅の状態をも知るに至るもの」(『史蹟調査報告』第一、内務省、一九二六年、五八頁)であり、行基墓は「天平時代に於ける僧侶の火葬の一形式として時代相を示す重要な遺跡遺物」(前掲註36、六四頁)でもあると評価された。
(38) 黒板勝美「上野三碑調査報告」(『史蹟精査報告』第一、内務省、一九二六年三月)二三頁。
(39) もっとも、『史蹟精査報告』第一に収められた他の報告書を見ると、学術的・文化的価値以外の側面からの評価も見られる。田沢金吾の報告(「山ノ上古墳」)は、山ノ上古墳の学術資料としての重要性を指摘する一方で、祖先の墳墓としての価値を高唱している。また、宮地直一の報告(「日光並木街道附並木寄進碑」)は、文献考証による事績調査が主たる内容であった。
(40) 日本歴史学会編『日本史研究者辞典』(吉川弘文館、一九九九年)八二頁、荻野仲三郎の項。
(41) 前掲註23、四八頁。
(42) 黒板博士記念会編『古文化の保存と研究――黒板博士の業績を中心として』(出版者記載なし、一九五三年)。同書からは、高野山宝物調査(二四七頁)、高野山霊宝館建設事業(二五〇頁)、日光宝物館建設事業(二三五頁)、岩崎男爵家宝物調査(二二四頁)、帝室博物館復興翼賛会(一五四、一六四頁)などで関わっていることがわかる。
(43) 藤懸静也「史蹟・宝物の保護」(前掲註42)一三九頁。
(44) 大場磐雄「学史上における柴田常恵の業績」(大場磐雄編『柴田常恵集(日本考古学選集一二)』(築地書館、一九七一年)。
(45) なお、『史蹟名勝天然紀念物』新刊紹介欄は、『史蹟調査報告』第一を柴田の著作として紹介している。
(46) 上田は、「調査の方は東大の人類学教室から入られた柴田常恵氏が常任としてやって居られ、私はその次に迎《ママ》られたのである」と回想している。前掲註23、四三頁。
(47) 前掲註23、四七頁。
(48) 稲村坦元「柴田常恵氏について」(前掲註44『柴田常恵集(日本考古学選集一二)』集報四)。
(49) 前掲註44。
(50) 前掲註48。
(51) 前掲註23。以上の上田に関する説明はいずれも同書にもとづく。
(52) 上田三平「郷土史料としての史蹟に就て」(『郷土科学』一六号、一九三二年二月)。
(53) この点については第十章で取り上げるが、郷土史家に対する自身の学問的優越性を強調する様子がしばしば見受けられる。
(54) 斎藤忠『日本考古学人物事典』(学生社、二〇〇六年)二〇九頁、古谷清の項。
(55) 前掲註23、四九頁。

(56) 斎藤忠『考古学とともに七十五年』(学生社、二〇〇二年)。
(57) 磯貝正義「坂元さんと私――文部省保存課のころ」(『日本文化研究』七号、一九八四年七月)、同「文部省保存課のころ――神武天皇聖蹟調査に触れて」(『日本歴史』四八三号、一九八八年八月)。
(58) 柴田と黒板との関係は不詳だが、第六章で述べたように、一九一三(大正二)年には福岡県下の史蹟調査で二週間を共にしており、知己であったことは確かである。
(59) 黒板勝美「古墳発掘に就て考古学会々員諸君の教を乞ふ」(『考古学雑誌』三巻一号、一九一二年九月)。
(60) 有光教一「学史上における浜田耕作の業績」(有光教一編『浜田耕作集』上巻、築地書館、一九七四年)四頁、斎藤忠『日本考古学史』(吉川弘文館、一九七四年)二〇一~二〇六頁。
(61) 浜田耕作「歴史記念物の保存　敢て当局者に望む(一)~(六)」(『大阪毎日新聞』一九一六年一一月二二日~二七日付各三面)。
(62) 浜田耕作『通論考古学』(大鐙閣、一九二二年)。
(63) 柴田常恵『史蹟と考古学(考古学講座六号)』(国史講習会雄山閣、一九二六年)三一~三三頁。
(64) 上田三平『日本史蹟の研究』(第一公論社、一九四〇年)序一頁。
(65) 前掲註63、二頁。
(66) 同右、二~四頁。
(67) 同右、一三~一四頁。
(68) 同右、一四頁。
(69) 同右、一七~一九頁。
(70) 斎藤忠『古代遺跡の考古学者』(学生社、二〇〇〇年)六七~六八頁。
(71) 上田三平「史蹟の踏査と調査」(『歴史教育』五巻七号、一九三〇年九月)七四頁。
(72) 同右、六四~六七頁。
(73) 前掲註63、六~七頁。
(74) 柴田常恵「石器時代住居阯概論」(前掲註44『柴田常恵集(日本考古学選集一二)』所収。初出は一九二七年)三九頁。
(75) 柴田常恵「府県史と町村史」(『埼玉史談』四巻一号、一九三二年一〇月)七頁。
(76) 同右、八~一〇頁。
(77) 柴田常恵「墓地と墓碑」(『考古学』四巻一号、一九三三年一月)一三~一四頁。
(78) 同右、一四頁。

(79) 上田三平「関東地方の古墳」(上田三平『東京御茶水に於て発見せる地下式横穴の研究』日本史蹟研究所、一九四三年。一九三八＝昭和一三年一一月一八日中央放送局放送要旨)五一頁。
(80) 上田三平「先史時代の交通」(『歴史地理』五七巻四号、一九三一年四月)。
(81) 前掲註71、六七頁。
(82) 保存法制下では史蹟名勝天然紀念物調査会委員・内務省嘱託を務めていた。
(83) 前掲註6、三六〜三七頁。
(84) もちろん前述したように、欧米でも偉人〈顕彰〉的な史蹟保存事業が盛んに行われているという事実は、黒板勝美や三上参次の論説でも語られていることであり、関係者の間では周知のことであったと思われる。
(85) 青戸は『史蹟名勝天然紀念物』に「蒲村花鳥」のペンネームで保存事業に関する随筆を連載、後に単行書『随筆保存』(昭和図書、一九四二年)にまとめている。
(86) 前掲註85『随筆保存』四一頁。
(87) 同右、一五〜一七頁。なお、「口碑伝説」についても「我々の祖先の生活や心理の自然的な記録として貴重」とし、その蒐集・保存は「文化保存事業の任務として重要」と述べている(一七七頁)。
(88) 上田三平「京都府下史蹟調査雑記」(『史蹟名勝天然紀念物』五集一号、一九三〇年一月)五六頁。
(89) 一九二三(大正一二)年以来活動を休止していた同会が、内務当局との密接な連携のもと活動を再開する過程については、『史蹟名勝天然紀念物』一集一号(一九二六年一月)の「協会月報」欄に詳しい。
(90) 会の運営資金の大部分が国庫補助金に依拠していたことは、「編集後記」(『史蹟名勝天然紀念物』四集六号、一九二九年六月)、「会費御納入に就て」(同八集一二号、一九三三年一二月)など。
(91) 「昭和十年度総会」(『史蹟名勝天然紀念物』一一集二号、一九三六年二月)。
(92) 一九一五(大正四)年から二〇(大正九)年にかけては記名記事一七一件中、博士の執筆は九一件だが、一九二六(大正一五・昭和元)年から三五(昭和一〇)年にかけては記名記事一九九件中、博士の執筆は三〇件にとどまる。
(93) その内容は『史蹟名勝天然紀念物』各号で告知・報告されている。見学会は柴田常恵ら史蹟調査嘱託が指導の任にあたることも多かった。
(94) 「大阪支部発会式」(『史蹟名勝天然紀念物』三集一号、一九二八年一月)。
(95) 「編集後記」(『史蹟名勝天然紀念物』八集二号、一九三三年二月)。
(96) 高橋城司「保存事業の大衆化を」(『史蹟名勝天然紀念物』一二集二号、一九三七年二月)二二頁。

(97) 一例として、上田三平が調査し県知事の指定申請となった狐山古墳の紹介記事は「抑も古墳の保存は、単にそれが吾等祖先の墳墓であるからと云ふ意義の外に、上代の文化開発の有様を如実に推定考察する上に極めて重要なる資料と為る可きものである〔中略〕之が全国的に系統的に調査完了の上は、軈て上代の文化圏は明かになる」と述べている。「石川県狐山古墳の調査」(『史蹟名勝天然紀念物』七集二号、一九三二年二月)九三頁。

(98) 「贋物保存の厳禁」(『史蹟名勝天然紀念物』四集八号、一九二九年八月)。

(99) 服部勝吉「平泉史蹟の保存に就て(二)」(『史蹟名勝天然紀念物』六集五号、一九三一年五月)。建築史学者である服部は、平泉を訪れた際、金鶏山で伝説の金鶏発掘作業が行われ、その結果史蹟が破壊されているのを目の当たりにして憤慨している(三~五頁)。

(100) たとえば、交通風俗史家・樋畑雪湖は「第八回見学旅行記」で、「一体古墳に対する見方に、古墳其物の調査を主とすといふ考古学的な立場に在る人々と、之れを国史に結付けて、之は何々天皇若しくは王子の御陵墓である。又は何々国造の墳墓なりと見てゆく立場の人々とがある。/ 乍併此の二つの見方は、また第三者の立場に立つて見れば、共に必要なことで、之れを考古学的に見、また文化史的に見てゆくことも極めて興味深いと同時に、之れを其の墳墓の下に永久に眠れる主の名に当てて考慮することも、多くの危険の伴ふことは無論であるが甚だ面白い行方であると思ふ」と述べている(樋畑〔雪湖〕「第八回見学旅行記」『史蹟名勝天然紀念物』一集一二号、一九二六年一二月、六九頁)。

(101) 高橋城司「保存事業の大衆化を」(『史蹟名勝天然紀念物』一二集二号、一九三七年二月)二二~二三頁。

(102) 大西源一「史蹟保存事業の通俗化を望む」(『史蹟名勝天然紀念物』一二集二号、一九三七年二月)一二七~一二八頁。

(103) 『京都府史蹟名勝天然紀念物』第一四冊、京都府」(『史蹟名勝天然紀念物』八集九号、一九三三年九月)七三~七四頁。

(104) 『史蹟名勝天然紀念物』(三集二号、一九二八年二月)巻末広告。

(105) 『東京府史蹟名勝天然紀念物調査報告書』第一四冊、東京府」(『史蹟名勝天然紀念物』一三集一一号、一九三八年一一月)七三頁。

(106) 大沢未知之助編『雄山閣八十年』(雄山閣出版、一九九七年)、長坂金雄『雄山閣と共に』(雄山閣出版、一九七〇年)。

(107) 「日本人の歴史史料の定本作りへ(座談会 雄山閣の今昔Ⅲ)」(『雄山閣八十年』雄山閣出版、一九九七年)一八〇~一八一頁、遠藤元男の発言。

(108) 「座談会 今昔あれこれ」(長坂金雄『雄山閣と共に』付録、雄山閣出版、一九七〇年)七~八、一三頁、湊元克巳の発言。

(109) 「生誕言」(『歴史公論』創刊号、一九三二年一一月)。

(110) 斎藤忠「考古学研究者へもたらした裨益の軌跡」(前掲『雄山閣八十年』)一六頁。

(111) 「臨時増刊号 郷土史は如何に研究すべきか」(『歴史教育』五巻七号、一九三〇年九月)。

(112) 郷土教育運動一般については、海老原治善「郷土教育とは何か」(『「郷土」「郷土科学」「郷土教育」』別巻二、名著編纂会、一九八八九年）参照。

(113)「特集　郷土研究と教育施設」（『郷土教育』一八号、一九三二年三月）。

(114) 上田三平「郷土史料としての史蹟に就て」（『郷土科学』一六号、一九三二年二月）。

(115) 文部省編『郷土の観察　教師用』（文部省、一九四二年）。

(116) 前掲註85『随筆保存』。

(117) 流用という概念は、文化人類学者・太田好信の研究（『トランスポジションの思想――文化人類学の再想像』増補版、世界文化社、二〇一〇年）をはじめ文化人類学やその他の研究分野で用いられているが、ここではあくまで本書で扱う事例に即し「アカデミズムの側から与えられた価値認識を、地域社会や個人が自らの意図のもとに用いる」という具体的事柄を指してこの語を用いることとする。

(118) 後藤守一「古墳に立ちて」（『歴史公論』六巻八号、一九三七年六月）一一六～一一七頁。

(119) 前掲註88、五七頁。

(120) 柴田常恵「趣味の考古学」（『歴史公論』六巻八号、一九三七年六月）一八～一九頁。

第九章　古代遺跡と地域社会1

神奈川県津久井郡内郷村・寸沢嵐石器時代遺跡を事例として

はじめに

本章では、一九二八（昭和三）年に発見され、一九三〇（昭和五）年に指定史跡となった、神奈川県津久井郡内郷村（現・相模原市）の寸沢嵐《すあらし》石器時代遺跡（以下、寸沢嵐遺跡と略記）をめぐる地域社会の動向を検討する。

この事例を取り上げる理由は、第一に、地域住民の動向を比較的詳しく把握できる史料を有すること、第二に、寸沢嵐遺跡が由緒的価値を含まない史蹟であるということによる。学術的・文化的価値しか有さない新発見の史蹟を、地域社会はどのように意味づけ、受け入れていったのだろうか。

神奈川県の史蹟保存事業を扱った先行研究として、第一に、寺嵜弘康の研究成果が挙げられる[1]。寺嵜は、神奈川県の史蹟名勝天然紀念物保存行政と史蹟名勝天然紀念物調査会の概要を明らかにしており、関東大震災後の「社寺文化財」復興や聖蹟顕彰運動等のテーマも扱っている[2]。第二に、横浜市の事例を取り上げた松本洋幸は、民間有識者によって組織された横浜史料調査委員会の活動を検討し、歴史的遺産と「愛市心涵養」「外客誘致」策との関わり、その戦時下における変容を論じている[3]。だが、寸沢嵐遺跡を含め、特定の石器時代遺跡の発掘に焦点を当てた研究は、管見の限り見当たらない。そもそも神奈川県に限らず、偉人や歴史的事績に関する地域の顕彰運動や歴史意識を扱った研究蓄積は多いが、何ら由緒のない古代遺跡に関する地域の動向や価値認識を扱った研究は乏しいのが現状である。

そこで本章では、保存行政担当者、郷土史家、地域住民が寸沢嵐遺跡の発見・保存・紹介にいかに関わったかを、

寸沢嵐遺跡（2014 年撮影）

それぞれの史蹟認識の交錯と変容に留意しつつ明らかにしていく。この検討を通じて、史蹟の学術的・文化的価値認識が地域社会に受容されていく過程を、具体的に描き出したい。

第一節　発見の前提

1　神奈川県の史蹟名勝天然紀念物保存行政と地域社会

まず、当該期の神奈川県における史蹟名勝天然紀念物保存行政の状況を整理する。

史蹟名勝天然紀念物保存法・古社寺保存法・国宝保存法・「重要美術品等ノ保存ニ関スル法律」にもとづく保存行政は、道府県においては主に社寺兵事課で扱われた(4)。また、道府県独自の施策として、史蹟名勝天然紀念物調査会などの組織の設置と調査、調査報告書の刊行、保存費補助、標識建設などが行われていた(5)。

神奈川県でも、一九一六（大正五）年に「名勝旧跡保存費補助規定」を制定し、県内の史蹟・名勝保存事業への補助金支給が進められた。史蹟名勝天然紀念物保存法制定後の一九二二（大正一一）年には史蹟名勝天然紀念物調査会設立等も検討されるが、実際に設置されたのは関東大震災とその復興を経た一九三〇（昭和五）年のことである。調査会の会長は学務部長、副会長は社寺兵事課長で、歴代委員の多くが中学校の教員や元教員で占められている。同会では、県補助金の申請に対する調査や、史蹟名勝天然紀念物保存法にもとづく県の仮指定のための調査がなされたと推測され、調査報告書の執筆、標識史蹟推薦地に関する調査・選定なども行われた。また、調査会と同時に史蹟名勝天然紀念物保存協会神奈川支部も設置されている。支部長は学務部長、副支部長は社寺兵事課長で、県調査会委員の多くが保存協会神奈川支部役員も兼ねていたと見られ、こちらは見学会などの普及事業を実施した。(6)

こうした動向と軌を一にしていたのが、さまざまな郷土史研究団体の活動である。郷土史家・石野瑛《あきら》らを中心とした武相考古会（一九二二年設立）は文献や史蹟遺物の調査保存を目的の一つに掲げており、神奈川県郷土史研究会（一九三二＝昭和七年設立）、神奈川県史蹟めぐり同好会（一九三二年設立）、神奈川県郷土研究連盟（一九三九＝昭和一四年設立）など複数の郷土史研究団体が活動していた。(7) そしてこれらの団体もまた、調査会・保存協会神奈川支部とメンバーが重なるところがあった。

このように、中等・高等教育を修め、中央の学者たちとも繋がりを有する新たな郷土史家たちは、公的・私的さまざまなレベルで相互に連携を取りつつ、郷土史研究や史蹟の調査・保存に取り組んでいたのである。

2　内郷村と長谷川一郎

次に、寸沢嵐遺跡が発見された内郷村と、発見者・長谷川一郎という人物について確認しておく。同村は一九一一（明治四四）年時点で戸数三七一、田畑は僅少で、養蚕と絹織物を主な収入源とする山村であった。しかし通俗教育は充実しており、同村青年会は一九一一年、県下で最初に県と文部省から表彰されている。また、明治期末から大正期にはたびたび通俗教育講演会を開催し、一九一一（明治四四）年には尾崎行雄（東京市長・衆議院議員）、坂本龍之輔（教育者）、小林房太郎（地理学者）、一九一二（大正元）年には志賀重昂（地理学者）、田中阿歌麿《あかまろ》（同）、小林房太郎、一九一三（大正二）年には根本正（衆議院議員）、桜井忠温《ただよし》（陸軍歩兵大尉・作家）、高橋清七（上田蚕糸専門学校講師）を招いている。通俗教育とは無関係ながら、一九一八（大正七）年、柳田国男と郷土会がはじめて共同調査を実施した村としても知られている(8)。

そして、こうした教育活動を推進していた中心人物が、寸沢嵐遺跡の発見者となる長谷川一郎であった。長谷川は一九〇一（明治三四）年神奈川県師範学校を卒業後、内郷尋常高等小学校長を長年にわたって務め（一九〇三〜二四年。次いで一九二四〜二五年青野村尋常高等小学校長）、実業教育・青年団運動の指導にも取り組んだ。講演会等を通じて著名人を村に招いたのも彼である。教職を退いてからは内郷村長（一九二九〜三七年）、大政翼賛会津久井郡支部事務長（一九四四年）、内郷村教育委員長（一九五三年）などを歴任、年不詳だが津久井観光協会（津久井観光振興会とあるものも）を組織し会長を務めていたという(9)。長谷川は、同地域における初等・実業・通俗教育の指導者であるとともに、観光開発などを通じて村と地域の発展に尽力した人物だったといえる。

その一方で、長谷川は郷土史研究にも熱心に取り組み、考古学と石器蒐集の趣味を有していた。発掘した石器を庭に飾り、地域住民から奇異の眼で見られ「石の先生」の異名もあったという(10)。昭和期には史蹟名勝天然紀念物保存協会会員として『史蹟名勝天然紀念物』に紀行文を寄せており、人類学者鳥居龍蔵が主宰する郷土研究団体・武蔵野会でも、会員として雑誌『武蔵野』にたびたび寄稿していた。つまり、前述した神奈川県周辺の郷土史家グループの一員だったと考えてよいだろう。

第二節　発見と諸反応

1　発見から指定まで

寸沢嵐遺跡の発見から指定に至る経緯を表9－1に整理した。発端は一九二七（昭和二）年春、宮崎律が自宅の裏に林檎の木を植える際、敷石のようなものを発見したことに始まる。その時点で話題になることはなかったが、翌一九二八（昭和三）年七月一一日、宮崎宅を訪れた長谷川一郎は、前年掘り出された敷石を見て石器時代住居跡であると確信する。直ちに宮崎とともに掘り始めて敷石遺構の一部を確認し、一三日から一四日にかけて宮崎の家族らと発掘を進め、六角形の炉を発見するに至る。一七日には石畳の全体を掘り出して一段落とし、注連縄をめぐらして立ち入りを制限した。

この発見は即座に新聞に報じられるとともに（後述）、二六日には内務省・東京府・神奈川県の保存行政担当者や武蔵野会が、九月には神奈川県知事や石野瑛らが来訪、翌一九二九（昭和四）年一二月には鳥居龍蔵らが訪ねて講演会を開催している。

当初から保存行政担当者が調査に訪れていたため、指定の手続きも順調に進行し、一九三〇（昭和五）年には史蹟名勝天然紀念物保存法にもとづき史蹟に指定された。一九三二（昭和七）年には保存施設が完成し、説明版が設置されている。

2　地域住民及び見物客の寸沢嵐遺跡受容

それでは、石器時代住居跡の発掘という出来事は、地域住民の間でどのように経験されていたのだろうか。長谷川一郎は『史蹟名勝天然紀念物』に、この間の地域住民や見物客の様子を「笑話」として報告している。少々長くなるが、行論上関係する部分を以下に抜粋したい。(11) 引用文中に付した記号については後述する。

〔宮崎律氏は墓地と考えて手をつけていなかったが〕地形上より石畳と断定した私〔長谷川〕は、其場で大体の説明をなし、躊躇する主人を励まし二人に〔ママ〕して発掘し二畳敷許を掘出した。当夜主人律氏は俄かに発熱して医者にかゝつた。神経を起したのであつたらしい〔（A1）〕。併し数日後、中央から正六角形の炉が出たので一同私の

表9－1　寸沢嵐遺跡の発見から指定に至る経緯

年	月	日	事　項	出典	注記
1927（昭和 2）	春		宮崎律、林檎の木を植える際に敷石のようなものを発見。	ⓐ	
1928（昭和 3）	7月	7日	長谷川一郎、石野瑛に同遺跡の踏査を提案する手紙を送る。	ⓓ	1
		11日	長谷川一郎、宮崎家で前年掘り出した敷石のようなものを実見。石器時代住居跡と判断し、宮崎律と掘りはじめ、一畳敷程度発掘。	ⓐ	1・2
		13～14日	宮崎氏家族（律氏兄、正治（昇治）、信吉）と作男2名にて発掘。六角形の炉を発見し、石器時代住居跡であることを確認。三分の二を掘り出す。	ⓐ	
		16日	部落の青年及び有志を集め、長谷川一郎による講話。将来について注意。	ⓐ	
		17日	残った三分の一を掘り取って一段落とし、縄で柵を廻らす。	ⓐ	
		26日	内務省嘱託柴田常恵・矢吹活禅、東京府嘱託稲村坦元・富田啓温（ひろはる）、神奈川県属山田寅元来訪。	ⓑ	3
		29日	武蔵野会来訪。	ⓒ	
	9月	上旬	神奈川県知事来訪。	ⓓ	
		10日	石野瑛来訪。	ⓓ	
1929（昭和 4）	12月	1日	鳥居龍蔵・中島利一郎（武蔵野会幹事）来訪、講演会開催。	ⓔⓕ	
1930（昭和 5）	11月	19日	保存法にもとづき、「寸沢嵐石器時代遺蹟」として史蹟に指定。		
1932（昭和 7）			保存施設完成、説明板設置	ⓖ	

＊　下記の史料を参考に作成した。
ⓐ長谷川一郎「神奈川県津久井郡内郷村石老山麓に於ける石器時代民族住居址の遺蹟発掘」（『武蔵野』12巻3号、1928年9月）、ⓑ長谷川一郎「相州石老山麓石器時代民族住居阯発掘笑話」（『史蹟名勝天然紀念物』3集11号、1928年11月）、ⓒ「相州内郷村方面見学旅行記事」（『武蔵野』12巻3号、1928年9月）、ⓓ石野瑛「津久井郡内郷村寸沢嵐石器時代住居阯」（同著『武相叢書　考古収録　第一』名著出版、1973年11月。武相考古会1929-36年刊の複製）、ⓔ鳥居龍蔵「内郷村の一日」（『武蔵野』14巻6号、1929年12月）、ⓕ「通達文書類　昭和四年」（神奈川県立公文書館所蔵県史写真製本　津久井郡郷土資料館資料146）、ⓖ津久井郡勢誌刊行委員会編『津久井郡勢誌』（津久井郡勢誌編纂委員会、1953年）

注記1　ⓐの長谷川自身の説明では、7月11日に初めて実見し、直ちに掘り始めたように書かれているが、ⓓによれば、長谷川は発掘前の7月7日、石野へ同遺跡の踏査を提案する手紙を送っていたという。だとすれば、長谷川は7月11日の実見・発掘以前から同遺跡に目をつけていたことになる。
注記2　7月11日の発掘範囲について、ⓑでは二畳敷とされている。
注記3　新聞報道「先住民族の跡発見さる」（『国民新聞』1928年7月28日付朝刊7面）では、八王子史談会天野幹事（天野佐一郎）も調査に訪れた人物に含まれている。

寸沢嵐遺跡発掘当時の敷石遺構（『史蹟調査報告』6輯、文部省、1932年2月）

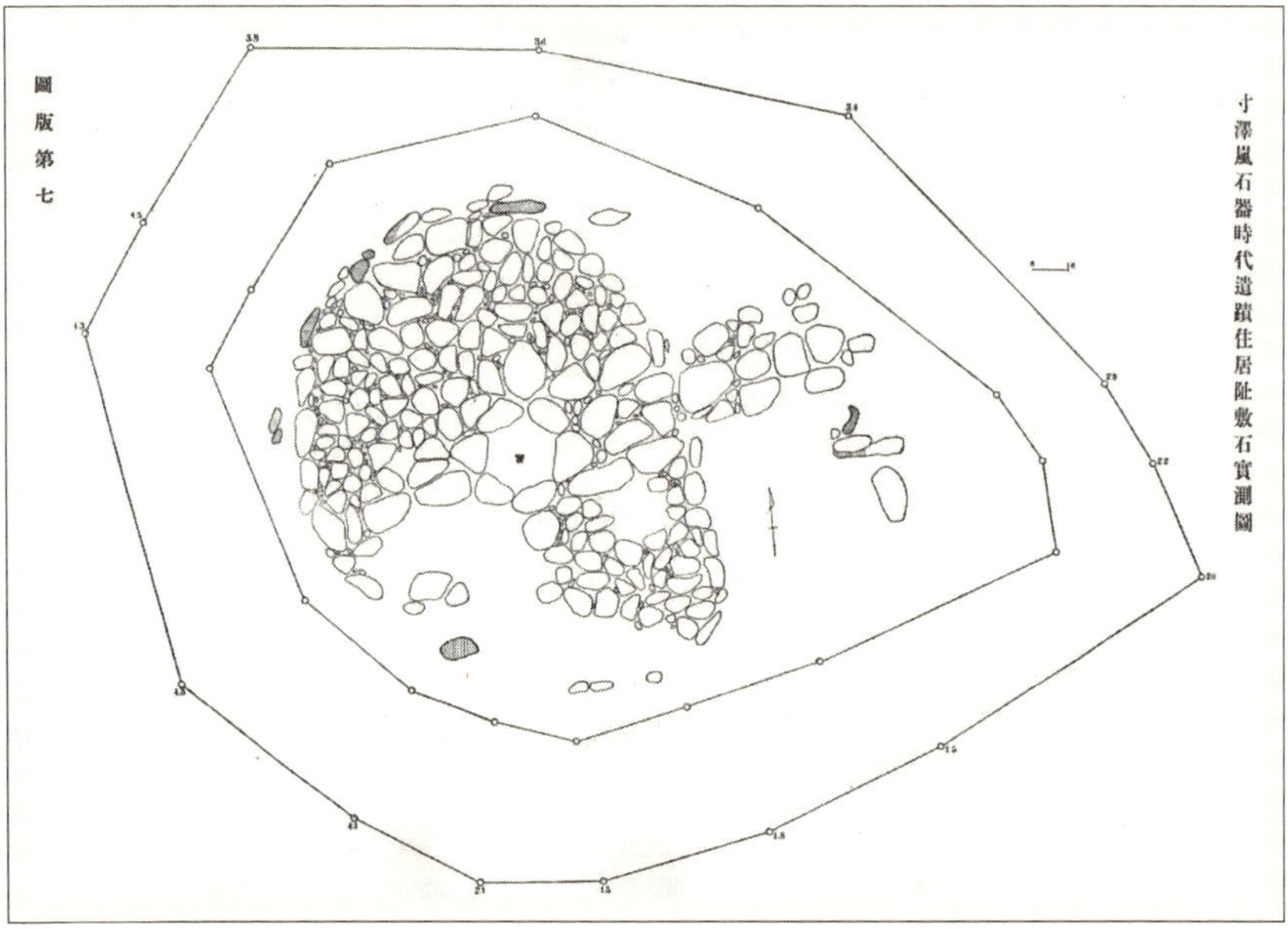

寸沢嵐遺跡敷石実測図（『史蹟調査報告』6輯、文部省、1932年2月）

予言の的中したのに驚き、且又墓場でない事が分つて全く安心した〔(B)〕。〔中略〕墓の祟りと称して婦人や子供を悩ましてゐた、石畳の怨霊〔(A1)〕も今後は全く青天白日となつて退散してしまふ訳だと、説法したら今度は一同大喜びと代つた〔(B)〕。〔中略〕発掘数日後其評番《(ママ)》は村内に隈なく伝はつた、私が三千年前のものだと説明した事が誤つて長谷川先生が三千円もする宝物を秘密で発掘してゐると宣伝せられた〔(A2)〕。〔中略〕通勤の途次遺跡を見によつたら、七十老婆が其場にありし試掘用の缺棒にて頻りに石畳をつゝいてゐる。老婆曰く「古い穴だと云ふから何か宝物でも出るかと思つてつゝいてゐます」と〔(A2)〕。斯様に誤解されてはたまらぬから十六日午後より村内有志を集めて講演会を開いて石畳の説明をして金の出ない事を了解させた〔(B)〕。〔中略〕其後隣村の評判が高くなつた。中野町ではロクロ首が出た、〔方言髑髏をロクロと云ふ〕甲州上野原町ではロクロ首が三千出たと云ふ話〔(A3)〕。多分中央より六角の炉が出た事が間違つたのだらふ。又三千云々は此上の段丘は永禄の昔武田信玄が相州三増合戦に北条勢の首級三千二百六十九を埋めし古墳なればかく誤りしならん。〔中略〕宮崎律の所で七月十一日以来毎日多勢の人が入り込んで石器土器を蒐集するやら、石畳の話しやらで持ち切りだ〔(B1)〕。或日三才の幼児、祖父の下に石コロを持ち来り「おぢいさん石を見て下さい」……「よしよし今に先生がお出でになれば見て戴かう」と慰めた。百聞は一見に若かず。直観的教育は無為にして三才の幼児を考古学者となす〔(B1)〕。〔中略〕遺蹟が発見されてより急に石器蒐集が盛んになつて無闇に他郷に入り込んで無断にあらされるのは困る。／　甚だしきは売買が目的で集めてゐる輩もある〔(B2)〕、こうなつては学問の害毒だ〔(B0)〕。〔中略〕発見以来毎日何十人かの見物の堪え聞かない、趣味のある人ない人に係らず一度遺跡を見物して置かなければ世間話も出来ぬと云ふ地方の人気物となつた。〔(B3)〕／(1)無趣味の人／なんだ河原石がゴロ、、ころがつてゐるではないか、ソ〔ツの誤か〕マラヌ物が評番《(ママ)》になつたものだナー、馬鹿々々しい〔(B4)〕。／(2)信仰心の強き人／なる程三千年前と申せば、天照皇大神様の前だね拝んだ丈でも御光がさしてゐる様な気持がする。ありがたくて涙がこぼれると、思はず合掌。〔(B5)〕／(3)理学的の人／此石は大体道志川の石質だ、正角形の炉の形は理学的で而も原始的で面白い。六角の形は全く自然だ、第一地盤の乾く時の亀裂は六角だと炉の側に六角に割れた石を実例としての説明振に感服した。〔(B6)〕／(4)画家曰く／炉の六角の形や石畳の敷工合を浴衣の染模様にでもしたら面白いでせう。〔(B7)〕／(5)武蔵野会員曰く／七月二十九日武蔵野会員三十人来観した、二三人のヒソ、、話に曰く「だいぶ巧妙の出来だね、近世の物でせう、山中さん〔山中笑《えむ》〕なぞも否定してゐる」云々〔(B0)〕。〔中略〕遺跡発掘以来、来る人逢ふ人毎に、何か宝物でも出ましたか〔(A2)〕、金目のものが出ましたか〔(A2)〕、お上からお金でも下りますか〔(B2)〕、小学校長までが夫れだからたまらない。三千円と大きく出る者は少ないが一も金、二も金、三も金、の話になり驚かされた。／　又遺跡か発見されると急に一夜作りの考古学者〔(B1)〕や虚栄的の石器蒐集の飛びだす世の中〔(B8)〕。こんな浮いた思想を打破するには少なくも三千年の昔を研究する様な考古学的思想を全国一般に普及せしめ、特に石器時代の生活状態を追憶させて、国民の精神を根本的に落着けるより外に仕方がないと痛切に感じた〔(B9)〕。

このように、長谷川によれば、寸沢嵐遺跡は発見当初から誤解を含む注目を浴び、その後も連日多くの見物客が集まるようになっていた。その際、地域住民及び見物客が示した反応は、二つの異なる段階に区別できる。すなわち、石器時代住居跡という事実認識を受け入れる前（A）と後（B）である。

前者の段階では、従来から存在してきたであろう発掘遺物や遺構に対する関心がその中心をなしている。具体的には、墓と見なした上での信仰的・呪術的解釈（「怨霊」「祟り」への不安）（A1）、「宝物」発見への期待（A2）、別の歴史的由緒（相州三増合戦首塚の由緒）との混同（A3）が見受けられる。多くの人にとって未知の存在であった敷石遺構は、まずは既存の解釈枠組みにもとづいて理解されたのである。

これに対して長谷川は、地域住民に対して積極的な啓蒙活動を行い、その結果、石器時代住居跡という事実認識は既知のものとなっていく（B）。その解釈の源泉は、同史蹟の価値を「日本唯一」「世界的」と折紙をつけた史蹟調査嘱託や保存行政担当者の主張にあり、[12]そうした学術的関心は長谷川ら郷土史研究者に共有された一方（B0）、地域社会にも影響を及ぼすことになる。すなわち、にわか考古学趣味の普及（B1）という事態である。それは長谷川にとって必ずしも歓迎すべきものではなく、「虚栄的」意図（B8）や金銭的関心（B2）から石器蒐集をする者もいたというが、いずれにせよ、寸沢嵐遺跡の学術的・文化的価値を、いわば流用したものであったことは確かだろう。なお、金銭的関心という点では、国からの補助金の有無という問題も話題に上っている。

一方、石器時代住居跡という認識を踏まえつつも、学術的関心とはやや距離を置き、単に「世間話」の種として訪れる見物客もあり（B3）、無関心（B4）、信仰的態度（B5）、自然科学的関心（B6）、美的・デザイン的関心（B7）なども向けられていた。遺跡に集まった人々の多くは、やはり各々の関心や解釈枠組みにもとづいて遺跡と接していたのである。とはいえ、石器時代住居跡という事実認識自体は共通の前提となっているのであり、彼らはそれぞれの興味関心を通じて（B）の認識を受容したと言い換えることもできるだろう。寸沢嵐遺跡の発見と指定の話題は新聞でも取り上げられており、[13]こうした報道がまた地域住民や来訪者の関心を喚起したと考えられる。

このように、石器時代住居跡という存在は、従来の解釈の適用や学術的価値の流用など、多様な興味関心が混じり合う中で受容されたのであり、その結果（B）の認識は次第に既知のものになっていったと思われる。なお、長谷川の報告は「笑話」としてまとめられたものであり、自身と価値観が異なる人々の言動を戯画的に誇張している面もあるだろう。だが、長谷川の印象を経由することで、寸沢嵐遺跡をめぐる価値認識の葛藤・混交の様相は、より明快な形で表されることになったともいえる。また、こうした戯画的な地域住民・見物客像は、記事が掲載された『史蹟名勝天然紀念物』の読者である保存事業関係者たちにも、共有されるものだったと思われる。

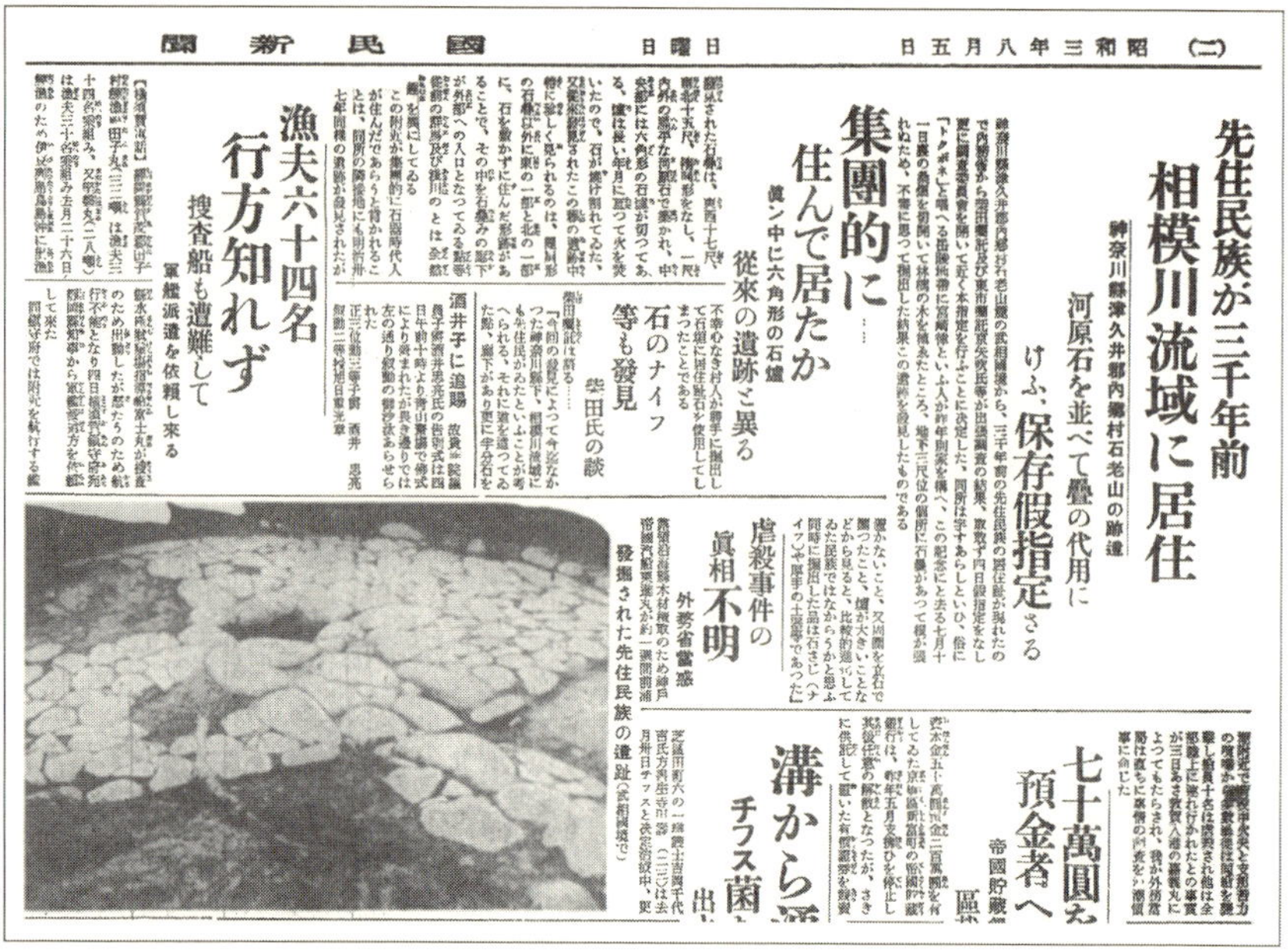

寸沢嵐遺跡発見の新聞報道（『国民新聞』1928年8月5日付夕刊2面）

3　保存事業関係者と長谷川一郎

次に、長谷川を含めた保存事業関係者に目を向けてみたい。史蹟調査嘱託の柴田常恵が、石器時代住居跡に対して学術的・文化的価値を見出していたことは、前述の通りである。柴田ら保存事業関係者の来訪や、彼らが史蹟としてお墨つきを与える談話は、短い新聞記事の中でも取り上げられた(14)。学術的価値の流用に際して、その源泉となったのは、彼らの存在と主張であったと思われる。

史蹟に同様な関心を向けたのは、行政関係者だけではない。人類学者・鳥居龍蔵を中心とした郷土研究団体の武蔵野会や、武相考古会の石野瑛らも来訪し、鳥居は村内で講演会も開催している。行政関係者の解釈に異を唱え、近世のものと見る武蔵野会員もいたが、彼らもまた、学術的・文化的価値を受容し、かつ生み出す人々であるという点では共通している。そして最終的には、文部省による史蹟指定、『史蹟調査報告』の刊行や説明版の設置によって、石器時代住居跡という史蹟の意味が確定したのである。

武蔵野会や保存協会の会員だった長谷川一郎も、この保存事業関係者の一員だったといってよい。彼は内務省・東京府・神奈川県などの行政関係者に連絡をつけつつ、石野瑛にも手紙を送って来訪を促し、[15]『武蔵野』『史蹟名勝天然紀念物』など各種の雑誌でも紹介の筆を執って、[16]史蹟の意味を確定させるのに一役買った。その一方で、地域住民に対する啓蒙活動も行っている。つまり長谷川は、保存事業関係者と地域住民とを媒介する役割を担ったのである。

しかし、文部省と長谷川の間では、解釈や関心の相違もあった。その一つが、寸沢嵐遺跡を先住民族のものとするか否かという問題である。大正期、縄文土器は先住民族すなわちアイヌのもので、弥生土器は日本人のものとする説があったが、[17]この頃には浜田耕作のように、両者の混淆や連続性を指摘して、いずれも日本人の祖先のものと見なす考え方が出てきていた。[18]こうした状況にあって、長谷川は当初から一貫して先住民族の遺跡と見なしており、長谷川らが作成を主導したと思われる史蹟説明版にも「先住民族の住居阯」と明記されていた。[19]だが、一九三二（昭和七）年に出版された文部省の『史蹟調査報告』には、先住民族に関する記述は見られない。[20]学説が確定していない事柄であるため、慎重な立場をとったものと思われる。

第二に、長谷川は、濫りに石器を蒐集することを「学問の害毒」と批判する点で（B０）の立場にあるものの、訓育材料として石器時代遺跡を活用しようとしている点（B９）で、学術的・文化的価値の流用を行っていることである。もっとも、石器時代住居跡は長谷川にとって先住民族＝他者の文化的痕跡に過ぎないものだった。そのため、同史蹟を訓育材料として活用する場合も、祖先の文化の尊重・愛護という定型的言説を用いることができず、古人の苦労に学ぶべしという一般的精神論の喚起にとどまっている。

なお、地域住民が皆、寸沢嵐遺跡に対して無理解だったわけではないことも指摘しておきたい。長谷川に師事して民俗調査や郷土史研究に取り組む鈴木重光のような人物もいたし、[21]かつて柳田らが民俗調査に訪れた際には、子供たちが真似をして石器集めをしていたという回想もある。[22]敷石住居跡についても速やかに受け入れるだけの基礎的知識を有していたと考えられる。長谷川の描く「笑話」では、研究者とそれ以外の人々との断絶があえて強調されているが、そうとばかりはいえないだろう。

以上のように、寸沢嵐遺跡は、さまざまな興味関心を喚起しながらも、基本的にはその学術的価値を評価する観点のもとに、指定史跡として位置づけられることになったのである。

第三節　その後の内郷村と寸沢嵐遺跡

1　内郷郷土史への組み込み

次に、寸沢嵐遺跡がその後の内郷村でどのように扱われたかを見ていきたい。第一に、長谷川の手によって、内郷の郷土史像と郷土史教育の中に組み込まれていったことが指摘できる。

もともと長谷川は、教育的活用を念頭に置いて地域の史蹟を調査しており、一九一五（大正四）年には著作『石老山』を刊行していた(23)。同書には、景勝に優れた石老山を中心に、社寺、相州三増合戦首塚、『明治孝節録』に載った孝女平井初子の墓、津久井城址などの史蹟が紹介されている。中には鉄橋など近代の新名所もあるが、少なくとも歴史的事績や史蹟に関しては、次のように精神訓育的な題材として扱われた。

是等素朴の陬遠の地に、四時美しく姿を更へる、山河襟帯に包まれて、爽やかに澄み渡つた空気や、美しい透きとほる様な水にはぐくまれて、朝に野辺に鍬をひらかし、夕に炉辺に団欒を語り、芳しき孝女の譚に心を洗ひ、勇ましい武士の談に精神を励まして、進めよ努めよと驀直に向上をなせる青年団は、先年文部大臣から推奨を得て、我が国の模範であるとの冠冕は、頭上に赫々と輝いて居る。いざ謳はん哉、吾が故郷。いざ称へん哉、吾が故郷。(24)

長谷川はこうした郷土像の中に、石器時代住居跡を組み込んでいったのである。それが見てとれるのは、長谷川が作詞し、内郷村青年会の機関誌『内郷』に掲載された「内郷村俚謡」である。[25]「内郷よいとこ石老の麓／名所古蹟の風薫る」で始まるこの歌には、前述した村内のさまざまな史蹟が読み込まれているが、そのうち「寸沢嵐（石畳）」は、「寸沢嵐しいぞへ《〔ママ〕》太古の遺蹟／石の畳に石まくら」「石の畳で暮した時を思や／憂世も苦にやならぬ」というように、訓育材料として石器時代遺跡を活用しようとする長谷川の意図を反映した歌詞になっている。

また、「内郷村名所旧跡俚謡（鴨緑江節）」は次のようなものだった。

相州三増合戦首塚（2014年撮影）

平井初子の墓（2014年撮影）

孝ときく／初子の遺蹟はアノ若柳
ヨイシヨ／忠と啼くのはアラ鼠関
ヨイシヨ／岩で名所はヨコラ石老
山／ソコデ亦チヨイチヨイ／三千
年の石畳チヨイチヨイ

このように、寸沢嵐遺跡は、忠・孝といった儒教道徳を反映した史蹟と並列されることになったのである。訓育・教養・娯楽などさまざまな記事が混在する『内郷』の性格から見れば、若者に対する年長者からのメッセージとして読むこともできる。[26] これも史蹟

春酣・山峡の村に石器を探しませう

石老山を訪ふて

家族連れに 摘草にも絶好

"巡り會へますやう"

今熊神社へ願かけるもいゝ 若緑爽かな府下の新コース

春の海・線の野へ

五月八日から六月末まで 東鐵の二割引列車

九段大祭に市バス臨時運轉

新聞に掲載された行楽案内記事（『読売新聞』1937年4月24日付夕刊5面）

の学術的価値の流用の一例と見てよいだろう。

2　行楽地としての寸沢嵐遺跡

第二に、行楽地としての価値を帯びるようになったことが指摘できる。この近辺は従来から川下りや登山のスポットだったが、[27] 一九三一（昭和六）年には、名勝等の開発や宣伝に力を入れていた日本名勝協会の雑誌『名勝の日本』で、津久井渓谷の記事の中に寸沢嵐遺跡が紹介されている。[28] また、一九三七（昭和一二）年『読売新聞』に掲載された石老山登山コースの案内記事では、「晩い山村の春をたずねながら石器時代の遺物で有名な相模国津久井郡内郷村を訪はう」と述べ、次のように具体的な様子を描き出している。

> 再び街道に出て街の中央に来ると、いよゝゝ〔ママ〕天然記念物の石器時代の遺跡がある。四方を板囲ひしたこの遺跡は外部からもうかがはれるが、研究者には内部に入ることも許されてゐる、中央に二尺四方位の炉を切つた約五坪程の石畳で、その石の或るものは俎板にでも使用した痕跡がある。

現在、わが国で発見されてゐるこの種のものでは、一番完全に保存されてゐるものといはれる。

かうした方面に興味を持つ人はこの村の村長〔長谷川一郎〕を尋ねれば、この石畳の発見の発端からこの地方全体にかけての石器時代の遺物に対して詳しい説明をしてくれるし、お自慢の土器、石器数千点を土蔵から出して見せてもくれる。

畠道を歩きながら何気なく拾つた石が、太古すなどりの業に使用した錘であつたり、石鉈〔石匙の誤植か〕だつたり、一度こゝを訪れた人なら誰でもお土産に持つて帰れるほど、遺物の豊富な土地である。[29]

長谷川の津久井観光協会会長としての活動と、寸沢嵐遺跡の行楽地化との関連は不明である。しかし、長谷川や鈴木重光が以前から旅行雑誌などで同遺跡の記事を執筆し、紹介に努めていたことは確かである。[30]こうして寸沢嵐遺跡は、内郷と津久井の史蹟の一つに組み込まれるとともに、その学術的価値は観光資源としての価値へと転換、流用されることになったのである。

第四節　神奈川県郷土史教育のなかの寸沢嵐遺跡

1　郷土史家・石野瑛

最後に、神奈川県の郷土史教育の中で寸沢嵐遺跡がどう扱われていたかを見てみたい。一九三〇年代前半は郷土教育運動が活発化した時期でもあり、この方面で活用されていくことは必然的な流れであった。

ここで改めて注目したいのが、本章でたびたび取り上げてきた郷土史家・石野瑛である。[31]石野は早稲田大学卒業後、中等教員を務めるかたわら、神奈川県内の複数の郷土史団体を運営し、神奈川県の史蹟調査員、保存協会神奈川支部員としても活躍していた。神奈川の保存事業関係者の中核に位置づけられる人物といえる。

以下、石野が執筆した郷土史教育用の歴史叙述を検討するが、あらかじめ彼の歴史教育論を確認しておくと、科学的歴史知識の獲得と偉人による精神的感化の両方をそれぞれに重視する姿勢が見受けられる。たとえばある講演では、古代史は初等教育では神話を中心にすべきだが、中等教育では考古学的知識を授けるべきことを主張している。

初等教育に於ては被教育者の知能の発達程度に順応し、神話の教育を以て我が国の古代の姿を知らしむべきである。〔中略〕事物を合理的・科学的に理解せんとする青年期―中等教育に於て、国史の古代を説くには神話によつて国体の淵源を知らしむると共に、上級に進んでは考古学・民族学・言語学等の科学知識を照合して古代史を組立て、懐疑なからしむべきは私の多年希望する所である。〔中略〕世には国民教育の上から見て、考古学の進歩が土俗・風俗の上に留らず人種論までに進むことは、過去の国史家が国民精神統一上、長年月に亘つて建設した聖なる殿堂を蹂躙するものであるといふ見地より危惧する人もあるが、前にも述べた通り要は被教育者の知能の発達に順応するもので、初等教育に於ては神話を主とする古代史の教育を以て中核とすべきであるが、中等教育以上にあつてはあるがまゝの古代史を授けて、日本民族の由来を明かにし、先住民も帰化人も天孫民族の仁恵のもとに抱擁せられて同化融合し、現今の日本人の祖先となつたことを知らしめて、正しき日本の姿相を凝視せしめてこそ、真の愛国心を強調せしめ得るのである。(32)

他方で次のように、郷土史教育は偉人の感化による人格教育を重視すべきだという見解も有していた。

殊に郷土の人物は郷土史の教授上最も意を用ひたいと思ふ。方今の歴史教育は編年体的取扱、文化史的取扱等、主知的に扱はれ過ぎて居る。必ずしも人物中心的の歴史教授でなくてもよいが、もつと国史上の偉人傑士の伝を説述して、児童・生徒の心魂に深刻なる感銘を与へ、勇奮一躍、若しそれ懦夫と雖も蹶然として起つの場面が

時々歴史教授に望ましいのである。(33)

前述したように、長谷川もまた、寸沢嵐遺跡を学術資料としてだけでなく精神訓育的な題材として用いていた。中等学校の教員が担う郷土史教育において、科学性と精神性という二種の要素の共存は、自然に受け止められるものだったと思われる。

2 『神奈川県郷土史読本』（一九三三年・三七年版）の歴史像と寸沢嵐遺跡

石野は一九三三（昭和八）年、郷土史教育用の参考書として『神奈川県郷土史読本』を執筆・刊行した。(34) 同書は、国史の学習と対照できるよう時代区分され、時代ごとにその梗概、主な人物伝、主な史蹟や古社寺を挙げる構成になっている。記述は先史時代から始まり、とりわけ鎌倉武士精神と二宮尊徳の教えの重要性が強調され、幕末以降は新文化の揺籃地として描き出されている。つまり、先史時代に対する科学的な認識を重視しつつ、精神的訓育材料となるような神奈川の歴史的特徴を取り上げたものであり、石野の郷土史教育観が反映されたものといえる。

そして、同書の中で寸沢嵐遺跡は、「先史時代」の章に写真入りで掲載されることとなった。同遺跡に関する説明はないが、石器時代の遺物について「縄文式の物は旧アイヌ族、弥生式のものは固有日本人が製作し、使用した」(35) という説が示されていることから、同遺跡もやはり「旧アイヌ族」のものと考えられていたものと思われる。石野は、当時浜田耕作によって提唱されていた民族的連続性の議論を知った上で、民族的断絶論を堅持していたのである。(36)

こうした神奈川郷土史における寸沢嵐遺跡の位置づけは、一九三七（昭和一二）年版もほぼ同様であった。(37)

3 『日本精神と武相郷土』に見る戦時期の神奈川郷土史と寸沢嵐遺跡

だが、一九四〇（昭和一五）年、郷土史読本の姉妹編という位置づけで刊行された『日本精神と武相郷土』では、先史時代はまったく扱われず、日本武尊と弟橘姫を神奈川郷土史の「劈頭」としている。そして以下、古代の古墳・神社に敬神崇祖を見出し、古代東国人の豪勇、武士道の発揚、武相の勤王事績と建武中興、江戸時代の国学及び尊皇論を取り上げ、近代は不磨の法典たる憲法起草地にもなったことを強調する。[38] 同書は、例言で「国家総動員は地方郷土人の団結奮起が其の原動力たるべきを念ひ、本書は武相郷土の正しき認識と其の普及徹底を図り、郷土愛精神の振起作興に資せんことを目的とする」[39]と述べているように、全体が時局を濃厚に反映したものだった。

ただし注意すべきは、史蹟名勝天然紀念物を取り上げた章の中では史蹟名勝天然紀念物保存要目に沿って史蹟を解説しており、その中で「九、石器時代遺蹟（住居阯・貝塚）」にも言及していることである。そこでは「県内に於ける同時代遺蹟は四百十余箇所を数へる。特に敷石住居阯に顕著なるものがあつて、津久井郡内郷村寸沢嵐・川尻村谷ケ原・伊勢原町八幡台の三住居阯は既に指定され、弥生式系の日吉台住居阯も注目すべきである」[40]というように、寸沢嵐遺跡も含めた敷石住居跡が特記されている。ここには、史蹟に学術的価値を見出す姿勢がなお保たれていたことが見て取れる。また、寸沢嵐遺跡以降も複数の敷石住居跡が発見・指定された結果、敷石住居が神奈川県内の石器時代遺跡の特色として認知されるようになったのである。

とはいえ、全体としては科学的な先史時代の叙述が避けられたのであり、この点に同書の基本的な性格が見出されることは言うまでもない。

4　戦後の石野郷土史

これに対して、戦後石野が出版した郷土史教育用の参考書を見ると[41]、全体として『神奈川県郷土史読本』の内容に立ち戻り、これを引き継ぐことになったといってよい。ただし、その後の考古学研究の進展及び国体史観の後退にともなって民族的断絶論は放棄したらしく、いずれの書も縄文式＝先住民族遺物という図式を一切記載しなくなっている。そして、『郷土のあゆみ』の「無人島から人間界へ」と題された冒頭の箇所では、次のように述べている。

〔人が住んでいない日本列島へ〕近くの陸地の北の方から西また南の方から、筏やくりふねなどに乗つて、数人、十数人づつ、ぽつりぽつりとたどりついて、人が住むようになりました。この人びとこそ私たち日本人の遠い遠い祖先です。〔中略〕それは今からざつと三千年から四千年あまりも昔のことでありました。(42)

また、同書の「本県内の主なる遺蹟」の項目では、「石器時代の遺蹟には住居阯・貝塚（廃物の捨物）遺物包含地・祭祀遺蹟墓などがあります。住居阯は深さ三〇―四〇センチばかり、直径五米ぐらいに掘りさげ、それに屋根をかぶせた竪穴式住居で、本県の地にのこつているものには、床に石を敷いたものが割合に多い。津久井郡内郷村寸沢嵐、同郡川尻村谷が原、伊勢原町東大竹八幡台の住居阯はそのおもなもので、いづれも保存法によつて指定されています」(43)とあるように、『日本精神と武相郷土』の記述を引き継ぎ、敷石住居跡を神奈川県の特色として強調している。

こうして、寸沢嵐遺跡を含めた石器時代住居跡は、単なる学術資料ではなく、「私たち日本人」の「祖先」が残した、神奈川の文化的特徴を示す史蹟として位置づけられたのである。この変化は、寸沢嵐遺跡の文化的価値が感性的に理解、活用され得るようになったことを意味している。

5　小川良一の郷土誌『津久井のすがた』

この変化をより顕著に読み取ることができるのが、戦後、津久井郷土史研究に取り組むようになる小川良一の郷土誌『津久井のすがた』である。(44)同書は中学校の社会科の参考書として著されたものだが、執筆にあたって小川は長谷川一郎に郷土史を学び、数多くの資料提供を受けた。小川は、その間の事情を次のように回顧している。

戦後、急速に実証的研究が歴史の分野にとり入れられ、かつ地域社会学校という概念がクローズアップされてくると、こゝで、〔長谷川〕先生が夥しく蒐集された土器、石器が脚光を浴びてきたのである。私も、当時、中学校教師としての社会科研究の必要から先生の門をたたき、多くの資料の現物を前にして勉強させていただいたのである。後年私が社会科副読本に著した「津久井のすがた」の資料は殆んど長谷川先生から拝借したものである。(45)

この結果、長谷川が長年蒐集してきた考古資料は、戦後教育の中で、次のように新たな意味を与えられることになる。

『津久井のすがた』の特徴の第一は、「生活様式」の復元志向である。同書には長谷川所持の遺物が数多く図版に収められているが、(46)そこから当時の生活を推測したり、寸沢嵐遺跡を含む敷石住居跡の分布からその居住地の説明をしたりしている。そして、「(1)郷土の古い遺蹟のある所を地図でみて、それが地形や気候上どんな場所かを調べる」「(2)昔の生活様式と今の生活様式を比べて絵にかいてみるのも面白いでしょう。」といった「研究問題」が挙げられている。つまり、史蹟の文化的価値が中等教育の現場で中心的題材として扱われたのである。

第二の特徴として、石器時代の人々を「私たちの先祖で日本石器時代人とよばれる」と明記する感性が見られることである。(47)同書の「はしがき」にも、次のような記載がある。

抽象的な日本の歴史も郷土の歴史と並行する事によつて一層身近に感じられるのである。例えば、郷土の地下三尺から発掘される古代の母系中心を現す土偶(土人形)を手にしたとき、現代までの父系中心に移り変つた遥かなる祖先のうたごえを地底から実感として聞く事ができ、未来にわたる自己の生命の限りない流れを体得するのである。(48)

ちなみに、鳥居龍蔵はかつて長谷川宅を訪れたとき、長谷川の所有する資料に関して「土偶が一つ、土版が一つあるが、これ等はいづれも偽物で、他から偽作し売り込んだものであります。八王子附近にも斯くの如き偽物を見ますから、地方各位は大に注意せられたい。また東京その他から、此の辺に見に行く人も心ありたい」と述べている[49]。小川が見た土偶が同じものであるか否かはわからないが、本書の観点からすれば、そこに投影されたイメージがいかなるものだったかという点こそが重要である。すでに見てきたように、土偶に「遥かなる祖先のうたごえ」を聞くような感性的理解・活用は、これ以前には決して見られなかったものである。石器時代の遺跡や遺物は、戦後の社会科教育で「祖先」の「生活様式」を表すものとして取り扱われ、その文化的価値は確固たるものとして定着したのである。

おわりに

最後に、本章で明らかにしてきたことを整理したい。

昭和戦前期における神奈川県の保存行政は、中等・高等教育を修め、地域の教育に取り組む郷土史家たちが担っていた。彼らは郷土史研究団体を組織して横の連携を取りながら、中央の保存行政担当者とも関係を有していた。寸沢嵐遺跡の発見と保存も、こうした保存事業関係者の連携によってなされたのである。

だが、寸沢嵐遺跡の敷石住居跡遺構は、考古学を専門としない多くの人々にとって既知の存在ではなかった。そのため発見当初は、祟り・悪霊への怖れ、財宝発見への期待、首塚伝承との混同など、既存の世界観・想像力にもとづくさまざまな関心・解釈が生じることになった。これに対して長谷川一郎は、地域住民に説明を繰り返し、郷土史家や保存事業関係者とも連携して情報を広めていく。柴田常恵ら内務省、府県関係者も来訪して折紙をつけ、新聞に掲載される。こうした説明を通じて敷石住居跡という理解は広まっていったと思われるが、石器蒐集趣味、史蹟の見世物化、販売目的の蒐集などの現象に見られるように、それは学術的・文化的価値の流用の過程でもあり、旧来の価値観や、学術性とは無縁の関心も混じり合っていた。だが、ともかくも、史蹟名勝天然紀念物保存法にもとづく指定によって、寸沢嵐遺跡は学術的・文化的価値を有する住居跡として継続的意味が与えられたのである。

その後寸沢嵐遺跡は、内郷と津久井の郷土史を構成する史蹟の一つに追加され、郷土教育の素材となり、行楽地としての意味も獲得していく。他方で同遺跡は、石野瑛によって、神奈川県郷土史を構成する一要素として位置づけられ、研究の進展とともに太古の神奈川県の特色を示すものという理解もされるようになる。こうした知識は、郷土史教育を通じて伝えられることになった。

戦時中に寸沢嵐遺跡は神奈川郷土史から除外されるが、戦後、社会科授業の取り組みの中で、長谷川一郎の研究資料と共に再度注目される。そして、かつて柴田常恵が論じたような、石器時代の遺跡を用いた生活様式の考察が、中学校レベルで実践されたのである。中学生が「昔の生活様式」を「絵にかいてみる」という段階に至って、文化的価値は確かに一般に浸透したということができるだろう。また、その際、縄文時代人が先住民族ではなく「祖先」と解釈され、太古から未来へと向かう社会的連続性が「体得」されるようになったことが重要である。この感性的理解・活用によって、太古の生活・文化とその痕跡への関心もより強まったものと思われる。

一般的に見て、史蹟に文化的価値を見出す観点は、偉人の由緒がない土地であっても、物質資料の中に過去の文化と社会を見出し、そこからさらに「祖先」と今日のわれわれとの連続性を「体得」させることができる。こうした考え方は、戦後全国的に拡大し、終章で扱うような遺跡発掘ブームを生み出すことになるのである。

註

(1) 寺嵜弘康「戦前期における史蹟名勝天然記念物の保護活動について――史蹟名勝天然物調査会の活動をめぐって」(『かながわ文化財』九七号、二〇〇二年五月)、研究代表者・寺嵜弘康『戦前期における文化財認識と保護主体に関する研究』(平成一四年度〜平成一七年度科学研究費補助金　基盤研究(c)(2)　研究成果報告書)。

(2) 寺嵜弘康「関東大震災と「社寺文化財」の復旧――神奈川県域を中心に」(『神奈川県立博物館研究報告――人文科学』二八号、二〇〇二年)、同「明治天皇聖蹟顕彰運動の地域的展開――神奈川県を事例に」(横浜国際関係史研究会・横浜開港資料館編『GHQ情報課長ドン・ブラウンとその時代――昭和の日本とアメリカ』日本経済評論社、二〇〇九年)。

(3) 松本洋幸「一九三〇年代の横浜市政と史蹟名勝保存――横浜史料調査委員会を中心に」（『大西比呂志・梅田定宏編『「大東京」空間の政治史――一九二〇～三〇年代』日本経済評論社、二〇〇二年）。

(4) 青戸精一『随筆保存』（昭和図書、一九四二年）一頁。

(5) 前掲註1。

(6) 同右。

(7) 石野瑛「武相考古関係の会と人と」（同著『武相叢書　考古収録　第一』名著出版、一九七三年一一月。武相考古会一九二九～三六年刊の複製。記事の初出は一九二六年一一月）、「本誌の沿革と目標」（『相武研究』一〇巻一一号、一九四一年一一月）。

(8) 相模湖町史編さん委員会編『相模湖町史』（歴史編、相模湖町、二〇〇一年）。

(9) 恩師長谷川一郎先生報恩会編『石老の山びこ――長谷川先生喜寿の像と村造りの教育』（恩師長谷川一郎先生報恩会、一九五七年）、編集代表・平井正敏『石老の礎』（長谷川先生記念祭実行委員会、一九六五年）、「資料　相州内郷村余聞――柳田国男農村調査のころ」（松本三喜夫「柳田国男・長谷川一郎・鈴木重光――奥三保内郷村の農村調査」『府中市郷土の森紀要』三号、一九九〇年三月、所収）。

(10) 小川良一「長谷川翁と郷土研究」（前掲註9『石老の礎』）一九頁によれば、「先生（長谷川一郎）が若い教員時代には、その辺の畑の隅に放り出されて堆積されている土器、石器片があった由で、よくそういうものを拾い集めている先生をみて農夫達は奇異の眼で見送っていたらしく「石の先生」の異名を貰った位だとか」とある。

(11) 長谷川一郎「相州石老山麓石器時代民族住居阯発掘笑話」（『史蹟名勝天然紀念物』三集一一号、一九二八年一一月）。史料引用に際して、小見出しは省略した。

(12) 同右、七八頁。

(13) 「先住民族の跡発見さる」（『国民新聞』一九二八年七月二八日付朝刊七面）、「最も完全な先住民の住趾」（同一九二八年七月三一日付朝刊七面）、「先住民族が三千年前相模川流域に居住」（同一九二八年八月五日付夕刊二面）、「石器時代の遺跡大もて」（『横浜貿易新報』一九二八年八月一一日付二面）。八月五日付『国民新聞』の記事では、「先住民」のものとする柴田の談話や、敷石遺構の写真も掲載された。

(14) 前掲註13。

(15) 石野瑛「津久井郡内郷村寸沢嵐石器時代住居阯」（前掲註7『武相叢書　考古収録　第一』）。石野への手紙は、発掘以前の七月七日に送られたものである。

(16) 前掲註11「相州石老山麓石器時代民族住居阯発掘笑話」のほか、長谷川一郎「神奈川県津久井郡内郷村石老山麓に於ける石器時代

民族住居址の遺蹟発掘」(『武蔵野』一二巻三号、一九二八年九月)。

(17) 斎藤忠『日本考古学史』(吉川弘文館、一九七四年)。

(18) 浜田耕作『東亜文明の黎明』(刀江書院、一九三〇年。有光教一編『浜田耕作集』上巻、築地書館、一九七四年に再録)、浜田耕作「日本原始文化」(国史研究会編『岩波講座日本歴史』第一、岩波書店、一九三五年)。

(19) 猪俣悦郎「再び石老山に登る」(『相武研究』神奈川県郷土研究連盟、一〇年一一号、一九四一年一一月)によれば、一九四一(昭和一六)年当時の標識には次のように記載されていたという。「本遺蹟は先住民族の住居阯にして、河原石を敷詰め、其の間に小石を挿入して囲む。中央に正六角形(径二尺)の炉を設け周囲は石を縦に用ひて境界となす。東北に突出したる所は出入口ならんか。東西十七尺、南北十五尺あり。此上に茅葺の覆を設け、茅の編み物を敷きて住居とす」(三七頁)。

(20) 「寸沢嵐石器時代遺蹟」(『史蹟調査報告』六輯、文部省、一九三二年二月)。古谷清の執筆。

(21) 鈴木は明治大学商科の出身で農業に従事していた。その業績については「鈴木重光先生研究発表年譜」(中村亮雄・安西勝・小島瑛礼編『神奈川県の民俗』ひでばち民俗談話会、一九五六年)、平井正敏・細野優・佐藤英夫編『道祖のこころ——鈴木重光先生喜寿記念文集』(加藤哲雄、一九六四年)。著作『相州内郷村話』(郷土研究社、一九二四年)は『日本民俗誌大系』(八巻、角川書店、一九七五年)に収録され、略歴も掲載されている。

(22) 前掲註9「資料　相州内郷村余聞——柳田国男農村調査のころ」。

(23) 長谷川一郎『石老山』(井上書店、一九一五年)。同書の序には「吾が村の名所旧蹟に就ては常に意を用ひ、郷土を以て教授訓育の基礎とせり、即ち其口碑伝説の日に煙佚して遂に徴すべきものなく、あたら名勝をして無名の木石たらしむるを憂ひ、旧記を索ね古老に問ひ、一本を作りて以て一は石老山の未知の人士に紹介し、一は以て故旧伝説の散佚を防ぎ、公共其用に充てん事を期するのみ」と執筆意図が記されている。

(24) 「吾が故郷」(前掲註23『石老山』所収)。

(25) 長谷川一郎「内郷村俚謡」(『内郷』三巻三号、一九三〇年三月)。なお、この歌は、長谷川が村長就任一周年記念に制作した謄写版小冊子「教育から村政へ」(一九三〇年七月)にも一部掲載されている。

(26) 実際長谷川は、先に挙げた「相州石老山麓石器時代民族住居阯発掘笑話」でも、最近のモガの流行が石器時代の装身具と似てきたという見解があることに触れて「考へて見れば天下に新しいと云ふものはないものだ」と述べ、さらに「天下のモガモボ諸君、当地の遺跡に鑑み、石器時代の生活状態を追憶し且つ反省せよ」と話を締めくくっている(前掲註11、八二頁)。つまり、流行を追いがちな若者の反省材料として寸沢嵐遺跡を位置づけていたのである。

(27) 前掲註23『石老山』には、同地に関する紀行文が収録されている。また、前掲註8、五八二頁、五八五〜五八六頁には柳田国男・

田山花袋らの相模川下りについて紹介されている。
(28) 堀江重次「津久井渓谷」(『名勝の日本』五巻一二号、一九三一年一二月)。
(29) 「春酣・山峡の村に石器を探しませう」(『読売新聞』一九三七年四月二四日付夕刊五面)。
(30) 長谷川一郎「石器時代と六角形」(『名勝の日本』二巻一号、一九二九年一月)、鈴木重光「相州内郷村の史蹟研究」(『新旅行』五巻四号、一九二九年四月)。
(31) 石野の経歴については、石野瑛『牛のあゆみ』(武相学園、一九四八年)参照。
(32) 石野瑛「日本考古学研究上の諸問題」(前掲註7『武相叢書　考古収録　第一』)一一〜一三頁。一九三四(昭和九)年四月二日東京人類学会創立五十年記念講演会での講演記録。
(33) 石野瑛「郷土研究と郷土史の研究」(同右)二九頁。
(34) 石野瑛『神奈川県郷土史読本』(武相考古会、一九三三年)。
(35) 同右、四頁。
(36) 「日本石器時代土器の民族的・時空的相違」(前掲註7『武相叢書　考古収録　第一』)。
(37) 同『神奈川県郷土史読本』(刀江書院、一九三七年)。
(38) 石野瑛『日本精神と武相郷土』(早大横浜会、一九四〇年)。
(39) 同右、例言。
(40) 同右、三六頁。
(41) 石野瑛『郷土のあゆみ』(国際教材株式会社、一九四九年)、同『神奈川県大観一　自然と人文』(武相出版社、一九五二年)、同『国史対照　神奈川県郷土史要』(武相学園、一九五八年)。
(42) 前掲註41『郷土のあゆみ』五頁。
(43) 同右、七頁。
(44) 小川良一編著、宮崎清補稿『津久井のすがた』(中野中学校郷土研究室、一九五〇年九月)。
(45) 小川良一「長谷川翁と郷土研究」(前掲註9『石老の礎』所収)一九頁。
(46) 前掲註44、二六頁。
(47) 同右、一〇頁。
(48) 同右、一頁。
(49) 鳥居龍蔵「内郷村の一日」(『武蔵野』一四巻六号、一九二九年一二月)四頁。

第十章　古代遺跡と地域社会2

山形県飽海郡本楯村・城輪柵跡を事例として

はじめに

本章では、昭和戦前期の史蹟保存行政と地域社会との関わりを考察する事例として、山形県飽海郡本楯村（一部は同郡上田村。いずれも現・酒田市）の指定史蹟・城輪柵跡を取り上げる。一九三一（昭和六）年に発掘された同史蹟は、続日本紀に記載のある出羽柵、または出羽国分寺跡などに比定された後、結局名称不明ながら奥羽拓殖史上の城柵の一種と見なされて、一九三二（昭和七）年、所在地名を採り城輪柵阯（現在は城輪柵跡と表記）として史蹟に指定されたものである。なお、戦後発掘調査が進展した結果、現在では城輪柵跡は、平安時代の出羽国府跡と推定されている。

この事例に注目する理由として、第一に、文部省史蹟調査嘱託の上田三平が発掘を手掛けた代表的史蹟の一つであること、第二に、発掘に関わった郷土史家・阿部正己の蒐集資料や著作原稿などを収めた阿部正己文庫[1]をはじめ、地域社会側の動向を把握しうる史料があることが挙げられる。そして第三に、上田と阿部らの間で生じた発掘の主導権争いなどから、文部省の史蹟保存行政と地域社会との関係を、それぞれの立場や史蹟認識とともに読み取れる事例である点が重要である。

城輪柵跡発掘史については、従来から発掘調査報告書や『酒田市史』、小野忍の著作で取り上げられ、発掘経過の概略と遺跡の性格論に関する研究史整理がなされている[2]。だが、これらはいわば考古学及び古代史研究上の学説史の範疇にとどまっており、城輪柵跡発掘にともなう各関係者の動向や価値観を詳しく論じたものではない。

そこで以下本章では、文部省保存行政担当者、山形県行政及び同県の郷土史家、報道関係者、地域住民が、城輪柵跡の発見・保存・紹介にいかに関わったかを、それぞれの史蹟認識や立場、利害の交錯に留意しつつ明らかにしていく。これを通じて、歴史学者・考古学者たちが提起した史蹟の学術的・文化的価値がいかに地域社会で受容されたかを解明する一助としたい。

第一節　保存行政と上田三平の発掘

1　史蹟調査嘱託・上田三平と柵跡

具体的な発見過程を見る前に、まずは発掘の中心人物となった上田三平と柵跡との関係について確認する。第八章でも論じたように、上田は学歴・学閥などの後ろ盾なしに調査研究の実績によって地位を得たことに誇りを抱いており、それだけに学術的価値の追求姿勢を前面に打ち出す傾向が強かったと思われる。そして、従来のような文献・史伝の調査のみならず、物質資料としての史蹟の調査研究によって、過去の文化の〈復現〉を目指すという立場をとっていた。

こうした立場を有する上田にとって、特に思い入れの深い業績となったのが、秋田県の払田柵跡と山形県の城輪柵跡の調査研究であった(3)。上田は、城輪柵跡発掘の一年前、秋田県で調査した払田柵跡について、次のように述べている。

　しかしてその結果は私の史蹟調査の目標たる日本歴史の実物の発見として前代未聞のものであった。千百通の文献を並べてもあんな卒直〔ママ〕な明快な形の先人の労作を知ることが出来ないだらう。用途は何だらうと不思議がる必要はあるまい。形態構造そのものが示してをるではないか(4)。

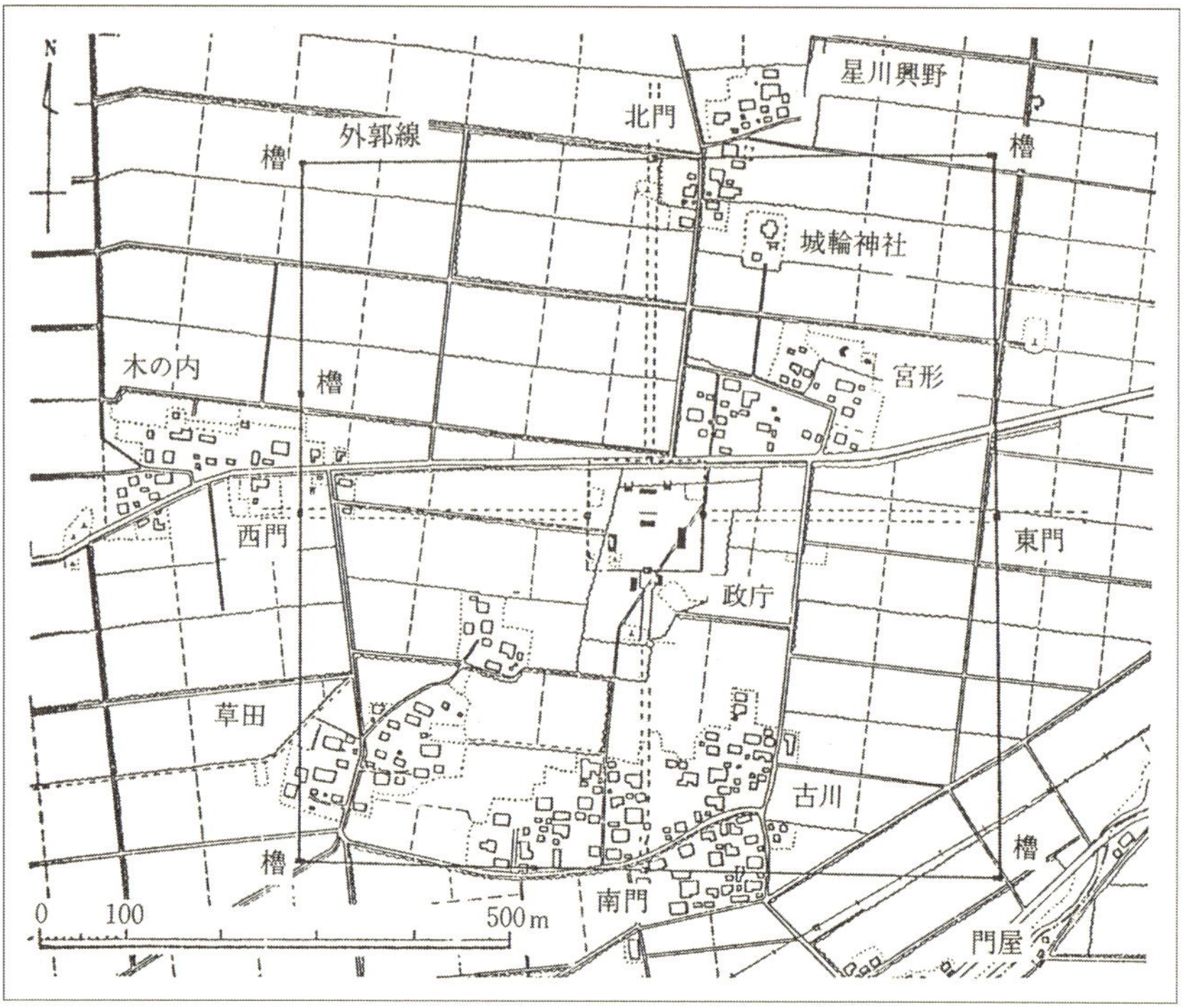

城輪柵跡の全体図（酒田市史編纂委員会編『酒田市史』改訂版・上巻、酒田市、1987 年）
1931 年に発掘されたのは外郭の部分。1964 年以降の発掘調査により中央の政庁遺構が明らかにされた。

〔払田柵阯の構造について〕此等の建築様式や、設計を見るに及んで初期の蝦夷征伐の如何に計画的に進められて居つたかを察するに足るのである。然して史上に於ては何等記載する処はなくとも、遺跡は雄弁に其の苦心を物語り、鎮狄将軍の指揮下にあつた無名の工匠等の心血を濺いで、築造した此等の柵阯は、永遠にその功業を記念するであらう[5]。

要するに払田柵は古い柵の形式と、大陸に於ける城郭の観念の複合して築造された我が国独特の木材の城であつて、其位置沿革を見れば恐らく之と等しき遺跡は多くはあるまいと思はれる[6]。

このように上田は、払田柵跡の建築材や様式、位置など、物質資料としての特徴に

復元された城輪柵跡の政庁（2012 年撮影）
1989 年度に国の史跡等活用特別事業に採択され、政庁跡が一部復元された。

あくまで重きを置き、そこに当時の社会的背景を見出して、深い感慨を覚えている。上田にとって、柵跡の発掘調査は、自身の史蹟研究の意義を全面的に主張しうる、会心の業績だったのである。なお、柵に関する研究は、史学会での報告を経て『史学雑誌』に掲載されたように[7]、上田の代表的業績の一つとなった。

2　城輪柵跡の発見と対立

以上を踏まえた上で、上田による城輪柵跡の発掘経過を、略年表（表10－1）中の「上田三平・文部省」に沿って見ていきたい。

そもそもの発端は、一九三一（昭和六）年二月、文部省の上田のもとに荘内地方の郷土史家・阿部正己が訪れ、本楯村の出羽国分寺遺跡の調査を依頼してきたことに始まる。前年に払田柵跡調査を経験していた上田は、これを柵跡と推測し、阿部に対し本楯村民による調査を依頼できないか打診したが、断られたという。

そこで上田は四月一六日、払田柵講演会の帰りに自ら本楯村を訪れる。そして、掘り出されて飼葉桶や薪に転用された円柱を目にして、柵跡の存在を確信することになる。上田は村民に調査を依頼して帰京、その後は上田の話に感銘を受けた村の有志の調査によって、五月六日の発見に至ったのである。

五月八日、村を再訪した上田はこれを確認して大いに喜び、その夜は本楯ホテルで有志会合が設けられることになった。そこでは、柵阯の大発掘は秋の収穫後とすること、それ以前は鉄棒挿し込み調査と耕作等による発見物の調査にとどめることなどが決議された。翌九日には上田と阿部が本楯小学校で講演し、上田は同日帰京の途に就くが、その前に上田は阿部に対して、阿部が所属する山形県郷土研究会の見学は可能だが、発掘はしないよう釘をさし、阿部の同意を得たという。

ところが阿部らは、早速翌日から大規模な発掘を開始する。この間上田は、別の地方の調査に従事していたため、阿部らの動きに関わることができなかった。一四日には山形県庁から文部省宛に再調査の依頼も届いたが、文部省側は、既定の方針通り秋の収穫後に発掘をするため柵木の移動をしないよう回答している。しかし実際には、すでにこの時点で発掘は相当進行していた。

上田がようやく本楯村を訪れたのは、一か月後の六月一三日のことだった。現場を目にした上田は「極めて不十分な発掘法」との感想を抱き、相当な怒りを覚えたようで、一七日には阿部らを痛烈に批判する論説を執筆し『史蹟名勝天然紀念物』に発表している。

その後、秋の収穫を経た一〇月二三日になって、当初上田・文部省側が予定していた大規模発掘が着手された。人員総数三二八人、一四日間に及んだが、その際「発掘現場内には、調査員係員、並に特別見学者の外は濫りに立ち入ることを停止して、遺物の移動、攪乱を防ぎ、遺跡の現状を確保する方針を採」ることとなった。この時、五月の発掘を主導した阿部ら山形県郷土研究会員は、発掘現場から排除されたと見られる(8)。

こうした対立はあったものの、ともかくも翌一九三二(昭和七)年四月二五日、同遺跡は「城輪柵阯」として史蹟に指定されるに至ったのである。そして、その発掘調査成果は、後年『史蹟精査報告』第三(第八章参照)にまとめられることになった。

以上の経緯から、城輪柵跡は、史蹟の学術的・文化的価値を重視する上田の主導によって、調査・発掘・指定されたことが確認できる。だが一方で、上田の意に反して、山形県下の郷土史家や本楯村民による発掘が急速に進展した

表10－1　城輪柵跡発掘略年表　①

	年	月	日	上田三平・文部省	阿部正己・山形県郷土研究会・山形県庁	本楯村・上田村	その他の来訪者
発見以前	1907（明治40）以降					・本楯村で、畑地を水田に変換する際、円柱発掘（1）	
	1912（明治45・大正元）頃以降					・本楯村で、耕地整理の際に円柱発掘（1）	
	1923（大正12）	6	21		・阿部正己、本楯村の大畑から古瓦・柱根・礎石様の石を発見、国分寺跡と推定（9）		
	1923（大正12）	12			・阿部、自著『出羽国分寺遺址調査　附出羽国府位置』刊行（9）		
	1930（昭和 5）	10		・上田三平ら文部省による払田柵跡の発掘調査（1） ＊　1931年6月30日史蹟指定			
	1931（昭和 6）	2	4または5	・4日、上田三平ら文部省局長室で指定協議会の最中に阿部正己来訪、本楯村の出羽国分寺阯調査を依頼。上田は国分寺ではなく柵阯と推定し、阿部に本楯村民による捜索を打診したが困難だろうとの答え。（2） ＊　阿部側の史料では5日となっている（9）			
上田三平の示唆と村民の発見	1931（昭和 6）	4	16	・上田、秋田県での払田柵講演会の帰りに本楯村来訪。発掘され飼葉桶・薪に転用された円柱を見て柵阯と確信、村民に推定図を示し調査を依頼、帰京（3）		・上田三平の来訪に対し、井上勤訓導、信田春吉訓導ら案内。鈴木勘太郎も応対（1）（3）（14）	
	1931（昭和 6）	5	1			・井上訓導・信田訓導・菅原区長・鈴木氏の発起で、地主・小作人を集め柵阯の徹底調査を行うことを申し合わせる（1）（3）	
	1931（昭和 6）	5	2			・村民による柵阯調査の開始（3）	

表10－1　城輪柵跡発掘略年表　②

	年	月	日	上田三平・文部省	阿部正己・山形県郷土研究会・山形県庁	本楯村・上田村	その他の来訪者
上田三平の示唆と村民の発見	1931（昭和 6）	5	5			・庚申講の際、柵の話題に及び、池田幸太が自家の耕作地の裏の堰中に2本の柱が立っていることを告げる（3）（9）（14）	
	1931（昭和 6）	5	6	・文部省上田宛に柵発見の電報来る（3）	・本楯小学校から発見の連絡受ける（9）	・池田勘太郎・幸太、柵発見。本楯小学校に報じ、小学校長・井上訓導らも来て柵列発掘。さらに鉄棒により150間にわたる柵木埋没を確認。文部省上田宛に電報、阿部宛に連絡（3）（9）（14）	
	1931（昭和 6）	5	7		・朝、本楯村民が阿部宅来訪、顛末を報告（9） ・阿部より会長・三浦新七に報告、9日調査に決定（9） ・県庁より阿部に電報、9日に上田出張につき阿部も同地出張せよとの命受ける（9）		
上田の再訪と打合せ	1931（昭和 6）	5	8	・上田の本楯再訪、一部発掘（3） ・夜、本楯ホテルで上田三平、村有志者、田代県属〔社寺兵事課〕ら会合。柵阯の大発掘は秋の収穫後とすること、それ以前は鉄棒挿し込み調査と耕作等発見物の調査に止めること等を決議（1）（2）（3）			
	1931（昭和 6）	5	9	・上田、本楯小学校で講演。前日の決定と同様の意見述べる（2）	・阿部、早朝に本楯村から上田が来村しているとの電話を受け、早速本楯に至り上田と合流（9） ・本楯小学校での上田の講演に際し阿部も説明（10）		・東京日日新聞酒田通信所主任、上田の講演に出席（3）

表 10 − 1　城輪柵跡発掘略年表　③

	年	月	日	上田三平・文部省	阿部正己・ 山形県郷土研究会・ 山形県庁	本楯村・上田村	その他の来訪者
上田の再訪と打合せ	1931（昭和 6）	5	9	・上田、阿部に対し山形県郷土研究会の見学は可だが発掘はしないよう釘さす。阿部同意。上田帰京（2）	・上田と同行し酒田駅で帰京を見送る（9） ・酒田ホテルで三浦新七会長一行と合流、払田柵同様の「大遺跡出現を期待するに十分なるを以て」発掘を決定。発掘のための鉄棒 10 本を鍛冶屋に発注（9）		
山形県郷土研究会の集中発掘	1931（昭和 6）	5	10	・これ以後上田は鳥取・島根・和歌山各県調査のため動けず（3）	・山形県郷土研究会、役場に発掘調査に着手する旨を告げ、同地の教員住宅を仮事務所にあて、村民 15 人を雇い入れて鉄棒を用いて調査開始。安斎徹・三浦良之助は随所で撮影（9）		・この夜、阿部らのもとに新聞記者数名来訪。「明日より新聞紙に此大遺跡の大発見に付きて世人を驚かすことが予測された」（10）
	1931（昭和 6）	5	11		・引き続き発掘調査（9） ・会長・安西・三浦は帰形（9）		・「昨夜の大遺蹟発見の報忽ちに四方に伝はり、新聞記者団は自働〔ママ〕車にて同行し又現地に来り見る人々頗る多数なり。」（9）
	1931（昭和 6）	5	12		・阿部・五十嵐は引き続き発掘調査（9） ・十二日夜本楯、上田両村当局及び有志が集まり県史蹟調査員五十嵐清蔵と協議の結果、保存会が成立し保存方法を講じる（4）		
	1931（昭和 6）	5	13		・阿部、発掘後の整理・保存施設の設置を指示（9） ・夕刻、調査終了直前に西門発見（9）		・「この日来観者頗る多く　酒田女学校の数百人を始めとして二三の小学校生徒其他鶴岡酒田より続々として来観する人が多かつた」（10） ・発掘後最初の日曜日で観覧人数百人に達する（阿部の観察）（9） ・この頃、毎日 1000 名以上の見物人あり（村の調査会の観察）（3）

表 10 − 1　城輪柵跡発掘略年表　④

	年	月	日	上田三平・文部省	阿部正己・山形県郷土研究会・山形県庁	本楯村・上田村	その他の来訪者
山形県郷土研究会の調査継続と来訪者案内	1931（昭和 6）	5	14	・文部省宗教局長、同日山形県知事からの文部省調査員派遣申請に対し、「本月九日上田本省嘱託より貴県係員に打合せ置たる通り、今秋収穫後、調査せしむべき予定に付、夫迄柵木の移動並に撤去等無之様御配慮相煩度」と回答（1）	・阿部、県学務部長に発見顛末を報告、県より文部省の調査出張申請（10）		
	1931（昭和 6）	5	15		・三浦会長の電話連絡により黒板勝美出張の可能性（10）		
	1931（昭和 6）	5	16		・遺址保存協賛会設立につき協議（10）		
	1931（昭和 6）	5	17		・窪田治輔山形県知事・歌田千勝学務部長の視察（9） ・阿部ら、門柱・柵木などを掘り上げ視察の便図る（10） ・山形県郷土研究会員 10 余名来訪、阿部案内（10）	・水利組合では 17・18 日に田へ引水と決める（10）	・この日、参観者 1800 名（調査会の観察）（3） ・光丘文庫読書会員 35 名来訪、阿部案内（10）
	1931（昭和 6）	5	18		・山形県告示 197 号で「出羽柵跡」として県指定史蹟に（11） ・17 日来県のはずだった黒板博士は来県を延期したが、18 日「二十三四日頃貴地に行く」旨の電報あり（12）		
	1931（昭和 6）	5	19		・山形県より測量技術員三名来村、村役場吏員援助のもと 3 日間測量（3）		・鶴岡中学校長・針生氏ほか教員 3 名視察、阿部案内（10）
	1931（昭和 6）	5	21		・阿部、測量員の調査を援助（10）		
	1931（昭和 6）	5	22		・阿部、測量員の調査を援助（10）		
	1931（昭和 6）	5	24		・郷土研究会一行、喜田と共に柵跡を視察、共に発掘（14）		・喜田貞吉来訪、柵跡調査（14）

表10－1　城輪柵跡発掘略年表　⑤

	年	月	日	上田三平・文部省	阿部正己・山形県郷土研究会・山形県庁	本楯村・上田村	その他の来訪者
山形県郷土研究会の調査継続と来訪者案内	1931（昭和6）	5	25		・阿部、文部省に交渉のため上京（9）	・この日、上田青年団員が南門阯を発見（3）	
	1931（昭和6）	5	26		・阿部、黒板勝美宅を訪問、出張許諾を得る。午後、鳥居龍蔵を訪ね出張視察の約束をなす。人類学教室松村〔瞭〕を訪ね、八幡一郎と面談（14）		
	1931（昭和6）	5	27		・阿部、浅谷・小山・荻野仲三郎に会う。武蔵国分寺に至る。午後文部省に至る。来月6日上田三平帰京のため協議の上直ちに人を派遣することに（14）		
	1931（昭和6）	5	28		・阿部、山形に着。三浦と面談、師範学校で部長に面談。師範生に出羽柵講演。（14）		
	1931（昭和6）	6	5				・鳥居龍蔵、本楯柵を調査（16） ・鳥居龍蔵、郡農会事務所で講演（13）
上田の三次来村	1931（昭和6）	6	12	・上田、山形県庁着、歌田学務部長その他と打ち合わせ、午後に酒田に至り本楯・上田両村代表と協議。(1)			
	1931（昭和6）	6	13	・上田、本楯村に着（1） ＊　このとき「極めて不十分な発掘法」との感想（3） ・上田、同村小学校で講演会。(5)			
	1931（昭和6）	6	17	・上田、「出羽柵阯考追記」を執筆し阿部らを批判(2)			

表 10 － 1　城輪柵跡発掘略年表　⑥

	年	月	日	上田三平・文部省	阿部正己・ 山形県郷土研究会・ 山形県庁	本楯村・上田村	その他の来訪者
	1931（昭和 6）	6	18			・兵田本楯村長、県庁に赴き窪田知事に会長就任方を懇請。知事が会長を承諾すれば今月下旬か来月上旬頃保存会の発会式をあげる方針との報（15）	
	1931（昭和 6）	6	20		・阿部、後藤宙外の案内で払田柵調査（14）		
上田の秋季発掘	1931（昭和 6）	10	23 以降	・文部省・上田により再度の発掘調査。人員総数 328 人、上田は現場指揮に 14 日費やす（3） ＊「発掘現場内には、調査員係員、並に特別見学者の外は濫りに立ち入ることを停止して、遺物の移動、攪乱を防ぎ、遺跡の現状を確保する方針を採」る（1）	・久保〔良澄〕山形高等学校長、文部省宗教局長を訪ねた際、上田三平が山形県郷土研究会を秋季発掘から排除したことに苦言呈す（6）（7）		
	1931（昭和 6）	11	17	上田、久保の越権的行為を批判する書面を山形県に送る（6）（7）			
	1932（昭和 7）	4	25	文部省告示第 121 号により、史蹟指定（8）			

＊　下記の史料を参考に作成した。

（1）文部省編『史蹟精査報告』第 3（文部省、1938 年）
（2）上田三平「出羽柵阯考追記」（『史蹟名勝天然紀念物』6 集 7 号、1931 年 7 月）
（3）上田三平『指定史蹟城輪柵阯』（城輪柵阯保存会、1932 年）
（4）表 10 － 3 の 15　（5）表 10 － 2 の 28　（6）表 10 － 3 の 41　（7）表 10 － 3 の 42
（8）文部省告示第 121 号（『官報』1594 号、1932 年 4 月 25 日）
（9）阿部正己『城輪の出羽柵址及び国分寺址調査』（山形郷土研究叢書第 5 巻、国書刊行会、1982 年。1932 年山形県郷土研究会刊の複製）
（10）「大山入柵と城輪の柵について」（阿部正己文庫 442）
（11）「古代の謎の解明　城輪柵遺跡の調査と保存」（酒田市本の会編『酒田市制 50 年』酒田市、1983 年）
（12）表 10 － 2 の 14　（13）表 10 － 3 の 32　（14）「荘内考古史料（一二）」（阿部正己文庫 108）
（15）表 10 － 2 の 30　（16）表 10 － 2 の 22

ことも見て取れる。この点について上田は、『史蹟名勝天然紀念物』に発表した報告で、次のような批判を述べている。

所在地では何処でもやることだが他地方の見物人に見学させる為めと称して北門及び東門の門柱各一本を原位置から抜き取り来りて事務所の前に陳列し同時に各所の柵引〔列誤カ〕から抜き取つて来た柵木も随分多数陳列されてある。惜しいことをするものだ。旧蹟と認むべきものを発見した時には現状を変更することなく地方長官に申告すべしとあつて特に現状を変更せざることが眼目となつて居るのである。之れだからかゝる特別な史蹟は地方に任せるわけにいかない(9)。

最初の発見地における柵木の配列（阿部正己『城輪の出羽柵址及び国分寺址調査』山形郷土研究叢書第5巻、国書刊行会、1982年。1932年山形県郷土研究会刊の複製）

この後、阿部らの裏切りに対する非難の言葉が続くが、ここで注目すべきは、この両者の対立が、明治後期の史蹟保存事業に見られた、由緒的価値を重視する地域社会と学術的価値を重視する学者との対立とは、明らかに異なることである。むしろこの対立は、地域社会の側が城輪柵跡の学術的・文化的価値を積極的に受容・流用したことによって生じたものと思われる。以下、こうした受容・流用の実態について、郷土史家や新聞報道、本楯村民の動向に目を向けることで明らかにしていきたい。

第二節　郷土研究のコミュニティと阿部正己の発掘

1　阿部正己と郷土研究のコミュニティ

まず、同遺跡をめぐる郷土史家側の中心人物だった、阿部正己の経歴を見ておこう。飽海郡松嶺町に生まれた阿部は、哲学館（後の東洋大学）卒業後、北海道史蹟名勝天然紀念物調査委員・北海道史編纂に従事したが、明治期の官有物払下げ事件を露骨に叙述したために疎まれて辞職する。一九一八（大正七）年に帰郷した後は、山形県史蹟名勝天然紀念物調査委員、酒田市史編纂委員などを務め、大正・昭和戦前期の荘内地方を代表する郷土史家として知られるようになった(10)。

そして、この阿部の周辺には、郷土研究のコミュニティが幾重にも取り囲んでいた。その一つが、山形県史蹟名勝天然紀念物調査会である。山形県の保存行政（国指定の下調査と申請、及び県独自の史蹟指定）は社寺兵事課が所管したが、山形県史蹟名勝天然紀念物調査会の調査委員はその調査・記録・保存物件の選定などに従事した。史蹟担当として阿部と五十嵐清蔵、博物担当として安斎徹・橋本賢助が調査委員に任命されている(11)。

また、この調査会と密接に関係した団体として、山形県郷土研究会が存在した。同会は一九二八（昭和三）年四月に設立され、かつて東京高等商業学校で教鞭を執った歴史学者で実業家の三浦新七を会長に、山形高等学校教授・安斎徹、山形県師範学校長・和田兼三郎、同校教諭・橋本賢助、郷土史家の阿部正己・五十嵐清蔵らが所属した。山形県内の歴史・地理の研究を対象とし、『郷土研究叢書』を刊行するなど、民間団体ながら県調査会の事業を補完する役割も果たしている(12)。

さらに、荘内地方というより狭い範囲においても、複数の郷土史研究団体が阿部をとりまいていた。詳細は不明だが、阿部も所属していた荘内史談会という団体が存在し、同会は一九二八年八月に山形県郷土研究会と合同で史料展覧会を開催している。[13] また、一九三一（昭和六）年頃からは荘内史料研究会が『荘内史料写真帖』『荘内叢書』を刊行、月刊誌『我が郷土』などを発表していた。[14] 酒田では、大地主として知られる本間家が設立した財団法人光丘文庫で、史蹟巡りの会などが催された。[15]

より広域な東北地方という枠組みで見るならば、東北帝国大学の講師を務めていた喜田貞吉が、郷土史家たちの活動とその交流を支援していた。喜田が雑誌『東北文化研究』に連載していた研究日誌「学窓日誌」には、東北各地を訪れ郷土史家たちと交流する喜田の様子がうかがえるが、そのことについて喜田は次のように述べている。

> 東北文化の研究に没頭する自分の研究方針としては、成るべく多数の同好者と連絡を保ち、相共に調査研究の歩を進めたい。其の意味から自分は到る処郷土研究趣味普及の宣伝につとめ、郷土会の設立発展を慫慂して居るのである。[16]

発掘された西門跡（文部省編『史蹟精査報告』第 3、文部省、1938 年）

前述の山形県郷土研究会の設立を勧めたのも喜田であり、合同史料展覧会にも阿部の招きで訪れ、鶴岡の大宝館、酒田の光丘文庫での講演会に参加している。[17] そして喜田の介在により、県を越えた郷土史家の交流が促されることもあった。[18]

阿部は、上田と同様な経歴ながら、地方の一郷土史家にとどまっていたことは確かである。だが、さまざまな郷土研究のコミュニティを通じて、アカデミックな世界と緩やかに繋がっていた。上田は阿部を批判していたものの、阿部も相当な学識を有しており、史蹟の学術的・文化的価値の理解者であったことを確認しておきたい。

2　阿部と山形郷土研究会の城輪柵跡発掘

略年表（表10－1）中央列には、阿部正己・山形県郷土研究会・山形県庁側の発掘経緯を記した。以下、その要点を整理する。

第一に、阿部及び郷土研究会と上田との間に生じた対立について。上田の主張では阿部が約束を破ったことになっているが、阿部は未刊行と思われる著作原稿「城輪の出羽柵址と国分寺址」の緒言で、「之等の誰が発見したとか、又自分が発掘する所を他人が発掘したのが悪いとかいつて、学術雑誌にまて云々書くに至つては、書く人の人格の問題である。余は上田三平氏とは発掘しない約束なとしたことは一切無い。斯る大なる遺跡に対しては、宏き襟度を以て可及的多くの斯学の研究家と力を協せて、研究調査に掛らねはならぬことは云ふまでも無い」「自己の運動で指定されたとか、柵のことは自分より外に知るものが無いとか暴言を吐くことは慎しむべきことである」と、上田に対する批判・反論を記している[19]。また、新聞報道によれば、山形高等学校長・久保良澄は、文部省宗教局長に対して「郷土研究会の一員として上田氏の態度は文部省を笠に著て地方の研究家を排斥するやうな、学者としては余り偏狭な点があるといつた」という[20]。阿部以外の山形県郷土研究会員にも、上田の行為を発掘の独占と捉え、大いに不満を持っていた者が存在したのである。

第二に、春季の発掘について。これは、郷土史家たちが勝手に進めたものではなく、本楯村や山形県庁との連携のもとに実施されたものだったことである。まず、阿部は大正期から本楯村での発掘を実施しており、村の人々とはもともと面識があったと思われる。また、五月六日の発見時には、本楯小学校から阿部に直接連絡され、山形県庁からも阿部に出張の指示が出されている。そして発掘時には、役場に発掘調査に着手する旨を告げ、阿部は村と連携し村民一五人を雇い入れて調査に従事した。発掘後は山形県庁との連携も密になされており、県庁への報告、県知事・学務部長の視察、県の測量員による地図調製などが行われている。

第三に、各地から郷土史家・中央の歴史学者が来訪し、阿部が現地の担当者として行動していたことについて。山形県郷土研究会員、光丘文庫読書会員、鶴岡中学校長・教員の来訪に際しては、阿部が案内役を務めており、調査に訪れた喜田貞吉を山形県郷土研究会一行が出迎えた。払田柵跡研究に取り組む郷土史家である後藤宙外や、秋田県横手町の深沢多市からの、柵跡発掘に関する阿部宛の来翰もある。[21] さらに阿部は、五月二六日から東京に出向いて、黒板勝美や考古学者・人類学者、文部省の担当者と交渉して出張調査を依頼しており、[22] その結果、鳥居龍蔵と黒板勝美の来訪の約束を取りつけている。実際には、黒板は都合がつかなかったようだが、鳥居は六月五日に現地調査に訪れた。[23]

第四に、しかし上田が非難したように、やはり発掘の見世物化という状況があったことについて。具体的には、見学者・視察者のため、遺物の掘り出しなどを頻繁に行っていた。多くの見学者に見守られる中、発掘行為はある種の見世物と化し、次第にエスカレートしていったのではないだろうか。

柵跡の発見は、山形県郷土研究会と阿部にとって大きなチャンスと受け取られたことは間違いない。そして、元来最新の考古学的発掘の専門技術を有さない上、連日の多数の来観者に注目されたことも相まって、上田から見れば無秩序な発掘が進められていったと思われる。しかしそれは、決して一個人によって行われたわけではなく、村や県と連携し、郷土史家や中央の歴史学者たちとの協調関係の下で進められ、既成事実化されたのである。発掘をエスカレートさせた要因の一つは、こうした郷土研究の重層的なコミュニティがうまく機能したことにあったといえるだろう。

第三節　語られる城輪柵跡

1　諸論の対立

こうして発掘された城輪柵跡は、その性質が不明確だったこともあり、研究者間でもさまざまな解釈を惹き起した。[24]上田三平は、発掘直後は出羽柵と推測するが、のち撤回し、名称不明ながら古代史上のいわゆる柵の一つであるとした。[25]上田主導の秋季発掘に参加した考古学者の鳥羽正雄も、上田説に共感を示している。[26]一方、阿部正己は、一九二三（大正一二）年に同遺跡中心部を調査して国分寺跡と推測していたが、一九三一（昭和六）年の発掘後は、出羽柵跡であり、かつ後年同じ場所の中心部に国分寺も建てられたという主張に変化する。[27]ちなみに阿部は、出羽柵や出羽国府及び国分寺は一ヶ所ではなく、各所を移転したとの考えから、荘内各地に出羽柵・国府・国分寺跡を比定していた。

これに対して喜田貞吉は、一九二三年に阿部の案内で同地を訪れて以来、国分寺跡説を支持し、上田による発掘後も同説を変更せず、柵跡は国分寺の外郭と考えた。[28]他方で人類学者の鳥居龍蔵は、「一大平野に木柵を設くる例は満洲やシベリア、蒙古さては支那内地に於《マヽ》て常に見る所であつて、此処の木柵もまた大陸的形式を帯ぶるものである」と指摘し、北東アジア各地の遺跡との比較考察を提言するという、まったく別種の解釈を示した。[29]ただし、この解釈は一日の踏査を踏まえて新聞に寄稿した感想程度のものである。

ここで特に注目したいのは、上田と阿部の相違点である。出羽柵や国府・国分寺のような六国史所載の施設は、旧来の文献資料中心の郷土史・地誌にも欠かせないものであったため、郷土史家間で一種のネームバリューを有していたと考えることができる。よって、阿部の出羽柵複数説は、荘内各地の郷土史家にとっては好都合な解釈であり、阿部自身が出羽柵の名称にこだわり続けたのもその価値を重視してのことだったのではないか。一方で上田は、文献所載の物件に比定することにこだわらず、遺跡そのものの形から当時の状態を復元すれば十分だという考えを強調する。上田にとって、こうして純粋に物質的特徴からその学術的・文化的価値を読み解くことは、自身の分析方法に適合的である上、専門家としての自己の立場を強調するものでもあったと思われる。つまり、文献資料と物質資料のどちらに重きを置くかという点が、解釈の相違に表れたものと推測する。

一方、上田・阿部・喜田・鳥居らは、城輪柵跡の学術的・文化的価値にもとづく議論をしている点では共通していた。大陸各地の諸民族との関係を展望する鳥居はいうまでもなく、国分寺説を唱える喜田も、柵跡の形態・規模からして出羽柵としてふさわしくないことを指摘し、「当時の日本文化を物語るものであるその形は平穏を物語つてゐる」[30]という表現で語っていた。阿部もまた、柵跡の遺物・遺構から築造方法や構造の復元を試み、その構造上、後世の城郭とは異なり、兵備と開墾を兼ねたものとする。そして、中国・朝鮮の文献と比較して「要するに柵城の濫腸〔ママ〕は、支那〔ママ〕朝鮮及び日本に於て、古くより行はれし北方異人種に対する禦敵保民の城堡なりしなるべし」と論じている。[31]

上田の払田柵跡論はすでに紹介した通りだが、城輪柵跡については、柵跡の北西隅・北東隅で発見された軍事的用途を思わせる角楼遺構を重視し、当初から北方を堅固にした可能性を指摘して、「若し然らば、北方に強敵を控へて居つた時代のものたることが、構造上からも立証される」と論じている。[32]また、シンメトリーな構造（正方形に近く東西南北に門を有する）に中央の都城制の影響を指摘し、この発見が「中央における都城の研究を新に刺激」する重大性を有し、「地方の都市形態の起原を究明する上にも必要となつて来た」と述べている。[33]出羽柵かどうかという議論とは異なる観点から、城輪柵跡の特徴と価値が論じられたのである。[34]

以上のように、四人の解釈は異なるものであったが、柵跡の物質資料としての特徴から過去の社会・文化を描き出そうとする点では共通していたのである。

2 新聞報道

一方、城輪柵跡の発掘は、新聞でも繰り返し報道された。表10－2は『山形新聞』の城輪柵跡関係記事（一九三一＝昭和六年五月から七月まで）、表10－3は阿部正己の研究ノート「庄内考古史料」に貼付された城輪柵跡関係の新聞記事（山形新聞を除く）の一覧である。地元紙では、発見当初はほとんど毎日のように紙面に上り、発掘調査の経過や遺構の写真、各研究者の説、保存・指定へ向けた動きなどが報じられている。

その内容に目を向けると、当初こそ出羽柵の発見と断定的に報じられたものの（表10－2の2～3、5、表10－3の7～8など）、その後諸説が対立すると、学界での意見対立自体を強調する内容が増えてくる（特に、表10－2の19、22、表10－3の10、25～26、38、42）。中には、内容的には単に鳥居龍蔵の踏査後の感想を載せた記事であるにもかかわらず、見出しを「本楯の柵趾に絡み果然猛烈なる論争」としている記事もある（表10－2の26）。「論争」的性質の強調が、同遺跡の話題性を高める上で有効だと考えられたのだろう。また、いくつかの見出しに「謎」の語が見られるように、その性質が謎に包まれていることの強調も、話題性を高める効果があったと思われる。

そして、本書の観点から見て重要なのは、これらとあわせて、学者たちの解説をもとに当時の社会生活を復元的に推測した記事も載るようになったことである。

> 柵内の総面積は大体七十町歩で、現在の酒田の半分程の大きさを持つてゐたらしく、そして柵内に国府をはじめ付近の部落から強制移住を命じた人民が約五千人位は住んでゐたものと推測されてゐる〔中略〕なほ出羽之柵を築造する際に用ひた用材、即ち昨今続々発掘されてゐる杉材は、最上地方からいかだに組んで最上川を下したものと、且この本楯地方一帯は往昔は森林地帯であつた関係からこれを利用したもので、この柵を築造するのに二万本位は使つたものと推測されてゐる、また住民は平素は柵外に出て農耕に従事したものだらう(35)

学界での意見対立を紹介する過程で、当時の社会・文化の〈復現〉を志向する学者たちの見解も、新聞紙上に紹介されたのである。さらに、こうして想像された当時の社会に、別種の物語を付託する記事も登場してくる。たとえば、飯野伝六は随筆で、次のように階級闘争史を思わせる解釈を打ち出した。

当時の所謂、蝦夷討伐と称するものは、日本民族階級が、その豪華を極むる生活の資源を、蝦夷地侵略と蝦夷民族を奴隷として駆使する事に依つて求めん為めのものであつた。だから、この出羽柵と云ふものも、蝦夷侵略の足だまりであり、この柵内に居住した人民も、諸国から強制的に狩り集められ、移住せしめられた賤民階級の血気旺盛な壮年の男女であつた。そこで是等の移民は、蝦夷の逆襲を防ぐ為めに使役されるかたはら、侵略地の開墾に従はしめられて居たもので、柵司は、これを統括して指揮して居たものである。(36)

城輪柵跡発掘の新聞報道（『山形新聞』1931年5月13日付朝刊3面）

〔この村の近傍に残る〕老人遺棄の伝説も、庄内出羽柵建設当時、即ち本楯の柵建設当時に生れ出たものと自分は考へたい。〔中略〕彼等〔国司郡司ら〕が私

表10－2　『山形新聞』1931年5～7月掲載の城輪柵跡関連記事　①

番号	記名	年	月	日	朝夕	面	見出し
1		1931	5	9	夕	1	本楯の史蹟調査に上田嘱託来る　多年の疑問解決か
2		1931	5	10	夕	1	本楯史蹟発見さる　再度来県した上田嘱託が大努力の末に
3		1931	5	12	朝	3	歴史上重要なる証跡　発見された出羽柵　掘り出したのはほんの一部分　安斎教授は語る
4		1931	5	12	朝	3	城輪神社を県社に昇格運動　意気込む本楯村民
5		1931	5	12	夕	2	出羽柵の確な証拠　ぞくゝゝ発見さる　三浦博士、安斎教授等の史蹟調査　当時の築城法に合致
6		1931	5	13	朝	3	移住民部落跡の一つか　出羽柵とは断定されぬ　問題は未解決今後更に研究　三浦新七博士帰形して語る
7		1931	5	13	夕	1	陳列所を設け発掘物を保存　柵や柱はその侭に　意気込む本楯村民
8		1931	5	14	夕	1	本楯の柵趾は国府の跡か　地方民は更に発掘　有力視さるゝ布目瓦
9		1931	5	15	朝	3	支那渡来の邑城式柵趾　出羽柵と断定したい　然し今後なほ詳細研究の必要ある　上田三平氏は語る
10		1931	5	15	朝	3	史跡名勝地に仮指定す　県天然記念物調査会で　木柵保存法を考究
11		1931	5	15	夕	1	柵趾なほ発掘　両門を発見　阿部正巳〔ママ〕氏出県して県へこの旨を報告
12		1931	5	17	朝	3	黒板、三浦の両博士更に本楯柵趾発掘　柵内の中央を掘り起して　国府の存否を探る
13		1931	5	17	朝	3	三浦博士自ら従来の説を訂正　学界に異状〔ママ〕な波紋
14		1931	5	19	朝	3	本楯の柵趾に黒板博士乗込み　二十三四日ごろ
15		1931	5	19	夕	2	さらに円柱を発見　三浦博士等の本楯柵趾発掘　文部省調査は今秋か
16		1931	5	19	夕	2	先づ仮指定地に　十七日付の県報で告示　今秋文部省が調査
17		1931	5	20	朝	3	城輪神社近く昇格　本楯の柵趾に
18		1931	5	30	朝	2	本楯の柵趾調べに乗り出した文部省　近く鳥居、黒板、荻野の三氏来県　殆ど『出羽柵』と認定
19		1931	5	31	夕	2	喜田、上田両氏いづれが勝つ　本楯の柵趾に絡む　いよゝゝ最後の審判
20		1931	6	6	夕	2	鳥居博士自ら本楯の柵調査　五日夫人同道来県　興味ある氏の発表
21		1931	6	6	朝	3	本楯の柵は案外広範囲か　柵外に更に発見　柵内中心から興味ある鬼瓦　鳥居博士断定を避く
22		1931	6	7	夕	2	謎を深める本楯の柵趾　色々の説が続けざまに　今秋を期して一大発掘か　各専門家も躍起になつて研究
23	飯野伝六	1931	6	7	夕	3	随筆　呪はれたる柵（一）―本楯の柵趾中心に―
24	飯野伝六	1931	6	9	夕	3	随筆　呪はれたる柵（二）―本楯の柵趾中心に―
25		1931	6	12	朝	2	本楯柵趾に上田氏再調査
26		1931	6	13	朝	3	本楯の柵趾に絡み果然猛烈なる論争　考古学界注目の焦点

表10－２　『山形新聞』1931年5～7月掲載の城輪柵跡関連記事　②

番号	記名	年	月	日	朝夕	面	見出し
27		1931	6	13	夕	1	史跡自らが問題を解決　言外に出羽柵の確信を抱いて再来県した上田氏語る
28		1931	6	14	朝	3	上田三平氏本楯を再調査
29		1931	6	17	朝	2	本楯の柵趾　保存に協議
30		1931	6	20	夕	1	本楯の柵趾保存会　知事を会長に
31		1931	6	22	朝	2	本楯柵保存協議
32		1931	6	23	朝	2	本楯の柵茶話し（1）　柵の内部には五千戸収容　書に残る出羽柵と払田柵　何事も判らぬ本楯
33		1931	6	24	朝	2	本楯の柵茶話し（2）　柵の縄張りに物差し疑問　大化、和銅のいづれに　建築は天平以前か
34		1931	6	25	朝	2	本楯の柵茶話し（3）　都岐沙羅は果して何処　出羽柵と本楯と如何なる関係を持つ
35		1931	6	26	朝	2	本楯の柵茶話し（4）　柵移転とは司令の転任　飽海荘内の各地には大小の諸柵が点在
36		1931	6	27	朝	2	本楯の柵茶話し（5）　払田の柵と二田造の謎　出羽柵第二世果して何処　古さ比べ競技会
37		1931	6	30	朝	2	本楯の柵茶話し（6）　国府は何処　上田、本楯その他　出羽柵移転に関する疑問
38	土偶人	1931	7	1	朝	1	本楯の跡（7）　国分寺と金光明経
39	土偶人	1931	7	2	朝	1	本楯の跡（8）　国分寺瓦に就いての疑ひ
40	土偶人	1931	7	3	朝	1	本楯の跡（9）　国分寺以前の寺院の謎
41	土偶人	1931	7	4	朝	1	本楯の跡（10）　出羽国分寺移転のあと
42	土偶人	1931	7	5	朝	1	本楯の跡（11）　当時のインテリくらべ
43	土偶人	1931	7	6	朝	1	本楯の跡（12）　蝦夷時代の置賜の文化

＊　1931年5月から1931年7月までの『山形新聞』記事中、城輪柵跡に関わるものを列記した。

腹を肥し、権勢を張らんとして、無謀なる増税も敢て行はれたであらう、本県に出羽サクの存置期間は僅か二十五年前後だつたとは云へ苦しむ者は、正にサク内の移住民とサク近傍の蝦夷民であつた。そこで、この生活苦を切り抜けんとする老幼の遺棄となつた事は、否定する事が出来ない。〔中略〕果して蝦夷民は王化に浴して幸福であり得たであらうか？と云ふことになると、この反対に出羽にサクの設置された事は、まことに蝦夷民にとつて呪はしいことであつたに違ひない。私に云はせれば出羽農民、山形県農民最初の搾取の手は、そのサクから伸べられたのである。而も搾取に耐へず老幼を捨てたのである。それが

表10－3　「庄内考古史料」（一二）（一三）添付の城輪柵跡に関する新聞記事　①

番号	筆記事項	推定新聞名	年	月	日	記名	見出し
1	6、5、10、東朝	東京朝日新聞	1931	5	10		学界論争の的　問題の「円柱」　上田文部省嘱託八日来県　注目される実地調査
2	東朝、6、5、10	東京朝日新聞	1931	5	10		「円柱」を発見す　いよゝゝ上田嘱託が着手　山形郷土研究会からも出張
3	〔なし〕	不詳	〔1931〕	不詳	不詳		本楯の下調査に上田嘱託乗こむ
4	〔なし〕	不詳	〔1931〕	不詳	不詳		さく跡視察に上田嘱託来県
5	両朝、6、5、1■	両羽朝日新聞	1931	5	不詳		謎を秘む出羽柵跡　本楯でほり出さる　郷土研究会の三浦博士調査結果　上田氏の説を裏書きして　学界に一波もんを投ず
6	東朝、6、5、12	東京朝日新聞	1931	5	12		考古学界に衝動　二百間のさく跡その他発見　出羽〔柵〕か国分寺跡か
7	昭和六年五月十四日、東日	東京日日新聞	1931	5	14		一千二百年前の『出羽国府』柵址【下】　柵内は酒田の半分位の面積か　国府時代民の生活も判明せん
8	昭和六年五月十四日、東日	東京日日新聞	1931	5	14		出羽柵建設は奈良町時代か　柵址に国分寺建立の推定　文部省嘱託上田三平氏語る
9	時事、五月十四日	時事新報	1931	5	14		布目瓦が発掘され出羽国府址説が有力　延喜式には国分寺領の明示がない
10	東朝、6、5、14	東京朝日新聞	1931	5	14		問題の発掘　考古学界が騒ぐ　文部省の上田嘱託は来る　喜田博士は横やり
11	両朝、6、5、1■〔4か〕	両羽朝日新聞	1931	5	〔14〕		本楯の国府跡　北門東門を発見　三浦博士調査結果
12	なし〔ただし、切抜きに紙名・日付記載あり〕	鶴岡日報	1931	5	15		本楯の柵跡は出羽の柵跡と判明　千二百年前の夷蝦〔ママ〕押への古城跡　上田氏説遂に勝つ
13	6、5、15、両朝	両羽朝日新聞	1931	5	15		柵跡なほ発くつ　両門を発見　阿部正巳〔ママ〕氏出県して県へこの旨を報告
14	なし	不詳	〔1931〕	不詳	不詳		出羽柵趾視察　来る十七日に　飽海読書会で
15	6、5、15、東朝	東京朝日新聞	1931	5	15		更に東門を発見　史跡保存を申請　全国的に珍しいもの
16	6、5、15、東朝	東京朝日新聞	1931	5	15		懸賞金で探して内〔ママ〕柱を発見す
17	庄、新〔切抜きに日付記載あり〕	荘内新報	〔1931〕	5	15	一記者	郷土史に時代を画する「出羽柵」趾の発見　今は動かぬ証拠の数々　発掘に参加して
18	なし〔ただし、切抜きに日付記載あり〕	不詳	1931	5	17		支那渡来の邑城式さく跡　出羽さくと断定したい　然し今後尚調査研究の必要ある　上田博士は語る

表10－3　「庄内考古史料」（一二）（一三）添付の城輪柵跡に関する新聞記事　②

番号	筆記事項	推定新聞名	年	月	日	記名	見出し
19	なし〔ただし、切抜きに日付記載あり〕	不詳	〔1931〕	5	17		史跡名勝地に仮指定す　県天然記念物調査会で木柵保存法を考究
20	東朝、6、5、19	東京朝日新聞	1931	5	19		史蹟保存地指定に保存協会創立さる　十七日知事三浦博士一行調査　発掘の古器物観覧
21	東朝、6、5、19	東京朝日新聞	1931	5	19		文部省から技術官学者来県　昨日から発掘を厳禁　にはかに新名所で日曜賑ふ
22	両朝、6、5、■	両羽朝日新聞	1931	5	不詳		出羽柵跡から更に円柱発見　文部省調査は今秋か
23	〔なし〕	不詳	〔1931〕	不詳	不詳		黒板博士来県　さく跡研究に
24	東朝、6、5、26	東京朝日新聞	1931	5	26		喜多〔ママ〕博士が再びさく跡調査　帰京研究の上ならではと　本楯村で語り秋田へ
25	東朝、6、5、28	東京朝日新聞	1931	5	28		喜多〔ママ〕博士と郷土研究の論争　説を覆すべく阿部氏上京　論争いづれが勝つ
26	両朝、6、5、28	両羽朝日新聞	1931	5	28		喜多〔ママ〕博士の「河南説」学界にシヨク　本楯城輪の柵趾問題　出羽柵趾は大山にもあり　黒坂〔ママ〕博士来庄発掘
27	両■〔判読不可〕、五、二九	両羽朝日新聞	〔1931〕	5	29		阿部正巳〔ママ〕氏　文部省の招電で二十七日に上京
28	東朝、6、5、■〔30か〕	東京朝日新聞	1931	5	〔30〕		鳥居氏他各博士続々と調査に
29	東朝、6、5、■〔30か〕	東京朝日新聞	1931	5	〔30〕		黒板萩野〔ママ〕両博士実地調査　断定を下しに
30	東朝、6、5、30	東京朝日新聞	1931	5	30		学者連のために農民田植大困り　本楯村の調査に又も来る　すみ次第田に引水
31	両朝、6、5、31	両羽朝日新聞	1931	5	31		本楯の柵跡調べに乗り出した文部省　近く鳥居黒板萩野〔ママ〕の三氏来県
32	6、6、6、両朝	両羽朝日新聞	1931	6	6		鳥居博士来酒　出羽さく趾調査に
33	〔なし〕	不詳	〔1931〕	不詳	不詳		鳥居博士の調査からまた貴重資料発見　雨にぬれて熱心な博士夫妻　残るは大きな疑問
34	東朝、六、六、九	東京朝日新聞	1931	6	9		宙に迷ふ名称断定　今秋までは未解決　出羽〔柵〕か国分寺か不明で論戦　判明まで従来通り
35	〔なし〕	不詳	〔1931〕	不詳	不詳		双方のさく豊田村に在つた　考古学者高橋氏が唱へて　調査研究の上で判明

表10－3　「庄内考古史料」（一二）（一三）貼付の城輪柵跡に関する新聞記事　③

番号	筆記事項	推定新聞名	年	月	日	記名	見出し
36	酒田新聞、昭和六年六月十六日	酒田新聞	1931	6	16		出羽の柵趾か否か　今秋の大発掘後に　上田三平博士は語る
37	六月十六日、東日	東京日日新聞	1931	6	16		発掘の延長　四百間位
38	六月十九日、東日	東京日日新聞	1931	6	19		『出羽柵』の論争本筋に入る　上田氏廿四日東大で講演　喜多〔ママ〕博士は雑誌で公開状
39	東朝日、昭和六年七月廿一日	東京朝日新聞	1931	7	21	阿部正己	城輪の出羽柵跡
40	十一月十八日、東日日	東京日日新聞	1931	11	18		国府の柵内には八百戸の収容力
41	十一月十八日、朝日	〔東京朝日新聞か〕	1931	11	18		久保山高校長上田氏を怒らす　出羽さく跡の両説でこぢれ出した学界
42	十一月十八日、東日日	東京日日新聞	1931	11	18		出羽の柵址を中に学界の暗闘暴露　参観者を迷はす二つの標識　役人と学者の争ひ

＊　阿部正己文庫所収「荘内考古史料」（一二）（一三）に貼付された新聞記事のうち、城輪柵跡に関するものを列記した。
＊　切抜きには阿部により新聞名の略称と日付が記載されている。これを「筆記事項」の項目に記した。判読不可の箇所は■で示した。
＊　年月日について記載がないものの、推定できるものは〔　〕内に記入した。
＊　『山形新聞』は別表に記載したため除いている。

なんで幸福であらう。国史に依れば出羽サクであるが、若し出羽サクが本楯のサクであつたなら此の本楯のサクこそ呪はれてあれ……であつた[37]

他方で、工兵出身の元帥陸軍大将・上原勇作は、『日本新聞』に掲載された上田の調査結果を見て、まったく異なる想像に及んでいた。上原は、出羽柵を研究していた陸軍工兵大佐・原田二郎に、次のような手紙を送っている。

此記事に依りて推察する時は、東北経営の攻撃要塞たるに相違有之間敷、攻撃正面たる北方面は、比較的厳重なりと云ふが如きは以て然りと考へ候、但し四角に設けたる角廊は此の隅角の力を増す為めの備へのみなるか又は横矢の設備も有之か不明なれども其れは弓矢を以てしては長きに過ぐる故各正面の間に他の設備を成して補充が有るかなど想像致し居り候、千二百年内外の古武士の遺骨が今日世に現はれた事は誠に

仕合せに候[38]

「古武士の遺骨」とは城輪柵の遺構を指すものであろう。城輪柵跡を要塞として扱った上原は、そこに「古武士」の面影を見出したのである。飯野や上原は専門的な歴史学者・考古学者ではないが、二人の議論からは、城輪柵跡の文化的価値がさまざまな形で再解釈されていく様子が見て取れる。

以上のように、城輪柵跡の学術的・文化的価値の認識は、「論争」や「謎」といった、一般の人々にとって分かりやすい話題と混ざり合いながら報道されることになった。これもまた、学術的・文化的価値の流用と言えよう。そして、飯野や上原の解釈に見られるように、城輪柵跡の文化的価値は学界の外部にも伝えられ、そこに各々の関心に沿った物語やイメージが投影されたのである。

第四節　地域のなかの城輪柵跡

次に、こうした状況を本楯村民がどのように受け止めていたかを検討したい。一九三〇（昭和五）年九月段階の同村は、人口約四〇〇〇人の、稲作を中心とする農村であった[39]。本楯尋常小学校や村農会をはじめ各種団体による村づくりが盛んで、『本楯村報』とその後継誌『本楯教育』によって村民の間の情報共有が図られていた[40]。同誌には、図書館の活用普及や、全村大運動会の実施、青年訓練所・青年学校の活動を重視する姿勢などもみられ、青年教育・通俗教育にも力が注がれていたことがわかる。

1　山形県郷土研究会と本楯村民

本楯村民が遺跡発掘に直接関わった事例としては、先に述べた通り、山形県郷土研究会による雇用がなされたことが挙げられる。事務所は教員住宅に設置され、一五人の発掘員が雇用された。そしてその際、一部の門柱の捜索には懸賞金一円が懸けられ、実際に掘り当てた人物には、衆目環視のもとで懸賞金が手渡された。[41] 参加した村民にとって、発掘作業は臨時収入としての魅力があったものと思われる。

だが、こうした経済的利益とは別に、村民が発掘自体を積極的に楽しんでいた面もあったと思われる。たとえば次の一節は、阿部正己が著作で振り返った、西門発見の場面である。

本日を以て調査を終え、村人に数日間の厚意と尽力を謝し、爾後の方針につき協議を遂げ辞去せんとしたり。然るに村民は西門並に南門を発見せずして、調査を打切るを頗る遺憾としたるものゝ如し。今や出発せんとする予を留めて、一同挙げて事務所前の苗代に至り、鉄棒を苗代或は畔に挿し込みて捜索したり。恰も苗は三四寸生長したれば、苗代の中に入りて普ねく捜索する能はず、多数は望を絶ちて、事務所に帰りしが、猶苗代に残りて捜査を続けつゝある二人は、苗代と苗代との間の堅き道路上を突きしに、円柱二本を突き当てたり。二人は西門発見と叫びし頃は、夜は正に暗く人面を弁ぜず且つ雨を降らせり。之を聞きたる事務所の一同は、思はずして歓声を揚げ、共に現地に至り検せしに柱根四五本を発見せり。其後十二本を悉く発見したり。[42]

ただし、阿部は別の著作原稿で、同じ場面を次のように書いてもいる。

そこで予は研究会の調査は本日を以て略々終了せるを一同に告げた　然し南門並に西門の発見せぬは誠に遺憾である　今日中に発見する人ありたらば賞与あるべし　明日後は令ひ発見することあるも賞与の限りにあらずと宣告したれば　一同は勇み立ちて今夜中にも西門址を発見せんと　各々鉄棒を持ちて事務所前の西門予定地に赴いた[43]

もし後者の引用が事実だったとすれば、やはり村民にとって経済的利益追求の念は大きいものだったといえる。しかし、本楯村民の発掘に対する積極性は、それのみで説明できるものではない。

2　本楯村民の自主性

そもそも柵の発見に結びつく調査は、上田が土の上に描いた柵想像図を見た村民・池田勘太郎の感動に端を発し、村民有志によってなされたものだった。そして、上田の初来村時から五月発掘、秋発掘に至るまで、本楯小学校の歴史科担当の井上勤訓導、城輪周辺に詳しい信田春吉訓導らが調査に関与し続けた(44)。

また、村内には出羽柵調査会が設置され(45)、「県郷土調査会」（山形県郷土研究会のことか）及び本楯村教育会と連絡を保ちながら柵址の調査・研究・保存、講演会・展覧会を行うこととし、事務所を木ノ輪教員住宅に置いた(46)。阿部正己文庫に収められた「出羽柵調査会会員」と題された名簿によれば、会長は本楯村長が務め、副会長に本楯小学校長と木ノ輪総代、幹事に遺跡所在地周辺の代表者四名、顧問に三浦新七・阿部正己はじめ山形県郷土研究会員、上田村村長・上田小学校長ら、調査員に信田春吉・井上勤ら一九名が挙げられており(47)、郷土研究会員はのちに除外された可能性がある(48)。同会は、阿部らの活動とは別個に「出羽柵調査報告書」を作成しており、上田の手にも渡ったようである(49)。また、出羽柵調査会との関連は不明だが、「本楯村柵阯保存会」の日誌が井上勤によって作成されている(50)。つまり、本楯村民の調査活動は、山形県郷土研究会から一定の自律性を有していたのであり、調査・発掘に対する関心・積極性は、金銭的報酬のみで説明できるものではないのである。むしろ彼らは、郷土顕彰に関わる誇らしい仕事として、発掘に取り組んだと考えられる。

この点は、発掘作業に直接関わっていない地元住民の言動からも見て取れる。次の記述は、阿部らによる五月の発掘の際に起こった出来事を描いたものである。

この東門址の発見に当りて、古川部落の小作人佐藤八重蔵老人を招きて、同人の承諾を得て発掘し、且つ最後に予は同人に向つて発掘後当分の間、この侭になし置かれんことを請ひ、収穫米は弁償すべしと云ひた償〔ママ〕るに、同老人は興憤せる顔色にて「この大遺跡は全国的の大発見であつて、貴殿方の名誉であります。弁〔償〕などいふことは以ての外でありまして、決して御心配には及びません」と声高く答へたり。この一言を聞きたる予は同老人の理解ある答弁に感嘆せざるを得ざりき(51)。

耕作ができなくなることで損失を被った佐藤八重蔵は、損失補償よりも、郷土の誇りとなる遺跡発見に関わる名誉を重視したのである。なお、新聞では「南門に当るは古川村なるか某々氏の如きは自分の家をわきにうつしてまでも発掘したいと云つて居た」とも報じられているが、これも同様の事例といえよう(52)。

ただし、発掘が長期化してくると、農作業に悪影響が出ることに批判的な小作人たちも現れた。

考古学界の権威鳥居博士一行の飽海郡本楯村さく跡実地調査来村は一般に注目され、五日は近郷や遠地からの見物人で同村は賑はふことであらうが、このさく跡論争で田植期になつて田に水をいれることすら出来ずほりだされたまゝになつてゐるさく地の小作人達は可なり困つてゐるが、この争ひが学者の自尊心から反対せんがための反対にあるなら同村小作人は非常なる迷惑であるから解決の早からんことを望んで居り、当日は調査ずみ次第に未解決でも田に水をいれると小作人はいつてゐる(53)

こうした発掘に対する熱意の相違が、個人差によるものか、あるいは時期的な変化によるものかは明確ではない。だが、関心ある村民が多数であったことは確かだろう。

3　本楯村における城輪柵跡の紹介と見世物化

その証左の一つが、柵跡とその発掘作業の見世物化を伝える次の新聞記事である。

> 出羽柵跡は一般にも興味がそゝがれ、十七日は日曜で男女学生その他の見物人で賑はひ、同様駅から現場に至る道路には保存会で標木の道案内が立つやら、気の早い商人は早くも柵跡その他材料を写真にして名所はがきを売り、出羽柵と名打つた名所菓子等の売だしに準備したなど、にはかに新名所の朗らかな気分がたゞよひだした〔中略〕尚同村では、郷土研究資料として長く保存するため記念館を建てる計画をしてゐる(54)

別の史料によると、この頃の見物客の人数は、一日数百名または千名以上だったと見られている（表10－1、五月一二～一三、一七日の条）。これを受け入れる本楯村でも、阿部の指導のもと保存・観覧施設の整備が実施され、主要発掘地点への標札設置や道路・橋の仮設、出土品陳列小屋の設置などが行われた(55)。出店では餅や蕎麦が売られ、発掘された瓦も販売品にされかかったものの、これは中止されたという(56)。そのほか、出羽柵調査会などによって案内図(57)、パンフレット(58)、絵葉書(59)が制作された。喜田が訪れた際には、「地元の熱心な青年老年の方々」が「事務所に詰め切つて視察者を案内」していた(60)。これらの活動に際しては、阿部ら山形県郷土研究会の指導も影響を与えたと思われるが、村民側も積極的にこの機会に応じていたのである。

以上のように、五月の発掘は郷土研究会が主導したものだったが、村民側でも、教員を中心に主体的な活動が行われており、柵跡発掘に対する積極的な関心を向けていた。この点を理解する上での手がかりと思われるのが、柵跡とその発掘作業の見世物化という状況である。大遺跡発見を伝える連日の報道、多数の来観者は、発掘そのものをイベント化して非日常的空間を現出させ、郷土の誇りを自覚しかつアピールする機会となり、さらに臨時収入を得る機

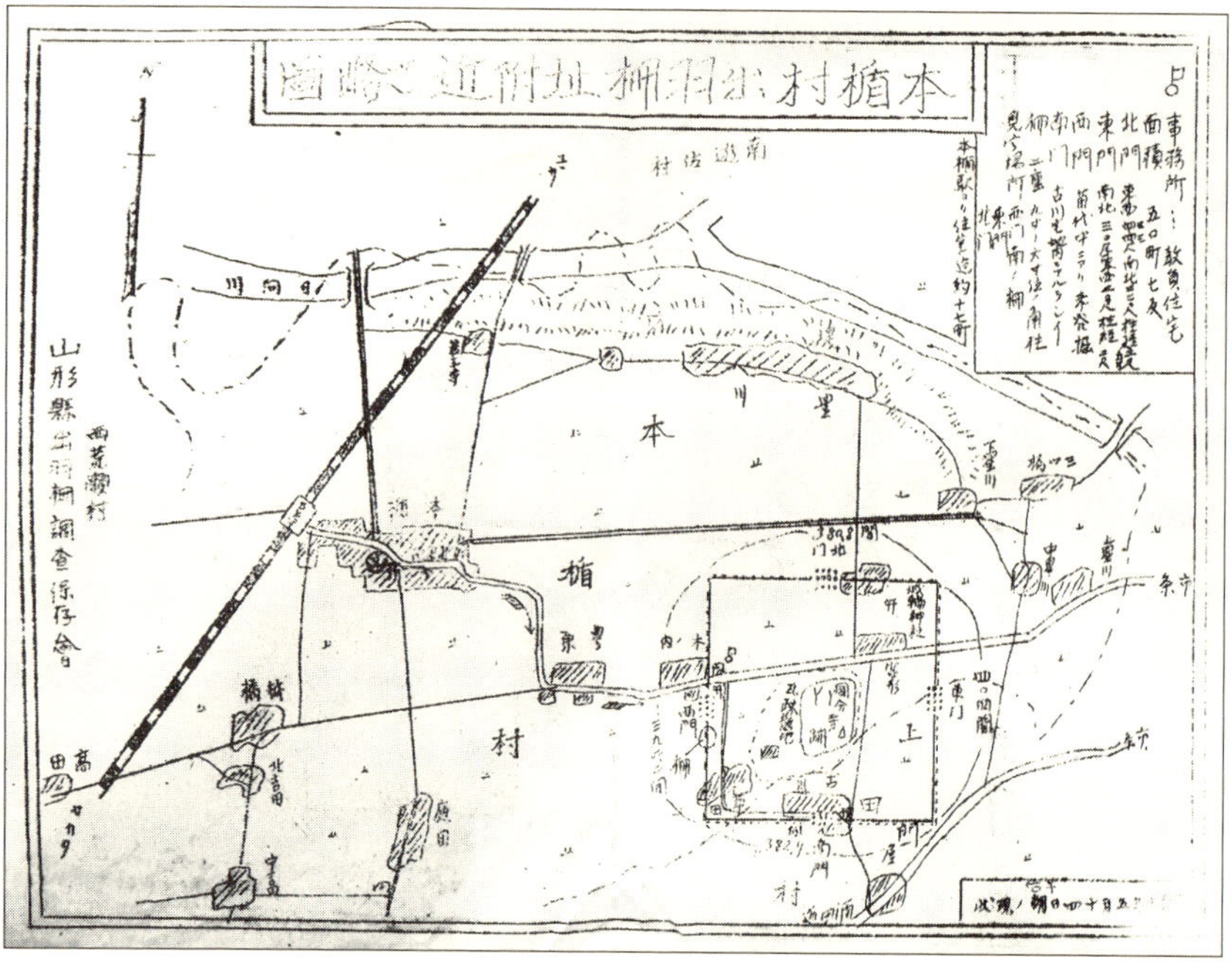

「本楯村出羽柵址附近之略図」（鶴岡市郷土資料館所蔵阿部正己文庫677「［城輪柵并平形柵址調査史料類］」所収）
山形県出羽柵調査保存会の記名があり、「昭和六年五月十四日朝ノ現状」（手書きで「朝」を「午后」と修正）とあることから、来観者の便宜を図るため作成された案内図と考えられる。「見学場所」が記され、駅からの道順が矢印で示されている。

会をも提供した。西門発掘の場面や、佐藤の発言に見られる積極的関心も、この観点から理解することができるだろう。総じて、この見世物化は、学術的・文化的価値の地域における流用の一事例といえる。

4　追随する他地域

こうした状況を受けて、他の地域でも城輪柵跡発掘に追随する動きが現れてくる。

第一に、本楯村の隣村である上田村の例が挙げられる。城輪柵跡の一部は上田村にもまたがっていたので、同村青年団も発掘に着手し、その結果、南門を発見するに至っている（表10－1）。

第二に、最上郡豊里村の例である。同村の考古学研究者・高橋芳吉は、出羽柵・国分寺いずれも豊里村にあったと主張し、これが一九三一（昭和六）年六月に新聞で報じられた[61]。高橋は安斎徹に視察・鑑定を依頼したが、報じられた時点では「安斎教授はそれは面白いことでありしかし今回は時間に余裕がないからいづれあらためて出張の上調査する旨を答へた」にとどまった(62)。

第三に、東田川郡渡前村平形の事例を見てみたい。同地の小学校に勤務する郷土史家・下田弥一郎は、以前から平形を国府の所在地と推定していたが(63)、一九三一年一一月初頭、木材の発見を契機として、同地の菅原快吉訓導らによって発掘調査が計画された(64)。一一月一日付で菅原から阿部正己に宛てて近況を報告した書翰には「鶴岡の史料研究会員にて発掘に先鞭をつけんと焦り居る人もある由に候が、右角木等発見の事は下田氏及校長以外には話致さぬものに御座候」とあり(65)、発掘の手柄を争うような事態が起こっていたことがわかる。

その後、菅原の計画は一一月三日から実施されたらしく(66)、それを踏まえて下田は一一月一〇日、柵・国府・国分寺が平形にあったと推定する資料「平形の柵趾並国府・国分寺趾。東田川郡渡前大字平形。」を作成した(67)。一一月一二日から一六日にかけて喜田貞吉も同地を訪れ、平形分教場で講演を行ったが(68)、喜田はむしろ、この平形の方こそ出羽柵に比定しうると考えていた(69)。阿部正己も平形を出羽国府・国分寺所在地の一つと考えており(70)、下田や菅原にとっては自説の支持者であったといえる。

一方で菅原は、下田らの姿勢に不満を抱いたらしく、阿部宛の書翰で「助川氏の言動、下田氏ノ態度、感服致されぬ点有之、他人の調査を何れも自己のものとする点」と不満を漏らしている(71)。書翰に記された助川氏とは、荘内史料研究会の助川正誠を指すものと思われるが(72)、ここにも荘内地方の郷土史家たちが成果を競いあう様子が見て取れる。ともあれ、調査に対する意欲はその後も継続したようで、翌年一一月にも高等科生徒らを督励して発掘が実施された(73)。

第四の事例として、一九三一年一一月、西田川郡福栄村（現・鶴岡市）の厩山神社復旧会によって、都岐沙羅柵の所在を同地の木野俣・越沢間に推定する資料「越の三柵の随一　都岐沙羅柵趾御案内」が作成されたことを挙げたい(74)。阿部文書に収められた同資料には「阿部郷土史調査委員殿」と宛名が書かれており、県の調査委員に対してアピールする意図から送られたものと思われる。平形の事例とは異なり、遺物の発見はほぼ無く発掘調査も未着手だったが、

「柵趾予定地略図」には点線で柵推定地が示され、「都岐沙羅柵在城時代地方想像図」も描かれている。

もともと同会は、かつて同地に存在した厩山神社の復旧を目指し、その由来を考証した『厩山神社誌附厩山神社神跡考』を一九二八（昭和三）年に刊行していた。そして同書では、古くは厩山神社を城輪神社と称し、同地を城輪村と称していたことを理由に、かつて柵が存在していたことを推測しており、本楯村の城輪神社との関係性も意識していた(75)。こうした前提があったことを考えると、城輪柵跡の発見後、同会が柵発見に強い期待をかけたのも、当然の成り行きだったといえるだろう。なお、阿部の出羽柵複数説では、この推定地からやや離れた鼠ヶ関及び関川を最初の出羽柵設置場所に比定しており(76)、厩山神社復旧会の主張は直接的には取り入れられなかった。

そのほか、西田川郡大山町でも一九二九（昭和四）年に木材列が発見されており、阿部は出羽柵の一つと断定(77)、城輪柵跡発掘後は新聞でも出羽柵の所在地候補として発掘計画が報じられたが（表10－3の26）、地元の動向が明確ではないのでここでは取り上げない。

以上の諸事例はいずれも、城輪柵跡の人気に触発されたものと考えることができる。そして、阿部や安斎は、自身の郷土の史蹟を顕彰しようとする人々から、頼られる存在だったのである。

第五節　城輪柵跡の保存と郷土史への組み込み

1　城輪柵跡の保存

以上のように、発掘によってその学術的・文化的価値が幅広く注目された城輪柵跡は、その後保存され、郷土史の中に組み込まれることで、各方面で活用されるようになっていく。

城輪柵跡の保存計画は、保存協賛会の設立を目指すという形で発掘直後から開始された。阿部の記録によれば、早くも五月一六日には本楯村役場で遺址保存協賛会設立についての協議が行われ(78)、六月一八日にも阿部は「平田村長

〔兵田平太本楯村長の誤記か〕ト県庁ニ至リ部長・知事ニ面談。保存協賛会設立ニ付協議」した。[79]この日の本楯村長の県知事訪問については『山形新聞』も取り上げ、「柵趾保存のため保存会を組織すること﹅なり、これがためには相当の経費も伴ふところから、窪田知事を会長とし県下の重立者実業家等を悉く網羅すべく」会長就任を懇請したことが報じられている。[80]

実際の発足期日については確認できないが、阿部正己文庫には、一〇月一五日付の阿部正己宛て出羽柵阯保存協賛会評議員委嘱状と、「出羽柵阯保存協賛会々則」及び役員名簿が収められている。[81]六月九日に制定されたという同会則によれば、同会は「史蹟出羽柵阯ノ保存並ニ顕彰上必要ナル施設ヲナシ之カ遂行ヲ期スルヲ以テ目的」とし、山形県庁内に事務所を置き、「本会ノ目的ニ賛同シ資財ヲ寄附シタル篤志者ヲ会員」とするものだった。会長には山形県知事が就き、学務部長・内務部長・社寺兵事課長、本楯村・上田村関係者、酒井伯爵（酒井忠良）・本間光正（酒田の本間家当主）、風間幸右衛門（鶴岡の風間家当主）といった荘内地方の有力者、山形県郷土研究会員などが役員に加わっている。なお、同文庫の別の箇所に収められたもう一枚の「出羽柵阯保存協賛会々則」には具体的な実施計画と予算も記されており、遺物陳列館建設、土地買上げ、花崗岩円柱設置、紀念碑建設などに三七〇〇円が計上されている。[82]保存計画は、本楯・上田両村のみならず、県当局や荘内地方の有力者などを加えて、大規模に計画されたのである。

この会がどのように機能したかは不明だが、保存設備の建設は一九三二～三三（昭和七～八）年頃に開始された。[83]しかしながら、凶作のため最終的な完成は一九三七（昭和一二）年まで遅延し、当初予定されていた土地購入・陳列所建設・柵跡模型等は実現できなかったという。[84]とはいえ、主要箇所に多数の標石を設置し、最初の発見地と西門跡は希望により実見できるようになるなど、[85]ある程度視覚的に柵の構造を確認できる設備が整えられたのである。

2 本楯村の郷土史と城輪柵跡

こうして保存設備が整えられる一方、城輪柵跡は、本楯村の郷土史認識に一定の影響を与えていくことになる。

同地では以前から、源義家に関する伝承が知られていた。一九二三（大正一二）年に刊行された『飽海郡誌』本楯村の項目を見ると、源義家の安倍氏征討に際し、家臣須藤某が残党平定のため出羽留守所職を命じられてこの地に留まり、のち留守氏を称したという伝承が記されている。そして、留守氏の子孫を称する今井家、留守氏の居城とされる新田目城跡と同地内所在の大物忌神社、源義家が大物忌神社に奉納し須藤氏に守護させたという今井家伝来の国宝の太刀などが紹介されている。(86) いずれも今井家の家伝や吹浦の大物忌神社の社記などを根拠とするもので、若干内容は異なるが宝暦一二（一七六二）年頃成立の『出羽国風土略記』にも関連記述があり、(87) 近世にまで遡る由緒を有していたことがわかる。

もっとも『飽海郡誌』は、太刀の由来について後世の付会と疑い、荘内地方に多く見られる義家伝承全般についても、次のように疑問を呈していた。(88)

荘内ニ於テ義家ノ事蹟ヲ談スルモノ頗ル多カルモ、大抵後人ノ仮託ニ係リ、未タ曾テ正確ト認ムルモノヲ見ズ、要スルニ社家社僧ガ自己ノ社寺ニ光彩ヲ加ヘントシテ故ラニ附会スルモノニアラサレバ、什器ノ伝来ヲ神霊ナラシメンガ為メ仮託セルモノニアラサルハナシ

しかし、一九三〇年の「飽海郡本楯村勢一覧」に記された本楯村の「沿革」は、「古文書ニヨレハ今ヨリ八百余年前源義家東征ノ際侍臣須藤某ヲ留守セシメ以来子孫留守ヲ氏トシ永ク茲ニ居住セシモノ、如シ今現ニ其ノ館跡〔新田目城跡を指す〕ヲ存セリ」(89) と記している。つまり、本楯村の歴史はこの時点でも、近世以来の由緒にもとづいて、最も古くは源義家の時代に遡るものとして描かれていたのである。

だが、城輪柵跡発見後、一九四一（昭和一六）年のものと思われる「本楯村勢一覧」を見ると、新たに「史蹟名勝」の項目が作られ、そこに「国宝太刀」「新田目城趾」「城輪柵趾」の三点が掲載されるようになっている。(90) それぞ

城輪神社（『山形新聞』1931年5月12日付朝刊3面）

れ「大正十一年四月十三日文部省指定」「山形県指定」「昭和七年四月二十五日文部省指定」と書かれており、国または県による指定が、価値を保証するものとして受け取られていたことがわかる。城輪柵跡が有する学術的・文化的価値によって、本楯村は、義家の時代よりもさらに古い歴史を有することとなったのである。

また、本楯村では、柵跡内にあった村社・城輪神社の昇格運動も活発化し、[91]一九三二（昭和七）年には県社に昇格、同村内の郷社だった大物忌神社も県社昇格を果たした。[92]従来の地誌・案内記等において城輪神社は、貞観・元慶年間に位階昇叙の記録がある城輪神と推定されていた一方、[93]源頼義が奥州征伐後に勧請したとするものもあった。[94]それが城輪柵跡の発見後、同神社は柵の鎮守だったと考えられるようになる。この学術的・文化的価値の認定が、昇格に影響を与えたと考えられる。[95]

ちなみに、本楯村の歴史研究は、地元の郷土史家と思われる人物によってもなされている。一九三二年一月、『両羽朝日新聞』に掲載された「本楯村　伊藤生」執筆による連載記事「新田目城に就いて」がそれである。伊藤はこの記事で、柵跡は出羽柵ではなく出羽国府の柵跡であること、新田目城は出羽国府の事務を継承した留守所であること、城輪神社・大物忌神社ともに源頼義・義家関連の伝承はあてにならず、それぞれ国府及び留守所の守護神であることなどを論じている。[96]従って、ここでも村の歴史は源義家以前に遡っているのである。

村長・阿部又右衛門による一九三二年の回顧でも、史蹟指定と二社の昇格は、満州事変、河川改修工事、自力更生の動向などと並べて、次のように大きく取り上げられた。[97]

多忙なりし昭和七年は又意義深き紀念すべき数々の思出を蘇らせます。／三月には村社城輪神社の一躍県社に昇格致しましたのを契機として翌四月城輪柵◯《ママ》は国家の指定史蹟地となり越へて七月には越橋村社八坂神社の指定村社昇格の事あり、九月又重ねて本楯郷社大物忌神社の県社昇格と云ふ未曽有の目出度き数々正に本楯村史に一異彩を飾る事を得ましたのは御同慶の至りであります。

その後、一九三四（昭和九）年には本楯の木造薬師如来坐像が注目され、文部省の荻野仲三郎が鑑定に訪れており、その古さや大きさから国分寺の本尊かとまで騒がれたという[98]。新発見の仏像も、城輪柵跡との関連でその古さが測られたのである。

このように城輪柵跡は、村の歴史的遺物の古さを推定・保証する新たな指標として機能し、村の歴史は義家の時代よりも遡るものと見なされるようになった。そして、史蹟に対する学術的・文化的価値の付与・確定は、村という地域の誇り・名誉という情緒（愛郷心）を促すことになったのである。

なお、城輪柵跡の性格をめぐる論争について、本楯村の関係者たちは一歩引いた態度をとっていたと思われる。同村の出羽柵調査会名義で作成されたパンフレットは両論併記して断定を避け、上田、阿部、三浦、喜田、鳥居ら調査に関わった研究者たちに平等に謝辞を述べている[99]。上田三平の著作『指定史蹟城輪柵阯』も城輪柵阯保存会（住所は本楯村）が発行していることから、同地では出羽柵という評価にこだわらず、城輪柵跡という無難な解釈を受け入れることになったといえる。

これに対して阿部は、その後も自説を曲げることはなかった[100]。一九三四年時点では、城輪柵跡に山形県史蹟地指定の立札「出羽国分寺遺址」も建っていたという[101]。山形県の保存行政においては、調査委員を務める阿部の意向が反映されていたのである。阿部や山形県庁が主導したと思われる前述の保存協賛会が出羽柵の名を冠していたのも、こうした事情があってのことだろう。

3 荘内地方及び山形県の郷土史における城輪柵跡

最後に、学術的・文化的価値受容のもう一つの局面として、荘内地方及び山形県における城輪柵跡の扱い方に目を向けてみたい。

まず、発掘された柵木などの資料は、酒田や山形県の郷土資料として展示されるようになったことが見て取れる。たとえば、光丘文庫郷土参考室では、本楯・上田両村から寄贈を受けたという柵木・門柱の展示を行っており、一九三一（昭和六）年八月二二日には澄宮の台覧を得、一九三二（昭和七）年七月にはパンフレット「文部省指定史蹟城輪柵阯説明」を作成している。[102] 山形県・山形市主催の山形県郷土史料大展覧会（一九三五＝昭和一〇年）でも、「城輪写真」「城輪柵木四本」（村長・阿部又右衛門出品）などが展示された。[103] 本楯村の誇りであった城輪柵跡は、酒田や山形県の誇りにもなり得たのである。

荘内地方や山形県の郷土史叙述でも、城輪柵跡を紹介することが一般化する。その結果として、城輪柵跡は、郷土史教育の素材として用いられることになった。たとえば、山形県師範学校編『山形県史話』（一九三三＝昭和八年刊）は、全二五話のうち「第二話　出羽の柵」の中で城輪柵を紹介し、出羽柵か否かは諸説あるが「歴史上名のみ聞えて、実体を見ることの出来なかつた柵といふ建造物を発見し得たのは、喜ばしいことで、国史上の貴い遺蹟であります」と記している。[104] 興味深いのは、巻頭の「執筆者の言葉」に「我が郷土偉人の事績を探り、郷土文化の淵源を尋ねることは、人生の高雅な趣味として何人にも推奨し得ると共に、子供等の愛郷の心を養ひ、祖先の遺業に対し感恩報謝の念を起す機縁ともなることを信ずる」（一～二頁）と述べられていることである。愛郷心を涵養する歴史的素材として「郷土偉人」と並んで「郷土文化」が加えられていることに注目したい。城輪柵も、そのような「郷土文化」として位置づけられたものと思われる。[105]

また、城輪柵跡は、観光資源としても活用されていく。昭和戦前期においては、山形県教育会編『山形県の史蹟と名勝』、鉄道関係者執筆による『山形県史蹟人物と沿線名所』にそれぞれ取り上げられている。[106] 戦後も、郷土史家・佐藤東一による荘内の文化遺産案内記『荘内の文化遺産――郷土の美術と歴史をたづねて』において「城輪柵址と新田目城址」コースが紹介され、酒田市商工課のパンフレット『酒田港と附近の観光』では、巻頭の図「酒田附近の観光コース」に、酒田から「出羽柵趾」へのコースが示された。[107]

以上のように、城輪柵跡の学術的・文化的価値は、荘内地方や山形県の郷土史に欠かせないものとなり、郷土教育や観光の資源として活用されたのである。

おわりに

最後に、本章で明らかにしたことを整理したい。文部省史蹟保存行政を担う上田三平は、全国各地に残る物質資料に学術的・文化的価値を付与する実践を展開していたが、城輪柵跡の発掘はその典型的事例の一つであった。

一方、山形県と荘内地方にも、発見された同柵の存在を受け入れるのに十分な態勢があった。それが、阿部正己と彼をとりまく郷土研究のコミュニティである。彼らの活動によって、文部省と上田の意図を超えて発掘がエスカレートすることになった。新聞報道も盛んに行われて、この事態に拍車をかけたと思われる。そこでは論争それ自体も話題として消費しつつ、柵跡の学術的・文化的価値が紹介されていった。

本楯村の側も、当初から小学校を中心に自律的に対応しており、発掘の見世物化状況の中で積極的な興味関心が惹き起され、柵跡の利用が促進された。発掘ブーム自体は一時的なものだったと思われるが、視覚的な保存設備が整えられ、文部省指定史蹟として定着する。そして、本楯村の郷土史認識を変化させるとともに、荘内地方・山形県の教育・観光などの資源としても活用されていったのである。

なお、城輪柵跡が出羽柵であるか否かは、郷土史家にとっては重要な意味を持っていたと思われる。阿部はその後も一貫して出羽柵を主張し続けるし、本楯村に追随する各地の発見は、いずれも国史所載の柵跡及び国分寺・国府跡とされるものだった。しかし、出羽柵説が撤回されてからも、城輪柵跡は村史や荘内郷土史の中にその位置を得ることになったし、丸木舟や環状石など、文化的価値を有する遺跡発見が引き続き新聞紙上を賑わしていた。出羽柵というネームバリューは関心を惹く導入になったが、結局は城輪柵跡として定着することになったといえる。

史蹟の学術的・文化的価値認識は、こうした経路をたどって着実に受容されつつあったと思われる。城輪柵跡発掘時に生じた確執は、この状況を如実に表す出来事だったといえるだろう。

註

（1）鶴岡市郷土資料館所蔵。同文庫の目録は鶴岡市郷土資料館編『諸家文書目録』Ⅱ（鶴岡市郷土資料館、一九八一年）として刊行されている。特に考古学研究ノート「荘内考古史料」（目録では「荘内考古資料」とあるが、本書では原表題で表記する）は、城輪柵跡発掘時の調査記録やその前後の行動の筆記を含み、関係する新聞記事や書状、諸資料も貼り込まれており、当時の状況を把握する上で有用である。

（2）「三　城輪柵に関する研究の沿革」（酒田市教育委員会編『城輪柵跡予備調査概報』酒田市教育委員会、一九六五年）、「第八章　掘り出された古代」（酒田市史編纂委員会編『酒田市史』改訂版・上巻、酒田市、一九八七年）、小野忍『史跡　城輪柵跡』（みちのく豆本の会、一九九二年）。

（3）払田柵跡の発掘と史蹟指定の経緯については、高橋務「昭和前期高梨村における「拂田柵趾」の史蹟指定について」（『秋田県埋蔵文化財センター研究紀要』二七号、二〇一三年三月）参照。

（4）上田三平『史蹟を訪ねて三十余年』（小浜市立図書館、一九七一年。一九五〇年上田三平刊の復刻）五一頁。

（5）文部省編『史蹟精査報告』第三（文部省、一九三八年）二五〜二六頁。

（6）上田三平「払田柵趾及「柵」に関する研究」『史学雑誌』（四二編七号、一九三一年七月）九〇頁。なお、上田三平『指定史蹟払田柵趾』（高梨村史蹟保存会、一九三二年）五六〜五七頁にもほぼ同様の主張が見られる。

（7）前掲註6「払田柵趾及「柵」に関する研究」。

（8）上田の発掘報告ではこの点に触れていないが、表10－1の一九三一（昭和六）年一〇月二三日以降の条にある山形高等学校長・久保良澄の上田に対する批判から、山形県郷土研究会員がこの秋季発掘から排除されていたことがわかる。

（9）上田三平「出羽柵趾考追記」（『史蹟名勝天然紀念物』六集七号、一九三一年七月）一二〜一三頁。

(10) 鶴岡市史編纂会編『荘内史年表』(鶴岡市役所、一九五五年)、前掲註1『諸家文書目録』Ⅱ、佐藤東一「深秋雑記　回顧四十年」(『方寸』四号、酒田古文書同好会、一九七二年五月)、松山町史編纂委員会編『阿部正己史料　木公山舎随筆』(土方大美、一九七八年)、田村寛三『酒田人名辞書』(田村寛三、一九七四年)。「深秋雑記　回顧四十年」と『酒田人名辞書』は、哲学館ではなく二松学舎出身とする。

(11) 「概説」(山形県編『山形県史』資料編一一、山形県、一九六九年)一〇頁。

(12) 同右、一〇～一一頁、長井政太郎「三浦新七先生と郷土研究会」(『山形県地域史研究』三号、一九七八年三月)二八頁。『郷土研究叢書』は、県内の歴史・地理に関する会員の研究報告および資料集からなり、戦前期は一九三〇年から一九四二年にかけて刊行された。一九八二年、国書刊行会による複製(山形郷土研究叢書全一〇冊)が刊行されている。

(13) 喜田貞吉「学窓日誌」(『東北文化研究』一巻五号、一九二八年八月)一一八～一二〇頁。

(14) 伊東多三郎監修、大瀬欽哉・斎藤正一・佐藤誠朗編纂執筆『鶴岡市史』下巻(鶴岡市役所、一九七五年)一二九頁。

(15) 前掲註10「深秋雑記　回顧四十年」一五、一八頁。その他、山形県内の好古家については前掲註11、一二頁、荘内地方の郷土史家については前掲註14、一一七～一三二頁、および前掲註10「深秋雑記　回顧四十年」一三～一九頁。

(16) 前掲註13、喜田貞吉「学窓日誌」一一九頁。

(17) 同右。なお、喜田が山形県郷土研究会設立のきっかけとなったことについては、三浦新七も「当時東北大学の喜田文学博士東北文化史の組織的研究を計画し其研究機関を東北各地に設けたいとの希望で山形在住の学友に相談せられた。それが切つ掛けになつて在来真面目に其方面の研究に没頭して居つた有志の結合となつたのである」と述べている。三浦新七「序言」(安斎徹『山形の地理研究』山形郷土研究叢書六、国書刊行会、一九八二年。一九三〇年山形県郷土研究会刊の複製)。

(18) たとえば、秋田県の払田柵研究家・後藤宙外は、阿部正己に対し、柵関係の報告書や阿部の著作を実費で譲り受けたいとの書翰を送った際、「まだ拝眉の栄を得ず候へども、喜田博士を通じて貴下の東北史特に山形県史に就いて特に深き御造詣あらせらるゝ事は既に承り及び、窃かに景仰致し居る次第に御座候」と述べている。六月一三日付阿部正己宛後藤宙外書翰、「[城輪柵址調査関係書状類]」、鶴岡市郷土資料館所蔵阿部正己文庫(以下、適宜阿部文庫と略記)六七八所収。なお、阿部文庫の目録では所蔵資料の表題に[　]が用いられているが、本書で用いている記号との混同を避けるため、すべて[　]に改める。

(19) 「城輪の出羽柵址と国分寺址[原稿]」(阿部文庫一六五～一六八)。昭和七年六月二〇日脱稿とある。

(20) 「荘内考古史料(一二)」(阿部文庫一〇九)に貼付された新聞記事「出羽の柵址を中に学界の暗闘暴露」(表10－3の42)。引用箇所は、久保自身の発言として掲載されている。同ノートには同じ件を報じた別の新聞記事「久保山高校長上田氏を怒らす」(表10－3の41)も貼付されている。

(21) 前掲註18、六月一三日付阿部正己宛後藤宙外書翰、及び昭和六年五月一二日付阿部正己宛深沢多市書翰（郵便はがき）、「[城輪柵址調査関係書状類]」（阿部文庫六七八）所収。

(22) これについて、新聞記事「喜多《ママ》博士と郷土研究の論争」（表10－3の25）は、山形県郷土研究会では喜田の説を覆すべく阿部を上京せしめたと報じており、同ノートに貼付された新聞記事「阿部正巳《ママ》氏　文部省の招電で二十七日に上京」（表10－3の27）は、阿部は文部省からの招電で発掘調査書を携え上京したとある。

(23) 『山形新聞』に掲載の記事「謎を深める本楯の柵趾　色々の説が続けざまに」（表10－2の22）。

(24) この点に関しては、前掲註2の先行研究に詳しい。

(25) 上田の城輪柵跡に関する報告・研究としては、上田三平「出羽柵阯考（特に新発見の柵阯に就て）」（『史蹟名勝天然紀念物』六集六号、一九三一年六月）、同『指定史蹟城輪柵阯』（城輪柵阯保存会、一九三二年）、前掲註5～6、9。

(26) 鳥羽正雄「本楯上田両村発掘の柵址を見て」（『歴史と地理』二九巻二号、一九三二年二月）。

(27) 阿部の出羽柵跡・国府・国分寺研究に関する代表的な著作として、阿部正己『出羽国分寺遺址調査　附出羽国府位置』（阿部正己、一九二三年）、同『城輪の出羽柵址及び国分寺址調査』（山形郷土研究叢書第五巻、国書刊行会、一九八二年。一九三二年山形県郷土研究会刊の複製）。

(28) 喜田貞吉「山形県本楯発見の柵址に就いて――出羽柵址か国分寺址か」（『歴史地理』五八巻一号、一九三一年七月）、同「払田本楯の柵址と華夷勢力の消長」（同五九巻一号、一九三二年一月）。

(29) 「本楯の柵趾に絡み果然猛烈なる論争」（表10－2の26）。

(30) 「国府の柵内には八百戸の収容力」（表10－3の40）。

(31) 前掲註27『城輪の出羽柵址及び国分寺址調査』五二～七一頁。引用箇所は七一頁。

(32) 前掲註25『指定史蹟城輪柵阯』五〇、五二頁。

(33) 同右、六一～六四頁。

(34) もっとも上田も、城輪柵跡が出羽柵である可能性を引き続き意識し、後述する城輪神社について、「想像を逞うせば」出羽柵の徴証とも見られると述べていたが（同右、五六頁）、結局は「未だ明白に之を決定するまでには至らない」（同六六頁）という慎重姿勢をとり、あくまで物質資料にもとづいた研究成果を主張した。

(35) 「一千二百年前の『出羽国府』柵址【下】」（表10－3の7）。

(36) 飯野伝六「随筆　呪はれたる柵（一）」（表10－2の23）。

(37) 飯野伝六「随筆　呪はれたる柵（二）」（表10－2の24）。なお飯野の論説は、ここから現在の発掘の話にまで飛躍し、「我がもの顔にふる舞ふ学者ども」のために農民がこき使われ、耕作・田植えまで妨害されている、と述べている。

(38) 前掲註5、七九頁。

(39) 「飽海郡本楯村政一覧」(『本楯村報』三二号、一九三〇年九月、酒田市立光丘文庫所蔵)によれば、現住人三九二一名(本籍人四六八九名)、農業養蚕他三六五戸、商業八六戸、工業五七戸、交通業一五戸、公務自由業一八戸、その他一七戸、田・畑・宅地とも半分弱が「本村外人所有」であった。

(40) 『本楯村報』(一九二八年四月〜一九三五年三月、酒田市立光丘文庫所蔵、ただし欠号あり)、『本楯教育』(一九三五年四月〜一九四二年一〇月。本楯小学校統合記念事業実行委員会編『本楯教育百二十三年』(本楯小学校統合記念事業実行委員、二〇〇〇年)に採録、ただし欠号あり。「本楯村報規程」(『本楯村報』一号、一九二八年四月、酒田市立光丘文庫所蔵)によれば、本楯村役場発行、部数は六〇〇部で、小学校児童を通じて各戸配布された。各号の記事を通覧すると、村の各種団体の事業紹介・広報、時事評論、農業や生活上の実用記事が中心で、創作詩歌、旅行記、満州事変従軍者の手紙、荘内戦国史談などの諸記事も掲載されている。

(41) 観覧人の集まる中で賞金を渡したことについては、阿部正己「城輪の出羽柵址発見に就て」(「荘内考古史料(一二)」、阿部文庫一〇八)所収。表紙に「昭和六年七月《ママ》日仙台放送局放送の原稿」とある。金額については、「荘内考古史料(一二)」に筆記された城輪柵跡発掘記録の五月一二日・一三日の箇所に記録されている。

(42) 前掲註27『城輪の出羽柵址及び国分寺址調査』一二四頁。

(43) 「大山入柵と城輪の柵について」(阿部文庫四四二)。

(44) 表10−1、および前掲註25『指定史蹟城輪柵阯』。信田は後年、当時の思い出として「1城輪柵址の発見/2満州、日支事変　出征軍人の送迎」を挙げているように、城輪柵跡の調査に関わったことは強い印象に残ったようである。信田春吉「本楯小学校の思い出」(本楯小学校統合記念事業実行委員会編『本楯教育百二十三年』本楯小学校統合記念実行委員、二〇〇〇年)。

(45) 阿部文庫に収められた「出羽柵調査会会則」(「[聞書・史料抄、その他断片書類]」、阿部文庫七二三所収)の末尾には四月一六日決議と記されている。だが、表10−1にある通り、実際に柵の調査を本格的に開始したのは五月一日で、本楯村長を会長とした組織化を決定したのは五月九日のことと思われる。なお、小野忍氏は「上田三平氏は発掘調査前に城輪を訪ねているが、この影響を受けた地元では「出羽柵跡調査会」を昭和6年5月1日夜に結成している」(前掲註2、小野書、三一頁)と述べ、五月一日を同会設置の日としているが、典拠は記されていない。

(46) 前掲註45「出羽柵調査会会則」。

(47) 「出羽柵調査会会員(手書きで「出羽柵調査保存会役員」と訂正)」(前掲註41「荘内考古史料(一二)」所収)。

(48) 同史料の題名は手書きで「出羽柵調査保存会役員」と訂正され、山形県郷土研究会員名全員に削除線が引かれていることから、後の「保存会」への改組に際して山形県郷土研究会員は一時除外されたか、除外が検討されたものと思われる。

(49) 阿部文庫には、出羽柵調査会作成の「出羽柵調査報告書　其五」が収められており(「[城輪柵址調査関係書状類]」、阿部文庫六七八)、昭和六年五月一四日の発掘経過が記載されていることから、五月一〇日の発掘開始以来毎日作成していたものと思われる。上田三平は、「本楯村史蹟調査会」および同村における「山形県出羽柵阯調査会長」からの報告を受け取っていたというが(前掲註25『指定史蹟城輪柵阯』一二頁)、これがその一つにあたると思われる。

(50) 前掲註25『指定史蹟城輪柵阯』九頁。

(51) 前掲註27『城輪の出羽柵址及び国分寺址調査』一二三頁。なお、この史料では、佐藤八重蔵は小作人とされているが、前掲註41「城輪の出羽柵址発見に就て」では地主として紹介されている。

(52) 「本楯の国府跡　北門東門を発見」(表10-3の11)。

(53) 「学者連のために農民田植大困り」(表10-3の30)。

(54) 「文部省から技術官学者来県」(表10-3の21)。

(55) 前掲註27『城輪の出羽柵址及び国分寺址調査』一二四頁。

(56) 「古代の謎の解明　城輪柵遺跡の調査と保存」(酒田市本の会編『酒田市制50年』酒田市、一九八三年)二六一頁。

(57) 「[城輪柵并平形柵址調査史料類]」(阿部文庫六七七)に収められた謄写版地図「本楯村出羽柵址附近之略図」は、「山形県出羽柵調査保存会」の記名があり、「見学場所」として東門・北門や柵跡が描きこまれている。また同地図には「昭和六年五月十四日朝ノ現状」という記載があり、「朝」を「午后」と書き変えてある。最新の情報に訂正しながら、来観者に配布していたものと思われる。そのほか、前掲註41「荘内考古史料(一二)」には「本楯村出羽柵址附近之略図」(山形県出羽柵調査会、一九三一年五月二五日付)が収められている。

(58) 出羽柵調査会「出羽柵梗概(参観者の為に)」(前掲註41「荘内考古史料(一二)」)。作成年は不詳だが、出羽柵調査会の名称が用いられており、その後の指定等の事実は記されていないことから、一九三一(昭和六)年時の作成と思われる。

(59) 山形県立図書館には、①出羽柵調査会編『出羽柵阯ヱハガキ』(出羽柵調査会、刊行年記載なし)、②同『本楯史蹟名勝ヱハガキ第一・二輯』(同、一九三一年)が所蔵されている。①は三枚組で「出羽柵阯平面図」や柵木の写真からなり、袋表面に「山形県郷土研究会蔵版」とあることから、同会の関与が確認できる。②は第一輯・第二輯いずれも五枚組で、袋裏面に「出羽柵阯平面図」が印刷されている。第一輯は源義家寄進の国宝太刀(大物忌神社所蔵)・最上義光寄進状(同)・新田目城址・上田村古川皇大神宮など付近の歴史的物件、第二輯は発掘された古瓦や土器、城輪神社所蔵の古代木版の写真からなる。第二輯の袋表面に「昭和六年五月」とあり、発掘当時に刊行されたものと考えられる。

(60) 前掲註28、喜田貞吉「山形県本楯発見の柵址に就いて――出羽柵址か国分寺址か」五頁。喜田はこの論説で、こうして「出羽柵」説が喧伝され既成事実化されつつあることを批判しているのだが、本楯村民に関していえば、出羽柵という説自体には必ずしもこだわっていなかったようである。この点は後述する。

(61) 「双方のさく豊田村に在つた」（表10-3の35）。同史料は新聞名・掲載月日ともに不詳だが、『山形新聞』一九三一年六月一一日付朝刊二面に「国分寺の跡に有力な異説　最上郡豊里の高橋翁が県へ調査方を申請」という同内容の記事があり、同時期のものと考えられる。また、高橋は雑誌『山形郷土研究』にも論説を寄せ、本楯村の発掘によって出羽国府・国分寺が同所付近に推定されていることに疑問を呈し、最上郡豊里村に国分寺があったことを論じている（高橋普宰「最上郡豊里の国分寺遺跡」『山形郷土研究』七号、一九三一年八月）。高橋については、鮭川村史編集委員会編『鮭川村史』（通史編、鮭川村、一九八六年）、鮭川村教育委員会編『生之園述・俳諧栞草』（鮭川村文化財保護審議会、二〇一三年）参照。

(62) 前掲註61「双方のさく豊田村に在つた」。

(63) 下田弥一郎については、前掲註10「深秋雑記　回顧四十年」一七頁。

(64) 一一月一日付阿部正己宛菅原快吉書翰、「荘内考古史料（一三）」（阿部文庫一〇九）所収。発信年は明記されていないが、一昨四年と書かれた箇所があるため、一九三一（昭和六）年であることがわかる。

(65) 同右。

(66) 一九三二（昭和七）年の資料が収められた「荘内考古史料（一四）」（阿部文庫一一〇）所収の二月一四日付阿部正己宛菅原快吉書翰によると、通信の遅滞を詫びる箇所で、一一月三日以降長期にわたる発掘の実施、「発掘物の来観者の引続きての雲集」、その他で忙殺されたとある。

(67) 「荘内考古史料（一四）」（阿部文庫一一〇）所収。執筆者は「渡前小学校　下田生」とあり、下田弥一郎と考えてよいと思われる。

(68) 「国府の柵内には八百戸の収容力」表10-3の40）。

(69) 前掲註28、喜田貞吉「払田本楯の柵址と華夷勢力の消長」一三～一四頁。

(70) 前掲註27『城輪の出羽柵址及び国分寺址調査』一六～二二頁。

(71) 前掲註66、二月一四日付阿部正己宛菅原快吉書翰。

(72) 助川については、前掲註10「深秋雑記　回顧四十年」一七頁。なお、「[城輪柵址調査関係書状類]」（阿部文庫六七八）所収の一〇月二七日付阿部正己宛喜田貞吉書翰（内容上、一九三一＝昭和六年のものと思われる）には、「鶴岡市にても下田弥一郎助川正誠等諸氏を中心に調査会出来居り候由」とあり、これが一九三一年一一月段階で菅原が懸念していた鶴岡の動向の一端ではないかと思われる。また、荘内史料研究会が刊行していた『荘内史料写真帖』（荘内地方の史蹟・遺物等の写真を収録した写真集）の三号は城輪柵跡を特集し、渡前村平形の発掘物の写真も数点収められており、同会が城輪柵跡と渡前村の発掘を関連づけて強い関心を寄せていた様子がうかがえる（荘内史料研究会編『荘内史料写真帖』三号、荘内史料研究会、一九三一年一一月）。

(73) 「平形に柵趾か　二十三日発掘調査」（『山形新聞』一九三二年一一月一七日付夕刊二面）。なお、『荘内史料写真帖』二巻二号には渡前村発掘現場（一九三二年一一月二七日発掘）の見学写真が収められており、荘内史料研究会の渡前村の発掘に対する関心が継続していたことが確認できる（荘内史料研究会編『荘内史料写真帖』二巻二号、荘内史料研究会、一九三三年一月）。

(74) 「荘内考古史料（一三）」（阿部文庫一〇九）所収。表紙には「厩山神社復旧会」の名称が記されており、末尾に記された執筆者名は「厩山神社社掌伊藤六十郎」となっている。伊藤は雑誌『山形郷土研究』でも都岐沙羅柵の福栄村所在説を論じている（伊藤六十郎「都岐沙羅柵趾に就いて――『越の三柵』の随一・本県最古の柵」『山形郷土研究』一〇号、一九三一年一二月）。

(75) 星川清民『厩山神社誌附厩山神社神跡考』（厩山神社復旧会、一九二八年）三～五、二四、二六頁。同書では飽海郡の城輪神社と表現しているが、これは本楯村の城輪神社を指すと見てよいと思われる。

(76) 前掲註27『城輪の出羽柵址及び国分寺址調査』九～一〇頁。

(77) 同右、一〇～一三頁。

(78) 前掲註43「大山入柵と城輪柵について」。

(79) 「荘内考古史料（一二）」（阿部文庫一〇八）に筆記された調査記録の六月一八日の条。

(80) 「本楯の柵趾保存会」（表10－2の30）。

(81) 「荘内考古史料（一三）」（阿部文庫一〇九）所収。

(82) 「出羽柵阯保存協賛会々則」（「[聞書・史料抄、その他断片書類]」、阿部文庫七二三所収）。ただし、「賛」の字は手書きで書き加えられたものである。作成時期は不詳だが、前掲註81の「荘内考古史料（一三）」（阿部文庫一〇九）所収のものと比べ、ほぼ同内容でありながら事務所所在地が空欄になっていたり、脱字を手書きで訂正していたりとやや未完成な内容であることから、一〇月一五日よりも早い時期の作成ではないかと思われる。

(83) 前掲註56「古代の謎の解明　城輪柵遺跡の調査と保存」には一九三二（昭和七）年とあるが、典拠は示されていない。前掲註5には昭和八年度に着手とある。

(84) 前掲註56「古代の謎の解明　城輪柵遺跡の調査と保存」二六一～二六二頁。ただし、この記述に関して典拠は記されていない。

(85) 前掲註5、八八頁。

(86) 山形県飽海郡役所編『飽海郡誌』下巻（名著出版、一九七三年。一九二三年山形県飽海郡刊行の復刻。齋藤美澄編著）第八篇第四章本楯村の項。

(87) 進藤重記『出羽国風土略記』上篇（東京学社、一九二八年。完稿は宝暦一二年頃）五ノ四四〜四六頁。
(88) 前掲註86、一一四頁。
(89) 「飽海郡本楯村勢一覧」（『本楯村報』三一号、一九三〇年九月、酒田市立光丘文庫所蔵）。なお、その後の沿革の記述は宝暦九年以後に飛び、近世期の村の統治者や近代の行政区分の変遷が記されている。
(90) 『本楯村勢一覧』（本楯村、一九四一年）。酒田市立図書館に所蔵がある。なお、城輪柵跡発掘時に作成された絵葉書にも、新田目城跡や国宝の太刀などの写真が収録されている（前掲註59）。
(91) 「城輪神社を県社に昇格運動　意気込む本楯村民」（『山形新聞』一九三一年五月一二日付朝刊三面）。
(92) 『本楯村報』三五号（一九三二年四月、酒田市立光丘文庫所蔵）一頁、同四二号（一九三二年一一月、同所蔵）一頁。
(93) 佐藤良次『荘内案内記』（酒田新聞社、一九一五年）一一〇頁、前掲註86、一一七頁など。
(94) 前掲註93『荘内案内記』一一〇頁。また、前掲註86の本楯村城輪神社の項（一一七頁）では、山形市の鳥海月山両所宮およびその摂社・城輪神社を、源頼義が勧請したという社伝が紹介されている。
(95) 前掲註27『城輪の出羽柵址及び国分寺址調査』一〇三頁には、「昭和六年五月出羽柵址の発見あるに至りて、城輪神は柵の鎮守たること明かになれるより、県社に昇格の内命ありて、社殿の改築中なり」とある。
(96) 「荘内考古史料（一四）」（阿部文庫一一〇）所収。貼付された記事は連載第二回から第九回（完）までである。阿部の筆記のメモから一九三二（昭和七）年一月の連載だったことがわかり、「両朝」と書かれていることから『両羽朝日新聞』掲載記事と思われる。著者「伊藤生」の詳細は不明である。
(97) 村長〔阿部又右衛門〕「歳暮の感」（『本楯村報』四三号、一九三二年一二月、酒田市立光丘文庫所蔵）。
(98) 前掲註10「深秋雑記　回顧四十年」二二頁。
(99) 前掲註58。
(100) たとえば、阿部正己「荘内地方の巻」（山形放送局編『山形県発達史』山形放送局、一九四〇年）。
(101) 真田繁久・佐野勤『庄内地方郷土史取扱の実際　尋常科』（長谷川印刷所、一九三四年）。
(102) 「城輪柵阯説明」（阿部文庫六七九）。
(103) 『山形県郷土史料大展覧会出品目録』（山形県・山形市主催、一九三五年）。
(104) 山形県師範学校編『山形県史話』（六盟館、一九三三年）二一〜二七頁。実質的著者は美濃部道義。同書は山形県師範学校の郷土研究費を用い、五十嵐清蔵ら郷土史家や山形県郷土研究会の協力を得て執筆された「少年郷土史読本」で、同校をはじめとする生徒や児童、父母兄姉を読者として想定していた（同書巻頭「執筆者の言葉」）。

（105）郷土史教育で扱われた他の事例として、前掲註101、六一〜六三頁。
（106）山形県教育会編『山形県の史蹟と名勝』（山形県教育会、一九三六年）二〇〜二一頁、早坂忠雄『山形県史蹟人物と沿線名所』（早坂忠雄、一九三九年）三二八頁。
（107）佐藤東一『荘内の文化遺産——郷土の美術と歴史をたづねて』（以文会、一九五一年）一〇五〜一一〇頁、酒田市商工課編『酒田港と附近の観光』（酒田観光協会、一九五四年、酒田市立光丘文庫所蔵）。

最後に、本書の成果を整理した上で、昭和戦後期の動向を展望し、結論を提示したい。

終　章

各部・各章のまとめ

第一部は一九〇〇年前後の史蹟保存をめぐる動きを主たる考察対象としたが、第一章ではその前史として、明治初期から一九〇〇年頃までの宝物・古建造物・史蹟保存行政を検討した。好古趣味的関心や殖産興業的な意図等に始まった宝物保存行政は、明治中期以降、西洋的な美術概念にもとづく古美術再評価のなかで、古建造物保存の訴えを組み込んで、一八九七（明治三〇）年の古社寺保存法制定に至った。つまり、書画骨董的・好古趣味的価値や信仰的価値などの近世以来の価値認識は、近代的な美術的価値に読み替えられたのである。一方、史蹟は内務省地理行政の中で扱われ、陵墓政策・古社寺政策・国民教化政策などともかかわって保存・顕彰策が断片的に取られた。しかし、一八九〇（明治二三）年にはその業務自体が途絶えることになった。それに対して一九〇〇年前後以降、各地での史蹟保存の流行が報じられ、帝国議会で古墳墓・宮趾保存が議論され、学術雑誌や言論雑誌・総合雑誌で史蹟保存が議論されるようになる。政治家・名士・学者らが史蹟保存という問題に着目し、議論する場が生じたという点に、当該期の画期があったことを指摘した。

続く第二章・第三章では、一九〇〇年頃の史蹟保存の流行状況に対して、アカデミズムが学術的価値重視の立場から介入していく状況を、二つの団体の活動と言説を事例として明らかにした。その一つが、一八九九（明治三二）年、喜田貞吉ら若手歴史学者を中心に設立された日本歴史地理研究会である。同会は西洋で発達した近代史学の影響のもと、従来のような偉人と出来事からなる歴史を批判、科学的方法による「社会」の歴史を志向していた。そしてこの歴史観にもとづいて、史蹟を過去の社会を知る研究資料と位置づけてその保存を主張する一方、当時の史蹟保存の流行を、行き過ぎた愛郷心による史蹟の偽作が横行し、私利私欲の追求、好事家的な偏り、無理解による破壊などさまざまな弊害をもつものとして批判した。こうした批判の背景には、由緒的価値を重視する民間保存事業との、価値観の相違があったのである。

もう一つの事例は、一九〇〇（明治三三）年に設立された最初の全国的な史蹟の調査保存団体・帝国古蹟取調会である。同会は名士・官僚・学者・地方民間人で組織されたが、幹部は長岡護美ら名士で占められ、学者たちは会運営から一定の距離を置いていた。会幹部は、天皇・忠臣義士関係史蹟を主たる対象とし、その顕彰によって国体発揚・人心教化に資することを訴えており、この立場は当時の民間保存事業とも軌を一にしていた（史蹟〈顕彰〉運動）。これに対し会内外の学者たちは、史蹟〈顕彰〉運動の意義を認めつつも、誤った史蹟の考証・保存が横行していることを批判し、他方で広く学術資料となる史蹟を保存すべきことを主張、会の活動に一定の変化をもたらしたのである（史蹟〈保存〉論）。同会は、当時一般的だった由緒的価値〈顕彰〉運動と、学者が提唱しはじめた学術的価値〈保存〉論とが衝突する場だったと見ることができる。

第四章では、一八九九年、京都府綴喜郡井手村に設立された井手保勝会の活動を事例として、民間の保存事業と学者たちとの間に生じた、二つの価値観の相克を検討した。井手の山吹と橘諸兄の由緒は、近世以来、地誌・名所図会に記載され、地域の家・寺社を権威化するために用いられていたと思われるが、明治中期以降の近代的文脈の中で、こうした由緒に対する村内の関心が高まり、保勝会を通じて地域的アイデンティティや地域振興の資源として再活用されていった。だが、こうした由緒的価値に依拠する橘諸兄墳墓〈顕彰〉運動は、当時史蹟保存事業に介入し始めていた学者たちによって疑問に付される。そして、山吹と橘諸兄の由緒はいずれも、大正期以降に学者たちが主導した史蹟名勝天然紀念物保存行政と結びつくことはなかったのである。

第二部では、史蹟名勝天然紀念物保存事業が活発化する日露戦後を主な検討時期とした。この時期において保存事業を牽引したのが史蹟名勝天然紀念物保存協会であり、その活動・組織・主張と、これに関与した学者たちの論説を検討したのが第五章である。

史蹟名勝天然紀念物保存事業の中心的役割を担っていた同協会では、保存事業の意義について、世界的な「郷土保護」の潮流に倣い、国土・郷土の特徴の保存と発揚、およびそれを通じた国民性涵養にあると語られていた。史蹟に対しては第一部と同様に、由緒的価値〈顕彰〉と学術的価値〈保存〉という両側面から関心が向けられたが、後者に関しては、文化という一般的な価値を帯びた概念にも結びつけられるようになった。そして、歴史学者や建築史学者などにより、史蹟の物質資料としての特徴の研究を通じて日本の固有性を語る論説が発表されていったのである。

これと軌を一にして、自然科学者たちも、従来から自然環境に付与されてきた文学的・歴史的・信仰的由緒を尊重しつつ、物質資料の科学的研究から郷土の特徴を読み出す名勝・天然紀念物論を展開した。こうして、科学性とナショナリズムが結びついて相互に正当性を補い合う言説が形成され、国体史観に依拠したナショナリズムとともに、その後の史蹟保存事業を支える論理となったのである。

続いて第六章・補論・第七章では、当該期以降の史蹟保存事業に深く関与した代表的歴史学者、黒板勝美と三上参次の活動と言説を取り上げた。黒板は一九〇八～一〇（明治四一～四三）年の欧米遊学の際、各国で文化的独自性を保存・アピールしている様子を目の当たりにし、帰国後は欧米と日本のギャップを埋めるべく、史蹟保存論を体系化して発表する。その保存論は、当時の日本で流行していた信仰・風教的意義にもとづく史蹟〈顕彰〉運動や、美術的価値にもとづく古社寺保存行政にとどまらず、一九世紀以降欧米で発達した「近代学術的意義」に則り、より広範な過去の痕跡全般に価値を見出してその〈保存〉を訴えるものだった。

さらに黒板は、そうした広範な史蹟を活用した「文化的復現」を目指しており、上記の二つの意義もある程度はこの目標に包摂されていたと考えられる。黒板は、物質資料の〈保存〉のみならず、それを通じて過去の文化を再現し、社会一般に理解・経験されること（＝〈復現〉）を重視したのであり、これが郷土保護、ひいては民族意識の強化（ナショナリズム）に資するとしたのである。黒板の史蹟保存論は、学界内に限られていた史蹟の学術的価値を、政治的・社会的な意義も含みこんで文化的価値〈復現〉論という大枠に包摂する論理を提示した点で、重要な画期を示している。

一方で三上参次は、黒板とは対極的な史蹟保存論を表明していた。三上は一九〇〇年頃から各地の民間史蹟保存事業を援助し、その経験をもとに民間事業に対して意見や注意を与えていったが、その内容は、民間事業と同じく由緒的価値〈顕彰〉によって風教に資するべきことを主張するもので、学術的に見て明らかな誤りは糺すという立場をとっていたのである。それは、歴史の学術的意義（歴史学）と教育的意義（国民教学）の区別・併存を目指す三上の志向を反映したものであった。

由緒的価値〈顕彰〉運動は、日露戦後の政治状況下において積極的に展開されつつあった。それを支援する三上の活動は、当該期のアカデミズムの立場がその外部の政治や社会に対して存在意義を示しうる、もう一つのあり方だったといえる。

第三部では、一九一九（大正八）年の史蹟名勝天然紀念物保存法制定後の行政展開と地域社会との関わりを考察した。第八章では、同法の制定とその後の史蹟保存行政において歴史学者・考古学者が担った役割とその史蹟認識を検討し、以下の諸点を明らかにした。第一に、保存法制定過程においては学者たちが理論的基礎を提供し、施行後史蹟保存行政が開始されるとその内部で中心的役割を担っていたこと。第二に、保存法とその後の史蹟保存行政（指定、調査報告）には黒板の見解が反映されており、学術的・文化的価値に重きを置きつつ由緒的価値をも包含するものだったこと。第三に、その実務的担い手となった史蹟調査嘱託の柴田常恵・上田三平らも、物質資料としての史蹟から過去の文化を読み取り再現するという実践を展開していったこと。第四に、こうした史蹟の学術的・文化的価値は、アカデミズムの裾野を形成する各地の郷土史家たちに受容されるとともに、話題性・経済性・娯楽性の資源として流用されるようにもなったことである。

第九章・第十章では、神奈川県津久井郡内郷村の寸沢嵐遺跡、山形県本楯村の城輪柵跡を事例として、史蹟の学術的・文化的価値がいかに地域社会と接し、受容されたかを考察した。そこで明らかになったのは、第一に、県の保存行政や中等教育とも関わりを持った郷土史家たちが、史蹟の学術的・文化的価値認識の普及に重要な役割を担ったことである。第二に、その過程で学術的・文化的価値は、既存の由緒的価値と混合し、話題性・経済性・娯楽性の資源として流用されるなど、さまざまな変形が生じていたことである。第三に、発掘ブーム自体は一時的なものだったが、その後の郷土史像の中に両遺跡は組み込まれ、郷土史教育や観光の資源としても用いられていった。戦後、石器時代遺跡を祖先の文化的痕跡として認識する段階に至ったとき、史蹟の文化的価値認識は確かに地域社会にその根を下ろしたということがいえるだろう。つまり、国体史観の後退とともに、科学的に描き出される歴史と文化がナショナリズムを支える重要な要素として前面化したことで、史蹟の文化的価値に対する認識もその正当性を得ることになったと思われる。

その後の動向

こうした史蹟の価値認識をめぐる動向は、その後いかなる展開を遂げていくのだろうか。最後に、一九五〇（昭和二五）年の文化財保護法に至る昭和戦後期の動向を検討したい。

戦後、文部省の史蹟保存行政にとって大きな転換となったのは、一九四八（昭和二三）年、連合国軍最高司令官総司令部民間情報教育局（ＣＩＥ）の指示にもとづき、明治天皇聖蹟三七七件が指定を解除されたことであろう[(1)]。その一方で、当時文部省社会教育局長だった柴沼直の回想によると、総司令部は「明治天皇という神格化されたものを国家が顕彰するということを除いたほかの史跡とか、名勝とか、天然記念物とか、そういうものについては非常に同情的」だったという。(2)

本書で明らかにしてきたように、聖蹟顕彰の潮流は戦前の史蹟保存行政に大きな影響を及ぼしたが、一方では、戦時中も史蹟調査嘱託によって学術的価値認識にもとづく史蹟の調査・指定などが継続されていた。戦後は、前者が史蹟保存行政から排除されるとともに、後者は継続し正当的位置に立つことになったのである。

一方、保存行政から離れて社会一般の動向に目を向けてみると、この時期は、史蹟発掘への関心がかつてなく高まった時期であったと思われる。その象徴的事例として、全国的な注目を集めた登呂遺跡の発掘を取り上げたい。

登呂遺跡は一九四三(昭和一八)年、住友金属の工場建設の際に発見され、史蹟調査嘱託の上田三平らによって緊急発掘調査がされた。このときは戦時下のため十分な発掘を遂げることができなかったが、戦後、考古学者たちの間で改めて同遺跡への関心が高まると、東京大学文学部考古学研究室を本部として登呂遺跡調査会が設置され、東京近郊の大学・文部省・国立博物館などに勤める考古学者や、民族学・社会学・建築学・地理学・動物学・植物学・歴史学などさまざまな分野の学者たちが加わって、一九四七(昭和二二)年七月一三日から約五〇日間の発掘調査が実施される。(3)東京近郊の大学生や静岡県下の学校生徒のべ約三〇〇〇人が発掘に参加し、発掘期間中は皇太子の行啓や、文部大臣・森戸辰男、衆議院文化常任委員長・福田繁芳一行など国会議員の来訪も数多く、政治的にも注目されている。(4)翌一九四八年には日本考古学協会登呂遺跡調査特別委員会が事業を継承し、一九五〇年まで毎年発掘調査が継続された。この間交付された科学研究費は四〇〇万円近くに上り、新聞やラジオの報道によって大きな社会的関心を喚起した。(5)同遺跡は、一九五二(昭和二七)年には文化財保護法により史跡に指定、さらに同年中に特別史跡に指定されることになる。

保存に関しては静岡市教育委員会が中心になって登呂遺跡保存顕彰会が結成され、住居跡・水田跡・森林跡への柵設置、案内図・標柱の建設、住居・倉庫の復元が実施された。静岡市でも観光案内所の設置や遺跡整備に取り組んでおり、一九五五（昭和三〇）年には国・県・市から得た資金をもとに遺物収蔵館「静岡考古館」が開館している。登呂遺跡への訪問者は、一九五一年には九万人、一九五二年一二万人、一九五三年一五万人、一九五四年二〇万人、一九五五年二五万人、一九五六年二八万人、一九五七年三〇万人と、社会科や修学旅行で訪れる学生を中心に年々増加していったという(6)。

このように登呂遺跡発掘がかつてない大事業に発展し、広く世間の耳目を集めたのは、遺跡自体の学術的重要性もさることながら、調査会幹事の一人だった考古学者・大場磐雄が発掘当時語っていた次のような心境が、広く共有されていたためと思われる。

我が国の農耕文化は、登呂調査によつて、太古に於ても既に顕著な発達を遂げてゐたことを知つたのである。故に以上の農耕文化諸国と比肩して、少しもひけ目を感ずることなく、否寧ろ堂々と文化国日本を誇示すべきであらうと信ずる。今次の太平洋戦争ではみじめな敗北を喫して、国民は何もかも地に塗れたかの感があり、祖国日本の長所をさへ忘却しようとしてゐる有様である。口では文化国家の再建を呼ばりながら、何となく虚勢を張つてゐる様にも感じてゐる矢先、登呂の調査によつて力強い拠り所を付与せられた。今から二千年前の我々祖先が、一粒粒辛苦して築きあげてくれた尊い文化遺産が、登呂の地から発掘されたのである。私達はこれを手本として一路文化国再建へと邁進したいと思ふ。今や日本は悲運の底に低迷してゐる。巷にはヤミが横行し諸々の悪業は日増しに募りつゝある。何となくこのまゝ常夜の国となり切るのではないかとの懸念に駆られる時、暗中に閃くいくつかの灯火、登呂遺蹟も亦その中の一灯と云はなければなるまい(7)。

また、後年の回想として、登呂遺跡発掘に学生として参加した大塚初重は、次のように当時の心境を振り返っている。

日本の歴史が、足元から崩れ去ってしまって、少なくとも日本の建国ということについては全く頼るべきものがなくなってしまったというときに、登呂遺跡の発掘ということで、私は何でもいいから泥にまみれて掘ろうと決意をしたのです。〔中略〕日本は戦争に負けて東京は焼け野原で何も残っていない。ところがスコップで表土を一皮剝いだら、二〇〇〇年前の土器や木器が目の前に出てくる日本の歴史の原点をみた思いで、生きて日本に帰れてよかったとしみじみ思いました。

それは掘っている者だけではなくて、新聞報道された日本全国津々浦々の人たちが、食べるものもない、戦争に負けた日本はどうなるかというときに、静岡の登呂の発掘で二〇〇〇年前のムラが発掘され、人々の暮らしぶりが明白になると、ある意味では日本人は戦争には負けたけれども、これから生きる方向というのは「文化国家日本」とかというようなことがいわれておりましたので、登呂の発掘は多分そういう点で共感をもって受け入れられ、日本国民のこれからの進むべき道の一つの方向性を示したのではないでしょうか。これが登呂が非常に大きく社会に迎え入れられたのではないかというように私は思うのです(8)。

戦後の歴史学界では、戦前の国体史観に対する批判にもとづき、科学的かつ民主的立場にもとづく歴史の書替えが盛んに訴えられていた。ただ、それはナショナリズム自体を否定するものではなく、天皇や権臣の歴史にかわりうる、科学的で民主的な日本民族の歴史を希求するという側面を見てとることができる(9)。おりしも文化国家の合言葉のもとに、軍事力ではなく文化による国家再建がうたわれる状況下、登呂遺跡は神話的古代像に替わって日本民族の歴史・文化の起源を示す象徴的存在となったのである。戦前から受容が進んでいた史蹟の文化的価値は、このような状況下で、学者の言説の範疇を乗り越え、社会通念として確実に通用するものになったと思われる。

そして、こうした状況は、考古学への国民的関心の高まりと、発掘の大衆的流行をもたらした。斎藤忠は、この流行に警鐘を鳴らしつつ、次のように述べている。

豊富な経験をもつ学者が責任をもつてなす真摯な発掘は別であるが、これに伴つて地方地方においては、濫掘にもひとしい発掘が必ずしもないとはいはれない。これは、果してこの学問のために欣ぶべきことであらうか。〔中略〕発掘事業は時流に棹〔さ〕して、或は映画のニユースとなり、或は新聞記事の報導《ママ》となり、多くの人々もこの学問に一段と親しめるようになつた。この傾向は、学問の普遍化の立場からいつて慶賀すべきところであるが、ただをそれることは、これによつて発掘は容易になし得られるものと信ぜられて大衆化され、濫掘、盗掘が行はれることである。(10)

戦時中も史蹟調査嘱託として調査を継続していた斎藤にとって、発掘の大衆化は、民間人による軽率な史蹟破壊に見えたということであろう。この動向に対してはCIEからも乱掘防止対策が要望され、一九四八年三月一〇日、文部次官から各都道府県知事へ濫掘防止の通達が出されている(11)。しかし、一九五〇年の段階でもなお、「考古学的発掘は、特に最近は世人の興味を惹き、地方では専門の学者の指導なく、高校、中学の生徒達が貝塚や古墳を発掘して、貴重なる史料を失ひつつあるとの嘆声が聞かれる(12)」状況だったというから、通達の効果は十分に挙がらなかったようである。

だが、こうした状況は、文化的価値の受容とも見ることができるのではないか。第九章で扱った小川良一の調査と教育への活用も、発掘はともなわないにせよ、その一事例と考えられる。小川の活動もまた、大場や大塚が登呂遺跡に対して抱いていたのと同様な関心に支えられていたと思われるからである。

そして他方で、濫掘を批判する斎藤忠もまた、遺跡遺物の文化的価値を最もよく認める一人であった。

考古学上の遺跡遺物は、一見はなやかな美術的な建築的な要素が少いので、とかく人々の関心が薄いが、同じく祖先の遺した文化的遺産である。これを大切にとりあつかうことは国民としての大きい義務といわなければならない。思うに、遺跡遺物は現在と絶縁した単なる過去の残骸ではない。脈々とつづいた過去の歴史を語る文化史的な系図であり、しかも未来の文化へと直結するものであり、これによつて当時の生活を再現し、今日の文化の拠りどころを求め、その生活の向上に資することができるのである。しかも、遺跡遺物は、このような文化遺産であることにおいて、我々は之を十分に尊重しなければならないが、同時にこれが考古学上の唯一の資料であることにおいても、その愛護の理由が見出されるのである。(13)

これより半世紀前、日本歴史地理研究会や帝国古蹟取調会において学者たちが提示しえた保存の意義が、学術的価値（「考古学上の唯一の資料であること」）だけだったことを考えると、この間、いかに大きな変化が生じたかがわかる。文化的価値は、史蹟保存の意義を語る上で十分に正当的な位置に立ち、一般にも普及するに至ったのである。

このような社会的背景のもとに成立したのが、文化財保護法である。文部省では一九四八年から保存法制改正の検討に着手しつつあったが、一九四九年一月の法隆寺金堂壁画焼損をきっかけに、参議院で国宝保存制度改正に向けた検討が進められ、五月には議員提出により文化財保護法案が参議院に提出、可決される。だが、衆議院では審議未了となり、その後は両院文部委員会での検討を経てさらに大幅な修正が加えられ、翌一九五〇年四月から五月にかけて衆参両院で可決、五月三〇日に公布（法律二一四号）、八月二九日施行された。

この時期に保存法制の大幅な改正が求められた理由として、戦後文化財が直面した危機と、従前の制度の不備が指摘されている。すなわち、インフレその他の経済的原因による個人・宗教法人所有者の経済的安定の喪失、住宅難その他による国宝建造物の占拠にともなう城郭の失火・荒廃、予算の貧困、保存すべき対象の過多、行政機構の不明確さ・複雑さなどである。(14) 法隆寺金堂壁画焼損は、こうした問題を再認識する大きな契機となり、そこから議員立法への努力と議論が重ねられていったのである。そして、その理念として、ナショナリズムと結びついた文化的価値の認識が大きな力を発揮した。それは、一九五〇年四月二六日の参議院本会議において、同院文部委員長・山本勇造が、次のように法案提出理由を述べていることからも裏づけられよう。

敗戦後文化国家という言葉が頻りに叫ばれております。その言葉自体は、誠に美しい言葉でございまするが、現実には殆んど実体を伴つておらないところの空しい言葉に終つております。文化というような大きい問題はここでは触れる場所ではないと存じまするから省きまするが、そのうちの一例といたしまして、我々の遠い祖先が作り上げたところの古い文化財ですらも放任して置いて、碌々保存の途も講じないというようなことで、どこに文化国家の面目があるのでございましようか。(15)

また、一九四九年の参議院での検討開始時に同院文部委員長だった田中耕太郎は、同法の解説書『文化財保護法詳説』に次のような序文を寄せているが、これも同様の事例である。

凡そ国家が自民族の優秀な文化的遺産の保護に遺憾なきを期することは、決して偏狭な民族主義に基くものではなく、後々の世代に対し、又世界全人類に対し負担する崇高な義務といわなければならない。けだし我々に伝えられたところの、民族の文化的遺産は、その創造、その選択、その保存において、我々の祖先が心血を込めたところの、超人格的価値の結晶ともいい得られるからである。(16)

同法の内容に目を向けると、従来の国宝保存法と「重要美術品等ノ保存ニ関スル法律」、史蹟名勝天然紀念物保存法を統一・拡充したものである。その要点は、国宝・重要文化財の二段階の指定制度としたこと（史蹟名勝天然紀念物はその上位に特別史蹟名勝天然紀念物を設定)、保護行政を担う官庁として文部省の外局に文化財保護委員会を設置したこと、保存と活用に関する規定を充実させたことなど多岐にわたるが、特に重要なのは、文化財という包括的概念を新たに法の中核に据えたことであろう。この概念によって、従来の国宝だった対象(有形文化財)には民俗資料や考古資料も加えられ、かつ無形文化財、史蹟・名勝・天然記念物、埋蔵文化財の規定も組み込まれて、同法はさまざまな人間事象を包含する法律となったのである[17]。

もっとも、同法の立案審議に携わった竹内敏夫・岸田実の共著『文化財保護法詳説』では、同法における文化財とは「狭義の「文化」上価値あるもの、即ち、宗教、哲学、学術、芸術その他の高度の精神的作為によって価値を付与されたもの」とされており[18]、その代表的なものとして「芸術上の文化財と学術資料」とがあるとする[19]。この時点ではなお、芸術、学術などのハイ・カルチャーのみを保護すべき文化とする姿勢があったことがわかる。だが、大場や斎藤の言葉に見られるように、遺跡や遺物全般に学術的価値のみならず文化的価値を見出す議論もすでに存在していたし、保存対象となるべき文化財の概念はその後、美術的価値あるものから生活史資料へと拡張されていくことになる[20]。文化的価値の認識は、こうして、戦後において正当的位置に立つようになっていくと思われる。

結論

各章の検討の結果、明治後期から昭和戦前期を通じて、史蹟に歴史上の事績や偉人の由緒的価値を見出し〈顕彰〉する運動が広く展開し、アカデミズムの担い手である歴史学者・考古学者はこれを修正・補強する役割を果たしたことを明らかにした。一九世紀以来の史蹟観は形を変えながら存在し、近代において支配的だった国体史観とそれにもとづくナショナリズムを下支えし続けたのである。

だが一方で彼らは、一九〇〇年頃から、史蹟の物質資料としての特徴に過去の社会を知る学術的価値を見出し、その〈保存〉の必要性を訴え始める。さらに大正期には、そうした物質資料としての特徴に文化的価値を見出し、ナシ

表11－1　史蹟保存論・保存事業対比図

	代表的論者・運動			
	民間史蹟保存事業 帝国古蹟取調会幹部 三上参次 聖蹟顕彰運動	日本歴史地理研究会 帝国古蹟取調会の学者たち	黒板勝美	柴田常恵 上田三平
歴史観	偉人・事件の歴史	社会の歴史	社会・文化の歴史	
史蹟の価値	由緒的価値	学術的価値	学術的価値・文化的価値	
対象とする史蹟	偉人・事件等を偲ぶ場所	物質資料	物質資料やそれに対する慣習（信仰的・風教的）	物質資料
保存方法	〈顕彰〉	〈保存〉	〈保存〉と〈復現〉	

ョナリズムと結びつけてその〈保存〉と〈復現〉を目指した。こうした新たな価値認識は、由緒的価値認識と葛藤しつつも、一九一九年に制定された史蹟名勝天然紀念物保存法制下の史蹟保存行政にも反映することとなったのである。ここには、過去の社会の総体を視野に入れた歴史観と、そこで生み出された多様な人間事象を文化として認識し分類・活用する文化観が浸透していく過程を見て取ることができる。こうした新たな歴史観・文化観もまた、国体史観と相まって近代日本のナショナリズムを支えていたのであり、国体史観が後退した昭和戦後期日本のナショナリズムにも引き続き貢献することになると考えられる。

以上のような史蹟認識の対立軸は、表11－1のように整理することができる。こうした価値認識の葛藤と相互作用の過程を注意深く読み解いていく作業が、今後一層進められていくべきだろう。

また、その際の地域社会における受容のあり方に着目すると、史蹟の由緒的価値と同様に、学術的価値や文化的価値もまた、教育・娯楽・観光などさまざまな地域的意図と結びつきながら普及したことが見て取れる。元来、文献上に記載された偉人や事績には限りがあるため、由緒的価値認識にもとづく史蹟保存事業は時に牽強付会に流れることになった。これに対して、学術的価値及び文化的価値を重視した史蹟認識は、地域社会で新たに発見されていく物質的痕跡から、アピールすべき歴史的・文化的特徴を読み出すことを可能にする。上述した新たな歴史観・文化観やそれにもとづくナショナリズムの形成・普及を考える上で、こうした地域社会の主体的・能動的な活動にも目を向ける必要があるだろう。

今後の課題

最後に、本書の問題点と今後の課題を挙げたい。第一に、当該期にはなお、本書で取り上げなかった重要な事例が存在している。それらの検討によって、本書で描いた歴史像を修正・精緻化していく必要がある。特に、史蹟保存とアカデミズムという観点から欠かせないのが、植民地や中国大陸における学者たちの動向についての検討である。また、昭和戦前期の聖蹟顕彰運動や皇国史観と学者との関わり、及び昭和戦後期の学者たちの動向についても、本書では十分に扱っていない。この点を検討することが、戦前・戦後を通じたナショナリズムの内実とその連続・断絶を論じる上で不可欠となる。いずれも今後の課題である。

第二に、地域別の事例研究も、さらに蓄積していく必要がある。たとえば、保存行政と学者との関わり方については、道府県ごとに大きな相違がある。京都府では浜田耕作ら京都帝国大学の学者が史蹟保存行政に関わったのに対し、荘内地方のように郷土史家が主導権を握っていた地域もある。地域ごとの特徴を摑みながら、比較検討していく必要があるだろう。

第三に、歴史学、歴史地理学、国学、人類学・考古学、建築学など、史蹟保存事業に関係する学問分野ごとの史蹟認識や活動の共通点・相違点、相互の関係性について、検討の余地が残されている。

第四に、古社寺保存法・国宝保存法で扱われる対象、及び名勝・天然紀念物との関連性についてである。古社寺保存行政について、本書では主に美術的価値認識の強さを強調したが、関野貞の事例（第五章）に見られるように、そこには文化的価値認識に通じる要素も含まれていたと考えられる。また、名勝・天然紀念物についても、第五章で指摘したように、史蹟と同様な価値認識の変化があったと思われる。この点をより具体的に検討することで、戦後の文化財概念のもとにこれらが一括される意味を考察していきたい。

註

(1) 一九四八年文部省告示第六四号(『官報』六四三五号、一九四八年六月二九日)。また、文化財保護委員会編『文化財保護の歩み』(文化財保護委員会、一九六〇年)九六〜九七頁。

(2) 文化財保護委員会編『文化財保護法制定前の文化財の保護をめぐる座談会』(文化財保護委員会、一九六〇年)、六六〜六七頁。

(3) 日本考古学協会編『登呂』(毎日新聞社、一九四九年)第一章。

(4) 同右。

(5) 日本考古学協会編『登呂』本編(毎日新聞社、一九五四年)第一章。

(6) 森豊『写真・登呂遺跡』(社会思想研究会出版部、一九五八年)一二二頁。森豊は発掘当時、毎日新聞静岡支局に勤めていた人物。森は、次のようにも述べている。「登呂のもつ文化は日本の祖先の姿をかえり見させ、また、新しい文化建設の基盤となるものでしょう。私たちの祖先の築き上げた貴い遺産は、生々脈々と、国民の中にいまも生きて流れています。生きて永遠の生命をもつものは、私たちの血肉としていかねばなりません。登呂はそういったものの大切な一つでしょう。」(同、一二六頁)。

(7) 大場磐雄『古代農村の復原』(あしかび書房、一九四八年二月)一七四〜一七五頁。

(8) 大塚初重「弥生時代農村の全貌――登呂遺跡の発掘」(明治大学考古学博物館編『発見と考古学(市民の考古学三)』名著出版、一九九六年)九七〜九八頁。

(9) たとえば、一九四六(昭和二一)年に創刊された『日本歴史』巻頭言では、当時訴えられていた「歴史の書替へ」の方針として、①「歴史は「真実」でなければならない」、②「史学が科学でなければなら」ない、③「「人民」の歴史――日本民族の歴史でなければならない。国家は単なる皇室の延長や拡充ではない。天皇とその権臣達だけで国家は構成されない、況してや民族は尚更形成されない」、④「世界歴史の一環としての日本歴史でなければならない」、⑤「最も重要なことは、「愛国的」でありたい」という諸点を挙げ、「悠久なる歴史のながれ、宏遠なる民族の生命の中に、一朝の隆替・盛衰の如き抑もなにものぞ」と述べている。「巻頭言 新しい日本史学の立場」(『日本歴史』創刊号、一九四六年六月)二〜五頁。

(10) 斎藤忠「近時に於ける考古学上の発掘について」(『考古学雑誌』三五巻一・二合併号、一九四八年一月)二六頁。

(11) 前掲註1『文化財保護の歩み』九五頁。

(12) 西山徳「現今に於ける史学者の要望――学界展望」(『日本歴史』二三号、一九五〇年四月)三一頁。

(13) 斎藤忠『考古学の研究法』(吉川弘文館、一九五〇年)一〇八〜一〇九頁。

(14) 竹内敏夫・岸田実『文化財保護法詳説』(刀江書院、一九五〇年)一四〜二二頁。

(15) 「第七回国会参議院会議録第四十六号」(一九五〇年四月二六日)九一六頁。委員会での文化財保護法案審査結果を報告した際の発言。
(16) 田中耕太郎「序」(前掲註14)。
(17) 前掲註14、五七〜七三頁。
(18) 同右、五八頁。
(19) 同右、六七頁。
(20) 塚本学「文化財概念の変遷と史料」(『国立歴史民俗博物館研究報告』三五号、一九九一年一一月)。

参考文献・参考史料一覧

一　参考文献

青木豊「黒板勝美博士の博物館学思想」『國學院大学博物館学紀要』三三輯、二〇〇七年。

畔上直樹『「村の鎮守」と戦前日本――「国家神道」の地域社会史』有志舎、二〇〇九年。

阿部安成・小関隆・見市雅俊・光永雅明・森村敏己編『記憶のかたち――コメモレイションの文化史』柏書房、一九九九年。

有光教一「学史上における浜田耕作の業績」、有光教一編『浜田耕作集』上巻、築地書館、一九七四年。

家永三郎「日本近代史学の成立」、同著『日本の近代史学』日本評論新社、一九五七年。

石田龍次郎「皇国地誌の編纂――その経緯と思想」『社会学研究（一橋大学研究年報）』八号、一九六六年三月。

井手町史編集委員会編『井手町の近代Ⅰと文化財（井手町史シリーズ第五集）』京都府綴喜郡井手町役場、一九九九年。

伊藤隆・季武嘉也編『近現代日本人物史料情報辞典』4、吉川弘文館、二〇一一年
伊東多三郎監修、大瀬欽哉・斎藤正一・佐藤誠朗編纂執筆『鶴岡市史』下巻、鶴岡市役所、一九七五年。

稲村坦元「柴田常恵氏について」、大場磐雄編『柴田常恵集（日本考古学選集一二）』集報四、築地書館、一九七一年。

今井尭「明治以後陵墓決定の実態と特質」『歴史評論』三二一号、一九七七年一月。

今井道兒『〈文化〉の光景――概念とその思想の小史』同学社、一九九六年。

岩井忠熊「日本近代史学の形成」『岩波講座日本歴史』二二、岩波書店、一九六三年。

岩橋清美『近世日本の歴史意識と情報空間』名著出版、二〇一〇年。

上田長生『幕末維新期の陵墓と社会』思文閣出版、二〇一二年。

内田新「文化財保護法概説・各論（一九）」『自治研究』六一巻一〇号、一九八五年一〇月。

内田好昭「日本の集成図」『考古学史研究』五号、一九九五年一一月。

内田好昭「日本統治下の朝鮮半島における考古学的発掘調査（上）」『考古学史研究』九号、二〇〇一年五月。

海老原治善「郷土教育とは何か」『「郷土」「郷土科学」「郷土教育」』別巻二、名著編纂会、一九八九年。

エリック・ホブズボーム／テレンス・レンジャー編、前川啓治、梶原景昭ほか訳『創られた伝統』紀伊國屋書店、一九九二年。

大久保利謙『日本近代史学の成立（大久保利謙歴史著作集七）』吉川弘文館、一九八八年。

大沢未知之助編『雄山閣八十年』雄山閣出版、一九九七年。

太田好信『トランスポジションの思想――文化人類学の再想像』増補版、世界思想社、二〇一〇年。

大塚初重「弥生時代農村の全貌――登呂遺跡の発掘」、明治大学考古学博物館編『発見と考古学（市民の考古学三）』名著出版、一九九六年。

大場磐雄「学史上における柴田常恵の業績」、大場磐雄編『柴田常恵集（日本考古学選集一二）』築地書館、一九七一年。

岡田米夫「神宮・神社創建史」、神道文化会編『明治維新神道百年史』二巻、神道文化会、一九六六年。

小川伸彦「制度としての文化財――明治期における〈国宝〉の誕生と宗教・美術の問題」『ソシオロジ』三五巻三号、一九九一年二月。

荻野昌弘編『文化遺産の社会学――ルーヴル美術館から原爆ドームまで』新曜社、二〇〇二年。

小沢栄一「明治時代の歴史思想」、日本思想史研究会編『日本における歴史思想の展開』吉川弘文館、一九六五年。

小沢栄一『近代日本史学史の研究　明治編』吉川弘文館、一九六八年。

尾谷雅比古「昭和九年における建武中興関係史蹟の指定について――大阪府を中心に」、藤澤一夫先生卒寿記念論文集刊行会編『藤澤一夫先生卒寿記念論文集』帝塚山大学考古学研究所、二〇〇二年。

落合知子『野外博物館の研究』雄山閣、二〇〇九年。

小野忍『史跡　城輪柵跡』みちのく豆本の会、一九九二年。

恩師長谷川一郎先生報恩会編『石老の山びこ――長谷川先生喜寿の像と村造りの教育』恩師長谷川一郎先生報恩会、一九五七年。

笠原一人「歴史・観光・博覧会――第四回内国勧業博覧会と平安遷都千百年紀念祭の都市空間」『10＋1』三六号、二〇〇四年。

金山正好「文化財保護のあゆみ」『文化財の保護』一五号、一九八三年三月。

川越美穂「政治と聖蹟」、鈴木淳編『史跡で読む日本の歴史一〇　近代の史跡』吉川弘文館、二〇一〇年。

河内長野市史編集委員会編『河内長野市史』第三巻本文編近現代、河内長野市、二〇〇四年。

北沢憲昭『眼の神殿――「美術」受容史ノート』美術出版社、一九八九年。

北原糸子「東京府における明治天皇聖蹟指定と解除の歴史」『国立歴史民俗博物館研究報告』一二一号、二〇〇五年三月。

鬼頭清明「文化財保護行政史ノート」、同著『日本古代都市論序説』法政大学出版局、一九七七年。

木畑洋一「世界史の構造と国民国家」、歴史学研究会編『国民国家を問う』青木書店、一九九四年。

久留島浩・高木博志・高橋一樹編『文人世界の光芒と古都奈良』思文閣出版、二〇〇九年。

黒板博士記念会編『古文化の保存と研究――黒板博士の業績を中心として』出版者記載なし、一九五三年。

ケネス・ルオフ『紀元二千六百年――消費と観光のナショナリズム』朝日新聞出版、二〇一〇年。

小林丈広『明治維新と京都――公家社会の解体』臨川書店、一九九八年。

小林丈広「『平安通志』の編纂と湯本文彦――十九世紀末京都における「知」の交錯」、明治維新史学会編『明治維新と歴史意識（明治維新史研究七）』吉川弘文館、二〇〇五年。

小林丈広「都市祭典と政治――都市間競争時代の歴史意識」『日本史研究』五二三号、二〇〇六年三月。

今野農「明治末・大正初期における博物館構想――通俗教育調査委員会の活動を中心に」『國學院大學博物館学紀要』三三輯、二〇〇八年。

斎藤忠『日本考古学史』吉川弘文館、一九七四年。

斎藤忠『日本の発掘』増補版、東京大学出版会、一九八二年。

斎藤忠『日本考古学研究3　日本考古学史の展開』学生社、一九九〇年。

斎藤忠『書簡等からみた史学・考古学の先覚』雄山閣出版、一九九八年。

斎藤忠『古代遺跡の考古学者』学生社、二〇〇〇年。

斎藤忠『考古学とともに七十五年』学生社、二〇〇二年。

斎藤忠『日本考古学人物事典』学生社、二〇〇六年。

齊藤智朗「國學院設立期の国史学界――皇典講究所講師時代における三上参次の事績・活動を中心に」『國學院大學伝統文化リサーチセンター研究紀要』一号、二〇〇九年三月。

酒田市教育委員会編『城輪柵跡予備調査概報』酒田市教育委員会、一九六五年。

酒田市本の会編『酒田市制50年』酒田市、一九八三年。

酒田市史編纂委員会編『酒田市史』改訂版・上巻、酒田市、一九八七年。

相模湖町史編さん委員会編『相模湖町史』歴史編、相模湖町、二〇〇一年。

鮭川村史編集委員会編『鮭川村史』通史編、鮭川村、一九八六年。

鮭川村教育委員会編『生之園述・俳諧栞草』鮭川村文化財保護審議会、二〇一三年。

佐藤東一「深秋雑記　回顧四十年」『方寸』四号、酒田古文書同好会、一九七二年五月。

佐藤道信『明治国家と近代美術――美の政治学』吉川弘文館、一九九九年。

塩川伸明『民族とネイション――ナショナリズムという難問』岩波書店、二〇〇八年。

品田穣「天然記念物保護の歴史とその意義」、本田正次・吉川需・品田穣編『天然記念物事典』第一法規出版、一九七一年。

篠田真理子「開発と保存――戦前期の史蹟名勝天然紀念物制度の場合」、石弘之ほか編『ライブラリ相関社会学6　環境と歴史』新世社、一九九九年。

柴田紳一「三上参次博士逸事考」『國學院大學日本文化研究所紀要』七六輯、一九九五年九月。

渋沢史料館『渋沢栄一とアルベール・カーン――日仏実業家交流の軌跡』財団法人渋沢栄一記念財団渋沢史料館、二〇一〇年。

清水重敦「日本近代における建築保存概念の生成に関する研究」東京大学博士論文、二〇〇五年。

末松保和「あとがき――黒板先生の朝鮮古蹟調査」、黒板勝美先生生誕百年記念会編『黒板勝美先生遺文』吉川弘文館、一九七四年。

鈴木廣之『好古家たちの19世紀――幕末明治における《物》のアルケオロジー』吉川弘文館、二〇〇三年。

鈴木良「近代日本文化財問題研究の課題について」『歴史評論』五七三号、一九九八年一月。

鈴木良・高木博志編『文化財と近代日本』山川出版社、二〇〇二年。

白山芳太郎「旧別格官幣社考」『皇學館大學紀要』二一号、一九八三年一月。

住友陽文「史蹟顕彰運動に関する一考察」『日本史研究』三五一号、一九九一年一一月。

住友陽文「解説　近代日本の国民教化と文化財保存問題」、箕面市総務部総務課編『萱野三平邸の保存運動――近代日本の文化財問題（箕面市地域史料集二）』箕面市、一九九一年。

高木博志「史蹟・名勝の成立」『日本史研究』三五一号、一九九一年一一月。

高木博志『近代天皇制の文化史的研究』校倉書房、一九九七年。

高木博志「近代における神話的古代の創造――畝傍山・神武陵・橿原神宮、三位一体の神武「聖蹟」」『人文学報（京都大学人文科学研究所）』八三号、二〇〇〇年三月。

高木博志「郷土愛と愛国心をつなぐもの――近代における「旧藩」の顕彰」『歴史評論』六五九号、二〇〇五年三月。

高木博志「『史蹟名勝天然紀念物』昭和編・改題」『復刻版　史蹟名勝天然紀念物（昭和編）』別冊、不二出版、二〇〇八年。

高木博志「紀念祭の時代――旧藩と古都の顕彰」、佐々木克編『明治維新期の政治文化』思文閣出版、二〇〇九年。

高木博志『陵墓と文化財の近代（日本史リブレット九七）』山川出版社、二〇一〇年。

高木博志編『近代日本の歴史都市――古都と城下町』思文閣出版、二〇一三年。

高木博志・山田邦和編『歴史のなかの天皇陵』思文閣出版、二〇一〇年。

高橋勝浩「資料翻刻　宮内庁書陵部所蔵　三上参次『御進講案』――その一」『國學院大學日本文化研究所紀要』九二輯、二〇〇三年九月。

高橋勝浩「宮内庁書陵部所蔵　三上参次『御進講案』追補――三上参次略年譜・主要著作目録・主要人名索引」『國學院大學日本文化研

究所紀要』九七輯、二〇〇六年三月。

高橋務「昭和前期高梨村における「払田柵阯」の史蹟指定について」『秋田県埋蔵文化財センター研究紀要』二七号、二〇一三年三月。

太宰府市史編集委員会編『「古都太宰府」の展開』太宰府市史通史編別編、太宰府市、二〇〇四年
田尻佐《たすく》編『贈位諸賢伝』第一・第二、国友社、一九二七年。

田中正大『日本の公園』鹿島出版会、一九七四年。

田中琢「遺跡遺物に関する保護原則の確立過程」、小林行雄博士古稀記念論文集刊行委員会編『考古学論考』平凡社、一九八二年。

田村寛三『酒田人名辞書』田村寛三、一九七四年。

塚本　学「文化財概念の変遷と史料」『国立歴史民俗博物館研究報告』三五号、一九九一年一一月。

津久井郡勢誌刊行委員会編『津久井郡勢誌』津久井郡勢誌編纂委員会、一九五三年。

鶴岡市郷土資料館編『諸家文書目録』Ⅱ、鶴岡市郷土資料館、一九八一年。

鶴岡市史編纂会編『荘内史年表』鶴岡市役所、一九五五年。

寺嵜弘康「戦前期における史蹟名勝天然記念物の保護活動について――史蹟名勝天然物調査会の活動をめぐって」『かながわ文化財』九七号、二〇〇一年五月。

寺嵜弘康「関東大震災と「社寺文化財」の復旧――神奈川県域を中心に」『神奈川県立博物館研究報告――人文科学』二八号、二〇〇二年。

研究代表者・寺嵜弘康『戦前期における文化財認識と保護主体に関する研究』平成一四年度〜平成一七年度科学研究費補助金　基盤研究(C)(2)　研究成果報告書。

寺嵜弘康「明治天皇聖蹟顕彰運動の地域的展開――神奈川県を事例に」、横浜国際関係史研究会・横浜開港資料館編『GHQ情報課長ドン・ブラウンとその時代――昭和の日本とアメリカ』日本経済評論社、二〇〇九年。

外池昇『幕末・明治期の陵墓』吉川弘文館、一九九七年。

東京国立博物館編『東京国立博物館百年史』第一法規出版、一九七三年。

鳥取県立博物館編『湯本文彦関係資料（昭和五六年度資料調査報告第九集）』鳥取県立博物館、一九八二年。

長井政太郎「三浦新七先生と郷土研究会」『山形県地域史研究』三号、一九七八年三月。

長坂金雄『雄山閣と共に』雄山閣出版、一九七〇年。

中村亮雄・安西勝・小島瑳礼編『神奈川県の民俗』ひでばち民俗談話会、一九五六年。

西川杏太郎「保護法五〇年に寄せて――文化財保護法前史」『月刊文化財』四四五号、一九九九年一〇月。

西田正憲『瀬戸内海の発見』中央公論新社、一九九九年。

西村幸夫「建造物の保存に至る明治前期の文化財保護行政の展開――「歴史的環境」概念の生成史　その1」『日本建築学会論文報告集』三四〇号、一九八四年六月。

西村幸夫「明治中期以降戦前における建造物を中心とする文化財保護行政の展開――「歴史的環境」概念の生成史　その2」『日本建築学会計画系論文報告集』三五一号、一九八五年五月。

西村幸夫「土地にまつわる明治前期の文化財保護行政の展開――「歴史的環境」概念の生成史　その3」『日本建築学会計画系論文報告集』三五八号、一九八五年一二月。

西村幸夫「「史蹟」保存の理念的枠組みの成立――「歴史的環境」概念の生成史　その4」『日本建築学会計画系論文報告集』四五二号、一九九三年一〇月。

日本史研究会・京都民科歴史部会編『「陵墓」からみた日本史』青木書店、一九九五年。

日本造園学会編『ランドスケープの展開（ランドスケープ大系1）』技報堂出版、一九九六年。

日本歴史学会編『日本史研究者辞典』吉川弘文館、一九九九年。

羽賀祥二『史蹟論――19世紀日本の地域社会と歴史意識』名古屋大学出版会、一九九八年。

羽賀祥二「日本近代における「伝統」――内在する価値と力をめぐって」『歴史評論』六四七号、二〇〇四年三月。

馬部隆弘「大阪府枚方市所在三之宮神社文書の分析――由緒と山論の関係から」『ヒストリア』一九四号、二〇〇五年三月。

馬部隆弘「偽文書からみる畿内国境地域史――「椿井文書」の分析を通して」『史敏』二〇〇五年春号、二〇〇五年四月。

原知章『民俗文化の現在――沖縄・与那国島の「民俗」へのまなざし』同成社、二〇〇〇年。

久松潜一・西尾実編『歌論集　能楽論集』岩波書店、一九六一年。

平井正敏・細野優・佐藤英夫編『道祖のこころ――鈴木重光先生喜寿記念文集』加藤哲雄、一九六四年。

編集代表・平井正敏『石老の礎』長谷川先生記念祭実行委員会、一九六五年。

廣木尚「近代日本の自治体史編纂におけるアカデミズム史学と地域意識――『足利市史』編纂をめぐって」『日本史研究』五七九号、二〇一〇年一一月。

広瀬繁明「初期の朝鮮建築・古蹟調査とその後の〈文化財〉保護――一九〇九年から一九一二年の関野貞の調査成果より」『考古学史研究』一〇号、二〇〇三年一〇月。

藤岡洋保・平賀あまな「大江新太郎の日光東照宮修理」『日本建築学会計画系論文集』五三一号、二〇〇〇年五月。

文化財保護委員会編『文化財保護の歩み』文化財保護委員会、一九六〇年。

文化財保護委員会編『文化財保護法制定前の文化財の保護をめぐる座談会』文化財保護委員会、一九六〇年。

文化庁『文化財保護法五十年史』ぎょうせい、二〇〇一年。

朴晋雨「明治天皇の「聖蹟」保存について」『歴史評論』四七八号、一九九〇年二月。

増渕徹「文化財保護と史蹟保存」、石上英一編『日本の時代史三〇　歴史と素材』吉川弘文館、二〇〇四年。

松田万智子「小西大東――近代京都を支えた文化人」、馬場憲二・菅宗次編『関西黎明期の群像　第二』和泉書院、二〇〇二年。

松本洋幸「一九三〇年代の横浜市政と史蹟名勝保存――横浜史料調査委員会を中心に」、大西比呂志・梅田定宏編『「大東京」空間の政治史――一九二〇～三〇年代』日本経済評論社、二〇〇二年。

松本三喜夫「柳田国男・長谷川一郎・鈴木重光――奥三保内郷村の農村調査」『府中市郷土の森紀要』三号、一九九〇年三月。

松山町史編纂委員会編『阿部正己史料　木公山舎随筆』土方大美、一九七八年。

丸山茂「戦前の文化財法行政と歴史環境保全の現況」、歴史環境をめぐる研究会編『保全的刷新――歴史的環境再生をめぐって』歴史環境をめぐる研究会、一九七九年。

丸山宏『近代日本公園史の研究』思文閣出版、一九九四年。

丸山宏「『史蹟名勝天然紀念物』の潮流――保存運動への道程」『復刻版　史蹟名勝天然紀念物（大正編）』別冊、不二出版、二〇〇三年。

丸山宏「近代における京都の史蹟名勝保存――史蹟名勝天然記念物保存法をめぐる京都の反応」、丸山宏・伊従勉・高木博志編『近代京都研究』思文閣出版、二〇〇八年。

丸山宏「「帝国古蹟取調会」の軌跡――機関誌『帝国古蹟取調会会報』と『古蹟』」『古蹟』解説・総目次・索引、不二出版、二〇〇一年。

水漉あまな・藤岡洋保「古社寺保存法成立に果たした京都の役割」『日本建築学会計画系論文集』五〇三号、一九九八年一月。

水越あまな・藤岡洋保「滋賀県における古社寺保存の運用と修理方針」『日本建築学会計画系論文集』五一八号、一九九九年四月。

宮地正人「幕末・明治前期における歴史認識の構造」、田中彰・宮地正人校注『日本近代思想大系一三　歴史認識』岩波書店、一九九一年。

森繁夫編『名家伝記資料集成』思文閣出版、一九八四年。

森本和男『文化財の社会史――近現代史と伝統文化の変遷』彩流社、二〇一〇年。

矢野敬一『慰霊・追悼・顕彰の近代』吉川弘文館、二〇〇六年。

山形県編『山形県史』資料編一一、山形県、一九六九年。

山中寿夫「鳥取藩史編纂と湯本文彦の史学思想」『鳥取大学学芸学部研究報告（人文科学）』一一巻二号、一九六〇年一一月。

山本英二「日本中近世史における由緒論の総括と展望」『歴史学研究』八四七号、二〇〇八年一一月。

吉田憲司『文化の「発見」』岩波書店、一九九九年。

李成市「黒板勝美に見る植民地と歴史学」『岩波講座世界歴史』月報一六、一九九九年。

李成市「コロニアリズムと近代歴史学――植民地統治下の朝鮮史編修と古蹟調査を中心に」、寺内威太郎・李成市・永田雄三・矢島國雄編『植民地主義と歴史学――そのまなざしが残したもの』刀水書房、二〇〇四年。

歴史学研究会・日本史研究会編『日本歴史講座第八巻　日本史学史』東京大学出版会、一九六一年。

若井敏明「皇国史観と郷土史研究」『ヒストリア』一七八号、二〇〇二年一月。

《編著者表示のない文献》
『日本文学にあらわれた井手町（井手町史シリーズ第二集）』井手町史編集委員会、一九七五年。
『井手町のくらしの歴史（井手町史シリーズ第三集）』井手町史編集委員会、一九七九年。
『井手町の古代・中世・近世（井手町史シリーズ第四集）』井手町史編集委員会、一九八二年。

《学術雑誌特集号》

「特集　近代の文化財と歴史意識」『日本史研究』三五一号、一九九一年一一月。

「特集　近代日本の文化財問題」『歴史評論』五七三号、一九九八年一月。

「特集　フォークロリズム」『日本民俗学』二三六号、二〇〇三年一一月。

「特集　陵墓研究の新地平」『日本史研究』五二一号、二〇〇六年一月。

「二〇〇五年度日本史研究会大会特集号　大会テーマ　歴史的環境と自己意識」『日本史研究』五二三号、二〇〇六年三月。

「特集　近代日本の地域社会と歴史意識」『日本史研究』五二五号、二〇〇六年五月。

「小特集　「陵墓」問題と歴史学研究」『歴史学研究』八五七号、二〇〇九年九月。

二　参考史料

＊　①文書館・資料館等所蔵史料、②帝国議会会議録・国会会議録、③主要参考雑誌・報告書、④主要参考新聞、⑤黒板勝美の著作、⑥三上参次の著作、⑦柴田常恵・上田三平の著作、⑧官報・法令関係資料については前半にまとめ、他は⑨その他として末尾に一括した。

＊　③主要参考雑誌・報告書は、参照した巻号・年月を記して個々の引用記事名は省略し、⑧官報・法令関係資料についても引用法令名は省略した。また、本文中の表で列記している史料については、該当する表番号を示した上で省略した。

①文書館・資料館等所蔵史料

国立公文書館所蔵「太政類典」「公文録」

＊　表1－4で利用したほか、引用史料は左記の通り。

「古器旧物各地方ニ於テ保存」、「太政類典」第一編・第九七巻（太－九七）。

「府県ニ公園ノ地所ヲ択ハシム」、「太政類典」第二編・第一一五巻（太－三三七）。

「名所古蹟破壊伐木ヲ止ム」、「太政類典」第二編・第一一七巻（太－三三九）。

「宮城県下多賀城碑外囲造築」、「太政類典」第二編・第一一七巻（太－三三九）。

「御歴代天皇ヲ始メ皇子皇女ノ御殯斂地々種組入方」、「太政類典」第二編・第二六四巻（太－四八七）。

「社寺取扱概則」、「太政類典」第三編・第五六巻（太－六六一）。

「堺県下南野村楠正行外一名墳墓地除税伺」、「公文録」明治七年・第七九巻（公－一〇九五）

「諸功臣以下墳墓保護ノ儀伺」、「公文録」明治七年・第一八九巻（公－一二一一）。

国立国会図書館憲政資料室所蔵「野村靖関係文書」

「一九〇六年一月五日付野村靖宛宮本三四郎書翰」（五－六六）。

「橘諸兄関係書類」（二一－八）。

「先考を偲ぶ　一」（二九－二）。

「先考を偲ぶ　四」（二九－五）。

「欲庵随筆　十一の四」（三二）。

京都府立総合資料館所蔵「京都府行政文書」

「名勝旧蹟」（大七－六〇）。

「綴喜郡誌資料　第二編　綴喜郡」（綴喜郡役所文書五）。

京都府立総合資料館所蔵「宮本守三家文書」館古四三八

「京都府属湯本文彦書状」（七六〇）。

「宮本三四郎履歴」（一二九四）。

「井手保勝会組織広告」(一三五六)。
「笠置山元弘彰址会書類綴」(一三六四)。
「記録(井手保勝会記録係)」(一三六七)。
「出雲大社保存会監督北嶋斎孝・千家尊紀書状」(一七二七‐六九)。
「笠置山保存会幹事大倉治郎右衛門書状」(一七三〇‐一四一)。
「西村捨三・内貴甚三郎・竹村藤兵衛連署書状」(一七四〇‐四〇)。
「大西正一書状」(一七四四‐一一)。
「源氏瀧保勝会書状」(一七四四‐五八三)。
「大西正一書状」(一七四六‐三二)。
「ししを書状」(一七五〇‐五)。
「舟木宗治年賀状」(一七五七‐二三四)。
「綴喜郡井手の里広告」(一八九六‐一)。

鶴岡市郷土資料館所蔵「阿部正己文庫」
「荘内考古史料(一二)」(一〇八)。
「荘内考古史料(一三)」(一〇九)。
「荘内考古史料(一四)」(一一〇)。
「城輪の出羽柵址と国分寺址[原稿]」(一六五~一六八)。
「大山入柵と城輪の柵について」(四四二)。
「[城輪柵并平形柵址調査史料類]」(六七七)。
「[城輪柵址調査関係書状類]」(六七八)。
「城輪柵阯説明」(六七九)。
「[聞書・史料抄、その他断片書類]」(七二三)。

酒田市立光丘文庫所蔵
『本楯村報』(一九二八年四月~一九三五年三月　*ただし二四、六〇~六一、六四~六五、六八、七〇号欠号)(K318モ1)。
酒田市商工課編『酒田港と附近の観光』酒田観光協会、一九五四年(K291サ)。

新潟県立文書館所蔵「北蒲原郡内文書」

「帝国古蹟取調会用日誌」（E9321-1-117）。
神奈川県立公文書館所蔵「県史写真製本　津久井郡郷土資料館資料」一四六
「通達文書類　昭和四年」。

②帝国議会会議録・国会会議録

「第八回帝国議会衆議院議事速記録第二十三号」一八九五年二月四日。
「第八回帝国議会衆議院議事速記録第四十号」一八九五年三月四日。
「第九回帝国議会貴族院議事速記録第十一号」一八九六年一月三一日。
「第十回帝国議会貴族院議事速記録第四号」一八九七年一月一九日。
「第十回帝国議会貴族院議事速記録十三号」一八九七年三月一日。
「第十回帝国議会貴族院議事速記録第十六号」一八九七年三月九日。
「第十回帝国議会貴族院議事速記録第二十六号」一八九七年三月二四日。
「第十三回帝国議会貴族院議事速記録第十二号」一八九九年一月一四日。
「第十三回帝国議会貴族院議事速記録第四十二号」一八九九年三月七日。
「第十五回帝国議会衆議院議事速記録第十四号」一九〇一年三月一八日。
「第十五回帝国議会衆議院議事速記録第十六号」一九〇一年三月二〇日。
「第二十七回帝国議会貴族院議事速記録第十七号」一九一一年三月一五日。
「第二十七回帝国議会衆議院議事速記録第二十四号」一九一一年三月一八日。
「第二十七回帝国議会衆議院議事速記録第二十六号」一九一一年三月二一日。
「第四十一回帝国議会衆議院委員会議録第三回」一九一九年三月一九日。
「第七回国会参議院会議録第四十六号」一九五〇年四月二六日。

③主要参考雑誌・報告書

『歴史地理』一巻一号～七巻一二号、一八九九年一〇月～一九〇五年一二月
＊一九〇六年一月以降の巻号からの引用史料は左記の通り（年月順）。
「長岡子爵逝く」八巻五号、一九〇六年五月。

「黒板博士の渡欧」一一巻三号、一九〇八年三月。

岡部精一「日本歴史地理学会十年史」一四巻一号、一九〇九年七月。

「雨塔君を輓す」一四巻四号、一九〇九年一〇月。

英蛾「偉人崇拝の風潮と紀念祭典の流行」一五巻四号、一九一〇年四月。

振衣生「史蹟は保存せられつゝありや」二一巻一号、一九一三年一月。

英蛾「大塚先儒墓所保存会起る」二一巻四号、一九一三年四月。

振衣生「名勝旧蹟保護法の施行を望む」二四巻六号、一九一四年一二月。

「大阪府下郷土史料展覧会及講演会」二七巻三号、一九一六年三月。

う、す「奈良県史蹟勝地調査会報告第三回の出版」二七巻三号、一九一六年三月。

「名所旧蹟標柱建設」二七巻三号、一九一六年三月。

「府下史蹟名勝地へ建札」二七巻四号、一九一六年四月。

「熊本県に於ける史蹟調査保存」二七巻五号、一九一六年五月。

「鹿児島県史蹟天然自然物調査会規則制定」二八巻二号、一九一六年八月。

「勝蹟補助規程」二八巻二号、一九一六年八月。

「栃木県史蹟名勝古墳の調査」三一巻四号、一九一八年四月。

喜田貞吉「本会三十年の回顧」五四巻六号、一九二九年一二月。

堀田璋左右「本会に関する懐旧談」五四巻六号、一九二九年一二月。

三浦周行「基本に復れ」五四巻六号、一九二九年一二月。

喜田貞吉「山形県本楯発見の柵址に就いて——出羽柵址か国分寺址か」五八巻一号、一九三一年七月。

喜田貞吉「払田本楯の柵址と華夷勢力の消長」五九巻一号、一九三二年一月。

『帝国古蹟取調会会報』一～三号、一九〇〇年一二月～一九〇二年一二月。

『古蹟』二巻一号～三巻四号、一九〇三年一月～一九〇四年四月。

『史蹟名勝天然紀念物』一巻一号～六巻五号、一九一四年九月～一九二三年五月。

『史蹟名勝天然紀念物』一集一号～一九集八号、一九二六年一月～一九四四年八月。

『史蹟名勝天然紀念物保存協会第一回報告』史蹟名勝天然紀念物保存協会、一九一一年。

『史蹟名勝天然紀念物保存協会第二回報告』史蹟名勝天然紀念物保存協会、一九一四年。

史蹟名勝天然紀念物保存協会編『日光（史蹟名勝天然紀念物保存協会第三回報告）』画報社、一九一五年。

『史蹟名勝天然紀念物保存協会第四回報告』史蹟名勝天然紀念物保存協会、一九一六年。

『史蹟名勝天然紀念物保存協会第五回報告』史蹟名勝天然紀念物保存協会、一九一七年。

『史蹟名勝天然紀念物保存協会第六回報告』史蹟名勝天然紀念物保存協会、一九一七年。

『史蹟調査報告』第一〜第四、内務省、一九二六〜二八年。

『史蹟調査報告』第五輯〜第一二輯、文部省、一九三〇〜三九年。

『史蹟精査報告』第一〜第二、内務省、一九二六年。

『史蹟精査報告』第三、文部省、一九三八年。

④主要参考新聞

『京都日出新聞』

舟木生「桜狩りの案内」一八九八年四月七日付四面。

「どこへなりとも」一八九八年四月一〇日〜一五日付各一面。

文芽「井手の桜」一八九八年四月一四日付五面。

「くさぐさ」一八九八年四月二二日付二面。

舟木生「花のいろいろ」一八九八年四月二五日付四面。

「井手保勝会の計画」一八九九年三月一〇日付四面。

「くさぐさ」一八九九年三月一一日付二面。

「観桜花会」一八九九年三月三〇日付五面。

「井手地蔵院観桜会」一八九九年四月一七日付四面。

「井手花信」一九〇〇年三月二七日付七面。

「観桜者の狼藉（予審判事の出張）」一九〇〇年四月一八日付七面。

探勝会主事舟木「状さし」一九〇〇年四月三〇日付六面。

「井手の歌会」一九〇一年三月二七日付四面。

「くさぐさ」一九〇一年四月一六日付四面。

「井手山吹」一九〇三年四月七日付五面。

「今日の遊覧」一九〇三年四月一二日～三〇日付各一面。

「くさぐさ」一九〇三年四月一五日付三面。

舟木生「山吹」一九〇三年四月一五日付五面。

「くさぐさ」一九〇三年四月一九日付三面。

「井手山吹山」一九〇三年四月二三日付四面。

舟木生「井手官山の松茸」一九〇三年一〇月二七日付三面。

「橘諸兄公千百五十年祭」一九〇七年四月二〇日付四面。


『山形新聞』

＊表10－2参照。その他の引用史料は左記の通り。
「平形に柵趾か　二十三日発掘調査」一九三二年一一月一七日付夕刊二面。

⑤黒板勝美の著作

＊表6－1参照。その他の引用史料は左記の通り。
黒板勝美「古文書館設立の必要」『歴史地理』八巻一号、一九〇六年一月。

黒板勝美『国史の研究』文会堂、一九〇八年。

黒板勝美「欧米の輿論と新聞紙（上）（下）」『読売新聞』一九一〇年三月九～一〇日付各五面。

黒板勝美「山は瑞西、海は諾威」『日本及日本人』五三九号、一九一〇年八月。

黒板勝美「冬の諾威」『文章世界』六巻三号、一九一一年二月。

黒板勝美『西遊二年欧米文明記』（『明治欧米見聞録集成』三四～三五巻、ゆまに書房、一九八九年。文会堂書店一九一一年刊の復刻）。

黒板勝美『西遊二年欧米文明記』増補改訂版、文会堂書店、一九一三年。

黒板勝美『国史の研究』総説の部、文会堂、一九一三年。

黒板勝美「我が日本と新民族主義」『新公論』三四巻二号、一九一九年二月。

黒板勝美「日本歴史と現代思想」『東方時論』五年四月号、一九二〇年四月。

黒板勝美「史蹟名勝保存と都市政策」『中央公論』三五年七月号、一九二〇年七月。

黒板勝美「歴史の文化的研究」『中央史壇』四巻四号、一九二二年四月。

黒板勝美「史蹟名勝保存の意義と厳島」『史蹟名勝天然紀念物』五巻四～五号、一九二二年四～五月。

黒板勝美「エスペラントに対する感想」『改造』一九二二年八月。

黒板勝美「学芸の守護者」、熊沢一衛『青山余影――田中光顕伯小伝』青山書院、一九二四年。

黒板勝美『国体新論』博文堂、一九二五年。

黒板勝美「南洋に於ける日本関係史料遺蹟に就きて」『財団法人啓明会第二十七回講演集』財団法人啓明会事務所、一九二八年。

黒板勝美「保存事業の根本的意義」『史蹟名勝天然紀念物』四集一号、一九二九年一月。

黒板勝美『国史の研究』総説、各説上、岩波書店、一九三一～三二年。

黒板勝美『虚心文集』四巻、吉川弘文館、一九四〇年。

黒板勝美先生生誕百年記念会編『黒板勝美先生遺文』吉川弘文館、一九七四年。

⑥三上参次の著作

＊表７－１参照。その他の引用史料は左記の通り。

三上参次「歴史の教授に就きて某中学教師に与ふる書」『國學院雑誌』一巻五号、一八九五年三月。

三上参次「戦後における歴史教育者の任務」『國學院雑誌』一一巻一〇号、一九〇五年一〇月。

三上参次「白川楽翁公に就て」『斯民』一編五～六号、一九〇六年八～九月。

谷本富・三上参次『栗山先生の面影』六盟館、一九〇七年。

三上参次「文教より見たる楽翁公」『斯民』三編五号、一九〇八年七号。

三上参次『明治時代の歴史学界――三上参次懐旧談』吉川弘文館、一九九一年。一九三六年から一九三九年にかけて記録された懐旧談。

三上参次撰文「二本榎保存之碑」東京都北区西ヶ原二丁目所在。

⑦柴田常恵・上田三平の著作

＊表８－４を参照。その他の引用史料は左記の通り。

大場磐雄編『柴田常恵集（日本考古学選集一二）』築地書館、一九七一年。

上田三平「払田柵阯及「柵」に関する研究」『史学雑誌』四二編七号、一九三一年七月。

上田三平「出羽柵阯考（特に新発見の柵阯に就て）」『史蹟名勝天然紀念物』六集六号、一九三一年六月。

上田三平「出羽柵阯考追記」『史蹟名勝天然紀念物』六集七号、一九三一年七月。

上田三平『史跡を訪ねて三十余年』小浜市立図書館、一九七一年。一九五〇年上田三平刊の復刻。

⑧官報・法令関係資料

『官報』四三四九号（一八九七年一二月二八日）、四八二五号（一八九九年八月一日）、五〇二六号（一九〇〇年四月七日）、五三一六号（一九〇一年三月二七日）、五四二五号（一九〇一年八月二日）、五六三二号（一九〇二年四月一七日）、五七二二号（一九〇二年七月三一日）、五九三二号（一九〇三年四月一五日）、四六号（一九一二年九月二五日）、一三七二号（一九一七年三月一日）、二〇四六号（一九一九年五月三一日）、二二五八号（一九二〇年二月一六日）、一五九四号（一九三二年四月二五日）、一八八一号（一九三三年四月一一日）、二九六〇号（一九三六年一一月一二日）、六四三五号（一九四八年六月二九日）。

内閣官報局編『法令全書』内閣官報局、一八八七〜一九一二年。

内閣印刷局編『大正年間法令全書』八巻ノ二・三、原書房、一九九〇年。

内閣記録局編『法規分類大全』二六巻、原書房、一九七九年。一八九一年刊の復刻。

内務省地理課編『例規類纂』橘書院、一九八一年。一八八四〜八八年内務省地理局刊の複製。

内務省地理局編纂物刊行会編『地理例規』ゆまに書房、一九八五年。一八九二年内務省庶務局刊の復刻。

⑨その他

青戸精一『随筆保存』昭和図書、一九四二年。

蘆田伊人編『五畿内志・泉州志　第一巻（大日本地誌大系三四）』雄山閣、一九七一年。

阿部正己『出羽国分寺遺址調査　附出羽国府位置』阿部正己、一九二三年。

阿部正己『城輪の出羽柵址及び国分寺址調査』山形郷土研究叢書第五巻、国書刊行会、一九八二年。一九三二年山形県郷土研究会刊の複製。

阿部正己「荘内地方の巻」、山形放送局編『山形県発達史』山形放送局、一九四〇年。

石野瑛『武相叢書　考古収録　第一』名著出版、一九七三年一一月。武相考古会一九二九〜三六年刊の複製。

石野瑛『神奈川県郷土史読本』武相考古会、一九三三年。

石野瑛『神奈川県郷土史読本』刀江書院、一九三七年。

石野瑛『日本精神と武相郷土』早大横浜会、一九四〇年。

石野瑛『牛のあゆみ』武相学園、一九四八年。

石野瑛『郷土のあゆみ』国際教材株式会社、一九四九年。

石野瑛『神奈川県大観一　自然と人文』武相出版社、一九五二年。

石野瑛『国史対照　神奈川県郷土史要』武相学園、一九五八年。

磯貝正義「坂元さんと私――文部省保存課のころ」『日本文化研究』七号、一九八四年七月。

磯貝正義「文部省保存課のころ――神武天皇聖蹟調査に触れて」『日本歴史』四八三号、一九八八年八月。

伊東忠太「建築進化の原則より見たる我が邦建築の前途」『建築雑誌』二六五号、一九〇九年一月。

伊藤六十郎「都岐沙羅柵趾に就いて――『越の三柵』の随一・本県最古の柵」『山形郷土研究』一〇号、一九三一年一二月。

猪俣悦郎「再び石老山に登る」『相武研究』神奈川県郷土研究連盟、一〇年一一号、一九四一年一一月。

大江新太郎「日光の宝物館」『神社協会雑誌』一四年八号、一九一五年八月。

小川良一編著、宮崎清補稿『津久井のすがた』中野中学校郷土研究室、一九五〇年九月。

大場磐雄『古代農村の復原』あしかび書房、一九四八年二月。

大日方純夫・我部政男・勝田政治編『内務省年報・報告書』一～一四巻、三一書房、一九八三～一九八四年。

川勝政太郎『古建築入門講話』一条書房、一九三四年。

文芽「名勝古跡」、第三次『日本人』七九号、一八九八年一一月。

喜田貞吉「学窓日誌」『東北文化研究』一巻五号、一九二八年八月。

木村一郎『神皇御旧蹟私考』一八九七年。

木村一郎『村社八幡神社由緒調査考証書』一九〇二年。

京都府教育会綴喜郡部会編『山城国綴喜郡誌』京都府教育会綴喜郡部会、一九〇八年。

宮内庁編『明治天皇紀』第一〇、吉川弘文館、一九七四年。

久米邦武「英雄は公衆の奴隷」『史学会雑誌』一〇号、一八九〇年九月。

黒田鵬心「古美術品の復旧に就て（上）」『東京朝日新聞』一九一〇年五月一二日付三面。

黒田鵬心「古美術品の復旧に就て（下）」『東京朝日新聞』一九一〇年五月一三日付三面。

児玉九一・有光次郎『神社行政・宗教行政』常磐書房、一九三四年。

後藤守一「古墳に立ちて」『歴史公論』六巻八号、一九三七年六月。

小西大東「後醍醐天皇有王芝御遺蹟臆断（上）並に有王紀行」『史迹と美術』一六号、一九三二年二月。

小西大東「後醍醐天皇有王芝御遺蹟臆断（下）」『史迹と美術』一八号、一九三二年五月。

小林庄次郎『幕末史』早稲田大学出版部、一九〇七年。

小林満三郎『小学綴喜郡地誌　附史談』安岡伊三発行、一八九六年。

斎藤忠「近時に於ける考古学上の発掘について」『考古学雑誌』三五巻一・二合併号、一九四八年一月。

斎藤忠『考古学の研究法』吉川弘文館、一九五〇年。

佐藤東一『荘内の文化遺産――郷土の美術と歴史をたづねて』以文会、一九五一年。

佐藤良次『荘内案内記』酒田新聞社、一九一五年。

真田繁久・佐野勤『庄内地方郷土史取扱の実際　尋常科』長谷川印刷所、一九三四年。

沢田総右衛門編『小御門神社御由来記』沢田総右衛門、一八八一年。

沢田総重編『別格官幣社小御門神社誌』小御門神社社務所、一九一九年。

志賀重昂「日本風景論」『亜細亜』三巻一号、一八九三年二月。

渋谷隆一編『都道府県別資産家地主総覧』新潟編三、日本図書センター、一九九七年。

笑景子「日光宝物館の建築及装飾」『建築工芸叢誌』二期一三冊、一九一五年六月。

荘内史料研究会編『荘内史料写真帖』三号、荘内史料研究会、一九三二年一一月、同二巻二号、一九三三年一月。

白鳥庫吉「歴史と人傑」『史学会雑誌』三号、一八九〇年二月。

進藤重記『出羽国風土略記』上篇、東京学社、一九二八年。完稿は宝暦一二年頃。

鈴木重光『相州内郷村話』郷土研究社、一九二四年。

鈴木重光「相州内郷村の史蹟研究」『新旅行』五巻四号、一九二九年四月。

高山林次郎「古社寺及び古美術の保存を論ず」『太陽』五巻一〇号、一八九九年五月。

高橋普宰「最上郡豊里の国分寺遺跡」『山形郷土研究』七号、一九三一年八月。

竹内敏夫・岸田実『文化財保護法詳説』刀江書院、一九五〇年。

竹田雅弘「史蹟現地講演会記録」、史蹟現地講演会編『元寇史蹟の新研究』丸善、一九一五年。

田辺町近代誌編さん委員会編『田辺町近世近代資料集』京都府田辺町、一九八七年。

地租改正資料刊行会編『明治初年地租改正基礎資料』上巻、有斐閣、一九八八年、改定版第二刷。

朝鮮総督府編『大正五年度朝鮮古蹟調査報告』国書刊行会、一九七四年。一九一七年朝鮮総督府刊の復刻。

朝鮮総督府編『大正六年度古蹟調査報告（朝鮮考古資料集成一五）』出版科学総合研究所、一九八三年。一九二〇年朝鮮総督府刊の復刻。

辻善之助「故三上参次先生略歴」、三上参次『江戸時代史』下巻、冨山房、一九四四年。

綴喜郡役所編『綴喜郡要覧』綴喜郡役所、一九一五年。

坪井九馬三「史学に就て」『史学雑誌』五編一号、一八九四年一月。

坪井九馬三『史学研究法』早稲田大学出版部、一九〇三年。

坪井正五郎「古墳保存に先だつ古墳調査」、第三次『日本人』一〇二号、一八九九年一一月。

坪井正五郎「古墳調査は如何なる点に於て人類学を益するか」『太陽』六巻一三号、一九〇〇年一一月。

出羽柵調査会編『出羽柵阯ヱハガキ』出羽柵調査会、刊行年記載なし。

出羽柵調査会編『本楯史蹟名勝ヱハガキ　第一・二輯』出羽柵調査会、一九三一年。

東京大学史料編纂所編『東京大学史料編纂所史史料集』東京大学出版会、二〇〇一年。

東京府編『東京府史』行政編五巻、東京府、一九三七年。

東照宮社務所編『東照宮史』東照宮社務所、一九二七年。

鳥羽正雄「本楯上田両村発掘の柵址を見て」『歴史と地理』二九巻二号、一九三二年二月。

鳥居龍蔵「内郷村の一日」『武蔵野』一四巻六号、一九二九年一二月。

内閣印刷局編『職員録』大正九年七月一日現在、内閣印刷局、一九二〇年。

内閣印刷局編『職員録』昭和一二年一月一日現在、内閣印刷局、一九四〇年。

内政史研究会編『有光次郎氏談話速記録（内政史研究資料第六四、六五集）』内政史研究会、一九六八年。

中井喜太郎「風景保存法私案」、第三次『日本人』七五号、一八九八年九月。

中村孝也「三上先生を憶ふ」、三上参次『江戸時代史』下巻、一九四四年。

西田直二郎『日本文化史序説』講談社、一九七八年。初出は改造社、一九三二年。

西山徳「現今に於ける史学者の要望――学界展望」『日本歴史』二三号、一九五〇年四月。

日光宝物館『日光宝物館陳列目録』三版、日光宝物館、一九一八年。

日本考古学協会編『登呂』毎日新聞社、一九四九年。

日本考古学協会編『登呂』本編、毎日新聞社、一九五四年。

日本考古学会編『考古学雑誌総目録』吉川弘文館、一九四三年。

野間光辰編『新修京都叢書』一～二二巻、臨川書店、一九六七～七四年。

野村隈畔『文化主義の研究』大同館書店、一九二一年。

長谷川一郎『石老山』井上書店、一九一五年。

長谷川一郎「神奈川県津久井郡内郷村石老山麓に於ける石器時代民族住居址の遺蹟発掘」『武蔵野』一一巻三号、一九二八年九月。

長谷川一郎「石器時代と六角形」『名勝の日本』二巻一号、一九二九年一月。

長谷川一郎「内郷村俚謡」『内郷』三巻三号、一九三〇年三月。

浜田耕作「山城における原史時代の遺物遺跡一」『東京人類学会雑誌』一六巻一八二号、一九〇一年五月。

浜田耕作「歴史記念物の保存　敢て当局者に望む（一）～（六）」『大阪毎日新聞』一九一六年一一月二二日～二七日付各三面。

浜田耕作「序文」、京都府編『京都府史蹟勝地調査会報告』一冊、京都府、一九一九年。

浜田耕作『通論考古学』大鐙閣、一九二二年。

浜田耕作『東亜文明の黎明』刀江書院、一九三〇年。有光教一編『浜田耕作集』上巻、築地書館、一九七四年に再録。

浜田耕作「日本原始文化」、国史研究会編『岩波講座日本歴史』第一、岩波書店、一九三五年。

早坂忠雄『山形県史蹟人物と沿線名所』早坂忠雄、一九三九年。

舟木宗治『五十年の夢』舟木保次郎、一九一九年。

星川清民『厩山神社誌附厩山神社神跡考』厩山神社復旧会、一九二八年。

堀江重次「津久井渓谷」『名勝の日本』五巻一二号、一九三一年一二月。

馬淵鋭太郎「緒言」、京都府編『京都府史蹟勝地調査会報告』一冊、京都府、一九一九年。

万葉叟「中田憲信翁」『日本及日本人』二四六号、一九三二年四月。

三浦新七「序言」、安斎徹『山形の地理研究』山形郷土研究叢書六、国書刊行会、一九八二年。一九三〇年山形県郷土研究会刊の複製。

三浦周行「序文」、京都府編『京都府史蹟勝地調査会報告』一冊、京都府、一九一九年。

三浦周行「日本史学史概説」、同著『日本史の研究』二輯上、岩波書店、一九八一年。一九三〇年刊の復刻。

三好学「名木ノ伐滅並其保存ノ必要」『東洋学芸雑誌』三〇一号、一九〇六年一〇月。

三好学「天然記念物保存の必要並びに其保存策に就て」『太陽』一三巻一～二号、一九〇七年一～二月。

三好学「日本ノ天然記念物ノ保存ニ就テ」『植物学雑誌』二九〇号、一九一一年三月。

三好学「都市美観の問題」『新日本』二巻四号、一九一二年四月。

三好学『天然記念物』冨山房、一九一五年。

本栖小学校統合記念事業実行委員会編『本栖教育百二十三年』本栖小学校統合記念実行委員、二〇〇〇年。

森豊『写真・登呂遺跡』社会思想研究会出版部、一九五八年。

文部省編『郷土の観察　教師用』文部省、一九四二年。

文部省教化局総務課編『史蹟名勝天然紀念物一覧』文部省、一九四三年。

文部省社会教育局文化課編『史蹟名勝天然紀念物一覧』文部省、一九四九年。

山崎有信『古社寺保存便覧――古社寺保存法註解同保存出願手続』発行・山崎有信、発売・郁文社、一九〇三年。

山形県飽海郡役所編『飽海郡誌』下巻、名著出版、一九七三年。一九二三年山形県飽海郡刊行の復刻。齋藤美澄編著。

山形県教育会編『山形県の史蹟と名勝』山形県教育会、一九三六年。

山形県師範学校編『山形県史話』六盟館、一九三三年。

『勝区探遊参宮案内　附会務雑録・会員名簿』京都探勝会、一九〇一年。

『勝区探遊　花のいろいろ』京都探勝会、一九〇一年。

『内国漫遊探勝紀行　附会務報告』京都探勝会、一九〇三年一月。

『大塚先儒墓所保存会報告書』一九一七年。

『本居翁遺跡絵はかき』伊勢松坂鈴屋遺跡保存会、一九二四年四月。

『山形県郷土史料大展覧会出品目録』山形県・山形市主催、一九三五年。

『本楯村勢一覧』本楯村、一九四一年。

『宮崎県西都原古墳調査報告書　一－三』西都市教育委員会西都原古墳研究所、一九八三年。一九一五～一八年宮崎県刊の復刻。

『明治欧米見聞録集成』二二～三三、三六巻、ゆまに書房、一九八七～八九年。

《無記名新聞記事》
「古墳旧蹟保存法案」『読売新聞』一八九九年九月二四日付一面。
「帝国古蹟取調会」『東京日日新聞』一八九九年一〇月八日付三面。
「帝国古蹟取調会」『読売新聞』一八九九年一〇月二四日付四面。
「帝国古蹟取調会と小楠公墳墓」『大阪毎日新聞』一九〇〇年四月一五日付五面。
「小楠公の墳墓発見」『中央新聞』一九〇〇年四月一五日付二面。
「帝国古跡調査会の拡張」『読売新聞』一九〇二年九月二六日付二面。
「帝国古蹟取調会」『東京日日新聞』一九〇二年一一月二三日付二面。
「内相指示事項」『時事新報』一九〇九年五月九日四面。
「地方官会議」『東京朝日新聞』一九一一年四月二一日付二面。
「勝地保護法案脱稿」『読売新聞』一九一四年一一月一三日付二面。

「勝地保護案未し」『時事新報』一九一四年一一月二四日付八面。

「先住民族の跡発見さる」『国民新聞』一九二八年七月二八日付朝刊七面。

「最も完全な先住民の住趾」『国民新聞』一九二八年七月三一日付朝刊七面。

「先住民族が三千年前相模川流域に居住」『国民新聞』一九二八年八月五日付夕刊二面。

「石器時代の遺跡大もて」『横浜貿易新報』一九二八年八月一一日付二面。

「春酣・山峡の村に石器を探しませう」『読売新聞』一九三七年四月二四日付夕刊五面。

《無記名雑誌記事・雑誌特集号等》

「古物保存の可否」『太陽』三巻一六号、一八九七年八月。

「本会記事」『東京教育雑誌』一一九号、一八九九年一〇月。

「帝国古蹟取調会」『國學院雑誌』五巻一二号、一八九九年一〇月。

「古蹟取調会奈良支部」『考古界』二編一号、一九〇二年六月。

「三上博士の時局講話」『史学雑誌』一五編七号、一九〇四年七月。

「本会評議員会」『考古学雑誌』二巻四号、一九一一年一二月。

「史蹟保存に関する評議員会決議」『史学雑誌』二二編一〇号、一九一一年一〇月。

「史蹟保存に関する建議書草案」『考古学雑誌』二巻五号、一九一二年一月。

「本会評議員会」『史学雑誌』二三編三号、一九一二年三月。

「史蹟保存に関する建議書提出」『考古学雑誌』二巻八号、一九一二年四月。

「懇親会」『史学雑誌』二三編五号、一九一二年五月。

「本会第十七次総会」『考古学雑誌』二巻一一号、一九一二年七月。

「名勝地保護法案に就て」『考古学雑誌』七巻二号、一九一六年一〇月。

「内務省と名所旧蹟古墳墓の保存」『史蹟調査委員会報』一号、大阪府、一九一六年。一九八四年の和泉文化研究会による復刻。

「南河内郡郷土史料展覧会及講演会概況」、大阪府編『史蹟調査委員会報』四号、大阪府、一九一七年。同右。

「史料展覧会並史蹟講演会の概況」、大阪府編『史蹟調査委員会報』四号、大阪府、一九一七年。同右。

「第九　井手発見ノ石器ト両大塚古墳」『京都府史蹟勝地調査会報告』四冊、京都府、一九二三年六月。

「相州内郷村方面見学旅行記事」『武蔵野』一一巻三号、一九二八年九月。

「臨時増刊号　郷土史は如何に研究すべきか」『歴史教育』五巻七号、一九三〇年九月。

「特集　郷土研究と教育施設」『郷土教育』一八号、一九三二年三月。

「生誕言」『歴史公論』創刊号、一九三二年一一月。

「第百号を迎へるの辞」『史迹と美術』一〇巻三号、一九三九年三月。

「本誌の沿革と目標」『相武研究』一〇巻一一号、一九四一年一一月。

「第一五六回井手附近・蟹満寺見学記」『史迹と美術』一五巻四号、一九四四年四月。

「巻頭言　新しい日本史学の立場」『日本歴史』創刊号、一九四六年六月。

初出一覧

序章　新稿
第一章　新稿
第二章「古蹟保存の流行と日本歴史地理研究会」（『日本歴史』七三二号、二〇〇九年五月）を改稿
第三章「帝国古蹟取調会と学者たち――〈顕彰〉と〈保存〉の交錯」（『日本歴史』七四六号、二〇一〇年七月）を改稿
第四章「民間史蹟名勝保存事業とアカデミズム――京都府綴喜郡井手村・井手保勝会を事例として」（『法政史学』八二号、二〇一四年九月）を改稿
第五章　新稿
第六章「明治末から大正期の史蹟保存論――黒板勝美と三上参次を中心に」（『法政史論』三一号、二〇〇四年三月）を改稿
補論　新稿
第七章「明治末から大正期の史蹟保存論――黒板勝美と三上参次を中心に」（『法政史論』三一号、二〇〇四年三月）を改稿
第八章　新稿
第九章　新稿
第十章　新稿
終章　新稿

あとがき

本書は、二〇一四年三月に法政大学大学院人文科学研究科より学位授与された博士論文「近代日本の史蹟保存事業とアカデミズム」を加筆・修正して刊行するものである。出版にあたっては、「二〇一四年度　法政大学大学院博士論文出版助成金対象」として助成金支給を受けた。ご高配をいただいた関係各位に謝意を表したい。また、図版等の掲載をご了承いただいた関係各位に御礼申し上げる。

本書で扱っている研究テーマに関心を抱くきっかけとなったのは、法政大学に入学して最初のゴールデンウィーク期間中、先輩に勧められて読んだベネディクト・アンダーソン著『想像の共同体』である。こうした研究を日本史でやってみたいと思い、調べ始めてすぐに、多くの優れた先行研究があることを知る。先学に示唆を得ながら模索を続け、本書の研究テーマに焦点を絞っていった。

近代的な思考様式が普及していく過程で、史蹟に対する価値認識は徐々に変化を遂げていく。その過程を、そこにはらまれる政治性とともに読み解くことは、歴史や文化の活用が活発に行われている現代社会の歴史観・文化観のあり様を理解することにもつながると考えている。本書はその一端にようやく取り掛かったもので、なお数多くの課題を残しているが、今後の取り組みを通じてより有意義な研究に発展させていきたい。ご批判・ご叱正を賜われば幸いである。

本書の刊行にいたるまでの経緯を振り返ってみると、本当に多くの方々のお世話になった。指導教授の長井純市先生には、法政大学の学部時代から同大学院修士課程・博士課程まで、長年にわたるご指導を受けた。博士論文の主査として鋭いご指摘をいただき、本書刊行に際しても多くのご助力を賜った。

博士論文副査をお引き受けくださった福地惇先生には、法政大学大学院でご指導を受け、大局的な視点から貴重なご教示をいただいた。

同じく博士論文副査をお引き受けいただいた小倉淳一先生は、考古学研究の視点から、今後の研究活動のためにも不可欠なご指導をしてくださった。出版にあたっても多々ご指導やご助力をいただいている。

安岡昭男先生は、たびたび関連史料をお送りくださり、折々の お手紙では励ましのお言葉をくださった。段木一行先生からは、博物館学、文化財学の豊富な知識と、長年のご経験にもとづく貴重なお話を数多くうかがうことができ、私の勤務先の館長（現在は名誉館長）としてもご指導いただいている。法政大学文学部史学科の先生方には、研究活動のさまざまな場面でお世話になった。

故・青木美智男先生のゼミに参加させていただいたことも、忘れられない思い出である。同ゼミでは、メンバーの皆さんと毎年のように史料に記された場所を訪ね、近世文書を閲覧・撮影し、史料の刊行に関わらせていただいた。地域史料を調査し読み解くことの大切さ・面白さを、先生は身をもって教えてくださったと感じている。

大学院の日本近代史ゼミは、先生方をはじめ先輩・同期・後輩の諸氏と議論し、研究の視野を広げる貴重な場だった。本書に収められたほとんどの章は、このゼミでの議論を経たものである。若手の研究者や院生を中心としたさまざまな研究会も、視野狭窄に陥りがちな私にとって欠かせない刺激になっている。

史料調査のために訪問した図書館・文書館・博物館等では、史料の閲覧や複写に快く応じていただき、ときに貴重なアドバイスをくださった。各地に残る史料や史蹟の調査は、忙しくも楽しい時間であり、多くのご厚意に接してきた。

お世話になった方々のお名前をすべて挙げることができないのは申し訳ないが、この場を借りて、心より感謝の気持ちをお伝えしたい。また、面識のない私がお送りする抜刷に丁寧なコメントを寄せてくださる先生方にも、深く御礼申し上げる。ご厚情に報いるため、今後も弛まず研究活動を続けていきたい。

本書の出版にあたっては、法政大学出版局編集部長・郷間雅俊氏より多くのアドバイスをいただき、図版等の掲載許可申請にあたってもご助力を賜った。本書編集担当の秋田公士氏は、校正にあたっての細かな注意点をご指導くださった。本書の出版をお引き受けいただいたこととあわせ、心より感謝の言葉を申し上げたい。

最後に、日頃から私の研究活動に対しご理解をいただいている勤務先の秋山庄太郎写真芸術館館長、事務局長、職員の皆さんに改めて御礼申し上げるとともに、長年の在学を許し、応援してくれた両親に感謝の気持ちを伝えて、筆を擱くこととする。

齋藤 智志

二〇一五年一月

著　者

齋藤智志（さいとう　さとし）

1980年、神奈川県生まれ。2014年3月法政大学大学院人文科学研究科（日本史学専攻）修了、博士（歴史学）。日本近現代史専攻。現在、秋山庄太郎写真芸術館主任学芸員。

主要論文：「帝国古蹟取調会と学者たち――〈顕彰〉と〈保存〉の交錯」（『日本歴史』746号、2010年7月）、「明治期から昭和戦前期における歴史学と風俗史研究」（『風俗史学』50号、2013年1月）、「民間史蹟名勝保存事業とアカデミズム――京都府綴喜郡井手村・井手保勝会を事例として」（『法政史学』82号、2014年9月）

共編：『近世信濃庶民生活誌――信州あんずの里名主の見たこと聞いたこと』（ゆまに書房、2008年）

近代日本の史蹟保存事業とアカデミズム

2015年2月25日　　初版第1刷発行

発行所　一般財団法人 法政大学出版局

〒102-0071 東京都千代田区富士見 2-17-1

電話 03 (5214) 5540／振替 00160-6-95814

組版：秋田印刷工房，印刷：三和印刷，製本：積信堂

ISBN 978-4-588-32706-3

Printed in Japan

索　引

一項目に複数の事項名を含む場合は（　）内に記した。また、項目名の前後に語句が付随する場合も、参考として（　）内に付記したものがある。〔　〕内は註記である。

す